Todos los libros de Linkgua Ediciones cuentan con modelos de Inteligencia Artificial entrenados por hispanistas. Pregúntale al chat de tu libro lo que desees acerca de la obra o su autor/a.

Para **ebooks**: Accede a nuestro modelo de IA a través de este enlace.

Para **libros impresos**: Escanea el código QR de la portada con tu dispositivo móvil.

Obtén análisis detallados de nuestros libros, resúmenes, respuestas a tus preguntas y accede a nuestras ediciones críticas generativas para una experiencia de lectura más enriquecedora.
La transparencia y el respeto hacia la autoría de las fuentes utilizadas son distintivos básicos de nuestro proyecto. Por ello, las respuestas ofrecen, mediante un sistema de citas, las fuentes con las que han sido elaboradas.

Pedro Paz Soldán y Unanue

Memorias de un viajero peruano

Créditos

Título original: Memorias de un viajero peruano.

© 2024, Red ediciones S.L.

e-mail: info@Linkgua-ediciones.com

Diseño de cubierta: Mario Eskenazi.

ISBN rústica: 978-84-9816-462-6.
ISBN ebook: 978-84-9953-339-1.

Cualquier forma de reproducción, distribución, comunicación pública o transformación de esta obra solo puede ser realizada con la autorización de sus titulares, salvo excepción prevista por la ley. Diríjase a CEDRO (Centro Español de Derechos Reprográficos, www.cedro.org) si necesita fotocopiar, escanear o hacer copias digitales de algún fragmento de esta obra.

Sumario

Créditos _____ 4

Brevísima presentación _____ 9
   La vida _____ 9

Capítulo I _____ 11

Capítulo II _____ 20

Capítulo III _____ 29

Capítulo IV _____ 36

Capítulo V _____ 46

Capítulo VI _____ 57

Capítulo VII _____ 64

Capítulo VIII _____ 77

Capítulo IX _____ 86

Capítulo X _____ 91

Capítulo XI _____ 99

Capítulo XII _____ 108

Capítulo XIII _____ 113

Capítulo XIV	116
Capítulo XV	125
Capítulo XVI	135
Capítulo XVII	138
Capítulo XVIII	150
Capítulo XIX	160
Capítulo XX	167
Capítulo XXI	174
Capítulo XXII	180
Capítulo XXIII	191
Capítulo XXIV	197
Capítulo XXV	203
Capítulo XXVI	211
Capítulo XXVII	220
Capítulo XXVIII	231
Capítulo XXIX	244
Capítulo XXX	251

Capítulo XXXI	264
Capítulo XXXII	272
Capítulo XXXIII	278
Capítulo XXXIV	285
Capítulo XXXV	293
Capítulo XXXVI	299
Capítulo XXXVII	306
Capítulo XXXVIII	313
Capítulo XXXIX	319
Capítulo XL	324
Capítulo XLI	330
Capítulo XLII	339
Capítulo XLIII	347
Capítulo XLIV	359
Capítulo XLV	370
Capítulo XLVI	380
Capítulo XLVII	390

Capítulo XLVIII	397
Capítulo XLIX	401
Capítulo L	407
Capítulo LI	412
Capítulo LII	418
Capítulo LIII	425
Capítulo LIV	431
Capítulo LV	438
Capítulo LVI	443
Capítulo LVII	450
Capítulo LVIII	457
Capítulo LIX	462
Libros a la carta	471

Brevísima presentación

La vida
Pedro Paz Soldán (1839-1895). Perú.
   Su nombre original era Juan de Arona. Fue un notorio poeta, periodista y viajero.

El presente volumen relata los avatares de un recorrido por España, Francia, Alemania, Hungría, Italia, Egipto, Turquía, Grecia entre otros países.

Capítulo I

La salida de Lima. Mi Mentor. Novedades para mí. Iglesias arruinadas. Apóstrofe. El Istmo. Colón y Cartagena. San Tomás. La travesía. Southampton. Londres. París. Comparación. De París a Bayona. Burdeos. Mi equipaje. Los campos de allá y los de acá. Bayona y Biarritz.

El 12 de Abril de 1859 zarpaba yo del Callao para Europa por la única línea y vía posibles en esa época, que eran vapores ingleses y Panamá San Tomás. Sin darme cuenta yo ni dársela mis padres, habíamos seguido una excelente gradación en mis viajes marítimos: a la edad de nueve años se me llevaba a Arequipa, navegando desde el Callao hasta Islay en compañía de mi propio padre; a los diecisiete, para combatir los estragos de mi rápido crecimiento, se me embarcaba en un buque de vela, el bergantín «Boterin», que me llevó hasta Iquique en veinticuatro días con escala en Cerro Azul, y al regreso en Arica. Después de haber hecho mis primeras armas amorosas en Tacna, volví a Lima por vapor. A los dieciocho navegaba hasta Valparaíso, entre cuyo puerto y Santiago pasé cosa de un año; y por último, ahora, antes de cumplir los diecinueve, me embarcaba para el más largo y provechoso de mis viajes, de los cuales y de su recuerdo puedo extraer todavía hoy, a la formidable distancia de tantos años, inefables fruiciones e inagotables enseñanzas.

Mi mentor (un verdadero Mentor) por esta vez, era un médico español de Victoria, el doctor don Faustino Antoñano, que después de haber sido el médico de la hacienda de mi padre, así como su hermano el capellán, por espacio de ocho años, se volvía a Europa. Este hombre, tan singular por su carácter como por su inteligencia, me había visto crecer y estudiar a la sombra paterna, y había tenido una parte considerable, que yo mismo le otorgaba voluntariamente atraído por su ascendiente, en mi educación moral.

Por su humor, aticismo y originalidad parecía de la estirpe de los Cervantes, con cuyos retratos presentaba, además, su fisonomía una cuasi identidad. Esta es la mejor prueba del españolismo que caracteriza a este célebre autor.

Por su austeridad, estoicismo y costumbres era un pagano de la escuela de Catón, que como es sabido preocupó fuertemente a sus contemporáneos con la originalidad de su tipo moral. Campechano de carácter, recio de constitución, aunque pequeño y flaco él mismo cuidaba de sus caballos y sus arreos de montar, fanático por la vida independiente y montaraz del campo, y al par hombre culto, fino y sagaz en sociedad; así como, llegado el caso, parecía del temple varonil del manco de Lepanto.

Por muchos años, hasta la edad de veintitrés a veinticinco por lo menos, este amigo ejerció en mí una influencia tan irresistible como tierna. A su instigación, a mi llegada de Chile y a sus empeños debí este viaje a Europa; que hace época en mi vida; y si algunas cualidades apreciables de carácter poseo, después de Dios y mi padre, a él las debo.

La lluvia, los relámpagos y los truenos y la feraz vegetación que me esperaban, cosas comunes para la mayor parte de los habitantes de la tierra, debían ser maravillas de inagotable interés para el hijo de la pobrísima costa del Perú, en donde todos esos accidentes no nos son conocidos sino por las novelas y pinturas. No hablaré de mis asombros al ver una vegetación feraz en la isla de Taboga; y relampaguear, tronar y llover a hilos en las Antillas; ni de lo paupérrimamente dotado que en lo físico se me figuró este Perú costanero que habitamos, donde jamás se ha visto un árbol grande, una tupida selva que infunda al alma pavor religioso y que la eleve; un río azul, navegable para balsas siquiera; sino trazos de ríos, torrentes alborotados y rojizos; alborotados y turbios como si quisieran dar idea del estado de cosas en el ánimo y mente del peruano; donde nunca se oyó el trueno; donde jamás un fosfórico relámpago abrió nuestros ojos a la contemplación de lo eterno, despegándose del escuálido huano a que viven condenados, donde jamás una lluvia copiosa azotó nuestras relajadas fibras y levantó de la tierra ese delicioso olor a búcaro que la tierra parece ofrendar al cielo en pago del refrigerio que recibe, y en donde ningún edificio, hecho de miserable caña y barro, puede vivir siglos, y hacer que el póstero (sic) enternecido exclame: «¡He aquí la casa de mis antepasados!».

¿Hay antepasados entre nosotros, hay siquiera un pasado?

¿Cómo diablos, añadía continuamente mi monólogo, puede haber poetas en esa tierra, donde nunca se ha visto a Dios, donde nunca se ha conversado con él?; ¿qué digo? ¿Dónde no se malicie siquiera?

¿Dó están las extensas superficies cerúleas que reflejan su imagen? ¿Dónde las vastas sábanas verdes, las numerosas montañas que acreditan su paso? ¿Dónde las detonaciones atmosféricas, las retumbantes cascadas o el variado gorjeo de los pájaros que en diversos tonos puedan hablarnos de Dios?

No en balde nuestra poesía, ficticia, artificial y postiza como la vegetación de la isla de Malta, que desde lejos anuncia que sus raíces no penetran en el suelo que las soportan, sino que se quedan entretenidas entre los mantos de una tierra vegetal traída de fuera; no en balde, repito, nuestra poesía está tan destituida de originalidad.

Y el hombre, que podía suplir a todo; el hombre, ¿qué hace o qué dice allí desde tantos años? ¿Qué hace o qué dice?

—¡Viva Fulano!
—¡Vivaaaaa!
—¡Muera zutano!
—¡Mueraaaaaa!
—Voilà l'homme américain.

El día de jueves santo a las seis de la mañana llegamos a Panamá habiendo estado antes dos horas en Taboga, que como toda esa costa es muy bonita por su fertilidad. Panamá, aunque triste y atrasada, tiene una belleza; la de un paisaje melancólico. Por todas partes está rodeada de montes cubiertos de verdura, y a primera vista se diría que la población acaba de salvarse de un gran incendio porque todas las paredes, que son de piedra, están ennegrecidas y al mismo tiempo vestidas de espeso musgo, como si todo fuera un montón de ruinas.

Algunas que debieron ser buenas iglesias parecen ahora huertas abandonadas; porque su recinto está poblado de árboles, conservándose en pie los muros exteriores y la fachada.

¡Sombras triviales! ¿Qué me decís de mis antepasados? ¿Qué es de aquel fiscal u oidor de la Audiencia de Panamá, don Diego de Paz Soldán? ¿Qué es de su yerno, el capitán del fijo, el español de Carrión de los Condes, don Manuel Antonio de Paz y Castro?

¿Qué es de mi tatarabuelo y de mi bisabuelo?

Pero el horrible calor de Panamá, superior a toda ponderación, no me permitía muchos éxtasis, mucho más cuando ya contaba con la contestación a mis apóstrofes; y después de haber bebido sendos vasos de agua con coñac, salí para Colón atravesando el Istmo en cuatro horas. El trayecto por el ferrocarril es delicioso. La vista no puede extenderse porque va uno encajonado entre una vegetación tan prodigiosa, que no se ve tierra o suelo, estando todo cubierto de verdura, y como el terreno es generalmente quebrado, los árboles se presentan como si nacieran los unos sobre los otros. El tren marcha rápidamente algunas veces, y otras con lentitud, para evitar un descarrilamiento por estar los rieles muy torcidos.

Nos embarcamos en Colón ese mismo día, en un vapor muy grande (comparado con los del Pacífico) y zarpamos a las diez de la noche. Al tercero llegamos a Cartagena, que no visité temeroso de que el vapor me dejara: vista de abordo me pareció bellísima y finalmente el 30 de abril a las nueve de la mañana llegamos a San Tomás.

En el acto se arrimó a nuestro vapor el que debía conducirnos a Europa que era el «Magdalena», y comenzó el trasbordo de nuestros equipajes. El «Magdalena» era el más pesado vapor de la Compañía, como que usaba emplear dieciocho y veinte días en una travesía que los otros desempeñaban en doce o quince.

Como no saldríamos hasta el siguiente, pasamos el día en tierra, y al anochecer volvimos a bordo. San Tomás era lo más pintoresco, alegre y aseado que hasta allí había visto. El 1.º de mayo comíamos opíparamente y en todo sosiego en el «Hotel del Comercio», mi Mentor y yo, cuando retumbó el cañón del vapor Magdalena como diciendo lacónica pero estruendosamente: me voy. Era el vozarrón de un gigante. Enseguida comenzó a repiquetear angustiosamente la campanilla de a bordo: era la voz del mismo gigante que daba sus últimos adioses a la costa americana y que debía estar a cuatro leguas de distancia por lo menos cuando tan apagada se oía.

Todo esto me lo imaginé al oír esa temible despedida pronunciada en dos tonos tan distintos; y, además, me parece decir que el corazón me dio un vuelco dentro del pecho; que el Doctor saltó, y yo también, del asiento; y que ambos lanzando a varios platos todavía vírgenes una mirada de inenarrable tristeza, preñada de irrevelables emociones, nos trasportamos a escape a nuestra nueva morada, que después de tanta prisa manifestada, no levantó sus anclas hasta las ocho de la noche.

Días tuvimos en que el mar por muy bello y muy pacífico habría podido rivalizar con el tocayo de otro lado; otros borrascosos, que nos descompusieron el timón y nos tuvieron como paralizados por dos días. El frío llegó a hacerse tan intenso, para mí al menos que me puse dos pantalones uno sobre otro, y pasaba el día sentado en una silla ante la barandilla de la máquina (y también otros pasajeros) gozando del calor de la chimenea o al amor de la lumbre como se suele decir. Uno de los pasajeros hembras, la señora Bataillard me traía tan divertido con su cómica, cotadura de tortuga, que no pude menos de enderezarle allá en mis adentros la siguiente quintilla:

> Si madama Bataillard
> llega a caerse en el mar,
> como su cuerpo es tonel,
> podrá flotar sobre él
> sin tener que batallar.

Otro, que era un capitán de ejército español, nos costeó la diversión una noche en que habiendo penetrado la marejada en su camarote, se lanzó despavorido por la oscura y solitaria cámara en pos de socorro, y dando tropezones con los muebles y trastos gritaba despavorido: «¡Mozo! camarote, water ¡Water! ¡camarote!».

Finalmente llegamos a Southampton el jueves 19 de mayo a las nueve de la mañana y media. La verde campiña después de diecinueve días de la aridez de agua y cielo, presentaba un aspecto mágico.

Reinaba el florido mayo, que en Lima es tan polvoroso, tan árido y tan pobre como los otros meses de la zodiacal corona; y reinaba también el florido mayo de mi vida...

Registraron mi equipaje en la aduana, recorrimos rápidamente gran parte de la población y a las tres de la tarde salimos en el ferrocarril para Londres, yendo embelesados en todo el trayecto con el aspecto de los verdes campos y de las blancas manadas de carneros diseminados por ellos. Los potreros o dehesas donde pastaban, me parecían preciosos jardines, y no los que había visto en Lima, que ojalá se parecieran esos jardines a los potreros de

Inglaterra sino como los que conocía por pinturas. Los diversos senderos o caminillos abiertos en todo sentido en el verde campo, parecían cortados a cuchillo, y blanqueaban a los lejos como esas tiras de lienzo blanco con que solemos cruzar las matizadas alfombras de nuestras cuadras, para que no se maltraten.

Los árboles se dibujaban en el azul del cielo que les servía de fondo, primorosamente recortados por la podadera y la tijera. Esta vegetación comparada a la del Istmo de Panamá que yo venía a ver, se asemejaba a ella como una capilla recién construida y que se lava diariamente, puede parecerse a un vetusto templo, grandioso y solitario, deteriorado y húmedo, con sus piedras ennegrecidas y cubiertas de hiedra, y que tanto pone admiración como miedo. Aquella inspira ideas bellísimas y ligeras; éste, pensamientos elevados y profundos, recogimiento.

En la primera se piensa en lo mundano, ante este otro, en el pasado, en lo futuro, en lo eterno, en Dios.

Aquí cada hombre vale un hombre me decía yo durante el trayecto; y con un agregado de tales hombres, no hay Estado que no florezca y prospere, sea cual fuere su forma de Gobierno, mándelo hombre o mujer, ciudadano idóneo o ciudadano inepto. He aquí porque entonces y después nunca he hecho votos exclusivos por el advenimiento de la República universal, sino por el perfeccionamiento universal del hombre, obtenido por la educación, y sobretodo, por el trabajo; entiéndalo bien el pueblo de Lima.

A las seis de la tarde llegamos a Londres y fuimos a apearnos al hotel español de Bastidas, hotel inmejorable, y en el que se sirve por ocho chelines diarios (dos pesos fuertes). Visitamos (rápidamente también, porque en estas ciudades para ver las cosas como uno debe y desea verlas es necesario dedicar un día entero y acaso más a cada una de ellas) visitamos, pues, rápidamente el Túnel, el Palacio de Cristal, San Pablo, el Jardín de plantas, el palacio de Hampton Court en las cercanías, y el lindo lugar campestre conocido con el nombre de Richmond, a donde se va por ferrocarril.

Siguiendo a los pocos días para París, tomamos el tren de Folkstone, trayecto de dos horas y nos embarcamos para Boulogne con un mar de los más tranquilos, a cuyo puerto llegamos en dos horas y media. Desde allí hasta París el ferrocarril se detiene en varias estaciones siendo la más notable la de Amiens. A las once de la noche entramos en la gran ciudad yendo a parar al hotel de Madame La Folie rue Vivienne. Mi mentor siguió para Victoria ansioso de ver a los suyos y la tierra natal después de una ausencia de ocho años; y yo buscando un recogimiento doméstico más confortable me trasladé al Hotel Moscou, Cité Bergere.

Mis primeras vírgenes impresiones al pasar de Londres a París, fueron las que experimenta el que salta de lo grande a lo pequeño.

La capital de Inglaterra es una ciudad espléndida y suntuosa, en la que no hay más que hacer que echarse a andar para tropezar con monumentos admirables; en París es necesario buscarlos. En Londres los hombres, los caballos, los edificios, el cielo (la atmósfera, porque el cielo poco se ve) todo tiene un sello adusto y sombrío; sus calles son muy anchas y poseen grandes aceras, circulando incesantemente innumerables carruajes e individuos. En París el cielo, los caballos, los edificios, los hombres y las mujeres presentan aspecto menos grandioso, pero mucho más risueño y simpático. Los caballejos de los coches de alquiler parecen pulgas cuando se viene a ver esos desmesurados cuadrúpedos, más grandes que el cab o handsome que arrastran, y que cruzan como flechas por la ciudad del Támesis.

Hay en París muchas calles angostas desaseadas, solitarias y sin aceras, siendo lo más brillante los Bulevares: inmensas calles llenas de gente, de carruajes, de animación y de alegría. Estos Bulevares son como grandes ríos que reciben el tributo de las calles y callejuelas laterales.

Los ingleses son serios y caballerescos los franceses, los parisienses al menos, chispeantes, vivarachos, inquietos y a veces petulantes. Sin hacer más observaciones por ahora sobre ciudades y tipos tan conocidos y familiares a todos, volemos a España, centro de las ilusiones y aspiraciones de la mayor parte de los hispanoamericanos, y especie de Meca literaria de todos los que seguimos esta carrera en las antiguas colonias.

El 9 de junio de 1859 a las nueve de la mañana me dirigí a la estación respectiva y tomé pasaje hasta Bayona. Un empleado se apoderó de mi equipaje, y creyendo yo que ya no tenía que pensar en él, como en Boulogne, me entré al vagón y partimos; siendo esta mi primera y única inadvertencia en cuatro años de viaje.

Disfrutando siempre de una bella y pintoresca perspectiva llegamos a Burdeos a las diez de la noche. Pero antes de nuestro arribo, un francés con quien había entrado en conversación, me hizo advertir, porque se ofreció, lo de mi equipaje, que con seguridad se quedaba en la gare de París por mi omisión en sacar la papeleta.

Felizmente, añadió, puede usted reclamar lo de Bayona por telégrafo y se lo mandarán en el acto.

Débilmente, como se ve, pagaba mi noviciado en el arte de los viajes; y tan débilmente, que todas mis cartas de recomendación y todo mi caudal que ascendía a unos mil quinientos francos, venían conmigo en mi bolsillo, en donde con sabía previsión los puse al salir de la Cité Bergere.

A las seis de la mañana siguiente continué mi viaje, no sin haberme permitido la noche anterior algunas libertades con la linda chica de Azpeitia que me sirvió de camarera en el Hotel. La muchacha era cerril como una cabra, sin que le faltara sus rasgos humanos.

De Burdeos a Bayona la perspectiva cambia de aspecto. En esos inmensos llanos con su fisonomía agreste y sus aguas verdosas y detenidas, se divisa al fin el triunfo de la naturaleza. He atravesado una pequeña parte de Inglaterra, la Francia de norte a sur, y no he visto sino campos cultivados con tal esmero, con tal simetría, y con tal elegancia, que más bien parecen jardines formados con solicitud para el recreo de algún gran señor.

En el Perú los caminos se forman... con el tráfico; nadie se encarga de abrirlos ni de mantenerlos en buen estado; por este motivo son desiguales, incómodos, feos y muchos de ellos, casi todos, peligrosos. ¡Y se les llama generalmente, sin duda por absurdo eufemismo, caminos reales!

Las bestias suelen ser los Colones de esas malas trochas.

Ninguno de los europeos campos que hasta aquí he visto presenta la estupenda vegetación del Istmo de Panamá; mas ¡qué diferencia! Al atravesar aquel país se ve una naturaleza salvaje y montaraz, recuerdo bien vivo y bien patente de las penalidades que pasaron los primeros y heroicos hombres blancos que arribaron a ese continente, los españoles.

Una naturaleza que, abusando de la completa libertad en que la deja el hombre indolente, y más aún, impotente, se entrega como es natural a sus más raros caprichos. Inútil es asomarse por las ventanillas del vagón en busca del horizonte, a derecha e izquierda, casi sobre los mismos rieles, espesas y negras cortinas de verdura se extienden impidiendo el libre paso de la vista como si ocultaran misterios de terrible revelación.

Los troncos y las raíces de los árboles desaparecen entre el tupido follaje.

Ya se miran espantosas quebradas cuya profundidad no sé ni sospechar, porque la vegetación sombría y majestuosa lo cubre todo, como una barrera donde se estrellan las investigaciones, como un mudo sarcasmo a la curiosidad del viajero; ya grandes y elevadas cumbres en las que no distinguiéndose sino el follaje de los árboles apiñados y en ascensión progresiva, parece que los unos nacieron sobre los otros, como he dicho.

Todo esto lejos de ser feo es bellísimo, bien que de una belleza lúgubre y melancólica, que nada tiene de desagradable y sí, mucho de halagüeña. Allí nada habla del hombre; en todo resalta Dios. Esos árboles cuya copa se pierde de vista; ese indecible silencio que reina en rededor; la opacidad del cielo entoldado por tanta ramazón; la completa desolación de los lejanos y oscuros bosques en donde inútilmente se fija la mirada; todo ese conjunto en fin es el triste y grandioso emblema de la creación universal; campo infinito y mudo por donde con tanto deleite vuela incesantemente la imaginación del hombre sin sacar nada. Al recorrer los campos de Europa me ha fastidiado a veces tanta prolijidad; ver árboles donde parecen que fueran pegando las hojas una por una y midiendo las distancias con un compás. La vagancia está prohibida así en las campiñas como en las ciudades; y no debe ninguna rama u hoja viciosa ir a errar por el ambiente desprendiéndose del completo follaje o cuerpo social del árbol.

He deseado naturalidad en la naturaleza y he echado de menos el Istmo de Panamá, donde cuando se oye un ruido en el imponente silencio se puede y se debe temblar, porque es indicio de que entre las intrincadas ramas va saltando alguna fiera o deslizándose un reptil.

Habiendo salido de Burdeos como llevo dicho, a las seis de la mañana, estábamos en Bayona a la una del día. Unos españoles se apoderaron de mí al apearme del coche, ofreciéndome cada cual conducirme a la mejor posada. Me dejé guiar por uno de ellos y fui llevado a una de aspecto muy miserable.

Mi primer paso fue dirigirme al telégrafo a reclamar mi equipaje, y aunque el despacho que hice pasó las indispensables palabras, me costó diez francos y medio.

Con el objeto de dar un paseo por Biarritz tomé la diligencia que me condujo a él en tres cuartos de hora. Biarritz es una linda y risueña población, situada a las orillas del mar donde se ve la embocadura del río Bayona.

Biarritz es el Chorrillos de Europa, y a él acuden todos los años en el verano a tomar baños, innumerables familias; algunas tan ilustres como el Emperador y la familia imperial, que se hospedan en el castillo construido a pocos pasos del mar, y como a dos cuadras del bañadero general.

Permanecimos un gran rato en la playa respirando un aire puro y gozando con la vista de un cielo azul y de un mar lo mismo, aunque no muy pacífico, y en el que se bañaban algunas familias. Nos hicimos servir de comer en el Hotel d'Espagne, en donde nos dieron una excelente y barata comida.

Una vez recibido mi equipaje de París, hice visar mi pasaporte por el cónsul de España, saqué un boleto de diligencia hasta Vergara, que me importó cinco pesos, y el 14 de junio muy de madrugada usé por primera vez ese modo de viajar de que no tenía una idea práctica, que los pesados coches de viaje chilenos en que más de una vez había doblado la cuesta de Zapata y la de Prado, camino de Santiago.

Capítulo II

De Bayona a Vergara. Behovia. Irún. San Sebastián. Una diligencia. Tolosa. Una hermosura lugareña. Vergara. El seminario. El coche correo Bilbao. Pepa la del telégrafo. Hospitalidad bilbaína. Portugalete y Algorta. Alrededores y romerías. Vitoria. Mi Mentor. La Florida. Pueblos circunvecinos. Burgos y Valladolid. Mi historia de viajero

A las cuatro y media de la mañana, con la sombrera, el paraguas y el sobretodo a cuestas, trajes de viaje que solo por monada pueden usarse en Lima, dejaba el hotel del Panier fleuri a que me había mudado, y me encaminaba a la estación de diligencias perturbando con mis pasos el sueño de los bayonenses; que a juzgar por el silencio de las calles debían dormir a pierna suelta. Sonaron las cinco, pocos minutos después chasqueó el látigo del mayoral y partimos.

El fresco de la madrugada, el chasquido del látigo, las sartas de cascabeles de las mulas sonando alegremente, todo me traía a la memoria esas vivaces comedias de Tirso en que la diligencia hace un papel principal; y también la de Bretón titulada: Un día de campo. Yo había tomado un primer asiento en primera berlina, único asiento bueno en una diligencia, no obstante sus vastas proporciones y diversos compartimientos. Traía a mi derecha a un español que regresaba de Cuba después de doce años de ausencia, y a un zambo que debía ser su criado. A las ocho llegamos al pueblo de Behovia cuyo río es el límite entre Francia y España. Al entrar en el largo puente unos soldados, franceses, nos pidieron nuestros pasaportes; y al salir de él, otros ya españoles, hicieron lo propio. Pocos momentos después entramos en Irún, primer pueblo español.

Yo era ya amigo de mi vecino. Con él y otros dos españoles que venían en la berlina de atrás o interior, entramos en un café, tomó cada cual una gran taza de leche sola o con café, según su gusto, se registraron nuestros equipajes y continuamos nuestra marcha.

Yo estaba aburrido, ahogado, harto de Inglaterra y Francia (naciones que poco después debían constituir mi mayor encanto) de vagar solo, y con fiebre por verme en España. Poco diestro en el inglés y el francés y en el conocimiento de esos dos países, el mes pasado en ellos se me había hecho muy largo; así es que con doble regocijo que el finísimo s'il vous plait de los franceses, oía pronunciar a trochemoche con un acento heroico, todo el vocabulario escandaloso español, que es uno de los más ricos.

A las diez, y hacia el fin de la carretera, divisé a San Sebastián, situado en una planicie entre varios pintorescos cerros, y a la misma orilla de un mar bello azul y tranquilo, cuyas olas imperceptibles casi como angostas cintas de encaje, se desenvuelven dulcemente en una serena y arenosa playa.

San Sebastián me pareció mil veces más lindo que Bayona y Tolosa (de Francia). Aquí almorzamos. Las muchachas o chicas como dicen los españoles, que nos sirvieron a la mesa, parecían escogidas ad hoc por lo guapas que eran, distinguiéndose sobretodo por el vivo color y frescura de su semblante y por la ingenuidad de sus modales. Un francés que ha venido en la berlina interior vocifera horriblemente porque no le sirven merluza.

Finalmente suelta la frase sacramental, creyendo que como en Francia va a surtir un gran efecto:

—No volveré más a este hotel.

—Bien —contesta una de las muchachas con una espontaneidad muy española.

El gabacho se quedó estupefacto, y para reponerse apuró un vaso de vino navarro que tenía al lado.

Terminó el almuerzo y continuamos nuestro viaje. Como en Panamá, habría deseado lanzar al viento algunas indagaciones sobre mis antepasados: ¿Qué es de los Ureta y Arambar, mis mayores por el lado materno de mi padre? La curiosidad filial me perseguía por todas partes, sin tiempo ni medios para poder satisfacerla, removiendo el pesado olvido que cae sobre las generaciones tan pronto como desaparecen del haz de la tierra.

La Diligencia volaba por la fácil carretera, habiéndose operado, además, un cambio de pasajeros: mis dos compañeros de berlina quedaron en San Sebastián, pasando a ocupar sus asientos los otros dos españoles de interior, y quedando en lugar de estos, dos viajeras más, españolas, y el francés. Antes de seguir adelante será bueno dar idea al lector peruano de lo que es una diligencia de España. Es un carruaje a la manera de un ómnibus aunque ancho y sólido y con separaciones transversales. El primer coche o compartimiento delantero es la berlina, cuyas dos esquinas son los únicos asientos buenos hablando de una manera absoluta. Allí se viaja como en un coupé o trois quarts cualquiera. El asiento del medio es menos bueno, porque el prójimo a quien le toca no puede reclinar la cabeza en la noche con la comodidad que sus dos colaterales. Detrás de la berlina viene el interior, con seis u ocho asientos, a tres o cuatro por banda, y sin más vista que las ventanillas de los lados. Los asientos están paralelos o vis a vis, en el mismo orden que los tres de la berlina. Por último: la Rotonda, que es la parte trasera del coche y en la que los asientos están distribuidos en forma semicircular.

Él o la Imperial es lo que en un ómnibus sería el pescante. Allí pueden ir tres o cuatro pasajeros de frente, a todo aire y gozando de soberbia vista; por lo que el asiento ese tiene sus partidarios, no obstante ser el más barato de todos. Aunque posee una capucha y un cuero para las piernas, es demasiada intemperie y demasiada altura para una jornada un poco larga, mucho más si llueve o si anochece.

El resto del techo del coche sirve para los equipajes, que van cubiertos con un cuero, por lo que tal vez se llama esta parte de la diligencia, la vaca. El pescante va debajo del Imperial y delante del vidrio de la berlina, cuyos pasajeros entran casi siempre en conversación con el mayoral, que es el nombre del cochero.

Los tiros de mula son tres o cuatro; y en una de las delanteras va montado un muchacho postillón a quien llaman el delantero. El zagal es un infeliz que se apea a cada paso a picar las mulas, colgándose de las bridas y siguiendo así una vez que emprenden el galope. Su asiento es al lado del mayoral.

El francés, que hablaba bastante bien el castellano, se dedicó inmediatamente a requebrar a una de las pasajeras, que lo soportaba con dulce resignación. Nosotros abríamos la ventanilla de comunicación y nos divertíamos con la escena.

Llegamos a Tolosa. El francés se apea del coche y bebe cerveza.

Seguimos atravesando una multitud de pueblecillos. El camino es todo sumamente quebrado, no lográndose ver ni una fanegada siquiera completamente plana. Y como todo está verde y por todas partes casitas blancas con sus tejados rojos, la vista es muy deliciosa y caprichosa.

En un pueblecillo cerca de Vergara vi de paso solamente, una mujer joven, tan bella, que me llamó la atención, desde la ventana de piedra gris que le servía de marco, como una Virgen de Murillo en su nicho. Saqué la cabeza por el vidrio y la estuve mirando hasta que fue posible. Sus mejillas parecían hechas de puro carmín, por manoseada que sea la comparación, y sus labios un clavel en botón recién arrancado del tallo. Estaba vestida con aseo y buen gusto. Jamás se hubiera podido aplicar mejor que entonces aquella frase tan común en casos análogos, de perla en muladar, porque la tal hermosura parecía en realidad una fresca y linda rosa en un campo estéril y quemado; como que una vez que se apartaban los ojos de esta mujer, real y sencillamente hermosa como la naturaleza que la rodeaba; todo, inclusive su misma casa, presentaba un aspecto de miseria, de tristeza y de oscuridad. A pesar de todo, su rostro estaba risueño y satisfecho como el de aquel que nada desea, y sus miradas límpidas se paseaban por la angosta y oscura calle de la aldea, donde lo único que se veía era aldeanos sentados en el dintel de su puerta, fumando su pipa, y niños jugueteando.

Al fin la perdí de vista, como todos los panoramas rápidos que deleitan a los modernos viajeros, y a las seis de la tarde acompañado de magníficos truenos, de relámpagos y de una gruesa lluvia, llegué a Vergara. Las tempestades ya no me sorprendían porque las veía casi diariamente, y era uno de los espectáculos que más me encantaban.

En Villarreal se quedaron mis dos compañeros de berlina, y el francés pasó a mi lado para estar mejor y para consolarse de la ausencia de sus dos Dulcineas, que se apearon entre Tolosa y Villarreal. Conversamos largamente, ya en francés, ya en español, manifestándome su horror de que hubiera dejado París por la Península, a la que solo debería, me aconsejaba, conceder una permanencia de quince días, instalándome siempre en el hotel francés. En Vergara nos separamos.

Este día, 14 de junio de 1859, era el más agradable que pasaba de los dos meses que llevaba en Europa. El hotel de Vergara respiraba soledad, y creo que no había más huésped que yo. Desde mi ventana veía montes verdes y elevados por todas partes, que parecían dispuestos a tragarse la humilde población; vizcaínos con sus boinas generalmente azules, algunos canónigos con su panza infaliblemente muy pronunciada, colegiales con uniforme y en cuadrilla, gente del pueblo, etc.

Eran las seis y media de la tarde, y probablemente en Vergara como en todas partes, tal hora correspondía a la del paseo.

La noche cayó profundamente silenciosa; no se percibía otro ruido que el de la lluvia y los truenos; y cuando éstos cesaban, el de un pobre riachuelo que corría lentamente a la falda del cerro, una cuadra frente de mi ventana.

Al día siguiente en compañía de don Miguel de Larraza, respetable vecino del lugar a quien había ido yo recomendado, visitamos el célebre Seminario, que es inmenso. Uno de sus directores, el sacerdote don Ángel Segura, nos lo paseó todo, rememorando los diversos peruanos que allí se habían educado; unos en años anteriores como don Clemente Noel y don Ramón Azcárate, otros en los días de don Ángel, como los jóvenes Echenique (Pío y Juan Martín), Villacampa y varios más.

Los Echeniques, proseguía don Ángel, estaban muy envanecidos con la presidencia de su padre. Yo les decía: miren ustedes que torres muy altas suelen caer, y después supe su caída desastrosa.

El 16 a las siete de la mañana salí a Bilbao, en el correo, cochecito en el que pueden caber cuatro personas y en que metieron seis. Siendo todos casi de una misma edad, muchachos, jóvenes, estudiantes, lo pasamos charlando jovialmente, gritando, cantando, todo efecto de las botellas que bebimos, y de la edad que es el verdadero champaña. Era la juventud en viaje... al porvenir.

A las dos de la tarde, acompañado fielmente de una tremenda lluvia, llegué a la capital de Vizcaya yendo a hospedarme en una casa de huéspedes llamada Pepa la del Telégrafo, calle del Correo, en la que estuve muy bien. En esta como en otras casas bilbaínas y como en la del jabonero, el que no cae, resbala, porque hay la preciosa costumbre de tener los ladrillos constantemente bruñidos, encerados y almagrados; y hay en ellos que aprender a andar como se aprende a patinar.

Como la posada solo tenía seis cuartos a lo más, andaban los huéspedes de dos en dos, siendo yo tan afortunado, que me tocó por compañero de cuarto un joven español de Lima que me era muy familiar, don José María Zubieta. Fuera de la casa de don Mariano San Ginés, hombre pudiente de la localidad a quien iba yo recomendado, se me ofrecieron algunas, más también por las meras recomendaciones que llevaba; lo que consigno aquí para que se vea lo hospitalaria que nos es España a los hispanoamericanos. Bilbao, especialmente, fue para mí como una sucursal de Lima.

Portugalete que dista más de dos leguas de Bilbao y que es como su puerto, fue el objeto de mi primera excursión. Una mañana a las diez nos embarcamos para él en un bote que se empeñó en proporcionarnos un amigo, y con intención de seguir hasta Algorta, en donde, como en Bilbao, tenía interés en visitar familias de españoles de Lima, por todas las cuales fui acogido y agasajado casi con alborozo.

Cerca del puente de Luchana viendo que el bote tenía ganas de irse a pique, y que los remeros podrían componerlo muy bien después que se rompiera, mas no salvamos, porque eran oficiales de carpintería y no marineros, saltamos a tierra y seguimos a pie hasta Portugalete, andando más de una legua entre pedregales y atolladeros.

Llegamos. Algorta estaba al frente. Era preciso atravesar un arenal. Resigneme y con pie resuelto entré en ese pequeño Sahara: media hora después, medianamente molido y casi sin resuello llegué a la interesante y solitaria poblacioncita.

Entre las familias que visité, había una anciana que solo hablaba vascuence, y que sabedora de mi amistad con su nieto en Lima, me miraba enternecida, lloraba y colocada en el dintel de la puerta, hablando vascuence y con señas muy expresivas me decía que de ninguna manera saldría yo de la casa, amenazando al mismo tiempo con la mirada y con el puño al español que me había conducido, y que quería dar por terminada la visita.

Tuve que quedarme a pasar el día con esa y otras familias, entre ellas la de Menchaca. Aun a la mañana siguiente se oponían a que partiera. Eran unos agasajos arequipeños. La abuela me abrazó y me besó. Era abuela de José Antonio Aguirre, cuyo nombre figurará al frente de estas Memorias cuando formen un volumen, pues a su memoria y a la de mi padre están dedicadas. Un caballito que desaparecía entre mis largas piernas y que era de magnífico trote, me trajo a Bilbao en dos horas, sirviéndome de guía un muchacho a pie. El más constante de mis acompañantes era don Vicente de Diego, dependiente de San Ginés y que tenía para mí el raro mérito de ser tío político de la señorita Matilde Orbegozo, incipiente poetisa bilbaína cuya fama he visto crecer después desde este hemisferio.

Estuve en el teatro algunas veces. Por las tardes me iba al Arenal, especie de alameda muy agradable que está en la misma población; o bien al Campo de Volatín, otro paseo por el estilo, aunque mucho más grande y retirado. La población es bastante aseada y mejor de lo que yo creía, llamándome la atención la plaza nueva que está hecha con mucho gusto y simetría.

Por esos alrededores emprenden los muchachos bilbaínos unos desafíos a pedradas que llaman pedradeos.

Una y mil veces visité los interesantes alrededores y más interesantes romerías, entre ellas las de Albia y San Adrián; y después de ocho días muy gratos salí para Victoria, adonde me llevaba únicamente el anhelo de ver a mi mentor instalado en su casa; de conocer a su familia, y Vitoria, con cuyas hiperbólicas alabanzas había entretenido mi impresionable infancia y excitado mi imaginación, en la soledad de un valle del Perú, el doctor don Faustino Antoñano.

El viaje fue de un día en diligencia. El amigo cariñoso me esperaba en el parador, que no obstante su modesto nombre, era un elegante restaurant-café. Permanecí unos días en casa del Mentor, tomando fuerzas en sus consejos para la serie de estudios y viajes que me proponía emprender, y muy ajenos ambos a la idea de que nunca más nos volveríamos a ver. Y así fue. A pesar de mi larga permanencia en Europa en donde siempre estuvimos en activa correspondencia epistolar; a pesar de que sus años no pasaban de la madurez, a poco de mi vuelta a América, la antigua y oculta enfermedad que a ojos vistas minaba la salud de ese hombre inestimable, lo llevó al sepulcro.

Su muerte, sus últimos instantes fueron dignos de él. Hasta la hora postrera estuvo anunciando al más crecido de sus deudos los instantes que le quedaban de vida; y pidiéndole finalmente que lo volviera del lado de la pared, expiró.

Durante los cinco años anteriores en que había sido mi compañero, mi amigo y mi maestro en la hacienda de mi padre en el valle de Cañete, le comunicaba a aquel con ruda franqueza las observaciones que hacía sobre mi carácter. La más frecuente era esta «Don Pedro: este niño tiene más trastienda que un viejo de cien años; tiene más conchas que un galápago; dedíquelo usted a la diplomacia». Otra, «este niño tiene una curiosidad de monja; todo lo quiere saber; hay que darle un librito titulado: "El por qué de todas las cosas"».

No menos se interesaba por mí su hermano el capellán, el Padre Antoñano. Tratándose en esos días de mandarme a Lima al colegio, fue uno de los que intercedieron a mi favor, enderezándole a mi padre, de sobremesa, una décima destinada a propiciarlo. De ella apenas recuerdo los seis últimos versos que decían así:

> Esto se puede componer
> diciendo: Domingo, vete;
> Pedrito queda en Cañete
> haciendo progresos tales,

> que supera a sus iguales
> y a los de mayor caletre.

Los días los pasábamos en la casa, ya leyendo en común, ya haciendo recuerdos del hogar cañetano, ya disertando sobre mi porvenir, que mi Mentor se complacía en figurarse glorioso. Por las tardes me llevaba al lindísimo paseo de Vitoria llamado La Florida, poblado en su mayor parte de esbeltos chopos.

Otras veces emprendíamos la caminata a los pueblos circunvecinos. El Doctor se encerraba a jugar el tradicional tresillo con los curas, y yo me iba abajo a ver danzar a los aldeanos bajo de los árboles y al son del tamboril.

Por la noche a la luz de la Luna regresábamos a Vitoria, atravesando hileras de corpulentos árboles, de que no tenemos idea en Lima.

En Burgos, adonde pasé enseguida, estuve dos noches. Visité la gran Catedral y continué mi viaje a Valladolid deteniéndome en esa antigua capital de España, un día y una noche.

Mis muy pocos años, y el pequeñísimo mundo y círculo en que había crecido, me ponían en malas condiciones para ser un viajero de fuste desde luego. Así mis correrías por España no fueron sino sentimentales o de impresiones. Mi incuria era tan grande, que ni tornaba un apunte, ni estudiaba nada, ni aún frecuentaba ciertos círculos. Y a no ser por las cartas que escribía a mi padre y que él tuvo el celo de coleccionar fielmente, me habría sido imposible redactar esta primera parte o introducción de mis verdaderos viajes.

Por fortuna mi marasmo no debía durar mucho; y cuando dos años más tarde salía de París para emprender la gran peregrinación cuyo relato ocupa la casi totalidad de este libro, era enteramente otro hombre. El viajar fue entonces para mí un oficio, un arte, una ciencia, una tarea. Cuadernitos de bolsillo recibían diariamente mis apuntes escritos con lápiz y en francés; un herbario, las flores de la Suiza y de la Grecia; y hasta en un álbum consignaba, registraba las cuentas de los hoteles de los lugares que recorría, pegadas en sus páginas.

El lector mismo notará una considerable diferencia entre la narración de estas primeras páginas y la de las que siguen. Si en esa segunda y tercera parte de mi viaje no he sacado el aprovechamiento debido, no fue al menos, me cabe esta satisfacción, porque yo no hubiera puesto de mi parte cuando estuvo al alcance de mi capacidad.

De Valladolid a Madrid pasé una noche en la diligencia.

Capítulo III
Madrid. El verano. El Retiro y el Prado. Tipos que circulaban. Un noble español. Los toros. Horchaterías valencianas. El Escorial don Antonio Gil y Zárate. Don Julián Romea. La Granja. Un cura cubano. Un caballero andaluz. En Segovia se goza. El Acueducto Valencia. El Grao. Cabañal y Cañameral

Habiendo salido de Valladolid a las dos de la tarde, a la mañana siguiente a las diez llegaba a la célebre villa del madroño, donde me encontré con un calor infernal, desesperante. Madrid es una villa hermosísima: por desgracia caía yo en la peor época y estación, en pleno verano, como con razón me lo anunciaban desde París. Era un calor africano el que reinaba, y en las calles brotaba un fuego, como el que puede sentirse en la boca de un horno, y calentaba el cuerpo de tal manera, que su contacto habría bastado para asar un trozo de carne cruda. A veces se levantaba una ligera y poco durable ráfaga (de viento) que mejor no lo hiciera, porque lejos de traer algún refrigerio, parecía una bocanada de procedencia directa del infierno. Este mismo calor engendra la consiguiente plaga de moscas pegajosas y otros bichos peores, y desarrolla en las calles una fetidez tan fuerte, que quema los párpados, análoga a la de Valparaíso en esta misma época, y que tal vez acredite la falta de agua abundante en los desagües de las casas.

Tal es Madrid en el mes de junio.

Con frecuencia llueve recio, truena y relampaguea, lo que empeora el tiempo, tal vez el ábrego o viento de África, que azota la cara con el agua y el polvo que arrastra.

Las familias y personas pudientes emigran en esta época, unas al extranjero, otras a las provincias vascongadas, y muchas a los varios Chorrillos de sierra que posee la Corte. El más notable por su excelente clima y por concurrir a él la Reina, era el Real Sitio de San Ildefonso de la Granja, distante catorce leguas; el Escorial, que dista siete; Segovia, más allá de la Granja.

Los que no pueden emigrar, no tienen más veraneo que el siguiente: a las cinco de la mañana en punto (porque un minuto después ya sofoca el calor) a los jardines del Retiro, que en estos meses son el Respiro, porque solo ahí y de madrugada se puede respirar; y por la noche el Salón del Prado, a instalarse en una de las sillas de alquiler que por su recinto abundan, unas de esterilla metálica, o de rejilla como dicen en España, otras de paja. El fresco que proporciona ese vespertino y nocturno paseo es simplemente debido a que lo riegan, empapan y encharcan a mano, a fin de que se levante del suelo de una manera artificial, lo que buenamente no baja de la atmósfera.

Nada más bullidor, más animado, más brillante que ese verdadero salón madrileño: figúrese el lector limeño, (si licet parvis componere magna), la parte central de nuestra escueta alameda de los Descalzos, el paralelogramo comprendido entre las verjas, lleno de buena sociedad distribuida en grupos de tertulia o circulando, mientras los carruajes desfilan acompasadamente o permanecen apostados al exterior, bajo la luz del gas.

Los muchachos y otros pregoneros se desgañitan anunciando ¡cerillas! (fósforos de cera), agua fresca (que llevan en unos cántaros) con azucarillos; y los periódicos y periodiquillos nocturnos, muchos de ellos satíricos. Yo sentado solo y triste en mi silla, desconocido para todos, imberbe, asistía a las conversaciones de derecha e izquierda sin poder tomar parte en ellas, ¡no estábamos en Lima!, sin ser notado siquiera.

La mayor parte de los personajes para quienes había llevado cartas de recomendación, estaban veraneando fuera de Madrid. Entre los tipos que circulaban, acaso dos solamente me eran conocidos; el del bizarro militar, General don Juan Zavala limeño de nacimiento con su levita abotonada hasta arriba y su pantalón de dril blanco; y el historiador chileno don Diego Barros Arana, que en compañía de Benjamín Vicuña Mackenna, según supe después, trashumaba por Madrid, y a quien por su larga y seca catadura llamaban los chicos, Milord, no obstante su amarillo pellejo y los cerdosos pelos de su cara.

Las únicas cartas de recomendación que pude colocar fueron las que llevé para don Manuel Pardo y Salvador, primo hermano del que años después debía ser Presidente del Perú, y para el marqués de Oviedo. Este último me trató con bastante política, y habiéndole encontrado un domingo en el Café, nos sentamos juntos, llevándome después al despacho de billetes para los toros que se corrían al siguiente día, y obsequiándome la entrada.

Me enseñó sus caballos, sus dos coches (berlinda y carretela); subimos a su casa que me mostró toda también, presentándome a la marquesa y procediendo con una gran franqueza. Mi banquero en Madrid fue el comerciante don Antonio Tabernilla, excelente anciano que iba a recogerme todas las tardes para sacarme a paseo, y que por acompañarme a toros salió de sus costumbres retiradas volviendo a las corridas al cabo de quince años. La plaza no me pareció a primera vista más grande que la nuestra y su distribución es la misma con poca diferencia.

Las corridas de toros en Madrid son mucho más clásicas que las nuestras, sin que figuren en ellas esos innumerables episodios e incidentes criollos, que son los que tal vez fomentan la concurrencia, y que parecen delatar falta de verdadero amor al arte. Nada de toro ensillado ni de toro de mojarra, ni aun de toro enjalmado, ni de despejo, ni de muñecones de caña y trapo que truenan al ensartarlos el toro. La misma relajación se nota en nuestras funciones teatrales, y siempre que hay alguna extraordinaria se multiplican los accesorios no en la escena para el público inteligente, sino en el exterior para el populacho, cubriendo de lugareñas banderitas la fachada del teatro, y de cintajos y colgajos: quemando un castillo de fuegos artificiales con cuyos disparos se espantan los caballos de los coches que van llegando, y que atrae a las puertas mismas una muchedumbre compacta que hace difícil y repugnante el acceso.

Los madrileños gustan de los toros por el arte. El bicho sale desnudo de enjalma; no hay suerte de caballo, sin que se deduzca que es, ni menos que ha sido desconocida en España: solo un episodio, uniforme y pesado y a que los aficionados dan una gran importancia, interrumpe la clásica compostura de la función: el de la pica. El picador sale montado en un miserable caballejo, de esos que están condenados al matadero, tan aforrado el mismo de cueros como si vistiera armadura antigua. ¿Qué se propone este atleta? Uno de esos engorroso tours de force tan minuciosamente descritos por Ercilla en la Araucana; sostener el mayor tiempo posible el empuje de la fiera en la punta de la ferrada pica. Tras una breve vacilación el hombre cede, el caballo es ensartado y destripado; el jinete desciende su pesada mole por el anca, con las piernas abiertas como un jinete de palo desarzonado; y echándose para atrás como el atleta derribado en el cuadro moderno del circo romano que lleva por título Póllice verso. Al caballejo que ha sido comprado solo para el Qu'il mourut: de Corneille, se le han vendado los ojos, y espera firme, esto es, temblando sobre sus cuatro patas como sobre cuatro agujas.

Pese a la precaución de la venda, alguna vibración del aire o de la tierra, o el instante, han anunciado al mísero jamelgo la próxima embestida, y se da por muerte.

Esta suerte es de lo más pesado y antiestético que puede darse.

La función comenzó a las cinco y media de la tarde (contando con las prolongadas tardes del verano de Europa) y vimos correr el último toro a la luz de los relámpagos y al compás de los truenos. La tarde concluye en Madrid con cuatro, seis, ocho o más caballejos de picador despanzurrados.

El viajar solo, particularmente para un adolescente, es uno de los placeres más tristes que pueda haber. Diez días después de mi llegada a Madrid, aburrido de la soledad y del calor, que no me permite alimentarme sino de horchata de chufas, que es una doble tentación en estos días por la elegancia con que se presentan las horchaterías valencianas, como las confiterías en otras capitales, salí para el Escorial por la diligencia a las cinco de la mañana.

A las diez llegué al Real Sitio de San Lorenzo, como se le designa, y no hallando cuarto en el Hotel de Burguillos me pasé al de Miranda. Aunque también aquí abrasaba un fuerte Sol, soplaba la delgada y fresca brisa del Guadarrama, de la que carecía en Madrid, y que de tarde degeneraba casi en frío. La población del Escorial es fea y miserable, y sus calles están empedradas con las toscas piedras de las antiguas calles de Lima. El único aliciente del lugar es su temperamento, y el monumento doble de palacio y monasterio que lo hace célebre; y que no solo es un recreo para la vista, sino que ofrece en sus vastas galerías y claustros un delicioso lugar para pasar el día a la sombra y al fresco.

Por allí se diseminan las familias que veranean, y se las encuentra cosiendo, bordando, tejiendo o copiando los cuadros de los maestros que ornan las paredes. Así se pasa el día dentro de estos grandiosos y espesos muros de granito, que predisponen a la contemplación y elevan el espíritu, y todo como quien veranea. Por cierto que Baden y otros lugares balnearios o veraniegos de Europa y América, no ofrecen un solar tan sano y tan moral. Allí mismo oíamos misa, que se decía diariamente, y en ninguna parte del vasto edificio se percibía el olor ni la huella de los siglos.

Los paseos vespertinos de la pequeña sociedad residente en el Escorial eran unas veces por las afueras del pueblo, hasta la piedra llamada la silla del rey, porque allí iba a sentarse Felipe II para inspeccionar los progresos de su obra y otras veces dentro de la misma población, circulando por una de las monumentales azoteas anexas el gran edificio, y que dominan la campiña. Desde su ángulo más saliente solíamos ver en las tardes muy ardorosas levantarse como enrojecido el disco de la Luna.

La campiña no es pintoresca y aun pudiera decirse que no existe si bien hermosean mucho los contornos, los grandes árboles peculiares de las montañas, como robles, castaños, carrascas, encinas, etc. También se emprenden peregrinaciones para tomar el agua de diversos manantiales, que se considera muy saludable; y así como en Chorrillos se desarrolla una especie de competencia sobre el número de baños que cada cual toma, en el Escorial y La Granja, la vanidad de los desocupados veraneantes se funda en el número de vasos de agua que se echan al coleto cada día.

Al efecto se fabrican por allí mismo, primorosos y gruesos vasitos de vidrio para el bolsillo, esto es, chatos en vez de redondos, y diversificados en sus colores y labores, que pueden, sin embargo, reducirse a dos solas grandes clases: fajas rosadas y azules ciñéndolos alternados y diagonalmente, lo que hace un lindo dije que incita a beber, aunque le falte el principal aliciente que es el de la transparencia.

Siendo el pueblo pequeño, unas 1.500 almas, y mucho más pequeña la colonia veraneante, todos nos conocíamos de vista, de saludo con varios, y de amistad con algunos. Poquísimas veces anduve solo, y en mi calidad de extranjero sentí el peso del aislamiento mucho menos que en cualquiera otra parte.

Entre las figuras conocidas del paseo de la azotea de que he hablado, ninguna más interesante para un alumno de Literatura como yo que las del excelentísimo señor don Antonio Gil y Zárate. Este señor se presentaba siempre seguido de su familia compuesta de esposa, hija y yerno; todos tenían un aire bourgeois y en Lima, hubieran pasado por serranos. La fisonomía del señor don Antonio se hacía notable por su gravedad, gravedad así como de borrego, y por sus ojos azules revueltos.

El Escorial poseía un teatro bastante regular al que concurríamos todas las noches. Allí vi representar «El hombre de mundo», «El tejado de vidrio» y «El Cura de Aldea» al célebre don Julián Romea, cuya cama en el hotel de Miranda apenas estaba separada de la mía por un débil tabique de madera, que me defendía muy mal de sus estrepitosos ronquidos.

El alojamiento y la comida bastante malos; las dificultades para la locomoción no escasas. Al venir de Madrid, tuve que tomar asiento con días de anticipación por estar todos tomados y al querer pasar a La Granja que solo dista 7 leguas, no hallaba otro medio que alquilar un mal caballo y resignarme a una jornada de ocho horas.

Por fortuna en esos días se preparaban grandes fiestas en ese otro Real Sitio con motivo de la anunciación oficial de la preñez de la Reina, que extraoficialmente se sabía ya por supuesto partout. Gracias a tan fausto suceso iban a despachar una diligencia extraordinaria y de ésta fue la que me propuse aprovechar.

Tuve por compañero de esta corta excursión a un cura cubano, a quien había conocido al venir de Madrid. Se llamaba don Juan Font, y era de un carácter dulce y sosegado que decía muy bien de su sotana. Vivimos juntos en La Granja y hacíamos largos paseos por las frías y umbrosas alamedas de los espléndidos jardines; salvo cuando el piadoso compañero se nos escapaba para acudir a la Colegiata a los sermones del padre Claret. Entonces era reemplazado por otro amigo improvisado, el señor don Antonio Pader y Terry, caballero andaluz, anciano de cabellitos blancos y cutis de rosa que llevaba sesenta inviernos sobre un talle bastante apuesto todavía.

Lo conocí en Madrid de una manera casual, creo que en el Retiro: y su primera exclamación al oírme que era limeño fue:

—¿Entonces es usted paisano de Joaquín Osma?

La persona de Osma y sus famosas recepciones son muy conocidas de todos en Madrid.

A pesar de la ninguna formalidad de nuestra presentación, Pader me trataba con la mayor franqueza y cordialidad, y al separarnos me dio sin más ni más cartas de recomendación para Andalucía. Así como en el Escorial pasan los veraneantes el día bajo los muros de su monasterio, en La Granja lo pasan en los jardines y bebiendo de trecho en trecho las consabidas aguas.

Las fuentes y sus combinaciones para los juegos de aguas, fueron hechas por el modelo de las de Versalles: y me tocó ver en los días de mi permanencia, uno de esos espectáculos, tan entretenidos como el que debía presenciar más tarde en Saint-Cloud.

A mi compañero el cura no se le caía de la boca este estribillo:

      En Segovia
      se goza.

Y no hubo más remedio que darle gusto. Partimos para Segovia que solo dista dos leguas. Todo estaba lleno con la afluencia de veraneantes; y después de andar de ceca en meca y de dar mil vueltas más de dos horas, todo lo que conseguimos fue las cuatro paredes de un cuarto y... el suelo raso, en el cual dormimos, siendo éste para nosotros el único se goza en Segovia. Miento: había una especie de cama, única, que cedí al cura; dos sillas cojas y un hediondo candil. Mi cama personal fue pues la dura tierra.

Como semejante cama es muy madrugadora, no esperé a que amaneciera para lanzarme a la calle. La ciudad es casi una población y tiene bastante movimiento. La gente circula por bajo los arcos del célebre Acueducto, con la misma indiferencia con que la nuestra por el puente de Lima; y el caudal de agua que abastece y la ciudad corría por arriba como si tal cosa. Porque con toda su forma, misteriosa existencia y soberbio aspecto, los fines primitivos u originarios del Acueducto no podían ser más prosaicos: dar agua a la ciudad.

Volvimos a La Granja para seguir yo al Escorial; no habiendo ya diligencia extraordinaria alquilé un coche para mí solo en el cual partí a las once de la noche con todas las ínfulas de un gran señor.

Pocos días después, me hallaba nuevamente en Madrid, y otra vez incomodado por el calor, salí... para Valencia. El viaje se hacía entonces en veinticuatro horas, parte en diligencia, parte en ferrocarril, y parando en miserables y no muy aseados mesones.

Valencia es una ciudad fea, sus calles parecen corrales; en cambio nada he visto tan agradable como la campiña que la rodea, denominada La Huerta, y en la cual se embosca el tren desde mucho antes de llegar a la ciudad. Abundan los naranjos, alfalfares y maizales, que me hacían recordar al Perú. A media legua está su puerto, El Grao, y otros dos pueblos más llamados Cabañal y Cañameral, aunque en rigor los tres pueblos no son sino uno partido por dos acequias.

A estos puntos concurre mucha gente de Madrid a bañarse. En uno de ellos tenía a sus hijos y nietos el señor don Carlos Flores, a quien yo estaba recomendado; así es que todas las tardes el buen señor acompañado de su mujer se iba a pasar la prima noche en el Cañameral con su familia, tocando antes en la fonda en su carrito (coche de dos ruedas) para recogerme a mí, fineza que no cesó de repetir una sola vez.

Un día comí con ellos en el Cañameral tomando el célebre arroz a la valenciana, que se hizo ex profeso en honor del huésped limeño.

Capítulo IV

Instalación en Madrid. Los revendedores de boletos. La guerra de África. Los literatos. Bretón de los Herreros. Estreno de su comedia La hipocresía del vicio. Ventura de la Vega. Los veraneantes. Eduardo y Eusebio Asquerino. El General Zavala. Mi nueva posada. Doña Jacoba. Conchita. Los Cresos. Disquisiciones sobre mi patria. El pueblo español. Lo que se entiende por Americano

En los últimos días del mes de agosto, sea que el calor hubiera amainado, sea que debiera a mis correrías por provincias la enseñanza de que nada hay mejor que la Capital, me hallaba en Madrid por tercera vez, definitivamente instalado (hasta donde puede estarlo un viajero) y muy contento de la simpática ciudad o villa como la llaman los madrileños, haciendo preciosas distinciones que no conocemos nosotros, para quienes todo es ciudad o pueblo; no siendo este el único síntoma del horroroso empobrecimiento del español en Hispanoamérica.

Empecé por renunciar a la vida de fonda. Hasta allí había parado siempre en la de la Vizcaína, situada en la puerta del Sol, hermosa como edificio, de mucha fama, y agradable por el buen servicio y exquisita comida. El precio era de dos duros diarios, y los cuartos, aunque elegantes, en general muy pequeños. En esos días bajaban a la Mesa redonda dos distinguidos jóvenes bolivianos (apellidados Gumucio) y como hablaban entre sí aymará, había gran discusión entre los comensales, inclusive yo, sobre cual era esa lengua, y se convino por unanimidad en que hablaban en ruso.

Me pasé a una casa de huéspedes, y nunca hallé menos peros en mi vida doméstica que entonces: calle de Alcalá, la más ancha, la más alegre, la más céntrica en Madrid, y una de las que más me agradaban. Las otras calles, con pocas excepciones, son quizá más angostas que las de Lima, oscuras y aun desaseadas. Allí me instalé, número 24 (o 25) en un piso principal, por lo que apenas tenía que subir unos pocos escalones para llegar a mi cuarto. Disponía de una sala elegantemente amueblada, con balcón, a la calle y una alcoba, en la que podían caber el gabinete y alcoba que tuve donde la Vizcaína. Sosiego en la casa, comida muy regular, mucha contracción al huésped y treinta reales diarios, o sea, duro y medio. Ya antes había yo merodeado por otras casas de huéspedes en esa misma calle de Alcalá, y por otras posadas de Madrid, viviendo en la de Embajadores y yendo a comer en la mesa redonda de la de Peninsulares, en donde el mejor plato que me sirvieron una tarde fue la repentina y grata presencia de un compatriota de Lima, el señor don Manuel Lasarte. Estos compatriotas a quienes vemos con indiferencia en las calles de Lima, los recibimos con los brazos abiertos y mil aspavientos en el extranjero.

Una de las plagas de los teatros y corridas de toros de Madrid es una partida de vagos cuyo único oficio es recoger y monopolizar los boletos (billetes) de entrada que venden a última hora al precio que quieren; semejantes a nuestros corredores que han dado en la flor de hacer igual cosa con las Letras de cambio sobre Europa. No tomándose esos boletos con mucha anticipación, queda uno a merced de los revendedores. La guerra de África abrasaba los ánimos de toda España en esos últimos meses del año 59. Como en todas partes, se cuecen habas, los periódicos, que no se ocupaban sino de ese asunto, al referir los actos individuales o privados que delataban el heroísmo, abnegación y entusiasmo que se albergaban en cada pecho, incurrían en las mismas puerilidades y simplezas que los del Perú y Chile en la última guerra. Si en Chile había un roto que se suscribía con ¡cinco pesos! una vez por todas para la defensa nacional, y esta erogación era cacareada por los diarios; si en Lima una hermosa se desprendía de su máquina de coser o de su luenga cabellera de Berenice para la compra del futuro blindado, en España, esto es, en los periódicos de España, ya teníamos al ciego de un pueblo que no probaba bocado en tres días, por ahorrar cuatro pesos para el ejército expedicionario; ya a un viejo de cien años que dejaba el lecho donde lo tenía postrado la gota e imploraba llorando (¿a caquinos?) permiso para ir a batirse a África; ya era un comerciante arruinado por dar fondos para la guerra; ya las mujeres de tal ciudad que quedaban rogando a Dios que las volviera hombres para tomar las armas, etc. En todo tiempo y lugar lo sublime y lo ridículo se tocan.

Poco a poco, iban volviendo a la Corte los emigrantes veraniegos y yo colocando mis cartas de recomendación, particularmente las que traía para insignes literatos, que con gran beneplácito mío llegaban de los primeros.

La primera que pude entregar en mano propia fue la de Bretón de los Herreros, al cual, lo mismo que a otros, venía yo recomendado por el célebre literato peruano don Felipe Pardo y Aliaga. Me dirigí a la Academia Española de que era secretario Bretón, subí la ancha escalera, y en su primer descanso me hallé una puerta a la derecha a la cual toqué. En la salita a que entré, que acaso era la secretaría misma, estaba sentado detrás de un bufete como trabajando, el popular autor de Marcela. A un lado y a lo largo de la salita había uno de esos modestos e incómodos sofás de esterillas, o de rejilla como dicen en España, que parecía el estrado principal, y desde cuyo inhospitalario asiento sostuve lleno de emoción mi conversación con el ilustre poeta. Además de la carta, era yo portador del último número del Espejo de mi tierra, que don Felipe acababa de publicar en Lima y del que me había encomendado un regular paquete para su entrega en Europa entre amigos y colegas. La conversación empezó pues por versar acerca de los versos del «satírico limeño».

—¿No halla usted la versificación de Pardo un poco dura? —me dijo Bretón, de repente—. Yo, muchacho, inexperto, ignorante, sin más títulos que haber empezado a publicar unas versadas en «El Comercio» de Lima desde el año anterior, no tenía ni los conocimientos ni el derecho requeridos para meterme a juzgar a autores que sobradamente podían ser mis maestros. Balbucié pues, algunas palabras evasivas, con las mejores formas de transición que pude, y traje la conversación a un terreno que me interesaba ardientemente: el de saber la opinión viva de un hombre como mi interlocutor, acerca de esos poetas españoles contemporáneos que son (o que eran y serán) el delirio de la juventud hispanoamericana. Apenas menté a Zorrilla le oí decir a Bretón lo siguiente:

—Ese es poeta hasta por sus coyunturas.

Como le refiriera después al autor de ¿Quién es ella?, la inmensa popularidad que disfrutaba en América el aplaudido drama de Florentino Sanz titulado Don Francisco de Quevedo, le oí con extrañeza pronunciar muy pausadamente estas palabras:

—Soñó el buen Florentino cuando escribió ese drama. ¡Si allí Quevedo no es más que un arlequín!

Esta opinión tan contraria a la mía de entonces, y aún a la de hoy, me dejó pasmado. Para mí el drama ese era una singularidad, no solo en el teatro español moderno, sino también en el antiguo. La sobriedad de su estilo y su versificación, condensada, compacta, sintética, de más ideas que frases y palabras, como la de una lengua muerta, antigua y lapidaria, a duras penas pude hallar su símil en la de las altas comedias de don Juan Ruiz de Alarcón. La versificación del «Quevedo» siendo sumamente fácil, no es vulgar; y siendo apretada y rica en rimas, aun en los romances, no es violenta, ni dura, ni afectada.

Solo mucho tiempo después de haber rumiado las palabras de Bretón, creí descubrir la clave de ellas. Este autor se había ensayado también en la pintura de Quevedo, en un drama o alta comedia que a la vez pertenecía a un género enteramente nuevo para el salado y fácil autor cómico. Allí Quevedo está pintado con todo el rigor académico e histórico; puede que el del buen Florentino no sea sino el de la tradición, y hasta el tipo imaginario de un excéntrico del siglo XIX. Pero el pueblo, ante todo estético, se sabe de memoria y escoge para sus representaciones de aficionados el Quevedo y no el ¿Quién es ella?

Todo esto debía saberlo Bretón; y herido en su doble pretensión de monografista concienzudo de Quevedo y de autor por excepción de una alta comedia, resollaba tal vez por la herida. En nada son más susceptibles los literatos que en lo que constituye su fuerza ordinaria. Quizá Bretón habría sido más benévolo si el buen Florentino en vez de terciar con un Quevedo, hubiera terciado solo con una Marcela.

La Avellaneda, cuyo último drama, Baltasar, se representaba con gran éxito en esas noches por don José Valero en el teatro del Circo, era una mujer que había nacido para la epopeya, según Bretón.

—Su último drama, el Baltasar —me dijo—, es casi una epopeya.

Pocos días después, me pagó la visita el príncipe de la moderna comedia española de costumbres, presentándose en mi casa en un elegante tilbury y con su groom a la zaga; sin que de aquí deba deducirse que me las había con un dandy; todo lo contrario; el aspecto de Bretón era pesado, casi austero; gorda su cabeza, gorda su cara y gorda su nariz. Su color tiraba a rubicundo y su cabello gris estaba cortado tan cortito como lo que en Francia se llama a la malcontent.

Algunas noches más tarde asistí en el teatro del Príncipe al estreno de una nueva comedia del fecundo autor de quien vengo hablando, se titulaba: La hipocresía del vicio. No tardé en entrar en conversación con mi compañero de butaca.

—¿Y qué le parece a usted? —me interpeló.

—Muy chistosa. Lástima que tenga el lado flaco de todas las comedias de Bretón.

—¿Y cuál es ése?

—Que desde el primer acto ya se adivina el desenlace.

—Pues si ya sabe el desenlace, podía irse a su casa, me replicó el español con una de esas francas salidas tan comunes en Madrid, que muchas veces no son sino idiomáticas, y que dejan estupefacto al tímido y encogido habitante de estas regiones, que cree insultar a un negro, si no lo llama un moreno, y a un blanco, si al devolverle su despedida le dice Vaya usted con Dios, fórmula corriente en España.

Apenas concluyó el primer acto el público frenético comenzó a pedir ¡el Autor! Un actor se presentó y anunció cortésmente que el autor no estaba en el teatro.

—¡Pues que lo vayan a traer!

Pedido nuevamente al concluir la función, el glorioso autor compareció entre el primer actor don Manuel Catalina y la primera actriz señora La Madrid, que lo traían de la mano. Y debo decir para su altísimo honor, que ese autor que subía a la escena a recoger su cuadragésimo laurel quizá, estaba confuso, turbado, rojo como una remolacha; y, por fin, aturdido con los aplausos, soltaba a la actriz y se echaba en brazos de Catalina.

Mientras tanto, autorzuelos noveles, llamados indebidamente por la claque, salen a la escena hechos unos micos haciendo lujo de descaro, y de la soltura y de las monadas que han estado ensayando todo el día en un espejo de cuerpo entero.

Mi acceso al excelentísimo señor don Ventura de la Vega fue un poco más difícil: repetidas veces toqué infructuosamente a la puerta de la casa de la calle del Prado, n.º 4, piso segundo. La casa era de las antiguas de Madrid; de esas casas hondas, lóbregas, deterioradas, de escaleras y descansos de ladrillos, que predisponen en su contra. La puerta del cuarto (en Madrid llaman así lo que nosotros departamento) era modesta y casi pobre. El criado pretendía hacerme creer que el señor era de los veraneantes también, y que por tanto debía estar fuera de Madrid.

Parece que en esa Corte como en Santiago de Chile, hay la debilidad de aparentar que se ha salido al campo como los demás, cuando en realidad no se ha podido o querido hacerlo.

Es como veranear oficialmente, y achicharrarse incógnito dentro de los muros de su casa.

Conocida es en Santiago la historia de las pajitas, con que esas pobres familias riegan los corredores y patios interiores de sus casas para acreditar una reciente salida al campo. Esas pajitas deben ser los restos del fementido embalaje.

Aunque el criado me insinuaba que dejara la carta, yo tenía demasiado interés en conocer al señor don Ventura para soltarla.

Así se lo escribí al fin, expresándole que me resignaba a no tener la ventura de conocer al señor don Ventura.

Inmediatamente se presentó en mi casa llamándome paisano, con su voz aflautada y un tanto hueca, y deshaciéndose en excusas. Era un hombre de pequeña, delgada y trigueña figura, expresión de semblante y tono de voz de hombre extenuado. Lucía cabellos por la parte baja de la cabeza, y la tapa de los sesos monda y lironda y abovedada. Un año más tarde iba a visitar a este mismo distinguido hombre de mundo en un hotel en París. Una voz que salía de un cuartito me invitaba a que entrase. Una vez dentro, la misma voz me decía: «siéntese usted, paisano», sin que el hombre que la emitía apareciera por ninguna parte; hasta que descubrí al señor don Ventura en cuatro pies debajo de su cama a la recherche de un zapato.

Los hombres de genio, aun siendo exquisita y casi exclusivamente cortesanos y hombres de mundo como Ventura de la Vega, conservaban siempre los rasgos de simplicidad de la familia, que despliegan en el momento menos pensado.

El día de nuestra primera entrevista en Madrid, pasadas las generalidades de costumbre, llegamos a la cuestión instalación. Vega me propuso que me mudara a otra casa de huéspedes que había en el mismo piso que la suya, y conviniéndome, después de haberla visto, verifiquélo así.

También estuve a visitar a otro literato de alguna nombradía, don Eduardo Asquerino, en la redacción de su periódico La América. Me hizo mucha atención y me ofreció visitarme, como también darme cartas de recomendación para los puntos que iba a recorrer.

Asquerino había estado poco tiempo antes de Encargado de Negocios de España en Chile. A su regreso a la Península, deseoso de halagar a los escritores Mapochos en la persona de su más conspicuo, se trajo el manuscrito de las poesías de Guillermo Matta, que se imprimieron en Madrid, mediante Asquerino. La edición salió tan plagada de insanables erratas, que el servicio fue dudoso.

Pocas semanas más tarde veía discurrir por el comedor del hotel de Madrid en Sevilla, a un verdadero chisgarabís, hablando y discurriendo como un insano acerca de la guerra de África que era su tema favorito. Preguntando a mi compañero de mesa y reciente amigo, don Manuel

Cebollino y Aguilar, que en ese momento me hablaba con entusiasmo del poeta cubano Plácido, quien era ese desgraciado, resultó ser el otro Asquerino, el poeta don Eusebio que acababa de perder la cabeza en esos días.

Otra de las cartas de recomendación que pude entregar personalmente en Madrid, fue la dirigida al limeño General don Juan Zavala. Aunque las glorias, la posición política y social y la condición misma de este bizarro militar eran españolas, no parecía del todo insensible a los sentimientos de paisanaje con los limeños. Me habló de varios de los maestros que habían pasado por ahí, y con singular distinción del poeta don Manuel Nicolás Corpancho, que cuatro años después debía perecer trágicamente en el golfo de México. En cuanto a mí, desde el primer día me trató Zavala con cariñosa franqueza y desembarazo, como si siempre me hubiera conocido, convidándome a comer cuantas veces quisiera una vez por todas. Preguntándole si tenía amistad con mi vecino Ventura de la Vega, me contestó: ¡Es tan hurón! Hurón por huraño que se usa mucho en Madrid.

Mi nueva posada de la calle del Prado se hallaba en el descanso del segundo piso, frente por frente su puerta de la de Ventura de la Vega. El cuarto (departamento) de éste no pasaba de modesto. En la sala o recibimiento como allá se dice con mucha oportunidad, la pieza de más lujo era una gran pantera disecada puesta en el centro de la sala, en el suelo.

Mi patrona tenía el timbre de ser gallega y respondía al austero nombre de doña Jacoba. Con tres huéspedes estaba la casa llena, y éramos un don Federico de quien siempre le oía hablar, yo y una vaporosa niña de Granada llamada Conchita, la cual, cada vez que pasaba como un hada por la puerta de mi cuarto, ante la que corría un pasadizo, haciendo crujir las veinte faldas y pliegues de su vestido blanco, y temblar mi corazón de veinte años, volvía su cabeza de querubín y me anonadaba con uno de esos exquisitos saludos-muecas, que alternativamente atraen y ponen a raya. Jamás pude saber qué hacía allí, ni a quién esperaba. La vieja Celestina, tan gárrula en todo lo demás, se volvía reservada y casi disgustada apenas le tocaba la cuestión Conchita. Doña Jacoba parecía una de esas respetables matronas bajo cuya custodia se pone a una niña que acaba de pasar por un rapto voluntario.

Mi cuarto, esterado y no alfombrado, con sus muebles enfundados de blanco, y su balconcito de desgastados fierros a la calle del costado, no pasaba de sencillo. El siguiente o alcoba, guardaba proporción y poseía otro balconcito. El almuerzo y comida se me traían a mi sala, en una mesita especial, por la moza de la casa.

La comida en estos alojamientos no pasaba de regular, y las patronas andaban siempre de riña conmigo porque «no comía», y agregaban. «Será porque no le gusta la comida: habrá usted sido señorito mimado.»

Doña Jacoba, como todas las patronas de casas de huéspedes, era una crónica viva y muy conversadora. A cada momento venía a mi cuarto y comenzaba a contarme la vida y milagros de sus huéspedes pasados y presentes.

Estas casas son mejores que las fondas para una residencia larga, porque se vive en familia, y por el halago particular que se recibe de las patronas.

La última mía hablaba el español como cualquier gallego, e iba de asombro en asombro al ver que me entendía, y que yo parecía expresarme en el idioma general de España. Recordándome incesantemente a una huésped americana de Cuba que había tenido, me decía: «Pues a doña Celesta ya le entendía yo todo; ya hablaba el castellano».

Un día me referí a la pantalla de mi vela.

—¿Cúmu —me interrumpió—, también allá se llama pantalla?

Otro día le pedí un médico:

—¿Mídicu? —me dijo.

—Sí, médico.

—¿El que toma el pulso?

—Ese mismo.

—¿También en su tierra lo llaman mídicu?

—Salvo las íes y las úes, ¿pues no? —le repliqué.

La vieja salió haciéndose cruces y asombrada de que hubiera en la América española, gente que hablase la española lengua.

En España, americano es simplemente sinónimo de Creso, y antes que simpatía, inspiramos curiosidad: la misma que sentiríamos nosotros al hallarnos de improviso frente a un antiguo retrato nuestro, hecho treinta o cuarenta años antes. Parece que los peninsulares fueran reconociendo poco a poco en nuestra fisonomía moral, borrados, confusos y extraños, los rasgos de la suya propia. De aquí el interés tierno. ¿Qué género de emociones no experimentaríamos nosotros mismos, o cualesquiera otros, si algún mago nos pusiera por delante, viva y parlante, nuestra futura generación, la que vendrá dentro de trescientos años?

Una noche viajaba en uno de esos carros de camino que ni son diligencias ni son coches, tocándome entre mis compañeros dos labradores de Toledo, marido y mujer. Las clases populares son muy simpáticas en España, y no tardé en trabar relación con ellos, que me miraban con el mayor interés, particularmente la mujer.

—¡Tan jovencito y tan solo! ¡Ni siquiera un criado! —gritaba la pobre mujer desolada.

Más tarde al saber que el solitario y precoz viajero era del Perú, el toledano matrimonio lanzó a dúo esta exclamación:

—¡Pues entonces usted será muy rico!

Nada más chistoso que las disquisiciones sobre mi probable patria, que se armaba entre cierta clase de gente cuando me hallaba entre ella, en las casas de huéspedes, paradores de los caminos y en las diligencias, cuyo mayoral es un excelente pie de conversación para el ocupante de la berlina.

Uno juraba y apostaba su cabeza a que yo no era de allí, hasta que otro que prácticamente conocía a la especie, decía doctoralmente: Usted es Americano.

—¿Pero de adónde será? porque habla el castellano mejor que muchos españoles —observaba otro.

No faltaba quien se empeñara en hacerme andaluz.

La clase popular de España, aunque tosca y grosera a más no poder, es mejor que la de muchas otras partes: muy honrada, muy servicial y muy delicada; muy espontánea y muy original en sus chistes.

Los puntos de semejanza entre España y nuestros pueblos son tantos, que solo de tarde en tarde y como saliendo de un sueño, me acordaba que estaba en Europa.

No cerraré este capítulo sin consignar la interpretación tan privativa que se da en el Viejo Mundo a la palabra Americano: para los franceses quiere decir brasileño o mexicano; para los españoles, de Cuba o Puerto Rico, y para el resto de los europeos, yanqui. Así es cómo mis futuros compañeros de viaje, italianos, alemanes, griegos, rusos, turcos, franceses, debían más tarde felicitarme por el ningún acento inglés con que hablaba yo las lenguas extranjeras, cuando les decía que era yo americano.

Capítulo V
Opinión de Ventura de la Vega. Adiós a Madrid. Hasta Granada. Tembleque y Bailén. Manzanares. Valdepeñas. La Mancha. Jaén. Granada. Córdoba. Sevilla. Costo de mis viajes. El Guadalquivir. Cádiz. Un ecuatoriano. Las bodegas de Jerez. El estrecho de Gibraltar. Málaga. Vuelvo a Valencia. El general Belzu. La Prensa y el revólver. Don Benjamín Vicuña Mackenna. Dos antagonistas. Escritores hispanoamericanos. Las historias de Belzu. Barcelona. Perpiñán. Montpellier. Nimes, Aviñón. París

El otoño avanzaba rápidamente hacia su fin y ya se columbraba la linda estación de Madrid, el invierno, en que habiendo vuelto las familias a sus hogares, comienza la vida de salón. Ventura de la Vega halagaba singularmente mis ilusiones literarias con la perspectiva de los círculos y tertulias de esta especie a que me llevaría, como el del Marqués de Molins y el del Duque de Rivas, que él frecuentaba con asiduidad.

Nada habría sido más provechoso para mí; desgraciadamente estaba en la edad de errar y de la vagabundería; y el ir a corretear por Andalucía me pareció preferible a todo. Al despedirme de mi ilustre vecino me devolvió dos poesías escritas por mí en esos días y que había sometido al juicio del autor del Hombre de Mundo y la Muerte de César. Eran las tituladas «En la diligencia, de Valladolid a Madrid» y «Las dos Almas», que figuran en las páginas 156 y 165 del tomo de Ensayos Poéticos que bajo el epígrafe de «Ruinas» publiqué en París en 1863.

—La primera es juguetona, traviesa —me dijo Vega—; la segunda, muy delicada, muy bonita... y nueva —añadió después de una breve pausa.

El 18 de octubre a las seis de la mañana daba mi adiós a Madrid y partía para Granada, adonde llegué el 20 entre once y doce de la noche después de un viaje muy pesado. Hasta Tembleque, que son quince leguas de Madrid, nuestra diligencia fue montada en un carro del ferrocarril. Allí la apearon, y las tardías mulas sucedieron a la veloz locomotora, mientras el tren continuaba su viaje a Alicante. Se encuentran muchos pueblos, de los que el más notable, por sus recuerdos históricos solamente, es Bailén. Salimos de Tembleque a las once del día, y entre siete y ocho de la noche, cuando aún no nos habíamos apartado dos pasos de un pueblo de la Mancha, que se llama Manzanares, se rompió una rueda del coche y casi volcamos. Nos consolamos viendo que nos sucedía este percance en un pueblo, y no de los peores, y no en un despoblado, lo que habría sido muy crítico, porque la noche era oscurísima, llovía, el camino estaba lleno de lodo y nuestros estómagos vacíos. Aun para volver a la población no sabíamos dónde poner pie, porque todo era un barrizal. Nos encaminamos al mesón (las fondas expiran a esas alturas) y a mí con tres ingleses y un español que venían en el cupé, nos colocaron en una grande y desmantelada sala, cenamos una gran sopa de ajos o gazpacho, sentados alrededor de una mesita de dos palmos de alto, sirviendo los dedos de cubierto y como en Segovia, tuve el regalo de dormir tirado en el suelo. Reinó la mejor armonía entre nosotros, y no salimos de Manzanares hasta el día siguiente a las once en que quedó compuesta la rueda. Comimos en Valdepeñas, célebre por su vino que tomamos allí mismo, y como Manzanares, pueblo también de la Mancha; provincia que atravesé tres veces, y que es la más horrible del mundo y atrozmente miserable; es verdad que solo en la apariencia, que es de una gran desolación. Sus rasgos característicos son los molinos de viento en el despoblado; y en las poblaciones los enjambres de mendigos que asaltan la diligencia no bien se para, aún cuando esto es general en toda España.

Seguimos andando. A la madrugada del día siguiente tomamos chocolate en Bailén; pasamos por Jaén y otros muchos pueblos, y llegamos a Granada a la hora que llevo dicho.

Esta ciudad es deliciosísima por su situación y paseos. La ciudad en sí misma es un tanto fea, y hasta dos tantos no muy aseada, con un no sé qué de lóbrego. Sus calles son muy angostas, y algunas en tal extremo, que casi pudieran ir dos amigos de bracero, uno por cada acera. Cuando pasa por ellas un coche particular, parece visto a la distancia un helado compacto o una gelatina que se va desprendiendo del molde suavemente.

Los encantos del Generalife y la Alambra, y otras bellezas pintorescas de Granada, junto con las exquisitas atenciones de la culta familia a quien fui recomendado, me detuvieron, sin embargo, por varios días. Bajo mis ventanas en la fonda de Minerva, corría el Darro, pobre en aguas, rico en barro, al menos en esos días otoñales que eran los últimos de octubre. Cada vez que me asomaba a ellas, y aún hallándome a mucha altura sobre el suelo, una multitud de mendigos, plaga abundante y enojosa de toda España, comenzaba a gritarme desde la calle: «¡Señorito!». Bajaba la vista sorprendido, y tenía que tirarles alguna moneda o que retirarme de ellos. Llevan como instrumento de apoyo o báculo, aunque yo creo que es por lo que potest contingere, un largo y grueso garrote en la mano.

Los andaluces, viejos, jóvenes y niños, aristócratas y plebeyos, andan todos siempre con capa. Muchas de los plebeyos podrán ser muy honrados; pero embozados en estas capas, con vueltas rojas de grana generalmente, parecen todos unos bandidos.

El caballero a quien iba yo recomendado, don Joaquín Fernández de Prada y Praga, vivía en la calle de Mano de Hierro, número 12. Hallándose ausente de la ciudad, sus hermanas le hicieron venir del campo adonde estaba, y desde el día siguiente a su llegada se constituyó en mi perpetuo Cicerone. Todas las mañanas venía a la fonda en su cupé, y me llevaba a visitar las varias curiosidades de Granada. De noche volvía y pasábamos al teatro, al palco de otra hermana suya, casada, y con dos niñas muy lindas y un varón, que como una de las hermanas solteras, había nacido en Lima.

Mientras estuve en Granada, no viví sino en el Perú, porque la conversación constante era Lima, la hacienda de Larán (valle de Chincha) y finalmente, o más bien dicho y principalmente, su administrador el simpático caballero don Antonio Fernández Prada, que veinte años después debía perecer bárbaramente asesinado por sus propios negros en los horrores de diciembre del año 79. Todos los Pradas de Granada estaban muy enterados de nuestras costumbres y modo de hablar.

Vi cuanto había que ver en esa ciudad y sus cercanías, hasta un palacio arzobispal, que como la mayor parte de los llamados palacios de Europa, no era más que una de nuestras casas grandes. Estaba situado en un pueblecillo a una legua de Granada, y si algo tuvo para mí de interesante, fue el ser obra y mansión de un arequipeño, Obispo de Arequipa, después del Cuzco, y posteriormente de Granada. Apellidose Moscoso y Peralta.

El 31 de octubre (1859) a la una del día salí de Granada, acompañándome hasta el coche don Joaquín, un sobrino suyo, Pepe Vasco, y un señor Deiste o Beiste gran amigo de la casa y a quien debí muchas atenciones.

Como el camino recto de Granada a Sevilla es casi intransitable, tomé pasaje hasta Bailén en la diligencia que parte para Madrid, y llegué a la histórica ciudad a las cuatro de la mañana. Esperé una de las diligencias que pasan por allí para Sevilla procedentes de Madrid, y a la una de ese mismo día 19 de noviembre, volví a ponerme en marcha llegando a Córdoba a las cuatro de la madrugada también. Me acosté, a las seis me levanté: tomé asiento en el tren, y a las once del día llegué a la ciudad del Betis, yendo a hospedarme al Hotel de Madrid, en la calle del Naranjo.

Sevilla es infinitamente superior a Granada, por ser una verdadera ciudad. Sus calles que me habían ponderado de muy angostas, lo son menos que las de Valencia y Granada, y tiene muchas tan anchas como las de Lima. Son limpias y bien empedradas, y las aceras, aunque no sean muy anchas, llenan su objeto y no parecen meros rebordes o ribetes de los edificios como en Granada. Las paredes y frontis están muy bien blanqueados, y las casas dispuestas como las de Lima, con puerta de calle grande y de dos hojas, y zaguán y patio, aunque mucho más pequeños que los de por acá.

La población está alumbrada con gas, y con los varios carruajes, particulares y de alquiler que cruzan por sus calles, resulta una ciudad muy alegre y muy bonita. En todos los patios tienen jardines, y son cuadrados; y en el de la fonda en que me hospedé, que era muy hermoso, había hasta platanares. En el verano, aunque el calor es terrible, se siente menos que en Madrid, porque se bajan al piso del suelo, rez de chausée de los franceses, y simplemente los bajos entre nosotros, y allí viven: el patio, cubierto con un toldo como el velarium de los romanos, y adornado de espejos, cuadros, muebles y flores, se convierte en un elegante y fresco salón.

En la fonda de Madrid, el día de mi llegada, me dieron un cuarto en los bajos; mas me había acostumbrado ya de tal manera a vivir a la europea, escaleras arriba, que aunque el que me habían dado casi reproducía una pieza de reja de Lima, extrañé, y me pasé al piso principal, o sea, a lo que por acá llamamos los altos.

Las casas de Sevilla solo tienen tres pisos contados con el del suelo o rez de chaussée.

Como traía el cuerpo hecho al frío que dejé en Madrid a mi salida y aun al de Granada, no me agradó hallar en Sevilla un clima sumamente templado, porque aunque llovía no hacía frío. El agua estaba fresca, mas no helada como en los puntos de donde yo venía, y me sentía ávido de frío y repulsivo al calor por lo mucho y muy de veras que me había achicharrado en Madrid.

Las sevillanas son muy bonitas y graciosas, y la calle principal se llama de las Sierpes.

Al conmemorar el primer semestre de mi salida de la patria, advertí que exceptuando el costo del pasaje de Lima a Southampton, llevaba gastados desde el 12 de abril hasta el de noviembre un mil pesos fuertes. Con ellos había recorrido todo lo que queda en las páginas anteriores hasta la presente, y vivido como habrá podido observar el lector, con decencia y bien. Desciendo a esta nimiedad, porque hay viajeros que muy juiciosamente averiguan esta parte de un viaje antes que cualquiera otra.

De Sevilla a Cádiz pasé por el Guadalquivir, río abajo, deliciosa navegación de ocho horas. Cádiz es una población lindísima, muy aseada y alegre, y junto con Sevilla constituye lo mejor de Andalucía, así como Andalucía misma fue lo que más me agradó de cuanto vi de España, siendo la gente andaluza muy amable y muy franca.

Presencié el embarque de las tropas que iban a la guerra de África, con O'Donnell a la cabeza. De las iniciales reunidas de los generales expedicionarios salía la palabra PROEZA. Los generales eran: Prim, Ros de Olano, O'Donnell, Echagüe, Zavala y Alcalá Galiano.

Por vecino en el hotel en Cádiz, tuve a un joven quiteño con quien inmediatamente me hice amigo. Podía ser unos cinco o seis años mayor que yo, así es que estaba completamente desarrollado. Poseía una altísima estatura y toda su barba, siendo su color trigueño amarillo, y la dulzura, afabilidad e insinuación de sus traviesos ojos, las de un arequipeño. Era sumamente truhán o mozón como decimos en Lima; no nada extraño a la gaya ciencia, que era la más seria preocupación mía en esos días; y en Cádiz, como en

Jerez y otros lugares de España, y en París mismo más tarde, debíamos pasar muy agradables ratos.

Se llamaba Francisco Javier León, y en los últimos años lo he visto figurar mucho en el Ecuador como Vicepresidente del célebre García Moreno.

Un día recorríamos las calles de Cádiz ideando cómo haríamos para poder visitar las bodegas de Jerez. En esto necesitamos unas señas: se las pedimos al primero que pasó, el cual no solo nos las dio con la mayor buena voluntad, sino que aun nos acompañó por algunas cuadras. Como le manifestáramos nuestra congoja, nos dijo con la más completa naturalidad que él nos daría cartas de recomendación para algunos bodegueros de Jerez y sin más ni más se entró en una botica en cuya Rebotica las puso.

En Jerez, que es una población sumamente triste, pasamos una noche, charlando agradablemente tirados en dos catres de tijera en un cuarto muy modesto. En las bodegas fuimos muy atendidos; nos hacían recorrer las dilatadas hileras de pipas escanciándonos de cada una de ellas una copita, casi un traguito, y viendo el Jerez en todos sus matices, desde el casi blanco hasta el casi negro; y todo esto por grados, insensiblemente, que era como iba tiñéndose a nuestra vista el exquisito vino. La tarea era entretenida y gustosa... mas al dirigirnos al tren para volver a Cádiz, casi nos caíamos. Durante el trayecto, en que por fortuna nos tocó un vagón solo, mi compañero se incorporaba de vez en cuando para manifestarme que no se conformaba con verme más entero, cuando juntos y por igual habíamos corrido el mismo temporal.

Pocos días después nos embarcábamos para Málaga en el vapor «Balear», viniendo, además, entre los pasajeros un matrimonio de Cuba a quien conocí en Sevilla en el Hotel, y dos abates franceses compañeros de viaje del ecuatoriano, de Sevilla a Cádiz.

Zarpamos a las ocho de la mañana; pasamos el estrecho de Gibraltar, viendo a un lado costa de África y al otro de España, y al día siguiente a la misma hora saltábamos a tierra en la ciudad ilustrada por las pasas.

Dos compadres reñían en el muelle, y al pasar yo por entre el apiñado corrillo, uno de los contendientes amenazaba a otro en voz alta, con abrirle tamaño postigo en la barriga, siendo ésta la primera y la única andaluzada de que tengo conocimiento práctico, entre las muchas que refiere la leyenda.

Málaga no tiene nada de particular o notable, ni en conjunto ni en detalle, viniendo a ser como segunda edición de Granada. Aquí determiné seguir mi viaje hasta París por tierra y no por mar, tanto por el mal tiempo general que entonces reinaba, cuanto porque una larga serie de navegaciones no me había dado aún la propensión a preferir esta vía a cualquiera otra en un viaje medianamente largo. Mi plan primitivo fue pasar de Cádiz a Lisboa por mar, y de allí seguir a Francia de la misma manera. Con todo; el viaje por tierra a París era bastante largo y sobre todo penoso, porque no habiendo línea recta, había que ir dando rodeos y cambiando de coche y de forma de viaje a cada instante.

Toda la gente del «Balear», los dos abates franceses, el matrimonio cubano y mi compañero de excursión a las bodegas de Jerez, siguió para Granada esa misma noche. Yo lo hice a la siguiente, tomando pasaje hasta Granada, por no haber otro camino, y saliendo para dicho punto en la diligencia a las nueve de la noche. El 21 de noviembre a las dos de la tarde me hallaba por segunda vez en Granada.

El 22 a las cinco de la mañana salí para Tembleque, siempre en diligencia. Mis compañeros de berlina fueron dos jóvenes mexicanos que conocí en Sevilla, miembros de la Legación de México en Roma y que respondían a los nombres de don Ulibarri y Daniel Vallarta. En el interior venían los dos abates franceses. Los cubanos y el ecuatoriano se quedaron en Granada.

El 23 a las once de la noche nos apeamos en Tembleque y allí dormimos. Al otro día a las once de la mañana tomamos el tren para Valencia con los abates solamente, porque los mexicanos siguieron para Madrid. Al entrar al coche, un librito, uno de esos vocabularios políglotos cuya presencia indica un viajero, tirado en un rincón del asiento nos anunció que teníamos un nuevo compañero. Y en efecto, a poco se presentó un hombre alto, fuerte, grave y macizo de rostro, y singularmente moreno, aunque rojo al mismo tiempo. Desde sus primeras palabras observé que tenía una gran dificultad para expresarse.

—¿De dónde son ustedes? —preguntó a los abates.

—Franceses.

—¿Y yo? ¿A que no adivina usted de adónde soy? —dije a nuestro interlocutor.
—O español o sudamericano.
—¿Y usted?
—Lo segundo.

Cambiamos tarjetas y resultó ser el General Belzu, hombre de historia en Bolivia y su presidente dos o tres veces. Al llegar al primer buffet en que correspondía la comida, ésta, como de costumbre, esperaba a los pasajeros del tren a mesa puesta. Escogimos asientos juntos en la larga mesa y nos sentamos los cuatro heterogéneos compañeros de viaje: dos abates franceses, un General Belzu, y un turista como con la mayor alegría me llamaba siempre uno de aquellos por haberle caído singularmente en gracia este calificativo que yo mismo me daba.

Belzu, que había despertado ya la atención de ambos reverendos con las innumerables alhajas y piedras preciosas que cubrían su chaleco, pechera y manos, puso el colmo a su estupefacción cuando haciendo una seña al mozo le previno que las cuatro comidas corrían de su cuenta y que trajera champán. Estas larguezas tan comunes en Hispanoamérica, y que pueden verse en España e Inglaterra, son un fenómeno en Francia, donde por lo general reina una mezquindad abrumadora. «Yo soy muy carnicero (carnívoro)», decía Belzu, arremetiendo de preferencia a los platos de carne, y haciendo tal vez y sin darse cuenta un terrible calembourg para un Presidente de Bolivia.

Trece horas después de nuestra salida de Tembleque, o sea, a las once y media de la noche, llegamos a Valencia y fuimos a hospedarnos a la fonda de París.

Había charlado largamente con Belzu, y nos habíamos intimado y nos atendíamos mucho mutuamente, a pesar de la gran diferencia de nuestras edades. Todo el día siguiente lo pasamos rodando por Valencia, la ciudad de los melones redondos y verrugosos (no son oblongos y lisos como los de Lima) y tan peloteados allí en calles y plazas, como las sandías en las de Santiago de Chile. ¡Aun nos permitimos faire la noce en casa de Teresa Llobat, calle de Mallorquines número 8!

Debo especificar que Belzu se dejaba acariciar y sacar el dinero del bolsillo por las muchachas, impasible como un profeta e irreprochable como un José.

Al entrar por la tarde a la mesa redonda del hotel vi en el fondo de la sala, de pie y vuelto de espaldas, a un hombre corto y rechoncho, de cabeza gorda y redonda, y de un pelo muy cortito y gris. Estaba con los brazos abiertos en cruz, en adoración... de una gran hoja de papel que tenía desdoblada; de una de esas grandes sábanas entintadas cuya lectura suele ser una doble crucifixión, por el modo como hay que tomarlas y por el fastidio que a veces causa su lectura árida y petulante.

El lector ha comprendido que se trata de uno de esos productos diarios de la prensa periódica, sabia institución que, como el invento del revólver, ha puesto la fuerza moral y material al alcance de todos. Ya no hay desvalidos, ya no hay desamparados; todos estamos nivelados; pero también se ha arrebatado el cetro del mundo de manos de los valientes y de los sabios, para ponerlo en las de los cobardes y los charlatanes.

—¡Vaya! —me dije—; ya tenemos algún gabacho en el hotel —(porque nuestro hombre leía un periódico francés) y avancé a ocupar mi asiento junto a Belzu.

Al inclinarme para sentarme, se inclinaban también al frente nuestro para hacer lo propio en los suyos, mi hombre y un su compañero; y ¡mirable visu! me hallé al frente del escritor chileno don Benjamín Vicuña Mackenna, en cuya patria había pasado yo todo el año anterior, viviendo nada menos que en casa de una de sus hermanas, lo que me había hecho contraer con todos los miembros de su familia, y aún con él mismo, una cariñosa amistad.

Nos reconocimos, nos abrazamos, al mismo tiempo que una mirada, semejante a un relámpago de indignación se cruzaba entre el proscrito chileno (tal era su condición) y Belzu. Ya el resto de la comida fue dificultosa, y apenas concluyó ésta, cada uno de los dos antagonistas quiso llevarme por su lado para prevenirme a su favor y en contra del otro. Mackenna, como el recién llegado y como el más antiguo en la amistad me obtuvo el primero, y no bien nos vimos en su cuarto cuando me lanzó esta interpelación.

—¿Cómo andas con ese miserable? Ya no te voy a llamar sino el edecán de Belzu.

Raro es el escritor hispanoamericano de alguna celebridad, que no la ha buscado y que no la debe exclusivamente a la propalación de lo que ellos han llamado «los principios liberales, el culto de la democracia y el odio a los tiranos»; propaganda que no ha sido sino el más villano azuzamiento y la más baja adulación a una de las peores canallas o plebes que ha tenido la humanidad: adulación que ha sobrepujado a la que los poetas de Luis XIV podían desplegar en torno de su real persona. Estos por lo menos adulaban a una persona decente y educada, y se reconocían francamente siervos y cortesanos. No así los cortesanos del establo del buey Apis, que rebaján- dose ante la plebe multicolor, ociosa e ignorante que ha representado al Pueblo Soberano en la América republicana, se han creído, sin embargo, libres de todo yugo. ¡Libres! ¡qué escarnio! ¡Los cortesanos del populacho! Los tiranos Rosas, Francia, Belzu, Monagas, etc. han sido el caballo de batalla de los escritores de que hablamos. La América ha creído discernir- les coronas, y lo que es más chusco, ellos han creído merecerlas y hasta recibirlas. Y no será extraño que escudriñando la posteridad encuentre más tendencia prácticas al progreso en las arbitrariedades de esos tiranos, que en las ampulosas lucubraciones de estos escritores que han viciado a las masas estérilmente.

Vicuña pues, debía haber jurado un odio de teatro, teórico y práctico, a todos los tiranos de la virgen América, primero para darse a conocer, y segundo para conservarse en el favor del buey Apis. Su misma presencia actualmente en Europa era la obra de un tirano: el señor don Manuel Montt Presidente de la República de Chile, lo había desterrado.

He aquí el porqué del antagonismo entre Vicuña y Belzu, y del espeluz- namiento de ambos al encontrarse cara a cara.

El ex presidente de Bolivia me esperaba al pie de la escalera, y con anhe- lo febril me invitó a dar un paseo, que se prolongó por las más lejanas calles, y casi por los extramuros de Valencia, y casi en la oscuridad.

—¿Éste no es Vicuña Mackenna? —fue su primera pregunta.

—Sí.

—Éste ha escrito mucho contra mí; éste es mi enemigo; añadió.

Y enseguida Belzu comenzó a contarme a grandes rasgos las peripecias e incidentes de su vida política hasta llegar a los célebres balazos del prado de Sucre, donde cayó medio muerto a manos del coronel Morales.

—Toque usted —me decía Belzu llevando mi mano a la altura de su nuca y a la ternilla de su nariz—. Toque usted estas balas que no han querido o podido extraerme y que son las que me han quitado la memoria. Las palabras se me olvidan al hablar, como habrá usted notado.

Creo que el célebre boliviano calumniaba a Morales, no en lo de la incrustación de las balas, que realmente sentí moverse bajo la yema de mi dedo, sino en lo de la pérdida de la memoria, que parecía orgánico, y superior aun al tratamiento del vocabulario portátil.

La bifurcación natural de nuestros itinerarios determinó la conducta que me correspondía observar, Belzu pasaba a Andalucía. Vicuña seguía a París por tierra, no dirigiéndose por mar sino a Barcelona. Seguí pues a éste, y en unión suya y de su compañero y paisano don Pedro Valdez, nos embarcamos el 26 de noviembre de 1859 a las dos de la tarde, a bordo del vapor «Monserrat»; y al día siguiente, domingo, poco más o menos a la misma hora, estábamos ya instalados en el hotel de las Cuatro Naciones en Barcelona.

Barcelona es una ciudad muy activa, muy hermosa, muy progresista; pero mucho menos simpática que las otras capitales de España. La gente es áspera y no parece vivir sino para el negocio. Las mujeres no son bellas y choca la tosquedad de sus pies. Aun la más favorecida por la naturaleza no pasa de buena mozota por sus formas abultadas, y por su voz desapacible y bronca, porque aunque hablan castellano, cosa que hacen pocas veces, conservan siempre el dejo catalán; y por otras mil peculiaridades más propias del sexo fuerte, que de la «mitad preciosa del linaje humano».

La planta de la ciudad es ancha, grandiosa, teniendo más de Manchester que de España. Así como en las calles de Madrid llama la atención la importancia y el lujo de las Horchaterías, en Barcelona sorprende el de las Confiterías.

Nuestros amigos y guías de esta ciudad fueron los señores catalanes don Pedro Yuste y don Francisco Llausás.

De Barcelona a Perpiñán nos llevó la diligencia, pasando por las estaciones de Gerona, la Junquera etc.

En Perpiñán estaba ya en Francia. Había salido de España después de haberla recorrido por seis meses, y después de haber hecho cosa de cuatrocientas leguas en diligencia. Ya aquí me esperaban los ferrocarriles.

Nos fuimos deteniendo en Montpellier, célebre por sus escuelas de medicina; en Nimes, donde visitamos varias antigüedades romanas entre ellas el circo de los gladiadores conocido con el nombre de Las Areims y en Aviñón, un tiempo residencia provisional de los Papas. Llegamos por último a París en la primera semana de diciembre, cuando ya eran inminentes las primeras nevazones, y cuando las rojas bayas del acebo (houx) comenzaban a resaltar entre las puntiagudas y amarfiladas hojas de ese interesante arbusto de los Campos Elíseos.

Capítulo VI

Nueva era en París. Instalación provisional. Mi nuevo casero. Su familia. El tiempo en Europa y el ¿qué hay de nuevo? en Lima. Las estaciones. El Gimnasio Triat. El novelista Paul Féval. Un porrazo

Mis viajes, desde diciembre de 1859 hasta septiembre de 1861, son aéreos, mentales. Por dos años permanezco en París, y en ellos se desarrolla en mí un extraordinario ardor por aprender. El estudio y la meditación, los libros y la naturaleza es lo único que me interesa. La bibliofilia, placer desconocido para mí hasta entonces, que leía, mas sin hacer caso del libro, viene asimismo a ofrecerme sus absorbentes encantos.

Emprendo verdaderas excursiones por las librerías de los bulevares; por las de los Pasajes; por las del «Barrio latino», por las de los «Quais» o malecones a lo largo del Sena, y hasta por los remates públicos de libros.

Sigo curso de humanidades en la «Sorbona», de Derecho en el «Colegio de Francia», y de historia natural en el «Jardín de Plantas», siguiendo a profesores como Saint Marc Girardin, Egger, Demogeot, Berger, Patin, Hase, Frank y Geoffroy Saint Hilaire no solo con el oído, sino con el lápiz en la mano, apuntando en los «carnets d'étudiant» apuntes preciosos, que algún día traduciré y publicaré, y que constituirán una obrita didáctica, de recóndita erudición, por incompleta que sea.

Vicuña, con una solicitud verdaderamente paterna, condujo mi inexperiencia por todos esos lugares; me puso en buen camino, y aun me presentó a algunas celebridades en los poquísimos días que permaneció en París.

Mi primer cuidado fue pensar en acomodarme y después de recorrer la ciudad por varios días visitando departamentos, fui a dar en uno a la entrada de la rue «Poissoniere», y en un hotel que tenía por nombre «De Calai et Boulogne». Era grande, espacioso, bastante bien amueblado, primer piso, con cinco grandes ventanas a la calle, lo que me proporcionaba un ruido estrepitoso, y pagaba por el ciento sesenta francos mensuales. Había local y comodidad para dos y aún para tres. El hotel nos daba el servicio, la ropa de cama y las toallas. Las velas, la leña para la chimenea, todo lo demás se pagaba aparte. La comida salíamos a buscarla a la calle (porque éramos dos con mi hermano estudiante). En los «Restaurants» de París se come a precio fijo y por lista. El recién llegado debe irse a ojos cerrados a los primeros. Los hay desde dos hasta cuatro o cinco francos por persona, siendo un buen término medio, para un estudiante al menos, aquellos donde se da de almorzar por un franco y medio, y de comer por tres.

Como para realizar este imposible tiene el cocinero que hacer algunos milagros, una vez familiarizado con las primeras salsas y condimentos, comienza el parroquiano a descubrir la hilaza y a cansarse de la sazón. De allí pasa a los de a cuatro francos por cubierto, y por último se decide por el diner a la carte, que aunque costosito, es excelente y el mejor de todos.

El hotel de la rue Poissoniere era lóbrego y muy desaseado; y por esta y otras razones comprendí que esa no podía ni debía ser mi instalación definitiva. Casi tres meses necesité para lograrla, al cabo de los cuales se me proporcionó un departamentito amueblado en la calle d'Eughien, número 28, en cuya casa viví cerca de cuatro años, todo el tiempo de mi mansión en Europa. La calle era muy tranquila, aunque estaba a un paso del centro, y lo mismo la casa. Ocupaba yo un piso tercero con cuatro ventanas, una al patio, las otras tres a un patio interior vecino poblado de grandes árboles. Mi escritorio estaba junto a una de ellas, y todo el día gozaba de una música grata y no interrumpida que me daban mil pajaritos que andaban revoloteando por el jardín, y algunos de los cuales tenían la amabilidad de venir a saltar o a gorjear en el mismo alféizar de la ventana.

Mi casero era un aragonés ausente de España desde muchos anos atrás. Se llamaba el señor C. y había olvidado el español sin aprender bien el francés. Cuando se veía apurado en el primero (lo que le pasaba con frecuencia) apelaba al segundo. Cuando se atoraba en el francés (lo que le acontecía a menudo) ocurría a la lengua patria; y cuando no acertaba a expresarse en ninguno de los dos idiomas (lo que le sucedía siempre) echaba mano de un tercer idioma inventado por él, y que no era ni francés ni español, aunque participaba de ambos.

Modesto como el que más, sin embargo, ejercía la profesión que rezaba la planchita de metal estampada en su puerta: «Profesor de Lenguas» y enseñaba el español y el francés. Jamás se comprometía a nada sin ir a consultar (a tomar órdenes debía haber dicho) a Madame C. su mujer, a quien siempre llamaba de este modo. La señora de C., que era inglesa, hablaba el francés mejor que el marido, aunque con un acentazo que transpiraba a Islas Británicas por todos sus poros. Era el hombre y la mujer de la casa.

Este ilustre matrimonio vivía con sus vástagos en el primer piso, y tenía alquilado cuartos que a su vez realquilaba, en el tercero y quinto. La casa no era ni de huéspedes ni mucho menos fonda: con todo, se prestaban a servirnos el almuerzo en nuestro cuarto mediante una módica retribución. Las señoritas C., eran dos, una alta, esbelta, distinguida, casi buena moza, no obstante la rubicundez albina y ultrabritánica de su tipo; la otra, una niñita de cabos negros y húmedos ojos y tez mate, representaba a España.

Aquella señorita era, sin embargo, la que todas las mañanas, armada de un estropajo subía a arreglarnos el cuarto como se usa en Europa, removiendo los catres y colchones, tendiendo bien la cama, fregando y bruñendo el tablero del lavatorio, cebando y trasvasando sus vasijas, etc., todo en un santiamén y sin hacer fieros. ¡Oh! ¡qué diferencia con las martagonas del servicio de Lima!

Siendo París una ciudad tan grande, tan distinta de las demás que yo había visto, tan vasta en su civilización, necesitaba por lo menos un par de meses solo para orientarme. Esta civilización es tan perfecta y anula tan por completo todo lo que es natural, que acostumbrado yo a la larga a vivir en una atmósfera de artificio, creía despertar de un sueño y me sorprendía agradablemente cuando por excepción oía el ladrido de un perro o el canto de un gallo; y, sin embargo, el lector ha visto más arriba que los pajaritos venían a cantar a mi ventana en lo más central de la vida urbana. En la virgen América no se goza de la naturaleza sino corriendo el albur de los ladrones, los mosquitos y otras plagas en medio de los despoblados.

Parece que una de las condiciones de la civilización fuera el hermanarse con la naturaleza. En los centros populares de París y Londres, por ejemplo, es más fácil vivir entre árboles y pájaros, que en los mismos arrabales de Lima, que no participan del campo sino porque participan de los muladares.

Mas, por tanto, estudiar la comodidad del hombre, esta civilización acaba por privarlo de todas sus facultades convirtiéndolo en un autómata que lo espera todo de la mecánica. Si hace un viaje, lo encajan en un coche como un fardo numerado y registrado, y se siente arrebatado por una legión de demonios, abdicando por completo de su autonomía individual. Llega a una estación: lo lanzan a un buffet a que coma, se le espía reloj en mano: «¡Dix minutes d'arrêt!, otro empellón ¡y a otro coche!». «¡Anda! ¡Anda!» dando botes y rebotes que la vida es sueño.

Si va al teatro, este mismo autómata del siglo XIX se siente peloteado de pasadizo en pasadizo, de hombre en hombre, de mujer en mujer, de mano en mano, interesada y especuladora por supuesto. Éste le toma o arrebata el sobretodo, aquel el paraguas o bastón, el de más allá lo acomoda: ha de llegar día en que alguien le ponga la cucharada de sopa en la boca.

¿Qué dirían los Teseo, los Hércules y Ulises, y demás personajes simbólicos, que todo lo fiaban de su aptitud muscular o de los ingénitos recursos de su espíritu?

La civilización parisiense se halla tan difundida, que parece que alcanza a los mismos animales. Rara vez se oye de una bestia de tiro que se salga de las varas o del centro de la calzada con el pretexto de que sintió tal o cual detonación subitánea. ¡Quién sabe si aún los pájaros de las sementeras no se encaraman familiarmente en los brazos y sombrero del espantapájaros, y si de repente no se lanza sobre la escopeta de los cazadores!

El frío invernal daba sus treguas. A fines de enero era soportable. En diciembre llegó a ser tan horroroso, que nevaba con frecuencia; el Sena se heló; y por las mañanas tenía yo que romper a viva fuerza el agua de mi garrafa, que se congelaba no obstante dormir en un cuarto cerrado. Los bordes de mis balcones estaban guarnecidos de blanco por la nieve. Salía a almorzar, y aunque tomaba precauciones, andando ligero (algunos hasta corren como unos locos para entrar en calor) no podía huir del frío que me perseguía. Sentía dolor atroz en las orejas, en los oídos y en los pies. Me aturdía el frío de tal manera, que arrastraba mis pies como si fueran ajenos; mis manos perdían por completo el tacto; y abrumado corría a mi casa, encendía la chimenea y no me apartaba de ella en todo el día.

¡Pasaba el noviciado!

Febrero y marzo fueron quizá los peores meses porque en ellos no cesó de nevar, de llover, de hacer frío. En las ciudades de Europa lo constante es el frío, como en Lima el calor, siendo el verano de esos climas tan rápido y tan ilusorio como el invierno para nosotros. Lo que ha dicho alguien de Londres y de Madrid, que hay en ellos nueve meses de invierno y tres de mal tiempo, podría aplicarse a toda Europa. He aquí por qué en esas poblaciones se dedica más tiempo, esto es, se gasta más tiempo en hablar del tiempo que entre nosotros.

La cuestión tiempo para los europeos es lo que el ¿qué hay de nuevo? para nosotros. En Lima no se puede vivir sin esta engorrosa pregunta, ligeramente variada a veces con ¿qué tenemos de nuevo? ¿qué se sabe? ¿qué se dice? Y es que en ambas regiones la cuestión es vital. Se trata del clima físico y del clima político, envueltos por los cuales vivimos, a los que tenemos que subordinar nuestras acciones y determinaciones, de lo que depende nuestro bienestar, nuestra felicidad. En Lima el ¿qué hay de nuevo? puede ser hasta cuestión de vida, materialmente hablando.

Los ingleses de Londres en su entusiasmo y arrobamiento por uno de esos hermosos días, de que nadie se ocupa en Lima, después de calificarlos con todos los adjetivos rectos, de nice weather, fine delighful, beautiful, se pasan a los metafóricos, y así como en la Letanía después de decir a la Virgen todo lo que en realidad puede ser, Reina de los ángeles, Refugio de pecadores, la llaman Torre de marfil y Casa de oro; así los londinenses en uno de esos días que en Lima llamaríamos de Sol bravo, se desatan en estas expresiones: glorious weather, lovely weather.

Por la misma razón las estaciones que entre nosotros no constan sino por el almanaque, son aquí grandes acontecimientos que ponen en movimiento a la sociedad entera, a todo el pueblo. Se les espera con impaciencia, se les recibe con ceremonias. Al primer día despejado y con buen Sol, se desparrama la muchedumbre por esas calles, y en el rostro y los ademanes de todos resaltan la animación y la alegría. Después de tantos días de sombra, de tristeza, de frío y de fango, se experimenta un bienestar general a la llegada del primer día vivificante.

Este rigor en el clima, en la sociedad, en las leyes y hasta en la etiqueta es lo que determina el encanto de la vida europea y su bienestar y prosperidad. Allí todo el mundo sabe a qué atenerse en todo orden y sentido. Entre nosotros el malestar, la sempiterna quejumbre y hasta la maledicencia tan frecuente, obedecen a una causa oculta, enfermedad de todos sin que nadie lo sospeche: la relajación.

Al mismo tiempo que mi espíritu en la Sorbone, Colegio de Francia y Jardín de Plantas, ejercitaba mis músculos trisemanalmente en el Gimnasio de Triat. Estaba situado en los Campos Elíseos y sobre su fachada se leía en tamañas letras: «Regeneración del hombre». Allí concurrían hombres maduros y aun viejos, siendo el más joven yo, que contaba veinte años; y también señoras y señoritas en los días respectivos. Estas recibían sus lecciones de la señora Triat, nosotros del marido.

La gente de Lima que no ha visto más gimnasia que los palos y sogas deslucidos de los traspatios de las escuelas, ni más gimnastas que los muchachos de ellas, tendría dificultad en figurarse un grande y espléndido salón, con una bóveda trasparente, toda de vidrios de colores, y galerías altas pintadas de verde que comunican entre sí y con el suelo por elegantes escaleritas de caracol. Entre la bóveda y el suelo, cubierto de una capa de aserrín, se veían caer escaleras de cuerda tesa como la jarcia de un navío; sogas, trapecios, argollas, etc.

Por sus dimensiones y reglamento el Gimnasio Triat recordaba los famosísimos de la antigüedad a que tanta importancia daban los griegos. Las doce lecciones importaban al mes 26 francos. Se daban, además, al entrar, cuarenta francos para el traje gímnico, por decirlo así, que consistía en un calzoncillo de punto de lana colorado, una camiseta de lo mismo; azul, una paja también de lana colorada y unos borceguíes de gamuza amarilla sin tacón y cerrados sobre el empeine por cordones y pasadores.

Una parte del ejercicio se hacía en formación como el de una tropa de línea. Monsieur Triat armado de un gran bastón daba las voces de mando y nos dirigía militarmente, a tambor batiente. En uno de los ejercicios que se practicaban de dos en dos, me tocaba siempre por compañero fronterizo, un hombre de cuarenta y cinco a cincuenta años; todo caído de un lado del cuerpo como caballo lunanco, la pupila endurecida y fija como una cuenta de cuerno, al aire cansado, fatigado, todo un crétin.

Le pregunté al fin quién era. ¡Lectores de novelas, que casi sois los únicos en Lima, prosternaos! Ese crétin era Paul Féval.

Concluida la lección propiamente dicha, se iba cada cual a lo que quería: a las argollas, al trapecio, a las escaleras, a las paralelas, a las palanquetas (halteres) o a saltar sobre el caballo relleno de aserrín, semejante al que se suele ver en algunas Talabarterías de Lima.

Cubiertos de sudor nos dirigíamos cuando queríamos retirarnos, a la primera galería en donde nos habíamos desnudado. Allí nos inclinábamos apoyados en las manos, sobre una mesa de lavatorios corrida. El mozo llegaba; nos sacaba del cuerpo la camiseta; empapaba un guante de áspera cerda en el agua helada por diciembre en el fondo de la cuvette, y comenzaba a frotarnos rudamente y a lavarnos de la cintura arriba.

Para enjugarnos, extendía sobre nuestras encorvadas espaldas una toalla de hilo y comenzaba a palmotear estrepitosamente: tal vez había algo de juego de su parte; degeneración natural, como la de los regadores de manguera en las calles de Lima, que, regando, se están divirtiendo, y más de una vez a costa de los transeúntes. Al volver a nuestro asiento por nuestra ropa, un balde de agua igualmente helada nos esperaba, para que nos laváramos de las rodillas abajo.

¿Qué efecto producirían estas glaciales abluciones en un limeño criado en la santa máxima de que con el cuerpo caliente no es bueno mojarse?

Una de mis pruebas favoritas consistía en lanzarme a escape sobre tres barras horizontales de palo que estaban fijas a cierta altura, formando caballe, me cogía de las más bajas, y lanzando todo el cuerpo por debajo, pasaba por encima de la más alta e iba a caer al otro lado. Un día después de haberme lanzado tuve la insigne torpeza de no soltarme; el cuerpo retrocedió contra la barra, me sentí partido por el eje; mis compañeros me recogieron casi doblado en dos, y a fuerza de fricciones con agua helada me curaron.

Un viejo capitán francés, también gimnasta, que se complacía en darme consejos, me dijo:

—En gimnasia y en política la menor hesitación lo pierde a usted.

He aquí otra de sus máximas:

—No le importe a usted hacer un disparate; pero... hágalo usted en regla (carrément).

Capítulo VII

Los recién llegados. Un manuscrito del Clima de Lima. Mr. Ferdinand Denis. Don Hipólito Unanue. Segundo invierno en París. La primavera y los poetas. Los días de fiesta en París. Los teatros. Los calembourgs. Luis Felipe y el vino de Macon. Los dramones. La muerte de Scribe y la Geoffroy Saint Hilaire. Don José de Echegaray. Domingos primaverales. Excursiones a Bruselas, a Cherburgo y a Londres

Un recién llegado a París, sobre todo cuando va a estar poco tiempo lo distribuye de modo que no esté un cuarto de hora sin alguna distracción, haciendo del placer su más seria y principal ocupación, y lanzándose al mismo tiempo a toda clase de gastos como si ansiara llevarse a París en el bolsillo al salir de París.

Los que ya llevamos algunos meses de vida parisiense, porque ya estamos avezados a la tentación, parte porque sabemos las consecuencias, pesamos largamente nuestros antojos antes de satisfacerlos. Los recién llegados se horrorizan a la idea de andar más de seis cuadras a pie, y toman coche seis o diez veces al día, lo que en una semana hace una suma respetable.

Los ya habituados a París nos soplamos las millas insensiblemente y si el tiempo nos viene escaso o está borrascoso nos metemos en un ómnibus modesto democrático, barato, dejando al coche para las grandes ocasiones. Todo el que llega a París por primera vez se siente poseído de un vértigo y anda y corre y gasta sin darse cuenta de lo que hace y sin pararse en pelillos. Yo mismo, so pretexto de acompañante o cicerone de algunos recién llegados que me venían recomendados o que había conocido antes solía sacar los pies del plato; y abandonando mis libros y vida taciturna pasaba muy buenos ratos en los Cafés, el bosque, los teatros, en casa de Tortoni, gran heladero de la época, en la de Prevost el gran chocolatero; fuera de otras libertades menos honestas que asimismo me tomaba. En el seno de la molicie me asaltaban crueles remordimientos; pensaba con espanto en el origen de la decadencia de Sibaris, y volvía a mis estudios.

Sabiendo que en esos días el bibliófilo chileno don Diego Barros Arana que transitoriamente se hallaba instalado en París, poseía un manuscrito del Clima de Lima, una de las obras más célebres del doctor don Hipólito Unanue, mi abuelo materno que tanto ilustró las letras peruanas, la política y la ciencia en el último cuarto de siglo pasado y primer tercio del presente, me encaminé a su casa.

El cuarto del bibliófilo estaba rodeado de una estantería provisional que contenía también un surtido también provisional de libracos y mamotretos comprados sin discernimiento, y al caso, por pura manía, a la manera de mi ex compañero de viaje Vicuña Mackenna que en el trayecto de Perpiñán a París, se nos perdía a cada paso para presentarse luego seguido de un cargador: este hombre traía a cuestas un viejo baúl acabado de comprar ad hoc para llenarlo ipso facto con los vieux bouquins comprados a granel por las calles de Montpellier, Nimes o Aviñón.

El manuscrito que poseía Barros Arana era realmente un manuscrito... pero de calígrafo: solo en las correcciones que eran de letra distinta y en una rúbrica que a guisa de visto bueno traía la última página, podía verse la mano del autor.

Probablemente esta copia se sacó en Lima o en Madrid mismo en 1812, cuando su autor pasó a la Metrópoli como diputado a Cortes. La primera edición del Clima de Lima, se hizo en esta ciudad en el primer quinquenio del siglo presente, la segunda considerablemente aumentada, en Madrid en 1814.

A un sabio francés americanista, miembro del Instituto y no menos entendido bibliógrafo que los dos chilenos citados, Mr. Ferdinand Denis, debí asimismo durante los cuatro años de mi residencia en París, innumerables datos sobre mi abuelo, cuyas obras proyectaba yo publicar entonces.

Este viejecito, muy erudito y versado en bibliografía y materia americana y que había estado en nuestro continente me mostró un tomo del Mercurio Peruano en cuya última hoja había escrito él una nota como indicando que uno de los artículos del volumen, que venía anónimo era de la pluma de don Hipólito Unanue. Verbalmente me dijo Denis que esto y algunos datos biográficos lo sabía por un señor (don Vicente) amigo que fue del autor del Clima de Lima.

En la citada nota manuscrita, además de lo referente al artículo, se leía que «Unanue fue un sujeto amable que vivió en la holgura y aun en la opulencia: que nunca usó del título de conde, aunque pudo haberlo hecho, y que dejó una fabricación de azúcar a uno de sus hijos que se había educado en Londres».

Este hijo, Germán Unanue educado realmente en Londres, no alcanzó a heredar a su padre, porque falleció en 1828 seis años antes que aquél y a poco de haber regresado de Europa.

La fabricación de azúcar era la Hacienda de San Juan de Arona, en el valle de Cañete, administrada por Unanue desde fines del siglo pasado y de la que tomó posesión en 1817 por compra en remate público. El nombre de la hacienda data de la repartición del valle entre colonos españoles a mediados del siglo XIV siendo Virrey el marqués de Cañete, que sustituyó su nombre al primitivo del valle que era el del Huarco; y aún hoy mismo una de las suertes de caña más antigua a la casa es llamada por tradición popular entre los jornaleros, la Arona. A fines del siglo pasado, uno de los últimos dueños del fundo don Juan Belzunce, lo hizo bautizar bajo la advocación de San Juan y de ahí la combinación del nombre hoy existente. El primer propietario español cuando la repartición se llamó Lorenzo de Arona.

El segundo invierno que pasaba yo en París corría tan desigual como todos esos climas: ya con cielo limpio y azul, un Sol brillante, un piso seco y frío y recio capaz de apretar y helar el agua más destilada y sutil; ya con un cielo encapotado y una niebla tan densa, qué no se distinguían los objetos a veinte metros de distancia; un piso sumamente sucio y una humedad penetrante capaz de ablandar y disolver una piedra. De estas dos temperaturas diversas, la primera es cien veces preferible, porque la luz del Sol alegra, prolonga el día; porque la sequedad y limpieza del piso incitan a andar, lo cual provechoso en todo tiempo, lo es mucho más en estos días en que se sacude admirablemente el frío que es intenso y se entra en una agradable agitación, en un estado de suave calor, que unido al sutilísimo ambiente que se respira, contribuye a abrir un apetito maravilloso.

No pasa lo mismo en esos días pesados en que la lobreguez de la atmósfera y lo sucio de las calles retraen de andar e impelen (sobre todo si hay tendencias naturales que solo esperan un pretexto) a la vida sedentaria, a la vida de aposento, sentado junto al fuego con un libro en la mano, o sumergido con profundo sopor o reverié. O bien a lo menos silenciosa, pero más bien abrigada aún de los Cafés, a causa de los caloríficos, de la concurrencia, de los fumadores y donde retirado en un rincón y sentado en un mueble sofá, se entrega uno a los profundos diálogos con un vaso de cerveza. En estos días, además, oscurece muy temprano, por no decir que es de noche todo el día.

El cambio de las estaciones como ya lo hemos observado, tiene en Europa un encanto y una influencia indefinibles. Cuando la primavera se insinúa parece materialmente que París resucita, que se levanta de un sepulcro sacudiendo el sudario de la nieve, y entonces se comprende que no eran exagerados ni inverosímiles o puramente poéticos las descripciones que leímos en América, de poetas y novelistas europeos, y sobre las cuales se echan como galgos los nuestros, creyendo, que esa es la poesía cuando eso no es más que la verdad, y para nosotros lo falso; encajando aquí muy bien el célebre dicho le Platón «que la belleza no es sino el esplendor de la verdad».

Las impresiones invernales, primaverales, estivales y otoñales que saturan nuestros versos nacionales, no se deben a ninguna realidad, no han sido ni podrán ser jamás sentidos mientras no sobrevenga un cataclismo; no hay tal hogar, ni tal invierno cano, ni tales hojas que caen, ni menos salones que se abren y se cierran periódicamente, cuando ni siquiera se esteran o se desesteran como en Madrid. Aquí lo único cierto es: en invierno garúa o llovizna; en verano Sol, polvo y zancudos. El otoño y la primavera no se conocen más que por el almanaque. Lo único verdaderamente cano es el verano, porque todo está blanquizco de puro polvo.

Baste decir que en los días del renacimiento de la naturaleza en París no se esperaban de mis labios esos versos del más lírico de los cantos de Espronceda:

> Gorjeaban los dulces ruiseñores
> el bosque mansamente respondía
> las fuentes murmuraban sus amores.

Los árboles de los Campos Elíseos y de los jardines de Luxemburgo, que ofrecen una imagen más triste y más visible del invierno, habiendo perdido hasta la última de sus hojas, conservan hasta la última de sus ramitas, lo que les da un aspecto muy extraño, como si dijéramos el campamento de un gigante Briareo después de haber clavado de punta en el suelo sus cien escobas o el de una colección de arterias, como poéticamente decía Vicuña Mackenna; los árboles esos al acercarse la primavera comienzan a enseñar una que otra hojita despuntando tímidamente aquí y allá y, poco a poco, se van cubriendo de frondosidad y el suelo de césped, hasta ostentar aquellos y éste un vasto, espeso y verde ropaje, que en los primeros es verde cabellera y manto en el segundo puesto que,

> Comienza a producir yerbas y flores.
> De diferentes formas y colores
> los pájaros que cantan hacen recordar
> los versos de Malfilatre y Saint Lambert:
> Je ne vois plus l'oiseau dont j'econte le chant
> y los árboles y el campo los de Horacio:
> Diffugere nives, red de unt jam gramina campis
> Arboribusque comae.

La explosión de frondosidad es precedida o más bien anunciada por una dichosa y fecunda erupción arbórea que no vacilo en calificar así como si se tratara de un accidente cutáneo, por lo que más tarde será larga verde y frondosa cabellera, principia por un brote general tan menudito que todo lo que se ve son puntos (las yemas) a manera de un salpullido copioso.

A principios de marzo en cuyo mes la primera (el 22) hay unos días terribles como de despedida del invierno. En ellos la naturaleza parece entregarse a una revolución desordenada agotándose en un solo día cuantos malos elementos tiene en sus fraguas: se levanta un gran viento, llueve, nieva, graniza, y todo casi en un tiempo en algunas ocasiones.

Estos son los cuadros que fecundan la imaginación de los poetas y novelistas del Sena. De esas emociones nacen tal vez tantos cantos extraordinarios que en América nos llenan de admiración. Las negras nubes que empujadas por el viento acuden precipitadas y en montón de todos los puntos del horizonte y oscurecen súbito el día, el Sol: que rasgándose nuevamente muestra sus cabellos de oro como empapados todavía en el rocío que acababa de sacudir; las últimas gotas de agua que una vez la tempestad pasada, caen con ruido lento y uniforme desprendidas de los tejados y de las copas de los árboles; la multitud gozosa y alborotada que en los primeros días de la primavera se derrama por las calles de la ciudad, el aspecto de desolación que presentan estas mismas en algunas de las primeras noches de invierno, cuando una nevazón copiosa y repentina las ha desfigurado y casi metamorfoseado; cuando embotado con la nieve el ruido de los pocos vehículos que las recorren hace casi total el silencio, y cuando el insólito ladrido de un perro, que se atreve a perturbar la civilización de París, viene a completar las apariencias de páramo que ya presentaba la ciudad; estos ruidos, estos espectáculos diversos de la naturaleza y del mundo, sin inspirarle nada precisamente en el momento hieren vivamente la imaginación del poeta que recibe, recoge, absorbe, deposita y fortifica en el seno de todos los sonidos devolviéndolos más tarde repercutidos, en un solo mágico y grandioso como que es el eco de todos los sonidos de la naturaleza, amalgamados con sus propios íntimos dolores.

Los verdaderos días de fiesta en París no son los populares de Año Nuevo y carnaval a pesar de su fama y su barullo; los verdaderos días de fiesta, de gozo, de entusiasmo, no son estos, ni están marcados en el almanaque ni designados por la autoridad ni nadie sabe cuándo llegarán porque estos días son: Quand il fait beau.

A los que no han salido de Lima les parecerá admirable y aún exagerado que un cielo limpiecito y azul de un cabo a otro y un Sol brillante, cosas bellas no hay duda, pero comunes y monótonas entre nosotros, pueden ejercer poderosa influencia en estos pueblos. Es, sin embargo, cierto y muy cierto, y yo mismo que me preciaba de aficionado a los días oscuros y que me creía en mi elemento cuando nadaba en un piélago de nieblas, me sentía transformado a pesar mío en esos glorious days, verdaderos días gloriosos; y ágil y con tan poca disposición a estar quieto, que cual si les hubieran dado cuerda a mis piernas me echaba yo también por las calles.

Gruesas y turbulentas oleadas de bípedos humanos rodaban al azar llevando estampada en la fisonomía la alegría y la expansión; una alegría espontánea, incontenible, del alma, donde había brotado a la sola influencia de un aire tibio y delicado, y al aspecto de una luz viva. ¡Qué reconocida es la humanidad a la buena temperatura!

Uno de los grandes encantos de París son los teatros. Las primeras funciones dramáticas a que asistí no tuvieron más mérito para mí ni más razón para atraerme, que el evocarme sus títulos recuerdos de mis primeros años. Eran la Pata de Cabra (Le pied de mouton) y la Dama de Monsoreau cuya novela había yo leído en mi niñez. Ambas piezas se representaban en el Ambigú cómico y en la Puerta de San Martín.

A estos teatros, particularmente al último, era adonde iban a parar las obras de Dumas padre; no las del hijo que ya merecían los honores del Gimnasio, en donde vi representarse el Demi Monde (la clase media) el hijo «natural» el «padre pródigo» y no sé cuáles otras. Entiendo que muy pocas palabras del padre de Las Colegialas de Saint Cyr entre ellas, y quizá ninguna del hijo en esa remota fecha, habían llegado al Teatro francés, que por su carácter, por su institución no admite sino piezas de un mérito depurado y que puedan llamarse clásicas. Es el teatro de la alta comedia y el mismo se llama La comedie française. Ese género no fue el de Dumas padre, y es el favorito de su hijo, que aún en el más lírico de sus dramas, «La dama de las Camelias», no ha hecho sino una alta comedia.

En el teatro francés y también el Odeón situado dentro del Barrio latino, al lado del Sena, y que viene a ser como el teatro clásico de los estudiantes, es donde se dan semanalmente o de dos en tres semanas las obras de Corneille, Racine, Molière y los más posteriores de Casimiro de Delavigne y Beaumarchais.

En esa culta capital siguen siendo contemporáneas los grandes dramáticos del siglo XVII. En Madrid para representar comedias de Calderón, de Pope, Rojas Zorrilla y aun de Moratín, hay que arrastrar al público a lazo. Y eso que las primeras han sido refundidas, esto es, arregladas a la trivialidad moderna. El más conspicuo de estos refundidores o arregladores ha sido Ventura de la Vega.

En Lima... el día que don José Valero (o Leopoldo Burón) hizo la hombrada de poner en escena *La vida es sueño*, el público creyó que soñaba, y a los más avisados les pareció una función de Moros y Cristianos.

He allí la temperatura de tres civilizaciones.

El repertorio de Scribe, a quien por la ingeniosidad de sus tramas podríamos llamar el Calderón moderno, era el que de ordinario hacía el gasto del francés; y daban y repetían en su escena, sobretodo «El vaso de agua», «Bertrand y Ratón», etc. Este teatro es el primero de Francia, y sus actores se llamaban «Los comediantes del Emperador». Allí no va sino la gente del buen tono o que está por la literatura seria y de buen gusto.

Las personas frívolas y que solo quieren reírse como ellas mismas dicen, asisten a otros muchos teatros de segundo orden diseminados por París, en los que se suelen representar piezas sin pies ni cabeza; así es que uno de ellos, el de Sans Variedades, acertó al título «Sans queue ni tet» una de sus revistas del año. Es a verdad que en estas piecesitas anuales no podría procederse sin extravagancias desde que se trata de encerrar personificados dentro del círculo de una representación, todos los sucesos del año políticos, literarios, etc.

Estos abortos están basados en el juego de palabras o calembourgs que es el alma de ellos y que divierte con la agradable sorpresa que produce. Así en la Revista del Año que hemos aludido, teníamos un «Miguel, el esclavo» drama de Bouchardy que había sido una de las novedades del año, «que era un esclavo de frente atrevida, de ojo atrevido, de nariz atrevida», y por último de boca atrevida, el de bouche hardie, que era en lo que consistía el calembourg.

Se parodiaba el paso de Blondin sobre el Niágara en una cuerda, acompañado de su mujer y debiendo detenerse en el medio a confeccionar una tortilla. Con este motivo se dice: La femme est effrayée; l'homme l'esi aussi, l'omelette aussi, «la mujer está asustada, el hombre lo está también ila tortilla también»!

En otra pieza se decía que los chinos renunciaban a la guerra porque las guerras «font des dettes aux nations (font des detonations)» (traen deudas a las naciones —detonaciones).

Se dice que el idioma francés es el que más se presta a los calembourg; no es tanto el idioma cuanto la nación al decir Boileau:

> Le françaíse ne malin crea le vaudeville

Pudo mejor haber dicho: crea le calembourg. Aún el teatro clásico de Molière contiene algunos tan delicados como este: un personaje creo yo que en el Misántropo, a quién celebran el carruaje de su querida, hecho de madera de amaranto, (amaranthe) replica con sarcasmo: oui, a ma rente: (sí, con mi renta).

El español podría ser sí quisiera un semillero latente de calembourgs pero la gravedad española se opone en lo general; porque en lo particular ahí está Quevedo y toda la actual pléyade gacetillera de Madrid que no hace otra cosa que calemburear.

Fuera del teatro, ningún calembourg retruécano más feliz recuerdo que el que se atribuía nada menos que al rey Luis Felipe contra Lamartine. Este poeta era muy admirado y respetado en París mismo, de tal manera, que aún los catedráticos de la Sorbona al pronunciar incidentalmente su nombre en el transcurso de alguna lección parecían inclinarse involuntariamente. Se hablaba mucho asimismo de su vanidad: decían que se adoraba como un Narciso; y que esta presunción era la que había sugerido al algo grave monarca un calembourg, tan mordaz como lleno de naturalidad; llamaba al poeta, que era natural de Macon, «le vin de Macon», el vino de Macon es uno de los Burdeos más conocidos y estimados.

Los que buscan en el teatro impresiones terribles y quieren sacudir sus nervios, corren al Ambigú y a la Puerta de San Martín, en donde se menudean el veneno, la pistola, los síncopes y los duelos. Yo que de preferencia concurría al Francés, me creía en teatro de provincia cuando de tarde en tarde y por variar, asistía a algunos de esos en donde ni la concurrencia ni los actores son muy clásicos.

En la Pata de Cabra la tramoya y las decoraciones son excelentes; en La dama de Monsereau casi nada se había sacrificado de la novela, salvo el bufón Chicot que es el que a la postre resalta ser la víctima, no el galán Bussy como en la novela.

En esos mismos días murió repentinamente, creo que de enfermedad al corazón y sin haber cumplido sesenta años, el célebre Scribe. Iba en coche a casa de su colaborador Maquet, y la muerte lo sorprendió en el trayecto con tal violencia, que no tuvo tiempo ni para tirar el cordón que correspondía al brazo del cochero.

De igual manera y por la misma época falleció otra celebridad, el naturalista Isidoro Geoffroy Saint Hilaire, cuyos cursos en el Jardín de Plantas había tenido el honor de seguir yo; pudiendo admirar su palabra didáctica, una de las más lúcidas y nítidas que espero oír de labios de un profesor.

Durante mi permanencia en la capital de Francia, conocí también a una celebridad española, que no lo sería sino muchos años más tarde: el ingeniero don José de Echegaray, que pasaba en comisión del gobierno español a estudiar los trabajos de perforación del Monte Crais. Le acompañaba su esposa Anita, su secretario don Manuel Pardo y Salvador, que fue quien me introdujo a su amistad, y un agregado, el joven cordobés don Luis Vasconi. Desde el primer momento me constituí en cicerone del interesante grupo. Por la tarde nos íbamos a comer al restaurante de Francia e Inglaterra, sino estoy trascordado, de que yo era entonces comensal y en donde se servía a precio fijo cuatro francos-cubiertos.

Ocupábamos una misma mesa. El faro luminoso de ella era la señora Anita. Ana en hebreo quiere decir gracia; y la señora de Echegaray, aunque nacida bajo el cielo de Galicia, se había sorbido, en efecto, «toda la sal de Jesús», recibiendo al nacer ese baño de hechizos que impregna a las andaluzas. Era de hermoso talante, de formas estatuarias, parecía una cariátide y hermanaba excepcionalmente la hermosura de las grandes diosas con los atractivos de las Gracias.

Sus ojos grandes, negros y rasgados, sonreían entornando los párpados con amorosa dulzura, su boca era un gracioso dibujo, de esas bocas que sonríen cerradas, y a su tez morena transpiraba fuego.

Pardo y Salvador era un ardiente sectario de Apolo, Vasconi no le iba a la zaga, yo, no se diga, toda la comida no era más que un cambio de versos. Anita nos miraba con tácita benevolencia; don José manifestando estoica indiferencia, engullía en silencio, picando como, se dice, de cada plato.

El ingeniero en quien tan embrionaria y confusamente incubaba un futuro poeta dramático, podría tener entonces de veintiocho a treinta años. Era de mediana, quizá de pequeña estatura, ancho y cargado de espaldas, de cráneo calvo y reluciente, de piel amarilla y lustrosa como la de un malayo, de pómulos salientes, y de unos ojos cuya vista hincaba detrás de los espejuelos de oro.

Cuando nos afervorábamos demasiado en el cambio de versos, Echegaray levantaba la cabeza de su plato, nos hincaba con una de sus miradas como con la punta de un alfiler, y volvía a su abstracción con un gesto que parecía decir... ¡qué tontos!

En París no se siente la Semana Santa, como no se sienten otras muchas cosas, porque todo pasa casi desapercibido en el perpetuo torbellino de esa ciudad. El día domingo o de fiesta en general, ese sí que se siente muy bien, demasiado bien, a causa del exceso de gente que se encuentra en todas partes, y que es mayor cuando a lo feriado se une la bondad de la temperatura; y mucho mayor aún cuando el buen tiempo vuelve después de una larga ausencia; como sucede en marzo y principalmente en abril, en cuyos meses la emoción sentida por el cambio de temperatura es grande, y todo el mundo anda con cara de novedad.

La porción humana rueda por todas las calles en pelotones, como ya lo hemos visto más arriba, y París presenta el aspecto de una gran feria; y ya sea porque la buena estación atrae al centro de los placeres a los extranjeros y provincianos, ya porque transforma a los mismos parisienses, ello es que todas las caras parecen nuevas.

El cielo se mantiene limpio y azul de día y de noche, con Sol y con Luna, con fresco de día, con frescor de noche. Aun los amantes del invierno no podíamos permanecer indiferentes ante esta gloriosa revolución de la naturaleza y del hombre. Al ver el brillo, la lucidez, el movimiento, la animación que cada ser y objeto demuestra a su manera, después de haber yacido tanto tiempo muerto, inanimado, casi se figura uno que está asistiendo al espectáculo de una segunda creación. Como las hojas de los árboles y como el césped del suelo, así parece brotar la gente de las calles en esos primeros días primaverales.

Durante estos dos años hice una excursión a Bruselas, otra a Cherburgo y dos a Londres a pasar allí los veranos. El viaje de ida a la capital de Bélgica lo verifiqué en doce horas por tren ordinario y a la vuelta por el expreso en seis. Bruselas, una bonita ciudad y poco ruidosa, y acaso sin la comparación inmediata, viniendo directamente de Lima, me habría parecido un pequeño París, como la suelen llamar; pero no siendo así y con la intolerancia absoluta que da la permanencia en París, Bruselas no podía producirme otro efecto en la primera ojeada al menos que el de una aldea.

Después de Londres y París nada me satisface por completo.

El rasgo sobresaliente de Bruselas para el que solo la ve de paso, es el farró, cerveza pesada y espesa como el carácter local, y que se toma allí a todo pasto como la chicha en Arequipa

Sin dificultad ninguna me hice del mismo círculo que frecuentaban algunos peruanos allí residentes, que estaban muy bien vistos, dejándome complacido el tanto y las maneras de las familias que visité.

A Cherburgo no me llevaba ninguna mira militar relacionada con las fortificaciones célebres de su puerto, sino una curiosidad de circunstancias. En sus aguas se mecía flamante entonces como un lindo anacronismo, la trireme o galera romana que el emperador Napoleón acababa de hacer construir para tener una idea viva de las embarcaciones que Julio César cuya historia describía entonces S. M. I., verificó la primera invasión de las costas de Britania, en cuyo trono quedaba sentado ya su padre «El Conquistador».

Me hallaba pues al frente de dos recuerdos: el de la primera invasión y el de la última y definitiva, mediando entre ambas la bagatela de mil años. El recuerdo de la primera se había ofrecido a mis ojos con una vera efigie, el de la segunda con un simulacro.

El trayecto de París a Cherburgo es de doce horas por tren ordinario y de diez por el expreso. La ciudad tiene 40.000 almas. Me hospedé en el «Hotel de Francia», muy sucio y pobre, aunque pasaba por lo mejor de la villa. Tampoco revelaba mano de maestro una estatua ecuestre de Napoleón I que se veía por ahí.

Mi género de vida en Londres era muy diverso del de París: vivíamos con una familia inglesa tan respetable como honorable, compuesta de un anciano matrimonio y dos hijos jóvenes, Will y Dick, siendo nuestras distantes señas Londidale Square, Barnsbury Park Islington número 26. Almorzábamos o más bien nos desayunábamos a las ocho de la mañana con los platos de ordenanza, «fried ham and eggs» (huevos y jamón fritos) y té. Comíamos a la una y media un abundante y excelente bistek o rosbif, que es lo mejor de Inglaterra, las carnes, porque lo demás se reduce a pasteles de masa cruda con fruta verde cocida dentro, y con nombres admirablemente onomatopéyicos «¡plum! ¡pudding!», esto es el ruido que debe producir una bala de 86 al caer arrastrando un cadáver al fondo del océano.

A las seis de la tarde tomábamos té, y a las nueve cenábamos jamón, ostras, y otro alimento tan liviano como éstos. En la noche, ya sea por lo lejos que estábamos del centro, ya porque el tiempo pasara agradablemente conversando con los ancianos dueños de la casa y su distinguida familia, ello es que no me acordaba de salir a la calle. La vida aquí es mucho menos risueña que en París; pero todo está compenetrado: en Londres vivíamos en familia, y entre conversación y lectura se nos van las noches insensiblemente, sin que tengamos necesidad ni aun nos acordemos de salir. El bienestar está allí de puertas adentro, en París de puertas afuera.

Los rasgos típicos del home inglés, del «parlour, drawing o dinningrooms» son la chimenea y el gatazo, a quien se llama Puzzy. Al amor de la lumbre y bajo el morro o ronquido del michi, el jefe de la casa se agarraba a conversar conmigo especialmente de literatura conociendo mi lado flaco; y acabó por obsequiarme con toda solemnidad una obra inglesa de dos tomos sacada de su propia biblioteca: las «cartas sobre el estudio de la historia» de Lord Bolingbroke. La señora Mrs. Seed, notando mis frecuentes observaciones y distracciones me solía lanzar este reproche; Always thinsleing.

La ciudad de Londres es tan vasta, que más bien que una ciudad sola parece una provincia entera con su capital y sus pueblos y sus distritos, todo en una pieza. Con muy poca frecuencia se le ve la cara al Sol y casi perennemente se vive envuelto en la niebla.

Mis regresos a París a fines de otoño solía realizarlos en una noche con una Luna hermosísima, con el mar muy sosegado y casi sin mareo.

Capítulo VIII
De París a Estrasburgo. Un empedrado curioso y aplicable a Lima. El reloj de Estrasburgo. Un libro barato. Francfort, Hannover. Inauguración de la estatua de un rey. Escote femenino. Hamburgo. La Bolsa. El Alster. Un recuerdo de las mil y una noches. Un pariente de Fernán Caballero. Berlín. Sus monumentos. El Museo. El maíz. Leipzig. Su feria. Desengaños bibliográficos

El 19 de septiembre de 1861 y a la hora del medio día, salí de París con dirección a Alemania.

Prima noche era por decirlo cuando llegaba yo a Estrasburgo, hospedándome en el hotel de la «Ville de París», que me pareció bastante bueno.

La ciudad es muy aseada y bonita, y recorriendo sus calles al siguiente día tuve ocasión de ver un nuevo sistema de empedrado, muy sencillo y cómodo, y muy aplicable a Lima.

Una serie de picapedreros, sentados en banquitos portátiles y armados de un martillo, iban descabezando por sus dos puntas y de un solo martillazo, las innumerables piedras de empedrar que cubrían el suelo, y que eran las mismas que nosotros usamos; piedras de río, que nosotros usamos; llamadas por los franceses galets.

Estos adoquines rudos se entierran en el suelo, que presenta entonces una superficie mucho menos puntiaguda que la del el empedrado corriente de Lima y de algunas poblaciones de España, y un poco más escabrosa que la del verdadero adoquín.

La cara o superficie de una calle así adoquinada recuerda la cara o superficie de un turrón de almendras. Este sistema de empedrado, aun no conocido entonces en Lima, se ha propagado después con regular éxito en varias de nuestras calles.

Visto el exterior de la ciudad, me encaminé a su catedral, cuyo monumental y simbólico reloj es una de las curiosidades el mundo, y cuya descripción es la siguiente: es un aparato inmenso, emblemático y casi alambicado; y aunque la esfera es del tamaño y apariencia de cualquier otra de las comunes, el reloj completo se extiende hasta el techo, merced a las innumerables figuras alegóricas de que está decorado.

Prescindiendo del simbolismo astronómico, describamos solamente el que podemos llamar filosófico. Inmediatamente debajo de la esfera hay un pequeño semicírculo volado a manera de balconcillo, sus dos aberturas en sus extremidades, que figuran como la entrada y salida de una lóbrega caverna o cueva.

Por ellas deben entrar y salir desfilando lentamente siete carros, conducido el uno por la Luna, cuyo nombre se lee en la parte superior de la rueda, así como en la inferior, el del día que esta Divinidad preside, que es el lunes: Marte con su martes al pie, y Mercurio con su miércoles, conducen el segundo tercero, etc.

Cada uno de estos carros va desapareciendo insensiblemente de la vista conforme declina el día, hasta que con la noche se pierde enteramente; y es reemplazado por el carro que le sigue, anuncio del nuevo día.

A un lado del semicírculo hay sentado un angelito que da sobre un timbal cuatro golpes de alerta cuando la hora se colma, y al otro, otra figura que corresponde mudamente volteando una ampolleta que tiene en la mano.

Sigue otro semicírculo superior o de segundo piso, en el cual la Muerte, puesta de pie en el centro, golpea en un címbalo que tiene inmediato la hora que se ha cumplido, tan pronto como el angelito mencionado más arriba, da los golpes de prevención. Varias figuras alegóricas desfilan por delante de la Muerte.

En la semigalería del tercer piso, que es la última, preside en pie Jesucristo, que va bendiciendo a cada uno de los doce apóstoles que pasan delante de él haciéndole una reverencia.

En la parte más alta y a un lado de toda esta gran máquina hay un gallo que canta y aletea tres veces al golpe de las doce, que es la mejor hora para ver y admirar las curiosidades de este reloj, porque en ella todo funciona; y como los circunstantes, que son numerosos, guardan un profundo silencio para que nada se les escape, y tienen la vista clavada en el aparato central que es donde ha de dar la hora, la figura de la Muerte adquiere cierta solemnidad, se anima por decirlo así, parece que tiene conciencia de lo que hace, y el ánimo se espanta.

Antes de dejar Estrasburgo fui a echar un vistazo por los puestos de libros viejos, preciosa costumbre que había adquirido en París, visitando casi cotidianamente las librerías ambulantes de los Quais o malecones del Sena; y tuve la suerte de comprar con ocho centavos la célebre Historia de Chile del abate Molina, traducida al inglés con muchas notas, y publicada en 1808 en dos tomos. El ejemplar estaba usado pero no malo; y por la misma obra en un solo tomo me habían pedido en Londres seis chelines.

El puesto en que hice esa adquisición, se hallaba situado en el suelo, en plena calle.

Salí de Estrasburgo a poco más de la una, y a eso de las diez de la noche llegué a Francfort, bonita ciudad donde no hice más que pernoctar. Un día más de viaje ferrocarrilero me condujo a Hannover, población que encontré entregada al regocijo, y con sus calles engalanadas de cintas y guirnaldas. Se festejaba el natalicio de un rey, y se inauguraba la estatua del rey su padre, Ernesto Augusto, muerto en 1851.

Las hannoverianas que encontré al paso iban todas escoltadas, aun las de aire más puro y honesto, luciendo los rollizos brazos y el magnífico seno y dando a toda la fiesta un aire de frescura y de lozanía, que están muy lejos de tener las nuestras.

No muchas horas de Hannover está Harburg, adonde llegamos por la noche. Allí tomamos un ómnibus, o más bien entrarnos en el primero que encontramos; el cual, ya andando sobre sus ruedas, y dentro de un bote, que con pasajeros, caballos y todo lo hacía vadear algunos brazos del Elba, nos condujo a Hamburgo en cosa de hora y media.

La noche era de Luna y el paseo fue de los más románticos. En Hamburgo, lugar aparente para cuartel general, determiné tomar algún reposo en la gran Steeplechase que venía dando desde París. Allí hospedado a orillas del Alster, que en unión del Elba baña esa ciudad disfruté de algunas horas tranquilas.

En esas preciosas orillas están situados casi todos los hoteles de Hamburgo; y aún cuando así no fuera, sería cosa de ir a acampar en ellas, por la deliciosa vista que se goza desde esas márgenes, en las que no hay temor de tercianas.

Es como un gran lago rodeado de árboles y edificios, y surcado a cada paso por diferentes vaporcitos y en cuya superficie dibuja la Luna una ancha estela en las noches claras.

Lo más notable de Hamburgo es el edificio de la Bolsa. Allí acuden entre doce y dos de la tarde todos los comerciantes de la ciudad, y se reúnen en la gran sala destinada a este objeto.

Los ociosos y curiosos se pasean por las galerías altas que la circundan, y desde las cuales solo se perciben cabezas humanas mas ni un solo palmo de suelo; de tal modo está invadida y llena la sala.

El murmullo que sube es un zumbido confuso en el que no se distingue nada que recuerde la voz humana; así es que si un individuo fuera llevado hasta aquel sitio con los ojos vendados, creería, o que se hallaba a orillas de un río caudaloso o en la inmediación del mar, porque el ruido que sube es

> Confuso, atronador, sordo, estridente;
> como aquel que se siente
> del mar en las orillas
> al recular sus olas arrastrando
> guijarros y menudas piedrecillas.

Otra de las curiosidades de Hamburgo, diametralmente opuesta a la que precede, es el barrio o más bien barrios de las mujeres públicas. Si la idea de separar a estas criaturas perniciosas y repugnantes del vecindario común, y confinarlas a calles especiales no acreditara perentoriamente fines de alta policía y moralidad, la primera ocurrencia del viajero sería calificarla de cómica; porque es cómico y muy cómico el cuadro que presentan esas furias amotinadas o poco menos, día y noche en un solo barrio.

Al atravesar una de esas calles, por el centro de la vía y no por la acera para no ser comido por una de las muchachas zarpas que salen de las ventanas, oyendo un guirigay endemoniado, cree el transeúnte recorrer las calles de una Ménagerie o Jardín de Fieras, o casa de locos; o que trepa aquella montaña de las Mil y una Noches, a cuya cima no se podía llegar sino permaneciendo insensible a las vociferaciones y provocaciones de las piedras del camino, hombres en un tiempo y petrificados allí por no haber salido airosos de la prueba, por haber vuelto la cabeza a las constantes insinuaciones.

Muchas veces pasé por la calle de Dammthorwall, que así se llama, y por la contigua al teatro, cuyo nombre no recuerdo en este instante; y puedo asegurar a UU. que no fui convertido en piedra, como aquel héroe del cuento a que he aludido, que llegó incólume a la cima no obstante los mil obstáculos del camino.

De igual peligro debía triunfar más tarde en los vericuetos o callejas del Cairo, oyendo salir Favoriscas desesperadas de las celosías árabes.

Favorisca que en italiano quiere decir haga usted el favor de pasar adelante, es la única palabra europea que saben decir las mujeres públicas del Cairo, y es su palabra favorita.

Tuve el gusto de conocer en Hamburgo a un simpático joven alemán, el señor Böhl, pariente de uno de igual apellido que era jefe de una de las principales casas comerciales de Lima. Este joven me dijo que era primo de la célebre escritora española Fernán Caballero y en efecto todo el mundo sabe que bajo este seudónimo masculino se ocultó la señora doña Cecilia Böhl, que fue hija de alemán y descendiente nada menos que del ilustre erudito filohispano o hispanófilo, Böhl de Faber, muy dado a las letras españolas, a las que ambos han prestado servicios. Del primero queda una Floresta de Rimas Españolas que se puede ver en las librerías de Lima.

La próxima feria de libros de Leipzig me traía inquieto: ya creía llegar tarde. En mis sueños bibliográficos de París había soñado más de una vez con el gran mercado de libros curiosos y baratos que parecía ofrecer Leipzig.

Otras veces en Mantua me veía
cabe el pie de la estatua Virgiliana.

Ardía pues por ver estas dos pequeñas poblaciones, alemana la una, italiana la otra, y sin más importancia ambas para que la que dan a la primera sus libros y a la segunda el Mantua me genuit de Virgilio; para acelerar mi viaje no tardé en salir vía de Berlín.

El viaje duró unas doce horas escasas, pues habiendo partido de Hamburgo a las ocho de la noche, llegué a la capital de Prusia el día siguiente al amanecer.

Lo primero que salió a mi encuentro fueron graciosos grupos de acacias o robíneas, con su copa redonda y arrepollada como las faldas de una muchacha talludita, como el cuerpo de una pollita o perdiz.

El maíz, la indica zara, parece también tener gran importancia por estas regiones, y con singular gusto mío no había cesado de ver maizales más o menos dilatados desde que salí de Estrasburgo.

Lo que es aquí, los tallos no son ya endebles raquíticos, sino gigantes y dignos de competir con los nuestros.

Parece que en Berlín se tiene en mucho honor a esta planta, pues no solo la he visto adornar la entrada del antiguo Museo, en un pequeño plantel al lado de otros arbustos europeos; sino que también figura la mazorca en los grupos de frutas entalladas o bodegones que en Berlín, como en todas partes, adornan los comedores.

En esta ciudad parece reinar un gusto decidido por la arquitectura, casas, hoteles, vulgares establecimientos, todo huele a monumento; y al edificio más insignificante se le echan fachadas de templos y palacios y sobre estas fachadas se colocan estatuas más o menos bellas. Y cuando en ciertas calles anchas y largas ve uno un monumento terciado, allá otro de frente, más allá otro presentando la espalda o testa, cree el viajero hallarse no ya en una ciudad, sino en un vasto teatro donde hubiera concurrido a una entrevista o competencia general o concurso, todos los monumentos del mundo. ¿Hasta qué hora no llego a la ciudad de los hombres? es la pregunta que se hace el viajero.

Igual pregunta se hace uno en ciertas poblaciones de España, de Italia y de la misma Alemania; con la diferencia que si al recorrer sus lóbregas y malsanas callejas se pregunta el viajero ¿dónde está la ciudad de los hombres? no es porque crea hallarse en el lado de los monumentos sino muy por el contrario, porque cree hallarse en... la pocilga de los marranos.

Los almacenes de tabaco o cigarrillos, estancos, como dicen los españoles, están aquí en su apogeo, y parecen templos o lugares regios. Bien se conoce que hemos llegado al clásico país de la pipa. El delicioso tabaco turco, esas hebras rubias y delgadas como los cabellitos de ángel, de que tanto uso debía hacer más tarde en Constantinopla, comienza a aparecer aquí y tiene mucho expendio.

La calle principal se llama Unter den Linden, que literalmente quiere decir «bajo de los tilos» (ojo a los limeños que tanto se horripilan apenas se trataba de plantar media docena de árboles en algunas de nuestras plazuelas).

La ciudad de Berlín cuenta cerca de 1.500.000 habitantes, y su importancia data desde el reinado de Federico I que murió en 1718.

El Museo antiguo construido en 1828 es vasto y monumental, ¡cómo no lo sería en donde hasta los hoteles lo son! Hacer su descripción y la de los tesoros que contiene, me quitaría mucho tiempo y fatigaría a mis lectores. Solo diré, que si la Galería de pinturas, por ejemplo, es menos rica que la de Dresde y de Munich, la Galería egipcia, compuesta de cinco o seis salas, es la colección más valiosa de Europa, y ha sido clasificada y enriquecida por el célebre egiptógrafo alemán, Lepsius, autor entre otras obras, de unas Cartas de Egipto, etc.

Recorriendo esta galería se penetra en lo más íntimo de la vida egipcia de ese pueblo, acaso el más interesante de la antigüedad, sin excluir Grecia y Roma. Para un peruano, al menos dudo que haya otra parte del mundo clásico más digna de amor.

La analogía de su suelo y de su clima con el nuestro, la de los jeroglíficos con el antiguo sistema de escritura de los peruanos y mexicanos, la de sus momias con la de nuestras huacas, la de sus monumentales construcciones y forma de Gobierno con las incaicas o de los Incas, todo debe hacer que miremos ese país y cuanto con el se relacione, con un cariño entrañable; con el amor que se mira a los mayores y al único eslabón por el cual podemos engarzar nosotros también, en la gran cadena de la civilización clásica.

Grandes estatuas de reyes, sarcófagos, momias de hombres y de animales; armas, vestidos, piedras de sacrificio, inscripciones, rollos de papiros escritos, utensilios, momias de animales sagrados, de gatos, de pescados, de célebres pájaros acuátiles o garzas, llamados Ibis (que más tarde había yo de ver desenterrar de la arena a los beduinos con solo introducir un poco el brazo), todos se encuentra reunido con profusión y sabiduría en esa parte del museo.

El que haya visitado éste y el British Museum de Londres, casi, casi no necesita visitar el Oriente.

En sus frescas y bien ventiladas salas paseará por la Asiria, verá Menfis, Tebas y Lúxor, Babilonia y Nínive; Palmira y Balbek; Efeso, Atenas y Egina, sin insolaciones, sin tabardillos, sin fatigas de cuerpo y de espíritu, sin gastos y con mucho más orden.

Yo que tuve la felicidad y la precaución de estudiar estos dos Museos, y en seguida los de Roma y Nápoles, y por último las ruinas vivas por decirlo así de Pompeya, puedo decir que cuando finalmente me encontré en Oriente, ya me había orientado con creces.

La obra del doctor Lepsius, de que he hablado, está traducida al inglés bajo el siguiente título: Letters from Egypt, Ethiopia and the Peninsula of Sinai, by doctor Rich. Lepsius. Translated by Leonora and Joanna B. Horner, Londres, Bohn, 1858.

La carta 36 está dirigida al Director General del Real Museo Prusiano, y lo instruye cómo ha de construir y decorar las salas egipcias, y cómo ha de colocar y distribuir las antigüedades.

La obra contiene, además, mapas, láminas iluminadas y uno que otro jeroglífico de las pirámides de Gizeh.

El 29 de septiembre de 1861 salí de Berlín para Leipzig, a gozar de una de sus dos ferias anuales, que en esta ocasión era la de San Miguel. Hice el viaje entre ocho y doce de la noche, apeándome en el hotel Stadt-Rom (Ciudad de Roma). El cuarto que me tocó fue un mezquino chiribitil, y mi cama un sofacito corto y angosto, en el cual ya acostado, parecía yo un gran pavo servido en un plato pequeño; es decir que rebosaba y me derramaba por todos lados.

Para mayor regalía, un enorme péndulo o reloj de péndulo, sin caja, en esqueleto, pendía sobre mi cabeza con todas sus pesas, cuerdas y completo aparato. El seco y enfadoso tictac no me dejaba conciliar el sueño; hasta que después de mil vueltas y revueltas en mi estrecho sofá se me ocurrió lo más natural, que fue estirar el brazo, coger la péndola y detenerla.

Con esto todo quedó en el mayor silencio, y yo me dormí arrullado con la grata perspectiva de cerros, montes y valles de libros que debían llenar las calles al día siguiente, y por los que yo discurría poniendo paz, como si se verificara allí la Battle of the Brooks cantada por el humorista Dean Swift.

Amaneció y anocheció el día siguiente, y ¡oh dolor! después de haber corrido todo el día en todo sentido por la ciudad en busca de maravillas y tesoros bibliográficos, nada de extraordinario había descubierto.

En casa del herrero asador de palo, dice el refrán, y Leipzig, el gran centro de la librería alemana, no quería ser excepción a esta regia. Si cada uno habla de la feria como le va en ella, ¿qué diré yo de la de Leipzig?

Dicha feria dura como cuatro semanas; una de las últimas es la de los libros; yo había llegado en la de los paños; ¡vean ustedes si tendría tela de qué cortar para maldecir! En la Revue de l'Instruction publique había leído en París, meses antes, una lisonjera descripción de Leipzig y sus importantes ferias; y desde entonces databa mi alboroto de bibliómano con esta ciudad.

Pero la tal feria, lo repito, nada de interesante tenía a mis ojos bajo el punto de vista bibliográfico.

Por lo demás, las calles presentaban el aspecto de los Bulevares de París en los días de año nuevo, o de la plaza de Lima en noche buena, aunque mucho más grande: baste decir que circulaban por ellas judíos, polacos, armenios, persas, griegos, turcos, atraídos desde el remoto Oriente por el incentivo de la feria.

Leipzig es una bonita y limpia ciudad de unos ochenta mil habitantes, y con algunos edificios notables, entre ellos el Rathaus o Ayuntamiento en la plaza del mercado; el magnífico Augusteum o Universidad situado en la plaza llamada Augusta, un Museo, etc.

Las tabernas de Leipzig, como todas las de Alemania, son poco menos que subterráneas; se entra o se desciende a ellas por una escalera que da a la acera pública, y se halla uno en unos cuartos bajos, oscuros, llenos de humo y de vapores.

Una de ellas, la fronteriza al Rathaus, es notable por las deterioradas pinturas al fresco de sus muros, que representan nada menos que escenas de la vida del célebre Fausto; y no como quiera del de Goethe, que esto nada tendría de curioso, sino del Fausto de la tradición, encontrándose allí esos frescos desde el siglo XVI.

Las librerías, ya que este era mi tema, como tiene que serlo el de todo el que visite Leipzig, llegan nada menos que a ciento cincuenta, siendo la más grande y la de más nombre la de Brockhaus.

Para obtener en Lima esta prodigiosa cifra, sería menester echarse a contar boticas o peluquerías, es decir «la farmacia» del cuerpo o la del tocador, que en cuanto a la del alma, como llamaba un sabio a su biblioteca, esa poco o nada nos importa por acá.

He aquí ahora la pobre y vergonzosa lista de mis curiosidades bibliográficas de Leipzig: Bibliotheque Americaine; catalogue raisonne d'une collection des livres precieux sur l'Amérique, parus depuis sa découver te jusqu'à l'an 1700. Rédigé par Paul Trommel, Leipzig, Brockhaus, 1861.

Un Glossaire des mots espagnols et portugais dervés de l'ara be par le Dr. W. H. Engelmann, publicado en Leide, 1861, y del que posteriormente se ha hecho una edición aumentada al doble.

Y finalmente un guía ilustrado del viajero en Leipzig. Lo único curioso de este libro, era que estaba en alemán y en caracteres góticos, y yo por entonces, no conocía mucho de esta preciosa lengua, pero en mi rabioso despecho deseaba a todo trance sacar alguna curiosidad bibliográfica de Leipzig, y creí conseguirlo plenamente con la compra de semejante libro.

Capítulo IX
De Leipzig a Praga. Dresde visto desde el tren. Budenbach. Ingenuidad inglesa. Praga. Anchura de sus calles. El puente de Carlos. Fervor religioso. Brun. La prisión de Silvio Pellico. El valle de Adán

Aún no hacía tres horas que había salido de Leipzig (era el medio día del dos de octubre de 1861) cuando el tren, que por corta providencia debía llevarme hasta la capital de Bohemia, o sea, hasta Praga... «¿fracasó? ¿precipitose?» me preguntarán ustedes temblando ya por mi preciosa existencia y preparándose a saborear una emocioncilla a costa de mi pellejo.

Ni uno ni otro. Detúvose pacíficamente como una acémila cualquiera al frente de Dresde, que para mí fue desde, porque solo desde la estación del tren vi esa linda ciudad, acariciada por el Elba y orgullosa de su célebre galería de pinturas.

Intenté almorzar en el buffet de la estación; pero de estas intentonas o intenciones están llenas las valijas y los viajeros; y viendo que el tren amenazaba dejarme corrí al mostrador, pertrecheme de un par de panes embutidos de jamón y de un vaso de cerveza, que pagué, vaso y todo, y volé a mi nuevo coche, porque habíamos cambiado de tren.

Cerrose o cerraron la portezuela, partimos y me preparé a despachar mi almuerzo, solo, enteramente solo, en el coche.

Esta situación feliz es tan rara para un pobre viajero solitario, que en mi regocijo habría acariciado el coche, si un coche no fuera lo menos acariciable.

Dura es la condición de un viajero solitario. Jamás se tiene en cuenta para nada el insignificante número uno. El camarote del vapor, el cuarto de la fonda, la mesa del restaurant, los asientos del coche, todo está calculado cuando menos para dos, con dos camas, con dos cubiertos y con dos asientos; y hay que aguantar, velis nolis, la compañía de un desconocido para la emparejadura, a menos que no se quiera pagar por dos.

¡Cuántos malos ratos he pasado por no poder duplicarme o duplicar mis entradas! ¡cuántas veces he tenido que comer con un comensal más odioso para mí que el Convidado de Piedra! Felizmente los pocos años son una fuente inagotable y fecunda de que se extraen fuerzas aun para los trances más duros, y en la que hay recursos para todo.

Aun no existía en mí sino en germen, don Crispulo Mor-Diente, a pesar de que ya había cantado los Días Turbios, y, lo que es más extraño, bajo el privilegiado cielo de Sevilla y a los veinte años.

Almorcé, poco menos que sobre el pulgar como dicen los franceses, remojé con cerveza lo almorzado, lancé el jarro por la ventanilla y me di a cantar; pasatiempo a que tuve que renunciar pronto, porque, aun cuando sea cierto que quien canta sus males espanta, cuando yo canto, a mí propio me espanto, porque es tal mi voz, que puedo decir con Villergas

> Canta tan bien mi moza,
> que cuando canta

> los ángeles a oírla
> del cielo bajan;
>   como yo cante,
> se irán a los infiernos
> por no escucharme.

Solo cuatro cosas he envidiado en esta vida; saber cantar con entonación, silbar con habilidad, dibujar una caricatura y pintar un paisaje.

¡Qué bien me habría venido lo último en el trayecto de Dresde a Praga! ¡Qué sitios tan pintorescos y caprichosos! ¡Qué perspectivas tan dignas de ser copiadas por el pincel!

El Elba, abriéndose paso sinuosamente por las dilatadas campiñas, era en gran parte el autor de estos encantos; Deus nobis haec otia fecit, podrían decir sus agradecidas márgenes divinizando al río.

¡Con qué pena recordaba entonces la grotesca felicidad del chacarero peruano! Figúrese usted (me decía a mí mismo: esto de hablar así, como si fuera con otro, es costumbre que adquiere el viajero solitario). Figúrese usted una pampa de tierra, un laberinto de tapias, también de tierra, un jinete empolvado hasta las pestañas y embozado en una enorme bufanda de lana, que a manera de collarón, lo resguarda del Sol; con una cara desollada por sesenta erisipelas al hilo; sobre una bestia que lo soporta impasible, aunque izando con frecuencia la cola para librarse de los tábanos que la pican, y por término del cuadro, media docena de escuálidos hijos de Confucio trabajando alrededor suyo y meditando qué día le quitarían la vida al patalón. Aquí es de deplorar el no saber dibujar caricaturas, pues podría hacerse un croquis bajo este lema: «Felicidad del rustiquear peruano».

A las tres de la tarde llegamos a Budenbach, frontera de Bohemia y límite de la Suiza Sajona que dejábamos atrás.

Nos detuvimos una hora, nos registraron el equipaje, y cambiamos de tren. Un inglés andaba desolado de empleado en empleado solicitando que no se exigiera el boleto a su compañero, pues lo había perdido sin saber cómo; pero era seguro que había pagado su pasaje hasta Praga.

Después de hablar inútilmente en mal francés al empleado, que también chapurreaba este idioma, no hubo más remedio que tomar nuevo pasaje.

Pero he aquí que verificado esto, y emprendido la marcha el tren, saca nuevamente el inglés su candorosa cabeza por la ventanilla, y dando voces inútiles al conductor le decía:

Eh! Mosié ecoté, moá Il á trové son premier billet dans son poche.

Llegamos a Praga (en bohemio Praha) a las ocho de la noche, y después de haber cenado solitario en el hotel Inglaterra, me eché a vagabundear por esas calles a la buena de Dios, aunque con la mira de hallar el famoso Carlsbrucke o puente de Carlos, una de las curiosidades del lugar, y al que llegué después de muchísimas vueltas.

El puente de Carlos es un tesoro de recuerdos históricos y tradicionales. Consta de 16 arcos y fue concluido en 1502. Un bohemio con quien me había hecho amigo pocas calles antes, y con el cual me entendía, medio por señas, medio en alemán, medio en francés, se encargaba de hacerme la descripción de las estatuas, grupos e inscripciones que ornan el puente y que yo no veía bien por no permitirlo la hora.

Entre los grupos figuran San Ignacio, San Francisco Javier, San Norberto, etc.

San Juan Nepomuceno, patrón de la Bohemia, tiene su estatua en bronce, y no lejos vese una lápida de mármol que designa el sitio en que el santo fue arrojado al río por orden del emperador Wenceslao, por no haber querido revelar la confesión de la reina. El cuerpo, se mantuvo a flote algún tiempo rodeada su cabeza de cinco brillantes estrellas...

—Pero, ¿no es usted cristiano? —me preguntó mi improvisado cicerone notando la distracción con que le oía.

—Sí —le repliqué—; ¡pero hace tanto tiempo que leí el Año Cristiano!

Todos los años, el 16 de mayo que es el día del santo patrón, concurren al Carlsbrucke millares de peregrinos bohemios, moravos, húngaros, etc.

También ha sido teatro de sangrientas batallas este puente, como si la historia quisiera disputar a la tradición el honor de enaltecerlo. Allí fueron rechazados los prusianos en 1744, y allí alzaron las principales barricadas los estudiantes en la insurrección de 1818.

Las calles que atravesé eran las más largas, anchas y rectas que había visto en Europa; por lo que parecían mayores el silencio y la soledad que reinaban en ellas. Al acercarme al puente el silencio era tan formidable, que nuestros pasos producían eco, siendo el buen bohemio y yo, los únicos desvelados transeúntes por allí a tales horas.

No podré decir más acerca de esta obra ingente, ni de Praga en general, porque solo permanecí una noche.

En una de las calles que atravesé al regresar a mi posada, vi un altar colocado en plena calle, no arrimado a la pared siquiera, como se puede ver en Lima en ciertas procesiones, sino en esqueleto.

Estaba alumbrado con muchos vasitos de colores y custodiado por un centinela cuya garita se veía al lado: lo que me hizo comprender que era un monumento estable, y no puesto allí excepcionalmente con motivo de alguna fiesta, que fue lo primero que supe al divisarlo.

¿O sería la columna de la Virgen de que hablaban algunos de mis libros, mandada erigir por el emperador Fernando III después del sitio de la ciudad por los suecos?

Delante del altar había algunos fieles orando, con cuyo cuadro se completó el gozo que venía sintiendo yo después de que entré en Bohemia, en donde las grandes cruces y crucifijos que abren sus brazos en medio de todos los caminos y campiñas ya al raso, ya bajo de un árbol, refocilan el alma inspirándole ideas de recogimiento y suscitando en ellas esas tradiciones infantiles que se adormecen en la vida artificiosa de las grandes ciudades; y a cuyas tradiciones somos más sensibles los que hemos nacido en América y estado en España donde las costumbres religiosas se sostienen todavía a pesar de la civilización que tiende a atenuarlas.

Dos años había vivido en París, sin que ni en él ni en sus inmediaciones viera nunca semejantes cuadros, ni aun en las iglesias, que si bajo el punto de vista arquitectónico son monumentales, no se hallan impregnadas de la embriaguez mística de las nuestras.

No se comprende en ellas el éxtasis; y su desmantelamiento y frialdad tienen algo de la Bolsa y de las Cámaras Legislativas.

Es decir, que en ellas al ir a orar no se diferencia mucho de del ir a perorar o a una transacción bursátil.

Los arrabales de Viena presentaban igualmente dispersos santos colocados en nichos en la pared o en columnitas ad hoc.

Praga situada sobre el Moldau y con 150.000 habitantes es célebre en el mundo, a más de la historia, por su rica cristalería de Bohemia. De allí salen esos vasos, copas y pomitos de esencias para el seno; ya de color sanguíneo, ya de color caña, y ornados de paisajes de un blanco mate en que aparecen grabados en primer término los seres animales y vegetales del mundo alpino, como son la gamuza y el alerce.

Los vasos, particularmente, de forma ochavada y muy lindos, se venden a precios bastantes bajos.

Durante todo el día después de mi salida de Praga (de donde allí a las 9 de la mañana) estuve disfrutando de perspectivas tan bellas como las del día anterior, gracias al curso tortuoso que se abre el Elba por una serie de montañas.

Poco antes de Brunn, ciudad de 50.000 almas, segunda capital de la Moravia, célebre por sus grandes manufacturas, telas y cueros, y estación principal entre Praga y Viena, se encuentra la estación de Adamsthal, Valle de Adán, llamada así tal vez por exceder en belleza esa comarca, a las que se han dejado atrás, que, sin embargo, pueden rivalizar con ella.

Desde la estación de Brunn se divisan las altas y humeantes chimeneas de esa especie de Manchester, y el oeste sobre un montecillo el Spielberg, está situada la ciudadela de igual nombre, prisión de estado un tiempo, e inmortalizada por Le mie Prigione del conde Silvio Pellico que estuvo encerrado en ella desde 1822 hasta 1830, en cuyo largo cautiverio escribió su obra: Brunn es patria del célebre violinista Ernst (1814-1865).

A las ocho de la noche entré a Viena.

Capítulo X
Viena. El Danubio. Palabra de Tácito. Calles. Ruido asordante. Tiendas. Maravillas del ámbar. Princesa de la hermosura. Orejas horadadas. Profusión de anillos. Lenguas. La Biblioteca. Pesth, capital de Hungría. Algo de aldea. Hermosura célebre de sus mujeres. El húngaro

Viena, capital del imperio de Austria, ciudad de un millón de habitantes (incluyendo los arrabales) está situada sobre el canal del Danubio, brazo sur de este río que, molli et clementer, edito montis Abnsbae (montaña del nemus martianus, hoy la selva negra a espaldas de Baden-Baden) jugo effusus, pluxes populos adit, donec in Ponticum mare, hoy Mar Negro, sex meatibus erumpit: septimum enim os paludibus hauritur (Tácito, De Mor. Ger. I.).

Como se ve, el curso de este histórico río es glorioso, y después de atravesar tantas regiones, va a precipitarse al Mar Negro por seis bocas, perdiéndose la séptima en los pantanos que la absorben, esto es, en el Palus Meotis, hoy mar de Azof, al norte del Mar Negro.

La descripción de la Geografía moderna no discrepa mucho de ésta de Tácito, siendo la mayor discrepancia reducir las bocas a cinco. ¡Quién pudiera reducir a ninguna las de ciertos habladores!

Al este de la ciudad, el Danubio recibe el tributo del riachuelo Wien, que es el que ha dado nombre a la ciudad (en alemán Wien).

Al entrar a Viena vi que era lo primero que hallaba, desde mi salida de París, digno de competir con él; a pesar de lo cual las calles comerciales ante todo, están poco menos que solitarias desde las diez de la noche.

De día ya sea por su estrechez, ya que por su empedrado es más tosco y saliente que los que llevo vistos, ello es que un solo e insignificante carruaje mete más ruido que diez o doce en París o Londres y alborota toda la calle.

Otro de sus graves inconvenientes es que las aceras están al mismo nivel del empedrado, sin diferenciarse de éste más que por la diferente colocación de las piedras, por lo que con mayor facilidad pueden deslizarse el cuadrúpedo y el carruaje en el dominio del pedestre y atropellarlo.

Las tiendas y almacenes de las calles centrales están atestadas de objetos de ámbar y espuma de mar, y es, por consiguiente, demás decir que por todas partes se ven ricas colecciones de pipas, del deslumbrante amarillo caña peculiar al ámbar, y que provocan a aprender a fumar.

Según Tácito, en la misma obra que ya he citado (De moribus Germanorum, XV), el ámbar abundaba mucho en las orillas del Báltico, de donde lo recogían los naturales, y también de los árboles (que lo resudaban a modo de resina, llamándolo glessum).

En alemán moderno y en inglés, glas significa vaso y todo lo transparente.

Tres nombres tiene el ámbar en latín: glesum, electrum y succinum. El último se aplica especialmente al que destilan los árboles.

Viajando más tarde en Oriente (del Cairo a Damasco) con un joven príncipe alemán, el Príncipe de Pulbus, señor de la Isla de Rugen en el mar Báltico, y hablándose no sé con qué motivo del ámbar y de lo que abundaba en esas orillas, nos contó el príncipe maravillas.

Díjonos, que viendo apedrearse un día a dos muchachos con unos trozos amarillos se acercó, a ver lo que era, y al examinarlos, notó que tenía entre las manos nada menos que ámbar en bruto, y tan hermoso, que lo recogió e hizo convertir en adornos para su esposa la princesa de Pulbus.

La princesa, que se hallaba presente, y que era una delicadísima e interesante rubia, con unos pies y unas manos de limeña, y a quien hasta por galantería se le podía llamar princesa, asintió a lo que decía su marido con una sonrisa.

Las cigarrerías, las zapaterías y las guanterías, son tan buenas como las de París y Londres; pero mucho menos lucidas y no sobresalen entre las demás tiendas; son puramente clásicas, contienen tabaco, calzado, guantes y nada más; nada de esas superfluidades que aunque superfluidades, constituyen el chic, que atrae al comprador.

Las mujeres bellas abundan, y estoy por decir que todas lo son, mucho más para el que viene de París, donde la belleza natural, verdadera, legítima, no existe, dígase lo que se quiera, sino para los ilusos que no han acabado de comprender que lo que le parece belleza, no es más que arte y estudio; «El artificial amor que se vendía en Chipre», como decía Lope de Vega.

El tipo francés salvo nobles excepciones no es bello como el inglés que a falta de gracia y vida, es siempre distinguido, y cualquier hombre parece gentleman, y cualquiera inglesa una lady.

Además, esa frialdad que tanto se achaca a los ingleses, es una felicidad para nosotros los viajeros que no podemos rozarnos casi siempre con lo mejor; porque esa frialdad nos produce el efecto de la castidad y el pudor en otra parte.

En nuestros climas meridionales sucede lo contrario. La mujer antes de bajar a la tierra, recibe, por decirlo así, de manos del Hacedor un baño de voluptuosidad que no da a las hijas del septentrión; de donde resulta que la meridional más casta, más inocente y más sana de ideas, tiene a pesar suyo y sin sospecharlo, en sus ojos, en su boca, en el timbre de su voz, en la dejadez de su andar, en los movimientos de cintura y en todo su exterior un no se qué de comprometedor para ellas, pues produce el efecto de la desenvoltura en otra parte.

Por la misma razón que las inglesas, me gustaban las austriacas y alemanas, porque a la par que son princesas de la hermosura (puramente estatuaria o escultural, parecen todas ellas una casta Diva y al acercarnos al precipicio, desconocemos sus bordes y hay más lugar a la ilusión).

Raro en el austriaco que no lleva cuando menos un par de anillos sea en un solo dedo, sea repartidos en dos dedos o en las dos manos.

Es también muy común verlos, sobre todo a los militares, con las orejas horadadas y en ellas metidas unas tachuelitas o pajitas de oro, como adorno, o como para conservar la señal cuando llegue el caso de ponerse pendientes (?). Al menos con tal objeto se atraviesan una pajita en la abertura de la oreja las mujeres del pueblo de Lima.

Los hombres suelen ser buenos mozos, y tienen los pies pequeños y bien formados.

El francés y el inglés son las dos lenguas que más se hablan aquí como todo el mundo; pero no obstante esto habría deseado saber algo más de alemán, porque generalizada que esté una lengua extranjera en un país nunca entra hasta las ínfimas clases que es con las que más tiene que hacer el pobre viajero solitario, y en las que están depositadas las verdaderas tradiciones del lugar.

No todo el día ha de estar uno con el banquero a quien ha venido recomendado, ni en el gran establecimiento del cosmopolita señor X ni con el land lord del hotel del «Archiduque Carlos». Hay, que rozarse con otras personas, y entonces se echa de menos el idioma del país.

Así pues recomiendo al viajero solitario que me lea, que huya de los pueblecitos sosegados, cuyo mérito consiste en los huertos o montañas, o en las excelentes aguas medicinales, o en la excelente leche, etc., mientras no conozca y hable muy bien el idioma del lugar a menos que tenga en ellos uno o más amigos de allí que lo saquen airoso.

De otro modo hará una triste figura, gastará mucho, no tendrá ni quién lo entienda ni a quién entender; no podrá salir a la calle sin que los lugareños le claven los ojos con tal insistencia, que si tuvieran garfios en ellos, de seguro que lo enganchaban y lo alzaban en alto como un pescante.

También tiene más cuenta, al dirigirse a un alemán por ejemplo, hablarle en mal francés que en mal alemán, porque con esto último no se le incita a nada y se fastidia y se va al paso que a un: Vouz parlez français ¿n'est ce pas? hay que contestar oui para no quedar ridículo, que así lo quiere aquí y en todas partes, la triste pobrehombría humana.

El que ha contestado oui, o está estudiando el francés, o lo ha estudiado; y en cualquiera de los dos casos es para él una fortuna practicarlo o recordarlo.

Es verdad que apurados por su amor propio echan afuera cuantas palabras saben, aunque no vengan al caso y aunque digan lo contrario de lo que ellos quisieran.

Otra de las ventajas del francés es que obliga a ser cortés a todo el mundo. Es imposible no serlo en un idioma, donde hay que tropezar a cada paso con el merci, con el pardo, con el si vous plait vous etés, bien, bon, y otras halagüeñas frases de que abusan los extranjeros, no porque sean más políticos que los franceses, sino porque son los que más saben; pero mientras tanto al usarlas, y al abusar de ellas son atentos aunque no quieran.

El italiano me ha servido alguna que otra rara vez, y finalmente hasta una lengua muerta, el latín, bien que para pocas palabras, al visitar la Biblioteca de Viena.

El empleado que me conducía viendo que no nos entendíamos, fue el primero en apelar a este medio. Los libros que pedí fueron dos obras del doctor Tschudi, que visitó al Perú hace muchísimos años y cuyo viaje conocía por la traducción inglesa de Josefina Ross, así como las Antigüedades Peruanas que llevó a cabo en unión de Rivero.

Me hice traer la Fauna Peruana y la gramática y diccionario sobre la lengua quechua, obras que es extraño no hayan sido traducidas al castellano.

El doctor Tschudi, tenía un hermano sacerdote célebre en la Suiza alemana y en toda la Europa sabía por su gran obra sobre los Alpes de la que se ha hecho una buena traducción francesa. En ella escribe el pastor Tschudi, científica y minuciosamente aunque con mucha amenidad, la vida animal y vegetal de los Alpes.

En cuanto al hermano Juan Diego, que fue el que nos visitó, residía entonces en el campo a corta distancia de Viena, sus señas eran más o menos éstas: Jacobshof bei Edlitz.

La Biblioteca Imperial de Viena contiene, (contenía) 300.000 volúmenes y 16.000 manuscritos.

El 16 de octubre de 1861 a las siete de la mañana salí de Viena para Pesth por el Danubio. La celebérrima belleza de las mujeres de Pesth y el deseo de navegar por el corpulento Danubio me llevaron a hacer esa excursioncita que me ha confirmado en mi idea de que el viajero solitario no debe aportar por las recomendables poblacioncitas ni apartarse de los grandes centros.

> Por notables que sean y bonitas
> líbrame Dios de las poblacioncitas;
> y con todos sus vicios y maldades
> dame, dame señor, grandes ciudades.

El polvo y la gente ociosa, los carromatos y los bueyes suelen abundar en las calles de semejantes lugares y llenarlas.

Las calles suelen no tener nombre escrito, ni las casas números ni las tiendas rótulo, estando todo encomendado a la memoria o al uso de que no puede disponer un recién llegado.

Vestidos, además, los húngaros, todos con un riguroso y especial traje, yo vestido de otro modo era en esas calles un lamentable lunar.

La capital de Hungría situada al mismo borde del Danubio y al frente de la importante Buda, que ocupa la otra orilla, comunicándose ambas por un buen puente techado, la capital de Hungría, o sea, Pesth, data apenas de cien años a esta parte; a pesar de la cual y haberla llamado yo poblacioncita, cuenta muy cerca de 100.000 almas, siendo Magiares la mayor parte de sus habitantes.

Cuando desembarqué a las diez de la noche, las calles estaban solas y enteramente entregadas al brazo secular de las mozas de la vida airada. Oyéndome llamar Milord, por todos lados, y entre tosecitas expresivas y aun tironcitos de levita, avancé impasible hasta el hotel Konigin von England (de la Reina de Inglaterra) donde me alojé.

Al día siguiente tomé un cicerone o valet de place, que por cinco francos debía acompañarme todo el día, como guía, como intérprete y como lacayo.

Mi hombre vestía riguroso traje Magiar, cuya descripción viene bien aquí. Pantalón corto de casimir oscuro (negro) muy ceñido que solo llega hasta la rodilla, en donde se pierde y abisma en la caña de una elegante bota granadera muy parecida a las que han dado en usar nuestros valientes y bravos limeños, cuando, en su marcial traje de montar, emprenden la peligrosa y magna jornada de la Alameda de la Exposición, expuestos a todos los rigores de nuestro tempestuoso clima; y cuyo marcial traje, como es sabido, suele empezar por unas botas muy marciales y concluir por unas carillas muy insustanciales.

La bota del húngaro tiene en su parte más alta una motita negra muy mona. Sigue un chaleco abotonado, no hasta el cuello, que esto sería poco; sino hasta la nuez o manzana de Adán, con una serie de botoncitos de metal blanco o amarillos redondos, tan juntos, que no los separará un centímetro de distancia.

La boca de los bolsillos está exornada con grecas del mismo color del traje, figurando arabescos o dibujos caprichosos. Levita sin cuello ni solapas, todo lo cual va reemplazado por la misma grequita formando las mismas labores y haciéndose extensiva a las bocamangas.

Corona este esbelto edificio un sombrerito calañés, hongo o de torero; es decir, uno de esos sombreritos que parecen dos quesitos superpuestos, uno más grande, y otro más chico en progresiva disminución.

Tal es el húngaro: digamos algo de las márgenes del Danubio por lo cual debí haber empezado. El bonito de ellas está, muy lejos de ser el de las del Rin, o él de las del Guadalquivir. Es un bonito o más bien es un hermoso turbio, explayado, lodoso, falto de viveza en el colorido. Por las dehesas no distantes, se ven pastar carneros, vacadas, etc., y por, la playa misma, andan tiros de caballos frisones arrastrando penosamente ¿un carro? no; un lanchón que viene por el agua.

Otras veces los tripulantes embarcados en él, lo impelen río abajo apoyándose en unas largas varas o pértigas que hacen veces de remos.

¡Cuánta distancia de éstos al que usan los caiqueros de Constantinopla! ¿Han visto ustedes esas mazas de madera que esgrimen los luchadores de circo, o los que se ejercitan en la gimnástica, y cuya forma es la de una larga botella?

Pues ese es el remo con que se impele el caiq por las aguas del Bósforo.

Hasta la mitad de su curso entre Viena y Pesth, el Danubio lo trae muy irregular, y por todas partes se abre en brazos y se desborda. Después los reúne todos en una gran mesa de agua y continúa hasta Buda y Pesth.

Las orillas en lo general son chatas, muy chatas, animándolas de trecho en trecho las escenas que he descrito, y los interminables molinos.

El río en su curso forma diversas islas, más o menos selvosas, entre ellas la de Santa Margarita que posee un parque y jardines: y es surcado por balsas, vaporcitos, molinos flotantes, etc., que se suceden con bastante frecuencia.

Mi húngaro me llevó a Buda, agrupada en una pintoresca colina que coronan la fortaleza y el castillo real. Buda produce un excelente vino que me sirvieron en la mesa del hotel Konigin von England.

Él mismo me llevó a casa de sus relaciones femeninas, y me convencí de que la hermosura de las pestinas era real y efectiva.

No es la hermosura, más gracia y atractivo de belleza, de las muchachas de Sevilla, Cádiz, Venecia o Nápoles, sino una hermosura marmórea, blanca, dura y rolliza, y al mismo tiempo sonrosada por el vino de Buda.

Antes de dejar a Pesth, fui al correo a echar mis cartas para Lima. ¿Si llegarán estas cartas? ¿Si será hoy el día de echarlas? preguntaba yo en francés.

¡Oh! oui, certainement; ¡oh! oui; certainement, repetía el empleado.

Luciendo y estropeando todo lo que sabía de francés.

Maliciando yo que el hombre no estaba seguro de lo que decía, y que las palabras lo llevaban donde no quería, señalé el sobre escrito que rezaba Lima-Perú, y le pregunté si sabía qué lugares eran esos.

—¿No están por España? —me contestó con admirable pachorra.

Echando pestes contra las poblacioncitas, y muy lejos de aceptar este verso:

¡Oh corte!, ¡oh! ¡corrupción! ¡quién te desea!

Ganoso de corte y de vida cortesana, volvime a Viena por el ferrocarril, que ya el río me era conocido y el remontarlo no presentaba alicientes.

Lié los bártulos en Viena, despedime del banquero italiano José Bossi a quien había recomendado, recibiendo de él muchas atenciones y una carta de recomendación para sus parientes de Milán, que debía serme muy útil, y me dispuse a partir.

Presentose en esto un carpintero de la ciudad a quien adeudaba yo la hechura de un cajón, y le alargué un franco creyendo que esto bastaría. El hombre no se contentó: dile entonces un florín, o sea, poco más de dos francos, y acto continuo el blondo discípulo de San José se quitó la gorra, dobló la rodilla en tierra y me besó la mano.

¡Oh negros cargadores de Lima! pensé yo; ¡cómo no vienen a ver esto!

Capítulo XI

El camino de Viena a Trieste. Paso del Semmering. Trieste Venecia. Holgazanes

Lo más notable en el ferrocarril de Viena a Trieste es el Paso del Semmering, curiosidad del mundo. El Semmering es una cadena de montañas comprendida entre dos provincias de Austria, la Carintia y la Estiria. El ferrocarril que lo atraviesa importó quince millones de florines, más de 30 millones de francos, y pasa por 15 túneles y por 15 viaductos.

Las vistas (colocándose a la izquierda al salir de Viena) son caprichosas y sumamente variadas. El paso del Semmering propiamente dicho empieza en Glognitz y termina en la estación del Semmering, punto culminante de la vía, en un trayecto como de dos horas.

El trayecto total es muy largo, pues habiendo salido de Viena al amanecer, no llegué a Trieste hasta las once de la noche.

Asomándose por la ventanilla del coche ve uno perfectamente la ardua, tortuosa y angosta cuesta que viene trepando al vapor, admirando cómo un tren, que no parece llamado a reinar más que en el llano, se ha metido en esta empresa, buena para una diligencia o mula de carga.

El convoy marchaba grave y pausadamente y como indeciso, y como pareciendo decirse ¿en qué te has metido?

Al precipitarse en uno de sus quince túneles, más largo y oscuro que los anteriores, soltó un silbido prolongado como el grito de desesperación del que va a arriesgarlo todo arrojándose a un abismo.

Volvió a salir triunfante, y no tardamos en llegar al punto supremo de la ruta en el cual se plantó el convoy como la bestia cansada después de una larga jornada, y resolló largamente y a su placer arrojando bocanadas de humo por todos sus lados.

En una de las muchas vueltas o giros que dio el tren, divisamos un pueblecito situado en el fondo de un barranco tan profundo, tan angosto, y con sus paredes o laderas tan perpendiculares, que parecía abierto de un solo tajo al descomunal sablazo de algún gigantesco Briareo.

Las casas se divisaban en el fondo extendidas en una sola hilera por no haber bastante suelo o planta para dos hileras.

¡Válgame Dios, me decía yo, cómo debe rasparse y rozarse los hombros el ventilante Dios Eolo al pasar por entre estas gigantescas paredes!

Esta afortunada población que parece caída allí del cielo como un aerolito, porque de otra manera ¿por dónde entró? creo que tiene la dicha de llamarse Shotwien, nombre que desafío a ustedes a que pronuncien.

El panorama cambia, y comienzan a presentarse las suaves praderas y risueños valles, precursores no ya muy remotos de la naturaleza meridional a que nos vamos acercando.

Se pasa por Gratz, capital de la Estiria, con 50.000 almas, por Gilli, antigua población fundada por el emperador Claudio bajo el nombre de Claudia Celleía y que aun conserva reliquias romanas en sus murallas, hasta llegarse a Adelsberg, célebre en toda Europa por sus vastas grutas de estalactitas, cuya curiosidad, conocida desde la Edad Media, estuvo perdida muchos siglos, hasta que reapareció por casualidad en 1816. El que tenga tiempo hará bien en irlas a visitar, y verá una de las mayores maravillas de la naturaleza.

La última estación antes de Trieste en Grignano; ya para entonces hemos venido disfrutando de la vista del azul Adriático. En el cabo llamado

Punta Grignano se eleva un castillo de recreo o casaquinta; es el castillo de Miramare mandado construir por el archiduque Fernando Max.

—¡Sursum corda! —grité a mi acuitado corazón—. Vas a entrar al país del blando, del suave, del humano idioma italiano. No más grotescos Silbergroschen; no más escuálidos Kreutzers (nombres de inmunda moneda menuda); no más endemoniados Gefrorne: «¿Qué es Gefrorne?» me dirán ustedes. He aquí lo que tampoco supe yo por mucho tiempo; pero tanto me encocoró esta palabra que veía escritas sobre casi todas las mamparas de los cafés, que al fin pregunté qué era, Helados, me dijeron.

¡Oh alemán, oh alemán de feroz tripa,
que entregado a quimeras
y a la contemplación, fumas en pipa
y bebes la cerveza de pistoleras!
¡Oh alemán, oh alemán, no me abochornes
helados convirtiéndome en gefrornes;
En gefrornes que, en ciernes,
parece un Holofernes!

Y variando de idioma y de metro y como divisara Trieste, Salve, magna parens frugum, magna verum, exclamé pisando tierra italiana, y encaminándome al «Hotel de la Ville».

Hacía como unas veinte horas que bocado caliente no pasaba por mi esófago; fiambre y más fiambre; cerveza y más cerveza, habían compuesto mi almuerzo, mi comida y mi cena en ese 17 de octubre de 1861. Calculen ustedes cómo estaría de estragado ese pobre estómago. Los vapores que en la noche debían levantarse de él en dirección del cerebro, tenían que ser opacos. Así es que las seis horas que dormí fueron una lucha penosa y no interrumpida con ensueños de abrumadora melancolía.

¡Qué de románticas figuras, qué de sentimientos delicados amortecidos en mi alma tiempo hacía, por la grosera vida que llevaba, surgieron y se levantaron esa noche, hijos del fiambre, como tranquilos gases!

Al día siguiente, Trieste quedaba grabada en mi memoria como todas aquellas poblaciones en que se ha sufrido o gozado con intensidad, es decir, como todos aquellos lugares en que el alma ha trabajado.

Bajé al café, también «de la Ville», porque han de saber ustedes que cuando un hotel es el principal de una ciudad, es una gala que se anexe un café dependiente que por fuerza tiene que ser también el mejor de la ciudad.

Siendo pues el «Hotel de la Ville» uno de los mejores de Trieste, el Café, su hijo, tenía que hallarse en igual caso. Nada le faltaba, ni el ilustrador gabinete de lectura en cuya mesa se hallan los principales periódicos, costumbre bastante común en esta clase de establecimientos, y de que apenas pueden dar una débil idea en Lima las cervecerías modernas.

Cuando nuestros Cafeteros y Hoteleros sean menos indolentes, o más bien, cuando nuestro pueblo se desasne un poco y exija ese requisito, veremos propagarse estas mesas de lectura tan propias en tales establecimientos.

En la del café de Trieste figuraba un gran diario en griego.¡Eureka! ¡eureka!, exclamé, pues griego moderno venía buscando yo desde París para someterlo a mi griego antiguo o clásico.

No podré decir a ustedes, porque no lo recuerdo en este instante, cual era el título de ese órgano de la colonia levantina. Creo que hasta le arranqué un pedazo a hurtadillas y me lo eché al bolsillo, como quien se roba una astilla de un monumento y se le guarda para reliquia. (Y así de astilla en astilla llevaron a dejar casi en un hilo un secular y tradicional ciprés de la Alambra de Granada llamado de la Sultana.)

El diario de Trieste me parece que no correrá tanto riesgo; pero vamos a lo más halagüeño para todo el que hable o crea hablar el idioma de Cervantes: ¿Saben ustedes cuál era el folletín? Don Quijote traducido al griego.

Confieso que el ver en una lengua extranjera como esa, los clásicos nombres propios del Quijote, me produjo placer por primera vez, porque en todas las otras traducciones dichos nombres, empezando por el del protagonista, me habían siempre disonado más o menos.

Aquí no; desde luego el título estaba traducido de este modo: Don Quixotes o mankegos, Don Quijote el Manchego; y leyendo el folletín por encima se tropezaba con los nombres de don Fernandos, Kardenios, Lukinda, etc.

Más tarde debía ver en el teatro de Atenas la representación de una pieza basada también en el episodio de Cardenio, bajo el título de O Maniothis, el loco.

Eran las nueve de la noche, y a las doce iba yo a zarpar para Venecia; por lo que renuncié a indagar el paradero del traductor; pero de esta última ciudad le escribí una carta en francés felicitándolo por su traducción y manifestándole mi deseo de poseerla completa.

El galante griego me contestó inmediatamente asegurándome que tan pronto como concluyera de publicarse el folletín, tendría un vivo placer en remitírmelo encuadernado.

Las peripecias de mi largo viaje impidieron que esta promesa se cumpliera.

A las doce de la noche zarpé para Venecia, con una mar muy gruesa y un viento terrible, anclando en ella a las ocho de la mañana siguiente.

Dirigí mis pasos al Hotel Luna que, aunque barato, era de lo más sucio que he visto, y en el que me tocó un cuarto, chiribitil solo comparable al que había ocupado en Leipzig.

Está visto que en los hoteles de Venecia como en las categorías del Parnaso, según el severo Boileau:

Il n'est point de degré du mediocre au pire.

Regular y pésimo son aquí un axioma tan grande, hablando de hoteles, como el de Boileau respecto a poetas, en poesía no cabe medianía.

El hotel que aquí se titulaba pomposamente de segunda clase, no habría sido en París ni de cuarta. Lo primero que llamó mi atención al recorrer las callejuelas y vericuetos de Venecia fue la cantidad de holgazanes, porque no veía fachada de iglesia, arco de portal o pie de puente que no estuviera con un competente racimo de lazaronis tendidos a la bartola, durmiendo o bostezando con tal estrépito, que llaman la atención del transeúnte.

—¿Si estaremos en Lima? —me preguntaba yo.

Lo más lúcido en la población lo componían los extranjeros y los oficiales austriacos, señores y dueños del país y objeto tal vez de mayores consideraciones que podían serlo los españoles en el Perú siglos atrás.

La aristocracia, la célebre aristocracia veneciana, o se ha extinguido, como todo en esta pobre ciudad tan decaída, o anda rustiqueando, porque en las calles no se ve otra cosa que lazaronis, o gente decente de fuera, en lo general ingleses con su libro guía bajo el brazo, y a veces con familia.

La población es endeble, pálida y raquítica; las mujeres venecianas me recordaban a las valencianas (no se crea que quiero hacer un retruécano) y los hombres a los sevillanos.

Las más de las veces la antigua ciudad de los Dux, captada por tantos poetas, antiguos y modernos, nacionales y extranjeros, me ofrecía el aspecto de un gran cuartel o fortaleza.

¡Qué circular de soldados y oficiales austriacos, haciendo resonar los últimos sus botas y espolines! «¿Hasta cuándo no desocupan la plaza estos invasores?», se preguntaba uno instintivamente, y con el alma oprimida.

En toda la Italia austriaca el pobre italiano no es nada; no vive, no respira, no se le ve, no se conoce la expansión, y el pueblo autóctono o indígena, arrastra una vida excepcional y extraña.

La mayor parte de los palacios y aun de los templos ha sido convertida en cuarteles, profanando el arte y la religión. Otros han venido a parar ¡asómbrense ustedes! en pajares y caballerizas para la tropa; y al degradar así los templos han procedido con tan poco respeto por las cosas divinas, que una vez desmantelados los altares y quitados los santos ornamentos, no se han curado de demoler la torre o por lo menos de apearle la cruz.

El devoto que traspasa los sagrados dinteles no tarda en descubrir su engaño, pues un fuerte olor a heno viene inmediatamente a acariciar su olfato, que esperaba el del incienso.

Por todas partes se ven uniformes y bayonetas, y se oyen redobles de tambores y toques de cornetas. En los señores oficiales se piensa antes que en nada; y los convites de teatro se apresuran a advertir que las primeras bancas quedan reservadas para los señores oficiales.

Como el emperador de Austria es al mismo tiempo rey de Hungría, siempre que se nombra a sus oficiales se anteponen las dos letras iniciales que recuerdan este doble título de imperial y real (K. K. Kaiserlich Königlich) iniciales que, como lo recordaban, me tenían igualmente encocorado.

Los pobres venecianos, como es natural, gimen y trinan con tan dura ocupación, y apenas se les toca semejante tecla, comienzan a derramar abundantemente el veneno de que rebosan.

¡Cuán grande y general debe ser aquí el despotismo para que el independiente viajero lo vea y aún lo sienta en su corta permanencia!

Mis lectores que me han seguido en este rápido vistazo por las calles de Venecia y sus habituales ocupantes, arden ya en deseos, estoy seguro, de detenerse a contemplar esas monumentales fachadas de templos y palacios, esos grandes edificios históricos, y de penetrar en los ricos museos a admirar al Tintoreto, al Ticiano, al Veronese, a toda la pléyade que compone la escuela Veneciana.

Mi capricho, mi humor no tiene fuerzas para tanto. Venecia, Roma, Florencia, Nápoles, todas las grandes ciudades de Italia, más que ciudades ordinarias son grandes y variados museos cuya descripción exigiría una obra aparte, obra que, además, tendría mucho de manual o guía, y que soy incapaz de hacer, vean para esto a Viardot Museés d'Italie y a Stendahl, Promenades dans Rome.

No consignaré pues sino aquellas pocas observaciones generales que no se hallen en todos los libros o que sean indispensables para formarse una idea un poco clara de la ex reina del Adriático.

Venecia, excepcionalmente situada en medio del agua sobre los especiales postes llamados por los franceses des pilotis, que parecen equivaler a lo que los españoles llaman zampas, tiene que ser excepcional y especial en sus calles, que en una vista a vuelo de pájaro presentarían un verdadero dédalo de callecitas angostas, tortuosas, cortas, más callejones o pasadizos que vías públicas, solo cruzadas por gente de a pie; con puentes de un arco a cada paso sobre un nuevo canal, y enlosadas en un canto al otro de un modo uniforme, por ser innecesario el empedrado e innecesaria la acera desde que no transitan las ruedas, ni bestias (a no ser que queramos ofender a una parte de la población bípeda).

La única calle larga, ancha, recta y hermosa, que equivale a los bulevares de París y al Corso de Roma es... la calle del agua, o sea, el gran canal, que no puede recorrer sino en el carruaje peculiar de la ciudad que es la góndola.

La principal estación de las góndolas está en la Piazetta, que es la parte de la plaza de San Marcos que da al agua.

La góndola es en Venecia exactamente lo que es el caiq en Constantinopla, el burro en el Cairo, y lo que los coches de plaza en todas las ciudades de Europa.

Cuando se ve la hilera de góndolas en la estación acuátil todas pintadas de riguroso negro, no lustroso y brillante, sino aquel negro que en Lima llamamos agallinazado, cree uno divisar un convoy fúnebre, una serie de carrozas de entierro, parece que este luctuoso color es de ordenanza.

Antes de llegar al gran puente conocido con el nombre de puente de Rialto, va el gondolista repasando (y atracando en ellos si gusta) una multitud de palacios, más o menos célebres por su arquitectura, por su historia, o por las pinturas que contienen; entre ellos el de los célebres Foscari, que se mira en esas aguas desde el siglo XV, y que desmantelado hoy, sin más gloria que sus recuerdos, ha sido convertido... ¡pues! ¿no lo adivinan ustedes? en cuartel austriaco. El palacio Mocenigo, ennoblecido por la residencia y escándalos de Lord Byron y su querida.

Entre las varias ciudades de Italia y Oriente hechas más célebres si cabe, por Lord Byron, se cuenta Venecia y Atenas, que están llenas de recuerdos de este singular personaje. En la última hay una calle de las principales sobre cuya esquina se lee Odos Byronos (Odos Vironos en la pronunciación, calle de Byron).

Visité las varias islas que rodean a Venecia, Murano, célebre por su fábrica de cristales y vidrios, donde ve hilar, torcer, amelcochar, fundir, colorear el vidrio; ¡y donde finalmente, asombraos y envidiadme limeños! vi soplar y hacer limetas, operación tan breve como la frase.

Las islas de San Lázaro de los Armenios, que torna su nombre del convento Armenio que en ella se encuentra. Visité la biblioteca, la imprenta donde los buenos monjes hacen tirar obras en armenio, y otras lenguas orientales; me enseñaron por último la celda donde Lord Byron venía todos los días... ¿a que no sabían ustedes a qué? Mis limeños poetas, que una vez que han descubierto su genio, lo que suele acaecerles mucho más temprano de lo preciso, no piensan sino en el goce, la orgía, la crápula (teórica o práctica) y que solo por este lado conocen, admiran e imitan a Lord Byron, o a su copia española Espronceda; creerán que el Lord calavera se dirigía a la misteriosa celda de los Armenios a soltar la rienda a la fantasía como acostumbran a hacerlo ellos con el caballo desbocado de su genio.

Pues no, señor: ¡el poeta romántico reconocido como el más grande de los tiempos modernos, el que tanto fascina a los frívolos cómo a los pensadores, y a los muchachos como a los hombres, el opulento Milord que viajaba como un gran señor arrastrando lacayos, caballos y queridas, iba a la celda de San Lázaro!... ia recibir lecciones de lengua armenia!

«Ese poeta tan impetuoso, como dice un viajero, estudiaba literatura grave, fría, histórica, de traducciones y controversias»; y eso que ya poseía, como todo inglés bien educado, el griego y el latín.

Nuestros poetitas, que creen lastimar, helar y entrabar su genio aun con el estudio del latín ¿qué dicen a esto?

Ellos que de Europa no van sino a París; de París a los Bulevares, de los Bulevares a los cafés, teatros y casas de gricetitas; que de las lenguas no estudian sino el francés, y del francés el moderno, y del moderno el de Alfred de Musset, ¿qué dicen ellos ahora? ¡Qué han de decir! Hablarnos con énfasis, y en incesantes coplas chabacanas.

—¿De qué? ¡De sus tristezas Byronianas!

Ocho días pasé en Venecia, en los cuales no dejé por visitar, museo, iglesia, palacio ni monumento alguno notable.

Comía alegremente en las fonditas nacionales llamadas trattorie, no en mucho superiores a nuestras picanterías, paladeando el vino de Chipre, que abunda en Venecia, y tomando a pastos los otros vinos de mesa, que se dividen en Nostrani y Navegades, Nostranes y Navigati, que es como si dijéramos en Lima nacionales y extranjeros.

Esta denominación me ponía siempre de buen humor; aparte del egoísmo cómico que creía ver en lo de Nostrani, pues los venecianos olvidaban que alguna había de pedirlos un extranjero que en rigor no podía llamarlo nostrani. No, no; vestrano, vestrano, aparte de esto, repito, el nostrani y el navigati me traían a la mente dos entidades peregrinas.

En el primero veía al limeño mazamorrero criollo puro, al Goyito que nunca salió de las faldas de su mamá enteramente nostrano; y, el navigato, al que ha viajado por la costa y ha ido hasta Guayaquil, y habla de sus viajes y es todo un hombre de provecho.

Capítulo XII
Padua. Tito Livio y su patavinidad. El café Pedrochi. El Pralo de la Valle. Verona. El restaurant de Bauer. El museo lapidario. La Arena o Anfiteatro. La tumba de Julieta

El 27 de octubre de 1861, salí de Venecia por la strada ferrata, y en una hora llegué a Padua, callada y melancólica ciudad, y antiquísima pues su fundación se pierde en los tiempos fabulosos, como que según la Eneida de Virgilio, Patavium fue fundada por el troyano Antenor, uno de los compañeros de Eneas.

<blockquote>Hic tamen ille urbem Patavi, sedesque locavit, En. 1243.</blockquote>

¡Refocilante poblacioncita!, me decía yo, reconciliándome casi con las poblacioncitas, mientras recorría las calles de Padua, que las más son portales, ventaja que debe ser inapreciable «en los días de Cancro abrasador».

Padua tiene cerca de 50.000 almas; sus calles son silenciosas, y entre las grietas de uno que otro muro suelen verse adheridas grupos de hierbas pintorescos, pintorescos son también todos los sitios que baña el río que son varios por el giro tortuoso con que atraviesa la ciudad a manera de culebra.

La antigüedad de Padua, su silencio, lo opaco del día, el ser este festivo, tal vez el estado de mi ánimo, todo contribuyó a que allí creyese disfrutar de una paz y de una soledad cristianas pareciéndome la ciudad un gran claustro.

Vi la catedral de San Antonio, santo que como es sabido nació en Portugal y murió en Padua por los años de 1231, a los treinta y seis de su edad, y por el que hay fanatismo en la ciudad de Antenor. El palacio della

Regione, en cuya enorme sala hay un caballo de madera hueco hecho por Donatello a imitación del famoso de Troya.

Detrás de él, entre lápidas, se lee una que reza lo siguiente: M. livius Halis, que es según dice la losa sepulcral, de un libreto de la familia de Tito Livio. El mismo Tito Livio tiene por allí un monumento moderno, y aun se asegura que contiene sus cenizas.

Lo que es indubable es que el gran historiador nació en Padua, y que sus contemporáneos se burlaban mucho de la patavinidad de su estilo, que los más eximios latinistas modernos no habían sido capaces de descubrir por sí solos; hasta que se ha convenido que el defecto de la pativinidad era probablemente lo que hoy llamamos provincialismo.

El café Pedrochi es lo más monumental y grandioso que en su género he visto. Figúrense ustedes un templete o un palacio, o un teatro, todo menos un café, enteramente de mármol, pues paredes pisos y columnas son de mármoles varios, cuya diversidad de colores halaga sobremanera los sentidos. La triple fachada está adornada de grandes columnas y las mesas del interior son igualmente de mármol.

El café de Florián que es una joya en Venecia, y que también tiene mucha fama, no pasa de bonito o lindo y de ningún modo puede sostener la comparación con éste.

Además, el café Florián como edificio, no tiene nada de particular.

El paseo de Padua se llama il Prato della Valle, y es una gran plaza, en cuyo centro hay árboles y calles formando un conjunto oval. Un riachuelo circunda el grupo de árboles separándolo del resto de la plaza y dejándolo aislado como una isla; aunque reuniéndolo en ella por diversos puentecitos.

En ambas riberas, pujando el contorno del paseo, se ven diversas estatuas de grandes hombres hechas de yesos.

Al principio se pensó no poner sino los grandes hombres del lugar; pero ¡ay! Padua aun remontándose a Antenor el Troyano, no pudo sacar de su seno el número suficiente para cubrir el paseo, y tuvo que extender la concesión a los demás grandes hombres de Italia.

Cercano está el Jardín Botánico, pintoresco, ameno, y silencioso como todo lo que había en Padua. Es el más antiguo jardín botánico de Europa, pues fue fundado en 1545.

Un viejísimo plátano oriental, de aquellos plátanos tradicionales con quienes ruego a mis lectores que se familiaricen, pues tenemos que encontrar muchos muy majestuosos y muy venerables, conforme nos aproximemos al oriente, guarda la entrada, y ha reconocido su tronco y sus ramas, como reconcentrando todas sus fuerzas para resistir mejor el peso de tantos siglos.

Al oscurecer salí de Padua, y una hora después me hallaba en Verona. Al pasar por las puertas de la ciudad me quitaron mi pasaporte que recobré al día siguiente por medio del mozo del hotel en que me había hospedado, que era el de la Gran Czara di Moscovia, a dos pasos de la Porta Borsari y, por consiguiente, del Corso Vechio.

Siendo hora de cenar, dirigime al restaurante de Bauer, recomendado por mi guía, y que se halla en una esquina de la Piazza Bra. El salón o restaurante propiamente dicho no estaba situado al fondo de un patio grande, oscuro y silencioso, y poblado de varios árboles que semejaban fantasmas; todo lo cual puso algún recelo a mi corazón de recién llegado, que se acrecentó con los ladridos hostiles del guardián de la casa, que al divisarme se había cuadrado delante de la mampara.

Seguí avanzando impertérrito pensando que un perro de hostería, y de la tan afamada de Bauer, debía tener, por el incesante roce, mucho don de gentes y ser político.

Y así fue; pues no bien hube salvado la última fila de árboles y puesto de pie en los ladrillos del comedor, cuando mi hombre; satisfecho de la salva de ladridos, con que me había recibido, se vino a mí a hacerme con la cola los honores de la casa, previo con el reconocimiento aduanero que con el olfato hizo de mi trashumante persona.

Al día siguiente visité el «Museo Lapidario» de antigüedades, bastante rico en bajorrelieves e inscripciones. Se entra a él atravesando por completo el «Teatro Filarmónico» que pronto se inaugurará y cuyas puertas me abrió el portero mediante la propina que esperaba.

El teatro que es lo moderno, me pareció muy lindo. En cuanto a lo antiguo, que es el Museo, hállase situado en un patio que más tarde será el vestíbulo del teatro, así es que el dilettante futuro podrá hacer de una vía dos mandados.

Por el suelo cubierto de yerbas y no apisonado, vense esparcidos fragmentos de columnas, capiteles y que esperan colocación, por lo que éste lugar, lejos de parecer un Museo, asemeja más bien un templo o cualquier otro monumento en cuyas ruinas se hallara uno; a cuya idea contribuye no poco el enjambre de lagartijas que se desparraman en todo sentido, asustadas por el pie del viajero.

Inútilmente busqué por el pequeño Museo algún vestigio, que, aunque apócrifamente como los de Tito Livio en Padua, me recordara al poeta Catulo, el precursor de Virgilio y natural de Verona del cual dice Marcial: «que ha honrado tanto a Verona, cuanto Virgilio a Mantua».

Del Museo Lapidario pasé a la Arena o Anfiteatro, uno de los más hermosos y mejor restaurados o refaccionados que se conocen; por lo que al verlo pensé en otros dos monumentos que se conocen; por lo que al verlo pensé en otros dos monumentos que se conocen, aun cuando de otras artes. La última Cena de Leonardo Da Vinci, que se encuentra en Milán, y el manuscrito del mismo Catulo, porque si de esta obra tan estupenda, pero estropeada por el tiempo y los copistas, cuanto la que antecede por el mismo tiempo, y los mamarrachistas, vamos a deducir lo que corresponde a los restauradores, ¡ay! quedará a Leonardo y a Catulo tanta parte de su obra, cuanto en la primitiva de Diocleciano (280 de J. C.) debe quedar en la actualidad el anfiteatro de Verona.

¡Qué gesto harían Diocleciano, Leonardo y Catulo si vinieran a ver las obras que corren con su nombre!

Desde luego, las cuarenta y tantas filas de gradas marmóreas del anfiteatro han vuelto a ser acomodadas modernamente, aunque con sus mismas piezas, sin contar otras muchas reparaciones más o menos posteriores. Dichas gradas, destinadas a asientos, tienen 18 pulgadas de alto y 26 de ancho; y podían contener cómodamente más de 50.000 espectadores.

Florecitas amarillas y musgo marchito cubren hoy la antigua arena, creciendo adheridos a las losas donde asentó su planta el atleta; y un silencio funerario ha reemplazado el rugir de las antiguas fieras.

Vense los calabozos o cárceres en que las fieras esperaban el momento de ser arrojadas a la arena, a apacentarse de carne humana; y también, en número de 24, aquellos en que los reos de muerte estaban en capilla, por decirlo así, preparando el Ave César imperator; morituri te salutant, que debían lanzar antes de emprender las luchas con las fieras, en presencia y para regocijo de sus prójimos, de sus hermanos que aplaudían, como si un alma idéntica a la de ellos hubiera estado desprendiéndose del cuerpo cuya agonía festejaban.

Ya en 1859, en unión de mi querido amigo don Benjamín Vicuña Mackenna, había yo visitado otra curiosidad análoga: las célebres arenas de Nimes en Francia.

De la Arena de Verona, donde permanecí más de una hora, en cuyo espacio entraron, la vieron y salieron dos o tres grupos de viajeros, pasé por el ponte delle Navi, el malecón de la derecha, y la «Porta Vittoria», al cementerio que me contenté con ver de lejos.

Por el mismo camino y puente pasé a la orilla opuesta del río, que es el Adigé, y me encaminé en otro tiempo, «convento» o cementerio de «Franciscanos», y hoy residencia de soldados, adonde me llevaba la curiosidad de ver el sepulcro vulgarmente llamado de «Julieta».

Entré en un gran huerto, que nada tiene de artístico, que nada debe al arte, en cuyo centro se ve una capilla convertida en almacén militar. A su izquierda hay una especie de sacristía u oratorio desmantelado convertido en pajar, donde el muchacho que me guiaba me enseñó el sarcófago de piedra que se llama la «tumba de Julieta», haciéndome notar en el fondo del ataúd el sitio donde la heroína de Shakespeare debió colocar la cabeza, y los agujeros abiertos a derecha e izquierda para que pudiera respirar mientras durara su sopor.

Un gran crucifijo y una virgen fronteriza pintados en la pared, prueban que por lo menos el pajar fue realmente sitio destinado a la oración alguna vez.

—Vamos ahora —me dijo mi guía—, a ver el sitio en que estaba colocado el sarcófago, y de donde fue necesario trasladarlo acá, para evitar su total destrucción, porque los viajeros románticos no se iban sin llevarse como reliquia algún trocito del ataúd. Aquí —continuó el veronés—, dormía Julieta narcotizada, cuando Romeo salvaba aquella pared —y me mostró la del frente, alta y groseramente fabricada.

Volví la cara enseguida para ver el sitio donde dormía Julieta narcotizada, y vi un pozuelo de aguas turbias y sucias, en la que una lavandera, al frente de la zurcidora, esgrimía la mugre de unos trapos viejos.

Pasando el Ponte della Pietra (pues son cuatro o cinco los que hay sobre el Adigé) subí al Castello San Pietro, a cuya cima no me fue posible llegar, porque el centinela apostado en la portena de la fortaleza que corona la colina, me dijo que no era permitido el acceso.

Volví la espalda y empecé a bajar lentamente por las escaleras, hasta que hallé el sitio que a falta de cima, me pareció el menos malo para echar un vistazo por la ciudad y sus alrededores.

Desde allí divisé Gargagnano, sitio solitario y agreste enaltecido por el recuerdo de Dante que residió algún tiempo y compuso allí su Purgatorio; Inficaffi, situada al pie de Montebaldo, donde vivió Fracastor, hombre eminente de la Edad Media.

Fracastor fue al mismo tiempo poeta, médico y astrónomo, probando una vez más, como dice un viajero, «la especie de semejanza que parece existir entre la inspiración del poeta y el golpe de vista médico».

Tan numerosos han sido en la historia los médicos-poetas o poetas-médicos, que un erudito escritor francés, Etienne Ste. Marie, publicó en París en 1835 todo un opúsculo histórico titulado Les Medecins Poetes.

La obra casi inmortalizó o Fracastor como poeta, fue un curiosísimo poema latino sobre la Syphilis dedicado a Bembo, hombre tan corrompido, que según el mismo escritor cuyas palabras he citado «merecía más el asunto del poema que sus versos».

Satisfecho mi panorámico deseo, volví al hotel, comí y encaminé a la estación de la Porta Vescova, que es por donde se sale para Mantua, adonde llegué cosa de una hora después.

Capítulo XIII
Mantua. La Tipografía Virgiliana. El busto de Virgilio. La Piazza Virgiliana. La Cervecería Virgiliana. El Teatro Virgiliano. Ningún Virgilio Impreso en Mantua. El Palazzo del Té

Un ómnibus nos condujo de la estación a la ciudad tardando una hora. La historia de mi pasaporte en Mantua fue con corta diferencia la misma que en Verona.

El aficionado a Virgilio busca en vano al llegar a su patria algún recuerdo que llevar consigo. Ni en las librerías ni en la Biblioteca hallé un mal ejemplar de Virgilio publicado en Mantua, no obstante existir en ella una Imprenta que se llama Tipografía Virgiliana, (que según me dijeron no funcionaba entonces) y publicados en la cual me enseñaron un Petrarca y un Tasso.

«En casa del herrero, asador de palo»; ya lo sabía yo por el chasco bibliográfico de Leipzig, y no debía extrañarse mucho el desengaño Virgiliano que me esperaba en las orillas del Mincio, en las que, sin embargo, todo es pomposamente (y formando más o menos contraste) Virgiliano, como lo habrá notado el lector por el sumario de este capítulo.

«Vergogna é —me decía un librero— vergüenza es, pero no existe ningún Virgilio publicado en Mantua.» Aunque al decir de sus cofrades, tal cosa habíase hecho, más no existía ya ningún ejemplar de la agotada edición mantuana.

El Bibliotecario, no solo me dijo que no poseía la Biblioteca lo que yo buscaba, sino que aun manifestó ignorar la existencia de la supuesta edición.

Adyacente a la Biblioteca se me mostró una galería de antigüedades romanas y griegas, que me pareció de gran valor, particularmente por sus bajorrelieves.

El busto de Virgilio figuraba en primera línea, viéndose también otro de Eurípides, uno de los más auténticos que existen, y un Amor dormido entre dos serpientes, preciosa obra de mármol que se atribuye a Miguel Ángel.

Visité la grande y solitaria plaza que sirve de paseo y que lleva el nombre de «Piazza Virgiliana», laguna un tiempo, una de las muchas lagunas que rodean a Mantua y que tal vez la hagan insalubre, y desecada hoy y convertida en plaza pública, ni más ni menos como la del Esbekié en el Cairo.

No escasean en ella los recuerdos de Virgilio, como que en Mantua parece natural que hasta se jure por él: vese en busto, y una Birraria (Cervecería) Virgiliana, con la cual empiezan los contrastes y anacronismos, como que no puede haber relación ninguna entre la moderna bebida de los sajones y el cantor de la ambrosía y néctar de los dioses olímpicos.

La fachada de la Birraria, aunque sencilla, es tan artística y bonita, que nadie creería que cobija una cervecería.

Entré en ella, bebí un Virgilio de cebada fermentada, muy distinto del que nos hacía beber Mr. Patin en los bancos de la Sorbona, y me puse a conversar desembarazadamente en mi mal italiano con el criado de la casa y tres o cuatro aldeanos que estaban allí inspirándose en Virgilio, jarro en mano, a guisa de parroquianos.

Ellos y el criado me sostuvieron (como los de igual clase en Venecia) que hablaba yo muy bien el italiano, error que proviene de que careciendo de instrucción esta pobre gente, no sabe que existe una lengua afín de la suya, al hablar yo la cual, les parecería probablemente que mi español era una especie de italiano mal pronunciado.

«El Teatro Virgiliano», huésped de la misma plaza y llamado «Arena», según entendí, fue construido por los años de 1823 y está destinado a representaciones diurnas. ¡Cuánto recuerdo Virgiliano, y ningún Virgilio impreso en Mantua!

Pasando la «Porta Pratella» me hallé en los extramuros de la ciudad; y después de haber vagado larguísimo trecho por las riberas del Mincio, entre arboledas incultas, y repitiéndome aquellos versos del hijo de sus márgenes,

> Propter aquam, tardis ingens ubi flexibus errat
> Mincius, et tenera praetexit arundine ripas.

llegué a la Porta Pusterla, a cuyo lado se eleva el Palazzo del Té o más bien de la T, pues parece que el nombre le viene de la forma de T mayúscula en que se dispusieron sus primeras avenidas.

La mitad del palacio estaba convertido en cuartel; en la otra mitad verá el viajero conducido por la «guardiana» del edificio, muchos cuartos con frescos de «Julio Romano», célebre pintor y arquitecto del siglo XVI que residió largo tiempo en Mantua embelleciéndola con su doble arte.

Pintor enteramente pagano, aunque discípulo del místico y vaporoso Rafael, que fue una especie de Lamartine del pincel, pues como el poeta francés, parece que solo se hubiera alimentado de rosas y que nunca le hubieran herido las espinas de la tierra; poeta enteramente pagano, Julio

Romano, se ha complacido en bosquejar más o menos escandalosamente y con un desenfreno luxurious, como dicen los ingleses, las grandes y pequeñas escenas de la mitología.

El fresco de la toma del Olimpo por los gigantes, es el más ponderado y el más gigantesco de todos sus frescos.

Me hallaba hospedado en el hotel de la «Croce Verde e Fenice», y muy regaladamente, y lleno de asombro, porque no comprendía como en una secundaria población de Italia (34.000 habitantes, de los que 3.000 son judíos) se podía estar tan bien, tan envidiablemente alojado, con un aseo, limpieza, frescura y hermosura más propios del septentrión que del mediodía.

Era tranquilo, además, el hotel, y el servicio muy decente y atento, y su confortable doméstico era verdaderamente doméstico y no hotelero, que un hotel es todo, menos una casa, en el sentido interno o de home que solemos dar a esta palabra.

Mi júbilo era grande al pasearme por un cuarto espacioso, elevado, lleno de comodidades, bien alfombrado, bien amoblado, con un par de magníficas ventanas a la calle, y todo esto por menos de dos francos cada día.

Solo por estar tan bien alojado podría emprenderse el viaje a Mantua, y prolongarse la estada en ella.

Pero ¡ay! el viajar es también una tarea, un compromiso, y era necesario seguir adelante sin apoltronarse más tiempo es tan dulce molicie. Seguí pues mi viaje; dejé Mantua en la madrugada del 30 de octubre de 1861, habiendo llegado a ella el 28 por la noche; y volviendo nuevamente a Verona a tomar el tren de Milán, llegué a ésta última ciudad a las cinco de la tarde; el tren partió de Verona a las diez y media de la mañana, y en Peschiera fueron registrados nuestros equipajes.

Capítulo XIV
Milán. El señor Ercole Lualdi. La Cartuja de Gagarignano. El palazzo Simonetta. La momia de San Carlos Borromeo. El San Bartolomé de Agrates. La catedral. Los relojes públicos. La Biblioteca Ambrosiana. Los ósculos de despedida. El Campo de Marengo

No ejerció Milán en mi ánimo la influencia que otras ciudades de Italia, acaso por ser la capital de la Lombardía la menos italiana de las ciudades de la península.

No fui cautivado en ella como en Venecia, como más tarde en Florencia, en Roma, como en Nápoles sobre todo, la ciudad más grata para mí de toda Europa; y a no ser por esos agasajos insólitos y sabrosa cordialidad de la familia del señor Ercole Lualdi, a quien vine recomendado por el Banquero de Viena don José Bassi, tío de la casa, no habría permanecido en Milán arriba de dos días tal vez.

Un cariño como el que allí se me tributaba es tan raro para un viajero peruano en Europa, que si en Mantua habría prolongado mi permanencia sin más que por disfrutar del buen alojamiento, en Milán habría hecho otro tanto solo por gozar de ese abrigo del alma que se llama el cariño, y que tan benéfico es para el alma aterrada de un pobre viajero solitario y adolescente,

> Cuando se cruzan los años
> de la juventud ardiente,
> en que el alma virgen siente
> de amor una intensa sed.

Cuatro años estuve en Europa, y en ellos viajé mucho; pues bien: solo dos ciudades, una en España y otra en Italia, me brindaros esas inefables dulzuras que el más rudo europeo encuentra en nuestros mejores salones desde el día siguiente de su llegada; esas ciudades fueron Granada en España y Milán en Italia.

En la primera iba recomendado a la numerosa y noble familia de don Antonio Fernández Prada, de Lima. Cuando me dirigí a dejar la carta de recomendación a la casa número doce de la calle de Mano de hierro, estaba muy lejos de sospechar que solo allí no hallaría corazones de hierro.

No menos agasajos recibí en Milán de la familia Lualdi; eso que aquí la carta comendaticia era simple recomendación de banquero o comerciante, y no había para qué traducirla con tantos extremos; mayormente cuando el banquero de Viena no me conocía por más que por otra carta de comerciante también, que yo le había llevado de Hamburgo.

Tampoco se hallaba en Milán el señor Ercole Lualdi al presentarme yo en su casa, calle de Santa María dei Fiori; y la señora su madre ordenó inmediatamente que se le diera aviso, y llegó al otro día.

A pesar de estos insólitos atractivos no creía hallar en la más de la población milanesa la vivacidad, la gracia que tan simpáticos hace a los venecianos por ejemplo, y no me sentía tan cautivado como en Venecia y como más tarde en Nápoles. Nápoles que al par de Londres, consideré siempre como mis Amores de Europa, inspirándome ambas ciudades una intensa pasión y un inagotable deseo devolver siempre a ellas; a la primera con su deslumbrante, vívida, naturaleza, sus antigüedades y ruinas vivientes, parlantes, y no como quiera parlantes de la glacial vida pública o política de los antiguos, sino de la vida íntima de la alcoba, del tocador, del baño; con las costumbres finalmente, con las genialidades y caprichos simpáticos de su pueblo.

> Golfo escondido entre la sombra verde
> donde se apagan sin rumor las olas,
> serenísima rada, azul bahía
> que vi de la borrasca en la inclemencia;
> pausílipe feliz de mi existencia
> en cuyo seno ignoto
> cesara un punto la tristeza mía.

La segunda ciudad, o sea, Londres, constituyó mis Amores de Europa, por su clima brumoso, su admirable campiña, sus monumentos que parecen revelar al hombre en el apogeo de la perfección por su «British Museum» que, con su Museo y su Biblioteca, produce una intensa embriaguez en el ánimo del estudiante; por la transparente hermosura de sus hijas ¿Qué soy yo?

> Londres, Londres, con tu cielo
> a medias pardo y rojizo,
> y con de tus hijas mágicas

de puro, angélico tipo,
con tus museos y tu noble aspecto,
Londres, me inspiras un extraño afecto.

Mas suspendamos ya esta larga disgresión, no prometida en el sumario, y volvamos al señor Lualdi.

Con su compañía y la de su familia, visitamos algunas de las interesantes cercanías de Milán como la «Cartuja de Garignano», fundada en 1349 por Juan Visconti, arzobispo de Milán, y distante unas dos millas de la ciudad.

Contiene numerosos frescos que representan la vida de San Bruno, siendo el más célebre de aquellos, el del muerto, que conducida a la última morada por un cortejo de sacerdotes y populacho, cirios en mano, incorpórase súbito en el féretro y alargando la descarnada mano, y dejando ver el hundido vientre, el magro cuello, las huesosas mandíbulas, la boca y los ojos, en fin, ya con la horrible expresión de una calavera, suelta lentamente estas tres graves sentencias que se leen escritas al pie: Justo Dei Judicio acusatus sum, Justo Dei Judicio judicatus sum, Justo Dei Judicio condamnatus sum, después de las cuales, vuelve a desplomarse el cadáver y a enmudecer in aeternum.

El Año Cristiano en la vida de San Bruno cuenta que el milagro duró tres días, en cada uno de los cuales iba dando el difunto la respectiva contestación al entonarle el Responde Mihi, lo que obligaba al enterrado concurso a suspender el entierro hasta el otro día. Parece que el tal doctor había sido un belitre de marca mayor, y a quien, sin embargo, se honraba muerto como a otros muchos. De este milagro data la conversión de San Bruno.

Dicen los escritores europeos que al ver este cuadro Lord Byron, se conmovió hasta horripilarse. ¡Ay! lo que a ellos les parece una gracia, en Lima habría sido calificado de candidez rematada.

El viajero que acompañaba a Lord Byron y que refiere el suceso, agrega: «por respeto al genio volvimos a montar a caballo silenciosamente, y fuimos a esperarle a una milla de la cartuja».

¡Respeto al genio! ¡Y en Lima que no respetamos sino al que manda con la fuerza pública!

No distante de la Cartuja vimos el Palazzo Simonetta, perteneciente entonces a un señor Osculatti, pariente del viajero al Amazonas, cuya relación publicada en italiano y con varias láminas iluminadas, compré en esos días en una de las librerías de Milán.

Mr. Ferdinand Denis de quien hemos hablado en la página anterior considera al viajero Osculatti como uno de los «verdaderos Robinsones» en su obra titulada Les Vrais Robinsons.

El «Palazzo Simonetta» no se diferencia mucho de cualquier casa de chacra de Lima, y hasta parece un gran palomar.

Salvo alguno que otro fresco, casi borrado, este palacio convertido hoy en granja miserable no da ningún indicio de haber sido gran cosa; ni por mérito alguno, a no ser un eco particular que es lo que atrae visitantes. Dicho eco se prolonga largo tiempo, unos seis segundos cuando se hace cualquier ruido desde la ventana de uno de los salones, durando hasta doce segundos cuando se le despierta con un escopetazo.

El guía se contenta con dar un gran grito, sacando medio cuerpo fuera de la ventana, y con sonar una bocina.

Tan luego como cesa, óyese un eco que se debilita, tan precipitada y atropelladamente, que parece los ladridos de una jauría de perros lanzada a escape en un bosque y en la que cada perro llevara un ansia vehemente de pasar al delantero.

Sobrevino en esos días la fiesta de San Carlos Borromeo, con cuyo motivo la momia del santo estuvo expuesta al público en la capilla especial que tiene en la Catedral. Mis lectores saben de sobra que la Catedral de Milán pasa por la Octava maravilla; que desde fines del siglo XIV se «está construyendo», que es la iglesia mayor de Europa después de San Pedro y de la de Sevilla, etc.

El santo reposa en una gran caja de plata revestido de su traje episcopal, incluso la mitra, que medio ladeada sobre la monda y denegrida calavera produce el efecto de una irrisión. San Carlos, miembro de la ilustre familia italiana de los Borromeo, nació a mediados del siglo XVI en Arona, pequeña población deliciosamente situada en la orilla misma del Lago Mayor, en la que el santo tiene una célebre estatua de bronce hueca (o más bien torre o mirador) erigida en una eminencia.

Otra de las curiosidades de la Catedral de Milán es una estatua de San Bartolomé figurándolo desollado. Por detrás de la espalda le cae, formando pliegues como una sábana o manta, su propia piel, produciendo eso y lo demás una espeluznante impresión por su repugnante verdad, que le hace volver a uno la vista para indagar si no se halla en un museo Anatómico, que debería ser el verdadero lugar de la tal estatua.

El que la hizo, el modesto Marcos Agrates, quedó tan pasmado de su obra, que temió muy seriamente que la posteridad se le atribuyera al célebre escultor griego Praxíteles; y para evitar error tan probable, se apresuró a trazar al pie esta modestísima inscripción:

NON ME PRAXITELES, SED MARCOS AGRATES FINXIT.

No vayan a creer ustedes que me ha hecho Praxíteles; no hay tal cosa: Fue Marcos Agrates.

He aquí otro que en Lima tendría bien sentada su fatua de cándido. Un viajero francés, defendiendo a Praxíteles dice, que «los griegos jamás representaron tan repugnantes verdades y que aun el Marsyas desollado por Apolo, no ha sido representado por los escultores antiguos sino como un individuo suspenso de un árbol por las manos». La observación no puede ser más oportuna ni más exacta, ni de mejor gusto. El San Bartolomé de Agrates pertenece a la escuela literaria de «la dama de las Camelias» y otros dramones franceses de la escuela enfermiza, que convierten al teatro en un hospital o anfiteatro de anatomía; en los que se nos dan lecciones de clínica, y en los que con singular importancia se hace una apoteosis de la más repugnante de las enfermedades y del más lamentable de los vicios, del esputo y de su femenino.

Para hacer yo ahora la apoteosis de la catedral de Milán que por cierto no lo necesita ya, me valdré de la peregrina frase de un escritor francés, el cual dijo que la catedral de Milán parecía Un Montagne de marbre taillée á jour...: «Una montaña de mármol calada».

En cuanto al gran teatro de la Escala,

> Su descripción aquí ya no me cabe,
> y aténgase el lector a lo que sabe.

Hacía muchos días que mi reloj andaba muy mal, en mi cuarto del hotel de La Gran Bretaña no le había, que esto de hallar siempre un lindo relojito de mesa sobre el mármol de la chimenea, es cosa que solo en los cuartos de París se ve.

No tuve pues más remedio en mi primera noche milanesa, que parar el oído hasta que diera la hora en el más próximo reloj público de la vecindad, el cual sonó al fin; pero ¡válgame Dios! de qué modo tan insólito, porque aun cuando parecía dar sus horas cada cuarto de hora, ni en esa noche ni en las siguientes le oí dar más de seis campanadas, que parecía el máximum de las suyas. ¿Qué diablos será esto, Juan? me preguntaba. ¡Ea! (proseguía) tú que a fuerza de ver piezas incoherentes en tanto museo te has acostumbrado al trabajo de reconstrucciones mentales, árrmame y combíname una teoría acerca de esto, y no tardé en dar con la clave.

—Probablemente —me dije—, mal se divide el día en cuatro porciones iguales; y siendo las siete de la mañana, por ejemplo, la primera hora de la primera porción, la anuncia con una campanada; las ocho con dos, las nueve con tres, y así hasta llegar a las doce inclusive, en que comienza de nuevo. La campanita triple que suena de cuarto en cuarto de hora, marca los cuartos y medias horas.

Este modo de dar las horas me recordó aquel otro que de escribir los meses tienen algunos 7bre., 8bre., 9bre., etc., por septiembre, octubre y noviembre.

A bordo suelen picar las horas del mismo modo.

La Biblioteca Ambrosiana fundada por Federico Conde de Borromeo a principios del siglo XVII y bautizada con el nombre de Ambrosiana en honor de San Ambrosio Arzobispo de Milán, contiene esculturas, piedras preciosas, y finalmente libros y valiosos manuscritos, y palimpsestos. Los palimpsestos son manuscritos de la Edad Media u otras épocas más o menos modernas, que, raspados han descubierto una escritura anterior, antiquísima muchas veces, de autores clásicos más o menos célebres.

De palimpsestos se ha sacado las cartas de Marco Aurelio y Frontón, algunas oraciones de Cicerón y otras muchas obras apreciadísimas, habiéndose hecho un nombre glorioso y casi único en la investigación de los palimpsestos el célebre Angelo Mai.

Ya comprenderán mis lectores que la escasez de la tela para escribir en tiempos en que aún no existía el papel, fue la que dio origen al palimpsesto, en el cual se borraba un escrito sublime tal vez, de la antigüedad, para suplantarlo con la crónica indigesta de algún pedante, pero que tenía el mérito ¡el gran mérito! de ser de actualidad.

La Ambrosiana contiene como sesenta mil volúmenes, y unos diez mil manuscritos entre los cuales se encuentran las cartas de Lucrecia Borgia a su amante Miser Pietro Bembo, y el rubio rizo de sus cabellos con que acompañó alguna de ellas.

Casi todas las cartas empiezan con: «Miser Pietro Mío», y algunas están en castellano como se ve por la siguiente que trascribo Ad Pedem litterae.

Con la seguridad que de vuestra virtud estos días pasados he conocido pensando en alguna invención para medallas: y deliberando de hacer al presente una según el parecer que me dio tan agudo y tanto al propósito mi parecido punto con esta enbiargela, y porque otra mistura en ella no vaya que de su merecer abaxarla pudiese acordado con la presente rogarle la letra que en ella ha de yr quiera por mi amor tomar fatiga de pensar: porque de lo uno y de lo otro quedase tan obligada como vos merecéys y la obra deve ser estimada respuesta de la qual con mucha voluntad espero

A lo que ordenaréys presta
Lucretia de Borgia.

Por el revés, de puño y letra de Lucrecia se lee: Al vyrtuoso y nostro Carmo, Micer Pedro Bembo; y al pie, de la letra de Bembo, se abren comillas, VIII Jun. MDII Ex ferraria missae at me in Stroti a Nuia.

Al final se encuentra estos versos en castellano de Lucrecia a su amante o según otros de él a ella:

Yo pienso si me muriese

123

y con mis males finase
desear
tan grande amor feneciese
que todo el mundo quedase
sin amar
mas esto considerando
mi tardo morir es luego
tanto bueno
que debo razón usando
gloria sentir en el fuego
donde peno.
Tan fino es mi parecer
y tan muerto mi esperar,
que ni lo uno puede prender
ni lo otro quiere dejar.

Entre las esculturas de la Ambrosiana figura un busto de mármol de Byron cuando era adolescente, obra de Thordwaldsen, celebérrimo escultor de Copenhague. Thordwaldsen obsequió el busto al famoso zapatero de Milán, Ronchetti, en pago de cuentas atrasadas; y de él pasó a su hijo, maestro de música, quien lo obsequió a la Ambrosiana.

El 7 de noviembre después de haber pasado el día de Todos Santos muy aburrido con el clamoreo e incesantes lamentaciones de las campanas, salí de Milán para Génova, más que por otra cosa, por librarme de los excesivos agasajos que me abrumaban de tal modo que si hasta entonces había andado reacio para entregar mis cartas de recomendación por no tener fe en ellas, ahora me proponía seguir haciendo lo propio por el opuesto temor de que me sirvieran demasiado.

Después de regalarme algunas baratijas, entre ellas una fina cigarrera o petaca de paja, el amigo Ercole me acompañó hasta la estación, en donde me dio un fuerte abrazo y un par de ósculos, uno en cada mejilla.

Esto de besarse los hombres se suele ver en Europa.

Partimos a las tres y media de la tarde, detuvímonos en Novara, en donde nos esperaba una buena comida, pasamos por Alejandría, divisamos no distante y a nuestra izquierda el glorioso campo de Marengo, y a las nueve y media de la noche me hallaba instalado en el hotel de «La Croce de Malta», situado en el Muelle como casi todos los buenos hoteles de Génova.

Capítulo XV
Génova. Una representación dramática. Teatros. La Biblioteca y la Academia. Lord Byron. La villa Palavicino. Una composición exhumada. Liorna. La calle de Vittorio Emmanuele. El Parterre. Limpieza de la población

> Los Genoveses no dan,
> ni dieron en tiempo alguno
> pero uno de ellos, Colón
> dio por todos dando un mundo.

Así trata don Tomás de Iriarte a la ciudad en que me encontraba; y peor que él, y sin duda más conocedor de la localidad, la trata el proverbio italiano cuando negándole toda clase de dones dice desesperadamente: Mare senza pesci, monti senza legno, uomini senza fide, donne senza vergogna.

El tratamiento no puede ser más duro. En cuanto a la mezquindad que le atribuye Iriarte, se manifiesta hoy claramente con aquel «que dio por todos los genoveses, dando un mundo», pues solo ahora, hoy, en estos días, se erige a Cristóbal Colón una estatua que está a punto de estrenarse en la plaza del Acqua Verde, y que se halla aun tan arropada, tan escondida, y tan rodeada de escombros, que materialmente tuve que bregar para descubrir al descubridor de nuestro hemisferio.

La calle que conduce a esa plaza, que es la de Balbi, es una de las mejores de Génova, lo mismo que la Nuova y la Nouvísima. El resto, callejas tortuosas, lóbregas, fértidas, nuestro Petateros, aunque sin su no desmentida rectitud.

Aun la calle de Gli Orefici (de Plateros) que llama la atención por sus mil y una curiosidades de filigrana de plata y oro, está lejos de aventajar a las demás.

Asistí a una representación dramática del teatro Paganini, titulada Los Misterios de la Inquisición, y me divertí mucho. Lo que más me sorprendió al entrar fue ver a muchos espectadores con su sombrero encasquetado.

Yo que venía de Alemania, en donde el prurito por descubrirse es tal, que los hombres se apresuran a quitarse el sombrero aun al entrar a ciertas bacanales, no pude menos de admirar muy mucho la despreocupación de los genoveses.

Desde las primeras escenas eché de ver que me las había con un público un tanto limeño cuando se dan funciones como Carlos II el Hechizado, por ejemplo.

Apasionábanse tanto por los caracteres de la pieza, que se desataban en silbidos cada vez que el personaje antipático despegaba sus labios siquiera, por bien que lo hiciera, así como el simpático era acogido con grandes aplausos aun antes de que hablara y por poco que fuera buen actor.

Firmes en sostener su opinión, y en llevarla aún más allá de la representación, si concluida éste y pedidos los actores, vienen como es natural todos los que han trabajado bien, se excluye a fuerza de «¡Fueras!» a los que han tenido la desgracia de interpretar el papel impopular; lo cual equivale a exigir que se repita dos y tres veces el asesinato de Froilán Díaz, como acostumbra pedirlo nuestro público en las representaciones de Carlos, el Hechizado.

Así pues los infelices Torquemada y Felipe II fueron cruelmente tratados en la noche de que hablo; y eso que trabajaban bien, muy poseídos de sus papeles, sin que se vieran esas distracciones y ese continuo mirar a los palcos en los momentos en que no hablan, tan comunes en nuestros cómicos, que parece que creyeran que su misión solo se reduce a recitar.

Siempre que veo a tales cómicos de la legua, con sus brazos muertos, clavados en la escena, y sin la menor elocuencia mientras no hablan, me vienen ganas de voltear el anteojo por la parte ancha para mirarlos a la distancia que merecen y en el justo tamaño que ocupan en el arte.

El teatro de Paganini es grande, hermoso y elegante; el retrato del violinista figura en un medallón conducido o sostenido por dos genios alados en el centro del telón.

Es el primer teatro dramático bueno que veo en Italia, donde toda la atención parece dedicarse al teatro lírico.

El de Carlo Felice me ha parecido mucho más bello y lucido tal vez que el mismo de la Escala de Milán. Su fachada descansa sobre seis magníficas columnas de mármol y a un lado se halla la Biblioteca Cívica o de la Ville, que exteriormente nada tiene de notable, ni de muy rica interiormente (treinta y tantos mil volúmenes).

En cambio, sus puertas se hallan abiertas al público día y noche, como sucede en París con las de Santa Genoveva.

Contigua a la Cívica está la Academia Lingüística delle Belle Arti.

La noche que entré a la Biblioteca a matar el rato, cayó a mis manos una obra sobre Lord Byron. No solo este singular personaje ha dejado llenas de sus recuerdos las principales ciudades de Italia y pueblos de Grecia, sino que ha dado margen a una biblioteca especial que corre con los nombres de Conversaciones con Lord Byron, Correspondencia con Lord Byron, etc., como si se tratara de un Napoleón.

La que me tocó esa noche que volví a ver después en un gabinete de lectura de la misma Génova, llevaba el primer título, y no omitía el menor y más doméstico detalle del interesante milord. Sus malos humores, sus caprichos, sus genialidades, sus displicencias, todo estaba recogido, observado y analizado remontándose tal vez hasta los fenómenos de la digestión como causa prima.

Otro de los narradores de Byron, el conde Gamba, refiere que cuando aquél zarpó de Génova para Grecia, en donde debía dejar la vida esta vez, y tuvo que regresar sin salir del puerto por falta de viento, manifestó deseo de volver a visitar su residencia, el Palacio Saluzzi o Paradiso, uno de los que hay en Génova, y que presintió entonces su próximo y glorioso fin.

«Su conversación (dice el conde) tomó un sesgo melancólico, y habló largamente de su vida pasada y de la incertidumbre del porvenir. ¿Dónde nos hallaremos dentro de un año?» preguntaba. Lo que era como una triste profecía, agrega el amigo; porque un año más tarde, en ese mismo día y mes Lord Byron había bajado a la tumba de sus mayores.

Antes de salir de Génova fui a visitar la célebre Villa Palavicino, perteneciente al dueño del palacio de igual nombre que me había mostrado en la ciudad, y entre cuyos cuadros recomiendo el Mucio Scevola de Guarchino.

Para visitar la Villa se traslada uno al pueblo de Peglí, que es cosa de 20 minutos por el ferrocarril.

¡Hombres de Lima que os llamáis y que os creéis ricos y potentados, y a quienes una plebe necia tilda de aristócratas y de magnates porque tenéis un mal rancho de caña y barro entre los muladares de Chorrillos, o porque os besuqueáis en carruaje particular en esas y esos que por allá llamamos calles y caminos! venid, venid a ver grandezas regias, y, sin embargo, respetadas, pacíficamente asentadas entre risueñas colinas y apacibles lagos, donde el cisne, el bosquecillo, la laguna, el soto y la gruta no son mentiras de poeta tonto y plagiario, sino realidades de la vida ordinaria.

Y venga con vosotros esa que con sus quejumbres tienta a Dios llamándose clase menesterosa, proletaria y desvalida, cuando tiene diariamente peso y peso y medio para rodar en un simón de plaza.

> Vengan zambas y negras, vengan cholas,
> cuantas arrastran femenino traje,
> y con sus largas y mugrientas colas
> embargan las aceras ¡ellas solas!
> ¡Y no pagan derecho de colaje!

Vengan aquí a ver pagar contribuciones por... cosas que indudablemente son menos gravosas para el vecindario que entre nosotros las colas de las cocineras, y las panzonas ventanas de reja de las casas, que se roban media acera y que amenazan dejar cojo aquéllas y tuerto éstas al transeúnte, sin que paguen colaje ni ventanaje, que harto lo merecerían.

Venid, mártires de la negra honrilla, esclavos de la quijotería, los que tenéis a menos ser pobres y laboriosos, y no petardistas y tramposos descarados; venid a ver grandeza verdadera y aristocracia cierta y envidiable en la «Villa Palavicino», y verdadero pueblo, sin humos y sin resabios, laborioso y virtuoso, y por lo mismo respetuoso, en el puerto de Génova.

Aquí veréis al proletario a pie, y aun con el pie descalzo, y a la proletaria con el traje a la altura del tobillo, en cuerpo gentil, aptos y expeditos para la faena, para la contienda del trabajo, haciendo por la humanidad y por Dios.

Mas suspendamos la filípica, no suscite yo las iras de mi Soberasno y reciba algunas coces.

La villa Palavicino es una casa de campo digna de nombre de regla por las riquezas materiales y de arte acumuladas dentro de sus vastos límites.

Inútil es decir tratándose de Génova, que el mármol está allí desparramado con profusión, no solo en simples escaleras y estatuas, sino hasta en breves edificios como se ve en un templete circular de Diana, al gusto antiguo o pagano, todo de mármol, surgiendo del seno del agua en medio de una laguna. Riqueza estancada sin más objeto que halagar con un punto de vista mitológico las miradas de un señor soñoliento y epicúreo.

Un bote especial y coqueto cual conviene al surcador de semejante laguna, conduce por ella al visitante, después de haberlo tomado en un embarcadero, que llamaré de Calipso, porque es una gruta artificial de estalactitas a que se ha llegado después de haber recorrido todo el jardín con sus glorietas o cenadores y otras maravillas.

En Génova como en Trieste, aunque despierto y no dormido, sentí en mis entrañas un íntimo removimiento de lo pasado.

¡Oh vueltas caras a la edad primera!
Si así me atormentáis en años tiernos,
¡retrocesos del alma sempiternos!
¡cuáles seréis allá en la edad postrera!

En estos días de luto para mí, celebro como un sacrificio pagano a las épocas que han muerto, y escarbo en mi memoria, y registro los papeles que la edad ha teñido de amarillo.

Haciendo el último escrutinio en Génova, tropecé con los siguientes versos inconclusos, escritos tres años antes, en la patria aún y en las tierras de Juan de Arona, los que trascribiré por la relación que tienen con mi estado psicológico de estos días:

Mi alma como en otro día
no hace hoy de su gozo alarde,
y está, sin luz ni alegría,
como la noche sombría
y triste como la tarde.

Bien puede a veces La vida
brindar un dulce licor;
pero la corta medida
se llena al fin, y enseguida
viene un hastío mayor.

La vida solo es un día,
al principiar blanco y puro,
ardiente en su mediodía,
su tarde pálida y fría,
y su fin triste y oscuro.

Triste, muy triste es aquella
fría noche de la nada,
no hay ruido ni voz en ella,
ni luz de Luna o estrella
ni cantos de la enramada.

Como el ave desgraciada
tras larga lucha y zozobra
rompe al fin la malhadada
jaula en que estaba encerrada,
y su libertad recobra.

Y retorna al dulce nido
que consideró perdido,
saliendo del cuerpo el alma,
vuela al reino de la calma,

del silencio y del olvido.

Los que por el mundo vamos,
todos sujetos estamos
a la ley terrible y fuerte
de encontrarnos con la muerte
cuando menos la esperamos.

Y con genio furibundo
descarga el golpe tremendo
sobre el talento profundo
y sobre el mérito, habiendo
tanto inútil en el mundo.

Ardiendo y llena de enojos
posa la mano fatal
sobre el infeliz mortal
y sus fatigados ojos
cierra a la luz terrenal.

Mas si con ojos cerrados
nos hunde en la eternidad,
en los ámbitos dorados
de esos mundos ignorados
nos los abre la verdad.

¿O no es acaso el morir
el principio del placer,
y el término del sufrir,
y a otros mundos al subir
va nuestra alma a padecer?

¡No! más allá de la tumba
no puede haber sufrimiento,

si no hay tras ella contento,
habrá a lo menos quietud.

No, yo no creo que exista
un purgatorio, un infierno
de padecimiento eterno
más allá del ataúd.

¿Podrá el Hacedor sublime
condenar su propia hechura
cuando sale de esta oscura
y dolorosa mansión?
¿Ha formado Dios al hombre
para furibundo luego
lanzarlo a un sitio de fuego
y de desesperación?

El hombre que más se hunde
del pecado en el abismo
expía en el mundo mismo
su acción de un modo fatal.
De sus horribles maldades
como castigo cruento,
continuo remordimiento
lleva en su alma el criminal.

El que de Dios olvidado
no envía hasta él sus voces,
y solo sabe en los goces
y en el deleite vivir,
¿no ve su salud gastada,
y con ojos doloridos
los que le son más queridos
uno tras otro morir?

> Más allá del sepulcro hay reservado
> un edén para el hombre desgraciado
> y no de fuego un espantoso abismo,
> pues si pecó en el mundo extraviado,
> purgó sus yerros en el mundo mismo.
>
> Por eso tiene siempre una sonrisa
> el que agobiado por la injusta suerte
> el frío umbral del infortunio pisa,
> porque la sombra de la amiga muerte
> como dichoso término divisa.
>
> Por eso si del mundo en el océano
> próximo a naufragar se ve el humano,
> no desmaya jamás, porque le asiste
> la grata idea de saber que existe
> una playa al alcance de su mano.
> (Arona, enero 1859)

Reviviendo en mi alma tan lúgubres ideas, y pensando que la anterior desaliñada composición podría titularse «El Bien de la Muerte», encamineme al muelle, metime en el nauseabundo vaporcito «Pompeyo», y zarpé para Liorna, adonde llegué a las once de la mañana siguiente con un mareo atroz.

Busqué tambaleándome y dando traspiés el «Hotel del Norte», no lejos del puerto, y tan pronto como me asignaron cuarto tendime en la cama y permanecí en ella hasta las cinco de la tarde.

A esta hora poco oportuna salí a recorrer «la ciudad más indocta de Italia», llamándome desde luego la atención la limpieza de la población, una de las más aseadas de la península.

Entré en la ancha y larguísima calle de Vittorio Emmanuele, guarnecida de anchas y soberbias aceras que regocijaban mi ánimo abatido y achicado con el aspecto de las ciudades italianas, en las que, excepto una que otra calle verdaderamente hermosa que hace de Bulevar o Corso, todo es callejas y vericuetos tortuosos, angostos, inmundos, sempiternamente húmedos y fétidos, en los que un poeta podría fingir el nido de las epidemias, y por donde ruedan confundidos hombres, bestias y carros.

En Liorna todas las calles que vi seguían proporcionalmente el sistema de la principal en que yo había entrado, y que me condujo primero a la gran plaza de Armas, donde vi por de fuera la Catedral cuyo aspecto nada de noble tiene, y en seguida a otra plaza larga y angosta que se llama de Carlos Alberto, y en una de cuyas extremidades se ve la gran estatua de mármol erigida a Fernando I.

En cada ángulo del pedestal de la estatua descansa un esclavo de bronce, obra del célebre escultor del siglo XVI, Tacca, de quien nos volveremos a ocupar al hablar de Florencia, y cuyos esclavos fueron copiados del natural de unos prisioneros turcos hechos en la batalla de Lepanto.

Alrededor de la plaza, casi uno tras otro, se encuentran anchos y hermosos bancos de mármol. Aquí pues, todo es ancho y hermoso.

Siguiendo por la calle que sale del medio de esta plaza, fui a dar a una hermosa y larga alameda, que supuse ser el paseo público y que me dijeron llamarse «El Parterre».

He aquí una verdadera ciudad me decía paseándome embelesado por la alameda, casi desierta entonces, a la luz de una serena y clarísima Luna.

Tentado estuve de acordar a Liorna una permanencia de algunos días para gozar del espectáculo de calles holgadas y limpias; pero vi que era preferible pasar de una vez a la histórica y artística Pisa, digno preludio de Florencia, y conocida por los muchachos desde la clase de geografía por la particularidad de su Torre inclinada.

Además, Liorna, madriguera de forzados, de galeotes y presidiarios, y cuyo puerto en mi segunda visita me pareció un nido de arpías, podía ofrecer una permanencia no muy segura.

Valery, en sus Viajes por Italia hablando del barrio de Venecia donde está relegada toda la gente mala de Liorna, dice: «La justicia francesa había donado a esta canalla, a la que la dulzura filantrópica de las leyes toscanas ha devuelto todos sus vicios. Liorna y su Venecia son un argumento sin réplica a todas nuestras virtuosas y quiméricas utopías sobre la abolición de la pena de muerte. Sistema que, invocado en nombre de la civilización, nos vuelve a la barbarie de la Vendetta, porque, si la sociedad no cumple justicia al crimen, el individuo ofendido recupera su derecho y se encarga de castigar al asesino».

Capítulo XVI
Pisa. La torre del hambre. La torre inclinada. El Bautisterio y el cementerio. Chucherías de alabastro y mármol

Solo media hora, por el ferrocarril, dista Pisa de Liorna; y al llegar yo a ella a las nueve de la noche reinaba un huracán tan impetuoso, que las ventanas de mi cuarto temblaban con furia.

Por librarme de la música eólica me eché a las calles; y tan sin gente y solas hallelas, que se diría que el ventarrón había barrido a todo ser viviente.

Es verdad que la patria de Juan de Pisa apenas cuenta 20.000 habitantes, y su soledad es tan grande, que los viajeros atestiguan que en algunas de las calles pisanas se forma eco, por lo que no extrañe que a las nueve de la noche mis pasos retumbaran.

Me había hospedado en el «Hotel de Europa», situado delante del Arno y al pie del Ponte del Mezzo. No tardaron mis pasos en llevarme a la plaza principal del Duomo (catedral) atravesé la plazuela dei cavalieri, en la que mi guía me mostró al día siguiente el sitio que ocupaba la tradicional torre del hambre, llamada así, porque encerrado en ella el conde Ugolino con toda su familia, fue condenado al suplicio del hambre, y roía, según el Dante, la cabeza de uno de sus hijos:

E come il pan per fame si manduca.

Volviendo a pasar por los mismos lugares al día siguiente, visité acompañado de un guía la catedral, construida en 1170 y tantos; el Bautisterio, la Torre inclinada que data del siglo XII, y el no menos antiguo y renombrado cementerio.

En el Bautisterio hay un eco hermosísimo, como que basta exhalar un grito medianamente armónico, para que por largo tiempo se oiga un eco que se dilata con las mismas inflexiones musicales de un órgano de iglesia.

La maravilla de la «torre inclinada» explícase del modo siguiente: créese que al construir la torre y terminados los primeros cuerpos, sentáronse éstos un poco produciendo la inclinación que hasta hoy conservan, que es de más de once pies.

Convencidos los arquitectos de que el daño no tenía remedio y de que el suelo no había de hundirse más, siguieron construyendo la torre inclinada, tal como hasta hoy se conserva.

Los cuatro célebres monumentos de Pisa que acabo de enumerar se encuentran reunidos en el mismo sitio, que es la plaza del Duomo.

Su antigüedad, su mérito arquitectónico, su extrañeza, lo que recuerdan, su singular reunión, todo hace que estos monumentos se animen, se personifiquen, y que el viajero crea oírlos hablar y contar cada cual en voz baja su propia historia.

Solos allí, egoístamente agrupados, parecen haber querido huir de la desolación que se cierne sobre Pisa, ciudad que habiendo contado en una época más de cien mil habitantes es hoy, como dicen los italianos, Pisa morta.

El Campanile (campanario) como llaman los pisanos a la torre inclinada, consta de ocho cuerpos de columnatas superpuestas que suman en todo 107 columnas. Tiene de alto 54 metros, y 16 de diámetro, y oprime el suelo ese desde el año de 1174.

Siete grandes campanas pesan sobre el vetusto campanario, y tocadas todos los días patentizan más y más la solidez del cilíndrico monumento.

La subida por la escalera interior de 330 gradas, es bastante fatigosa; pero vale la pena de emprenderse por la hermosa y variada vista de que se disfruta de la plataforma.

El Bautisterio es coetáneo del Campanile y como él y el Duomo, de blanco mármol. Esta elegante rotonda, dependiente de la Catedral, como destinada al bautismo, tiene 55 metros de altura total. La pila o fuente bautismal, también de mármol blanco, está colocada sobre tres gradas y es de forma octógona.

El campo santo, edificio alternativamente austero y elegante, «museo fúnebre de todos los tiempos y países» es lo más notable en su especie que ha dejado la Edad Media.

Obra del arquitecto y escultor Juan de Pisa, fue mandado construir por los pisanos como un Panteón para sus grandes hombres. La tierra que lo cubre fue traída de Jerusalén en 50 y tantas galeras, teniendo dicha tierra, a más de la virtud religiosa o de la fe, la virtud química de despacharse los cadáveres en 24 horas, en cuyo breve espacio los consumía.

Hoy son necesarias 48 horas, por haber perdido la tierra sus sales con la evaporación y con el mismo trabajo Saturniano de devorarse a sus propios hijos.

Es un vasto rectángulo de 450 pies de largo por 140 de ancho, adornado de arcos, pilastras, capiteles, mascarones de mármol, etc., y con sus paredes interiores todas cubiertas de frescos sumamente curiosos para la historia de la pintura.

Los asuntos de las pinturas son unas veces de un género mixto que llamaremos lúgubre-grotesco, y producen el mismo efecto que el extravagante poema de la Danza de la Muerte, de los albores de la literatura castellana; otras, apacibles escenas de la Biblia, como la borrachera de Noé, vulgarmente llamada la Vergognosa, (la Vergonzosa) por una mujer que en ella figura, que al mismo tiempo que se tapa la cara con las manos, goza por entre los dedos de la desnudez de Noé, lo que ha dado margen a este dicho: Come la Vergognosa di Campo Santo.

El cuadro de más vasta composición es el, titulado El Triunfo de la Muerte. Ocupan el centro varios enfermos que invocan a la muerte con estos versos:

> Dacehe prosperitade ci ha laciati;
> O morte! medicina d'ogni pena,
> Deh! vieni á' darne ormai' l' ultima cena.

> Pues la prosperidad nos ha dejado,
> Oh muerte! medicina a toda pena,
> Ea! vénnos a dar la última cena.

Pero la «señora de la guadaña» no les hace caso, como sucede siempre, y va a descargar el golpe en juveniles parejas que templan los ardores de la caza en un fresco bosquecillo escuchando las trovas de un trovador, mientras que una tropa de amorcillos revuelan por encima de ellas.

Reyes, obispos, monjas, guerreros yacen por tierra, y ángeles y demonios que revolotean, cargan con las almas encargándose los demonios de las de frailes y monjas, chuscada de que gustaban mucho los pintores de la Edad Media.

El describir por completo este cementerio donde han venido aún a estudiar a tantos grandes hombres desde Dante y Miguel Ángel hasta... Castelar,

> Es cosa que en mis límites no cabe
> y aténgase el lector a lo que sabe.

Visité enseguida el jardín botánico y el gabinete de historia natural, bastante grande y rico. Aquél tiene el mérito de su antigüedad, tan remota, que disputa al de Padua el honor de haber sido el primero que se estableció en Europa.

Las tiendas de Pisa preparan ya las de Florencia y Roma, porque abundan en preciosas chucherías y dijes de alabastro, mármol y otras piedras más o menos finas y de diversos colores, de que son muy ricas y estas tres ciudades.

Los principales objetos reproducidos por los escultores pisanos y que se encuentran en toda tienda, son naturalmente los cuatro grandes monumentos que dejamos descritos, o por lo menos el Bautisterio y el Campanile que son los que más se prestan.

Uno y otro están imitados con tal gracia y perfección, como para adornos de escaparate, que comprándolos por poquísimas pesetas, se puede hacer de cuenta que se les ha visto en realidad.

Capítulo XVII
Florencia. Catedrales. Iglesias y capillas. La Biblioteca Laurenciana. Galerías artísticas. El teatro de la Pérgola. Relojes ingeniosos. El dialecto toscano. Las calles. Industria. Mosaicos florentinos. Los de piedra dura y los de concha. Artículos de paja. La Exposición de Florencia y el señor Yorick

¡Qué penoso es tener que tomar a cada paso la pluma o el lápiz para darse uno cuenta sistemática y analíticamente de todo lo que se ha visto en los últimos días! ¡Ahí es nada! en un país como Italia en donde hasta las aldeas cuentan por docenas las iglesias de más o menos importancia por su arquitectura, o por las esculturas o por las pinturas que contienen.

Ya he dicho y repito ahora generalizando más, que toda Italia no es sino un gran museo, antiguo y moderno, profano y sagrado.

Y con gusto depondría la tarea que voluntariamente me he impuesto, si no pensara en los días futuros, en que con el ánimo tranquilo ya y fresco por la distancia de tiempo y de lugar que mediará, me será grato recordar mis juveniles impresiones, y revisarlas una por una viéndolas por estas páginas como por un espejo y recreándome con el recuerdo de

La tormenta que pasó.

Recuerdo que no podría saborear más que incompleta y confusamente, si no llevara ahora este fiel memorándum, deteniéndome cada 24 o cada 48 horas para volver mis miradas atrás y examinar y compulsar mis últimas impresiones.

El mero examen de ellas (las impresiones), y el balance de las ideas, por decirlo así, bastan por sí solos para que se graben y asienten en el espíritu con tal firmeza, que aun sin escribirlas, podría recordarlas más tarde con exactitud, claridad y lucidez.

Si un viajero no hace de cuando en cuando un alto moral para fijar sus impresiones, reprimiendo el anhelo febril que de él se ha apoderado, de ver y ver y más ver, y que tanto más se enciende cuanto más prosigue su viaje, una masa confusa e incoherente, un caos, una muchedumbre espesa de sonidos y colores opuestos se aglomeran en su espíritu y lo embargan, cerrando completamente los ojos a la memoria; indigestión mental que al fin se disipa no dejando más en el alma que un límpido y desconsolante vacío.

Tal acontecía a mi amigo el general Belzu (el ex dictador de Bolivia) con quien recorría yo algunas ciudades de España (como se ha visto en capítulos anteriores), y el cual había embrollado no solamente los recuerdos de Constantinopla con los de San Petersburgo, sino que, como si aun los idiomas hubieran naufragado en su memoria, hacía una lastimosa confusión de palabras rusas, francesas y españolas.

Y tales reflexiones me hacía yo en Florencia dos días después de haber llegado a ella. Me hallaba hospedado en el «Hotel Luna», a dos pasos de la plaza del gran Duque, por lo que no podía entrar o salir de mi casa sin echar un vistazo a ese célebre sitio de Florencia.

Allí, bajo los arcos de un portalito que sirvió de cuerpo de guardia por lo que se quedó con el nombre de Loggia de Lanzzi, se ennegrecen al aire libre varias estatuas de mármol y bronce de eximios artistas italianos; el Perseo de bronce de Benvenuto Cellini, teniendo en una mano una corta espada y en la otra la cabeza de Medusa, cuyo cuerpo halla, estatua que se recomienda por su esbeltez, el David de Miguel Ángel, de mármol, el grandioso grupo de Hércules y Baco de Baccio Bandinelli, etc.

Pero ¿por qué lado o parte no es célebre Florencia?

De Etruria o Toscana tomaron los primitivos romanos y no exclusivamente de Grecia, mucha parte de su civilización; de ella recibieron los primeros elementos del arte dramático como se ve hasta hoy por la palabra histrión, que no es griega ni latina, sino etrusca, de ella la idea de los Anfiteatros, tan generalizados después en todo el mundo romano, y otras mil cosas más.

En una plaza de la Florencia moderna se tropieza con la piedra donde el Dante venía a sentarse todos los días, como Felipe II en la que avista el Escorial, labrada entonces para mayor comodidad y subsistente hasta hoy con el nombre de «la silla del rey».

En otra parte se lee sobre una puerta: «Aquí vivió y murió Maquiavelo». En Florencia empezó y concluyó Bocaccio su Decamerone, y vivieron o estuvieron Savonarola, Américo Vespucio, Galileo, Alfieri, y como artistas, Cimabúe, Giotto, Leonardo de Vinci, el Perugino, Miguel Ángel, Rafael, Brunellesco, Donatello, Benvenuto Cellini, etc.

Visité la catedral (el Duomo, Santa María dei fiori), la iglesia de Santa Croce, Panteón de grandes hombres florentinos donde yacen el Dante, Miguel Ángel, Alfieri, etc., y la de San Lorenzo cuya sacristía nueva merece una mención especial.

Esta capilla fue construida por Miguel Ángel, y está ornada de dos grandes túmulos, uno de Lorenzo II de Médicis y otro de Julián. El primero aparece sentado en ademán meditabundo, lo que le ha valido el nombre de Il Pensiero, teniendo a sus pies el sarcófago sobre el cual se ven recostadas dos figuras alegóricas del Crepúsculo y de la Aurora; el segundo, fronterizo, igualmente sentado, sin expresión marcada y con las alegóricas figuras del Día y de la Noche a sus pies. Ambos monumentos pasan por obras maestras y con razón.

Tan grande fue la admiración causada por la figura de la Noche, que llegó a decirse en un madrigal «que esa figura estaba viva, y que si alguien lo dudaba, no tenía más que despertarla y la oiría hablar».

Miguel Ángel, el autor, que también era poeta, como pintor y escultor, contestó en nombre de la Noche con el siguiente verso, lleno de tal amargura, que se diría que es un peruano de nuestros días el que habla:

>Grato m'é il sonno, e piu l' esser di sasso,
>mentre che il danno e la vergogna dura;
>non veder, non sentir si é grand ventura
>peró non me desper; de parla basso!
>
>Pláceme el sueño, y mucho más de piedra,
>que el daño sigue y la vergüenza medra;
>no mirar, no sentir, ¡dicha infinita!
>No me despiertes pues; ¡aparta! ¡quita!

A un lado está la Capilla de los Médicis, mucho más grande que la anterior, y que pasma, deslumbra, y maravilla por la variedad y riqueza infinitas de los mármoles empleados en ella, apoderándose de los sentidos una especie de embriaguez al penetrar en el recinto.

El Bautisterio es célebre por sus puertas de bronce, o más bien por los numerosos relieves de que están cubiertas. Unas fueron trabajadas por Andrea Pisano y parecieron maravillosas, hasta que llegó Lorenzo Ghiberti a eclipsarlas esculpiendo las otras, de las que decía Miguel Ángel «que merecían ser las del paraíso».

Un concurso fue promovido para su ejecución; y Ghiberti, que solo tenía trece años, obtuvo la preferencia entre los seis concurrentes, uno de los cuales era nada menos que el célebre Brunelesco. Las escenas representadas en ambas puestas son episodios de la Sagrada Escritura.

Se imputa a Ghiberti que «para escultor fue demasiado pintoresco», y he aquí por qué sin duda los relieves de sus puertas me encantaban como pudiera una serie de paisajes. Creía ver unos frescos patriarcales de la Edad Media, los del Campo Santo de Pisa, por ejemplo, reproducidos en bulto. El color verde, natural en el bronce oxidado, contribuye más todavía a imprimir a esas esculturas el sello del paisaje.

El Campanile, obra del Giotto, hacía exclamar a Carlos Quinto «que desearía guardarlo en un estuche».

Visité igualmente la Biblioteca Laurenciana, rica en manuscritos que me llamaron la atención, los unos por su antigüedad, los otros por su belleza caligráfica, siendo de estos últimos el Homero en griego del siglo XV, tan precioso, que con más gusto me serviría del que de uno impreso aunque fuera obra maestra de tipografía. Entre los primeros, vi un Virgilio del siglo IV o V, del cual no diría lo del Homero, pues si me hubiera gustado mucho poseerlo como curiosidad, para la lectura preferiría cualquier ejemplar de una edición de pacotilla.

Entre las maravillas no religiosas de Florencia figuran ante todo las celebérrimas galeras artísticas llamadas degli Uffizi y Pitti. Como no he de hacer aquí un catálogo de todas sus riquezas, para lo cual mis lectores pueden consultar, entre otras obras, la de Viardot, Musées d'Italie, me limitaré a apuntar sin orden alguno las esculturas y pinturas que llamaron más mi atención y ante las cuales me detuve mayor número de veces.

Esculturas de mármol: un jabalí copiado de un célebre modelo griego por Tacca, de quien ya me he ocupado al hablar de Liorna; dos perrazos alobunados o dogos, que en una actitud muy natural y con las fauces abiertas parecen guardar la entrada del Museo; un Baco, y un Adonis moribundo de Miguel Ángel; un San Juan Bautista extenuado por el ayuno, de Donatello, magro, flaco y chupado como uno de nuestros cholos cuando salen del hospital, y un David vencedor de Goliath por el mismo Donatello, muchachuelo simpático que prefiero al de Miguel Ángel que se ve en la Piazza del Duca; una copia del grupo de Laocoon por Bandinelli (1550). En la obra primitiva intervinieron, según Plinio, tres grandes escultores de la antigüedad; y

Bandinelli que solo llevó a cabo la suya, se entregó a los mayores transportes. Hércules niño ahogando dos serpientes, el gracioso grupo de Psiquis y el Amor; el Genio del Amor, y finalmente la sala llamada de Niobe donde se ve figurada toda la horrible historia de esa familia, víctima de la cólera celeste, y de que hablan la mitología y la Metamorfosis de Ovidio. La figura más conmovedora quizá del grupo, a pesar de no vérsele la cara como a la madre que la levanta al cielo llena de angustia, es la de la hija menor, que arrodillada a los pies de Niobe intenta ocultarse en el regazo materno para guarecerse de las iras celestes, acción que la madre protege inclinándose sobre su hija y como queriendo envolverla, y levantando al mismo tiempo el rostro que con clamor agonizante parece demandar misericordia «para la última» como tiernamente dice Ovidio.

La túnica que cubre a la chica, toda empapada, adhiriéndose al cuerpo y dibuja con toda limpieza los hombros redonditos, el hoyo de la quebrada cintura, y las otras redondas formas de su cuerpo.

También es hermosa la Venus Urania, de celestes amores poseída, y delicada la figura de la Sacerdotisa que se ve a su lado.

Entre los bronces antiguos recomiendo la célebre estatua del Orador, y la Minerva descubierta de Arezzo; y entre los modernos, el paro doméstico o casero de Tucca, con tanta naturalidad representado; el expresivo Mercurio, de Juan de Boloña, que en la actitud de tomar vuelo, apoya vigorosamente la punta de un pie en la cabeza de un Eolo soplando; un busto colosal de Cosme I por B. Cellini; el Sacrificio de Abraham, de Ghiberti, que tiene el extraordinario mérito de ser la muestra de su talento escultorial que mandó al concurso para las puertas del Bautisterio. La mata, la zarza, la pira, el vellón del carnero que aparece, lo agreste del sitio, todo se prestaba aquí a que Ghiberti hiciera alarde de ese genio demasiado pintoresco de que hemos hablado, que podrá serlo en demasía para la severa crítica, pero no para el espectador que goza y no averigua si esas galas pintorescas están o no en su sitio. Al lado del modelo de Ghiberti se ve el que mandó otro concursante al certamen de quien ya hemos hablado, Brunelesco.

En la salita octógona está la Venus de Médicis, de fama universal como la de Milo. Aquella, pequeñita, menuda, graciosa, coqueta, seduce mucho menos, sin embargo, que la de Milo, tan arrogante, tanta soberbia en medio de su mutilación, que los brazos no parecen hacerle falta para dar un brazo. La de Médicis produce una especie de desencanto; porque la imaginación no puede remontarse en vano tantos siglos para hallarse con una mujercita bonita como se hallan hoy a patadas en nuestros modernos salones.

Cualquiera que sea la Venus de la escultura antigua, es siempre delgada; los griegos no concebían hermosura gorda.

La estatua del amolador o vaciador de navajas descubierta en Roma en el siglo XVI, es notable por su expresión.

Se cree que representa a un escita afilando por orden de Apolo el cuchillo con que ha de desollarse a Marsyas.

Un fauno bailarín o danzante, apoyando un pie en un fuelle, ha sido restaurado bastante bien por Miguel Ángel.

Entre las pinturas con Venus desnudas de Ticiano, ambas con el atributo, algo moderno en mi concepto, del perrillo faldero. Cansado el visitante de tanta Virgen y el Niño, Santa Familia, Adoración de los Magos de los Durero y otros, se complace ante la novedad pagana de este cuadro. Una de las Venus, acostada, tendida largo a largo con profunda molicie, y con cabellos y pestañas del color del otoño, es muy superior a la otra, quizá algo tosca y rolliza para Venus, y quizá sin otro aliciente que su desnudez. El colorido de este cuadro delatará más tarde en la Galería Borghese de Roma al autor del Amor sagrado y profano que en dicha galería figura.

En el Palazzo Pitti son bellas las siguientes pinturas: Marinas de Salvatore Rosa, un Diógenes de Carlo Dolci, y ante todo la conocidísima Madona della Seggiola de Rafael, multiplicada una y mil veces por la pintura, el grabado, el agua fuerte, la fotografía y una Judith de Cristoforo Allosi, representado él mismo en la cabeza de Holofernes y su querida en la figura de Judith; unas Parcas de Miguel Ángel; unas Batallas de Salvatore Rosa, etc., etc., y por último, mil curiosidades del cincel de Benvenuto Cellini.

Estuve también en el Museo Egipcio, en varias bibliotecas más, fuera de la Laurenciana, en el Jardín de Boboli, en la Cascina, el Bois de Boulogne de Florencia, etc.

Y concluyamos aquí con el mundo muerto de los recuerdos representados por iglesias, museos y hombres célebres, y entremos en Florencia viva, industrial, o lo que es lo mismo, pasemos a las impresiones callejeras que son aquellas de que más fecundo es mi diario.

Florencia empezó por recordarme a Venecia, con la diferencia que el callejero no encuentra un lindo café como el de Florián, que en esto de cafés y restaurants y aun teatros dramáticos, Florencia es inferior, no diré a Venecia que solo tiene su Florián, sino a Génova donde se ve el excelente Café y Restaurant de la «Concordia», y el Teatro Paganini. El café más aseado y decente en Florencia es el de Bisorte.

De los teatros dramáticos no debería hablar porque no los vi, pero en el mero hecho de estar cerrados, se demuestra que aquí el arte dramático no está muy en boga.

He estado sí, en el Teatro de la Pérgola, cuya fachada es tan insignificante, que se pasaría por delante de ella sin sospechar que es la de un teatro. Su interior, aunque no carece de doraduras, me pareció de una desnudez que raya en pobreza.

En la parte alta de la boca del proscenio hay un reloj, ingenioso y elegante como casi todos los de los teatros de Italia. Uno que vi en Milán, figuraba un globo azul incrustado en el lugar conveniente, y mostrando en su hemisferio visible a un lado la hora y el otro los minutos. Cada cinco minutos se cambian los números arábigos que marcan los minutos, y cada hora el número romano de la hora, operándose el cambio por los lados y sin que el globo gire. Los caracteres son de materia blanco mate, y con la luz que tienen detrás, se pintan perfectamente en el fondo azul de la media esfera.

En Venecia hay un reloj en la torre llamada del orologio que está al lado de San Marcos, casi tan complicado como el de Estrasburgo. La hora y los minutos constantemente marcados a derecha e izquierda, son también transparentes y miran mejor de noche que de día, como les sucede a los caballos zarcos.

El del teatro de la Pérgola en Florencia era como sigue: una esfera blanca cuya mitad inferior la ocupan y llenan dos amorcillos envueltos en olas o nubes. El uno de ellos acaba de disparar una flecha, y el otro cogiéndola al vuelo, se la presenta verticalmente para que su punta pueda señalar las horas marcadas en la mitad superior del planisferio, que son las comprendidas entre las siete y las doce, como que se supone que el espectador ni ha de entrar antes de las siete, ni ha de salir después de las doce.

La aguja del reloj de la Pérgola no se mueve; y lejos de correr el minutero a la derecha en pos de las horas, son éstas las que a la izquierda corren en pos del dichoso minutero.

> Y es el género dulce femenino
> el que busca al inmóvil masculino.

Leed todo esto con atención y aprended ¡oh mujeres! esquivas y, melindrosas. Pero sigamos adelante, no sea que con razón se me tilde de Maximus in minimis, minimus in maximis.

Florencia es el país de las aspiraciones... al hablar, aspirándose en su dialecto aun letras secas que nunca creí yo se pudieran prestar a esto como por ejemplo la c y la q. Nada más común que oír por las calles el jinto por el quinto; la jolona por la columna; la jantonata por la cantonata, por lo que parece que los individuos estuvieron aquejados de un estornudo continuo o de una especie de muermo. Pero ¿qué extraño que aspiren la q y la c? ¿No hay arequipeño que aspira aun la silbante S diciendo me quijiste por me quisiste?

¿Dónde está el beau monde? me preguntaba yo. O anda rustiqueando como el de Venecia, o es poco amigo de salir de su casa porque por la calle no veo rodar otra cosa que pelotones de sucia chusma, lo que hace que tanto las calles como los cafés me parezcan feos y sucios por estar tan mal concurridos.

Los pilluelos o mataperros o granujas están en su elemento; no se meten con nadie, es verdad, pero andan gritando y silbando con toda la fuerza de sus pulmones, o bien retozando desaforadamente, como sucede en Lima, lo que equivale a meterse con todo el mundo.

Observo que por el papel que representan los muchachos en una ciudad, puede colegirse el grado de su civilización. En París no se les siente; al cabo de algún tiempo de residencia, el viajero procedente de Lima u otros puntos análogos no puede menos de preguntarse: «¿Qué es de los muchachos?».

En Florencia se suelen pasear en pandillas cantando como berracos, y no pocas veces haciéndoles coro algunos otros plebeyos ya talluditos. Al oír estas óperas al aire libre no puede uno menos de preguntarse: «¿Si sacaran de aquí esas brillantes compañías líricas que nos suelen llevar a América?».

Huyendo de tales espectáculos suelo apurar mi paso, como quien cuanto antes desea llegar a la ciudad, o a la calle principal si en la ciudad está; pero ¡ay! ni la ciudad ni la calle principal tienen cuándo llegar por más que recorro Cacciaioli, Legnaioli, Cavour y otras calles principales.

Todas las bellas e inmateriales impresiones que se reciben al visitar los museos e iglesias se desvanecen al entrar en la vida callejera.

La industria dominante en Florencia y la que le imprime carácter es la fabricación de mosaicos que se dividen en de piedra dura y de conchigli o conchuelas.

La variedad de piedras explotadas es tanta, que según parece llegan a 72 clases, y los mosaicos de conchuelas han llegado a adquirir tal perfección, que casi se confunden con los de piedra dura.

El mosaico florentino se diferencia del romano en que aquél es hecho de piezas grandes y planas, por lo que tiene que circunscribirse a la imitación de cosas que presentan grandes superficies planas, como plantas y flores, animales y al paso que el romano, compuesto de menudísimas astillas cúbicas puede acometer aun la empresa de reproducir cuadros y retratos, por lo que el asunto de los mosaicos romanos suelen ser los monumentos de Roma, que reproducen con la perfección del pincel hasta en mínimas dormilonas de señoras.

Nada más fácil de distinguir pues que un mosaico florentino de otro romano: basta mirarlos de través; y mientras el primero presenta una superficie lisa y unida apenas interrumpida de trecho por la juntura de una piedra con otra, que no produce mal efecto, pues recuerda los filamentos y nervios de las plantas, el segundo ofrece una superficie resquebrajadísima que quita toda ilusión.

Así los grandes cuadros al óleo maravillosamente copiados en mosaico que se ven en San Pedro de Roma, y que vistos de frente parecen copiados a pincel, descubren el engaño tan pronto se le mira de lado.

Después de la industria mosaiquera, viene en Florencia la de artículos de paja, como sombreros, cigarreras o petacas y hasta zapatitos de señoras.

De 1812 a 1825, cuando la industria ésta se hallaba en su mayor auge, produjo de doce a catorce millones de francos anuales; después ha decaído, y el producto anual en el día no pasa de cinco millones de francos.

Algunos sombreros salen tan finos, que se dan por ellos 500 y hasta 1.200 francos, altura a que no sé si habrán llegado alguna vez los de Guayaquil.

Sombreros florentinos hay tan tendidos de falda, que sirven de quitasol a las vendedoras de flores o rameras (pues venden ramos) que abundan aquí, como en Génova, Milán, Venecia y Trieste, y que el viajero debe apuntar como una de las no muy despreciables plagas de estos países.

Las tales floreras o floristas que no tiene de poético más que el nombre, el oficio y el sombrerito aparasolado de pastorcita suiza, acometen y asaltan al viajero en las puertas de los hoteles y cafés, en plaza de San Marcos y en todos los lugares concurridos, metiéndole sus ramos y ramitos de violetas, no solo por los ojos, sino hasta en el mismo ojal de la levita o gabán, donde los colocan con singular desfachatez para hacer la compra más obligatoria.

Tan feas, tan flacas, tan viejas suelen ser, no obstante sus pretensiones, que la policía debiera cargar con no pocas de ellas.

No se haga ilusiones el lector con lo de florista y sombrero de paja, que tal vez hubo vestal y sacerdotisa de Isis que fue un mamarracho, no obstante lo poético del nombre y del ministerio.

Por si no bastaban a Florencia sus múltiples encantos arquitectónicos, esculturales, pictóricos e históricos, y sus paseos a la Cascina, Lungo l'Arno, ofrecía entonces, a guisa de sobremesa de Caminantes, el espectáculo de una Exposición Industrial.

El autor de la guía o Viaggio attraverso l'Esposizione italiana de 1861, Di Yorick, figlio de Yorick, era un tanto original como se puede colegir de su nombre o seudónimo tomado del Hamlet en donde figura como nombre del bufón del rey de Dinamarca, del advertir que es hijo de su padre, y más que nada de la siguiente dedicatoria:

Casto Lettore,

> Hay tu due lire in saccoccia!
> Questo libro e per te,
> e le due lire per me!
>
> Casto Lector,
> ¿Tienes dos liras a mano?
> ¡Este libro es para ti las dos liras para mí!

Cuánta diferencia de esta concisión a aquella sublime con que Víctor Hugo proscrito, dedicaba a Francia uno de sus últimos libros:

> Livre qu'un vent t'emporte
> en France ou je suis ne,
> l'arbre déraciné
> donne sa feuille morte.
>
> Libro, que un viento próspero
> te lleve amigo
> a la tierra de Francia
> donde he nacido;
> mas no me queda,
> árbol desarraigado,
> doy mi hoja muerta.

Yorick es un seudónimo célebre en las letras contemporáneas de Italia; corresponde al escritor Leopoldo Ferrigni.

Saccoccia quiere decir faltriquera; y las cuatro cccc aglomeradas en fila en la dedicatoria italiana, me daba trabajo el deletrearlas.

¡Qué gana de hacer trabajar al prójimo! Yo que suspiro por el día en que se acaben los puntos sobre las íes para librarme de escribir cuatro al hilo por ejemplo, en la palabra insignificante, y por aquel en que los puntos y las comas se esparzan como grajea sobre el escrito, después de concluido, para no entorpecer la marcha de la pluma mientras uno está escribiendo, figúrense ustedes si no me daré al diablo cada vez que tengo que transcribir palabras de reduplicada consonante como saccoccia, sonno, danno, etc.

El italiano es la única lengua en que se deletrea las consonantes dobles; son-no-dan-no. Cuando hay varias de ellas en una misma voz hacen difícil la pronunciación rápida, como en suilup-pat-tis-simo.

Para librarnos de consonantes reduplicadas, tendremos que esperar hasta Malta o más bien hasta Alejandría de Egipto que todavía en aquella isla se habla mucho italiano.

Mientras tanto del señor Yorick, hijo de su papá, pueden ustedes librarse siguiéndome a Roma, donde tal vez nos esperan mayores males.

Capítulo XVIII

Roma. Dificultades para llegar a ella. Oportuno recuerdo de Virgilio. Desilusión. Romance histórico sobre lo más notable de Roma. El Papa. El Vaticano. El Capitolio

Propuse a usted en el anterior que me siguieran a Roma, y como no creo que haya quien se resista a tan interesante romería, me los figuro ya armados, no del bordón de los antiguos romeros, sino del indispensable ticket ferrocarrilero de los viajeros modernos.

Saliendo de Florencia y del «Hotel Luna», que es malo y sucio, llegaremos en dos horas y media a Liorna por el tren directo.

Aquí hago de cuenta que usted no me siguen o que son ciegos, y comienzo a hablar por mí solo como si no llevara tan amable compañía.

Fui a posar en Liorna al «Hotel du Nord», como la vez pasada, mientras llegaba el momento de zarpar para Civita Vecchia.

Liorna, su aseo, limpieza y buenas calles quedan descritas páginas anteriores. Lo que sí creo no haber dicho, o si lo dije volveré a repetirlo, es que la ciudad más indocta de Italia es un verdadero nido de arpías, tal es el enjambre de hambrientos y escuálidos bichos que se precipitan sobre el viajero, asaltándolo y colgándose casi de él, hasta que no lo desuella.

Es una gente la de esta playa, real y efectivamente traspasada del auri sacra fames.

A la mañana siguiente salí a tomar pasaje para Civita Vecchia. Advirtióseme que fuera antes a la Embajada de Roma a hacer visar mi pasaporte, extendido en Lima en 9 de abril de 1859 por Nicolás Freire, y que es hoy una verdadera curiosidad, con tanto visto y revisto y con la tanta mugre y remugre de las mil manos que lo han acariciado, desde las palurdas de Trun, hasta las babiecas de Constantinopla.

La bendita embajada habíase hallado situada a una gran distancia; pagué cuatro francos por la rúbrica de mi pasaporte y volví a depositarlo en manos de los Agentes de Vapores, a petición de ellos, para que me fuera devuelto en el puerto de Roma al día siguiente, pues tal era el reglamento entonces.

A las tres de la tarde me tenían ustedes a bordo del magnífico vapor francés «Aunis», en el cual la segunda clase es tan limpia y transparente como la primera.

A la mañana siguiente, después de voltejear largo rato a vista del puerto, fondeamos en Civita Vecchia. Aquí pararon mis regocijos, pues permanecimos quietecitos e inmóviles durante tres horas, mientras nos llegaba de tierra el permiso o venía para desembarcar.

Dos antes, en Málaga me habían atormentado con una detención igual.

Al fin apareció el empleado portador de un permiso para cada pasajero, permiso que no se otorga mientras que los respectivos pasaportes no han sido convenientemente examinados en tierra.

Desembarcamos; nuevos obstáculos. Vaya usted a buscar su pasaporte, el mismo que le quitaron la víspera en Liorna; dé usted al recibirlo medio franco más sobre los cuatro ya desembolsados; acuda usted enseguida a la Aduana, abra su equipaje para someterlo al registro, pague un nuevo franco por una papeleta en que se hace constar que el equipaje ha sido abierto; vuele usted a la estación, y una vez en ella, lanzose a una oficina adyacente, afloje otra vez el pasaporte y reciba en cambio una papeleta para reclamarlo 24 horas después en la ciudad que de veras se va haciendo eterna.

¿Creerá el lector que ya concluimos?

Pues aún falta. Ahora hay que pasar desalado a la sala de espera, que mostrar al portero, no el billete de ferrocarril que se acaba de tomar, sino una de las papeletas que ya se había olvidado en el fondo de uno de los bolsillos.

Se llega por último a Roma y es encerrado uno bajo llave en un salón junto con los otros viajeros, permaneciendo así largo rato hasta que se abre la puertecita que da paso a la sala de equipajes.

Precipítanse los impacientes viajeros; agólpanse; pero no bien han pasado unos dos, cuando el inflexible brazo del sargento portero cae como una barra y cierra la entrada, no volviéndose a levantar hasta que los dos que tuvieron la fortuna de pasar los primeros han reclamado su equipaje, y recibídolo, y hécholo cargar y conducir al ómnibus, y acomodádolo, y acariciádolo, y repantigándose y el sudor limpiándose.

Colmado al fin el ómnibus con nosotros y nuestras cosas; listo todo... «¿Partieron?» preguntará el lector con alegría. Pues no, señor; no partimos, sino que nos quedamos allí clavados una media hora.

¿Por qué? ¿y a qué causa? ¿y con qué fin? Nadie lo descubriría. Yo me creía en pleno siglo XV o en pleno Perú, que por ahí va todo; y tanta angustia, y tropiezo tanto llegó a encenderme en tal manera el deseo de ver Roma, que ya no me la figuraba como a las demás ciudades de la tierra que dejaba vistas, sino como a un lugar encantado, y tan lejanísimo, que se andaba, se andaba y se andaba y nunca a él se llegaba, como cosa de cuento; como a un harén o serrallo al que no se podía penetrar sino después de mil precauciones, como un paraíso o quinto cielo cuyo acceso costaba sudores:

¿Qué tanta fue tuya la curiosidad de ver Roma?

Pregunta un pastor a otro pastor en la primera égloga de Virgilio, en un hexámetro cuyo movimiento o cadencia he tratado de imitar en la traducción que precede, que podría figurar con honor en el Sistema Musical de la Lengua Castellana de don Sinibaldo de Mas.

La libertad, que aunque tardía, al cabo
mirar dignose al infeliz esclavo
cuando mi barba anciana
caía ya sobre mi pecho cana,

contesta el interpelado pastorcillo de la Égloga. Apostrofado yo con otro.

Et quae tanta fuit Romam tibi causa vitendi?

Respondería:

> Curiosidad, que con tropiezo tanto
> tales en mi alma proporciones toma,
> que la ciudad de Roma
> me llegó a parecer cosa de encanto.

Entré al fin, y la ciudad misteriosa o encantada, el paraíso, el quinto cielo desarrollose bajo las ruedas de mi ómnibus con todas las apariencias de una gran caballeriza, tal era el huano que cubría sus calles.

Roma no entra desde luego por los sentidos como otras ciudades. Es una de esas frutas que no embriagan sino después de haberlas pelado; hay que despojarla de su grosera corteza y desentrañarle el buen sabor. Es una tuna o higo chumbo.

Si yo me hubiera comprometido desde el prólogo y primeras páginas de estas Memorias a trazar una guía didáctica y sistemática de los países que iba a recorrer, he aquí el momento en que tiritando y desconcertado me arrepentiría de haberme embarcado en tan magna empresa.

«¡San Pedro!» me diría espantado; ¡el «Vaticano»! el «¡Tíber!» las «¡Siete colinas!» el «¡Papa!» el ¡Capitolio! el «¡mausoleo de Adriano!» el «¡Corso!» la «¡Columna de Trajano!» el «¡Foro!» el «¡Coliseo!» las «¡Catacumbas!» las «¡Basílicas!» el «¡Panteón!».

> ¡Los arcos y las termas y los templos!
> ¡Los circos, anfiteatros y acueductos!
> ¡Los rostros, las columnas y obeliscos!
> ¡La vía de Apio Claudio y los sepulcros!
> ¡Lo antiguo, lo moderno y lo antiquísimo!
> ¡Lo temporal y eterno! ¡Cómo dudo
> al pensar que tal obra de romanos
> de ser tarea mía estuvo a punto!

Felizmente a nada de esto me comprometí y alabo mi discreción. No basta haber permanecido en Roma veintidós días recorriendo diariamente todas sus curiosidades, no basta haberse extasiado en la Capilla Sixtina ante (o más bien bajo, pues están pintados en lo alto de una bóveda y para verlos bien, como dice un escritor francés, «hay que romperse las vértebras del pescuezo») ante los frescos de Miguel Ángel sobre el Juicio Final, trazados con una maestría dantesca que recuerda las vigorosas escenas de la Divina Comedia; no basta haberse embebido ante el colosal Moisés bicorne esculpido en mármol por el mismo Miguel Ángel; ni ante el Apolo de Belvedere y el grupo de Laocoon de las galerías del Vaticano, ni haber trepado de rodillas las graderías de mármol, gastado con el tanto uso, de una basílica, ni haberse pasmado ante los enormes monolitos de la malaquita de otra basílica, ni haberse absorbido en San Onofre delante de la lápida del desaparecido Tasso o del moderno Mezzofanta, el extraordinario Políglota o Pangloss que da lo mismo.

Nada de esto basta; ni el haber cosechado un mundo de impresiones tiernas, patéticas, sombrías, etc. Es necesario que, transmitidas al papel, puedan dichas impresiones fluir, correr con limpieza, con claridad, con brillo y con novedad, y he aquí lo difícil.

No diré pues «que dejo a plumas más autorizadas la descripción de Roma», sino «que plumas más autorizadas no me dejan a mí nada que espigar en este terreno por fecundo que sea».

Las humildes generalidades que van a seguir no tienen más objeto que establecer la continuidad del hilo narratorio, que podría quedar trunco, si bruscamente, como Eneas a Anquises me echara a mi lector a cuestas y cargara con él a Nápoles.

Piense, además, el buen lector que nos falta mucho espacio que recorrer, y regiones asaz desconocidas, como las costas orientales de Sicilia, Malta, Egipto, Damasco, Constantinopla y Atenas, en las cuales menos abrumado por el recuerdo de gloriosos predecesores podré campear más a mis anchuras. Piense esto, digo, y perdone que abrevie.

Mi primera visita de viajero cristiano fue a San Pedro y al Vaticano; miento, que antes me fue forzoso ir a buscar al señor don Luis Mesones para recoger mi pasaporte.

En mi visita a aquellos lugares tuve ocasión de tropezar con Pío IX. El Papa salía del Vaticano y su carroza le aguardaba en la extremidad de una de las dos galerías semicirculares que rodean la plaza San Pedro.

Desde que al desembocar de la gran columnata en mi descenso del Vaticano me encontré con una lujosísima carroza tirada por cuatro caballos atravesada en mi camino, comprendí que era la del Papa y que éste no tardaría en presentarse.

Detúveme pues casi delante de la portezuela del coche, y me recosté en la última pilastra de aquel magnífico portal arqueado, haciendo lo mismo que yo unos ocho o diez individuos más, apostados allí y en la pilastra del frente, sin duda por la idéntica causa de la curiosidad. Dos alabarderos del Papa vinieron a colocarse a ambos lados de la portezuela, y luego supimos que su Santidad iba a salir. No se hizo aguardar Pío Nono, y pronto lo vimos aparecer en la parte más alta de la latería, por la escalera por donde yo había bajado y que es la que conduce al palacio del Vaticano, en el cual se encuentran las habitaciones del Papa, Museos, etc.

El Papa venía a paso majestuoso, acompañado de los familiares y velada su faz por el enorme gavión o sombrero tendido de falda, huarapón, que materialmente le daba el aire de un pastor... de numeroso rebaño.

Cuando se halló entre las dos filas de curiosos, todos nos descubrimos y pusimos rodillas en tierra, andando yo tan feliz, que la base de la pilastra a que me había arrimado, me sirvió de cómodo reclinatorio.

Un estudiantillo o seminarista vestido de sotana, que estaba a la cabeza de los espectadores de enfrente, se precipitó al encuentro de su Santidad, y con aire resuelto se arrodilló, le besó la mano y le entregó una papeleta, que Pío lanzó por encima de su hombro a uno de sus acólitos, y continuó hasta su coche repartiendo bendiciones, y acogido, no por aplausos y vivas como los demás soberanos, sino por un concurso arrodillado, descubierto y mudo.

Al atravesar la plaza en su carruaje distribuía bendiciones a los transeúntes que se iban afinojando a un lado y otro.

Algunas mujeres del pueblo de aspecto pobre, entregaban papeletas o memoriales a los granaderos que escoltaban el coche, y que eran trasmitidos por ellos por las ventanillas.

Muchos de estos papeles son simplemente felicitaciones en verso. El Vaticano es más que un solo palacio, una reunión de palacios en la que cada sucesor de San Pedro ha ido agregando algo, como se ve por el Museo Pío Clementino que recuerda a un Pío y a un Clemente, la capilla Sixtina que recuerda a un Sixto, y el otro brazo de Museo llamado Braccio Nuovo debido igualmente a un nuevo Papa.

La etimología de Vaticano es bastante curiosa, como que según el lector de las Noches Áticas, Aulo Gelio, viene de vaticinio, por lo que allí se dictaban en tiempo del paganismo.

El Vaticano es para los cristianos lo que el Capitolio era para los paganos, y gran parte del grupo inmenso formado hoy por San Pedro y el Vaticano se halla sentado más o menos en el sitio donde Nerón tenía sus jardines y los circos en que se inmolaban cristianos.

Roma cristiana está tan empotrada en Roma pagana, que es raro el templo o basílica en que no despunta alguna columna antigua o capitel. Pero no nos alejemos del Vaticano sin describir aun cuando sea ligeramente alguna de las muchas curiosidades de su Museo.

Entrando por la larga galería lapidaria, se desfila entre el paganismo y el cristianismo, pues se tiene a la derecha lápidas, inscripciones funerarias, etc., paganas, y a la izquierda monumentos de igual clase, pero del cristianismo, desenterrados en las catacumbas.

Lo que más interesa y enternece en estos últimos es la candorosa ingenuidad que empleaban para entenderse misteriosamente los perseguidos cristianos de los primeros tiempos.

Figura en primer término el monograma de Cristo compuesto de la letra griega X que en latín se traduce por Ch como se ve en Christus que viene del griego Xristos, de la letra X, repite cruzada sobre la letra P, letra igualmente griega que se traduce por la nuestra R. Esta cifra suele ir escoltada por un alfa y un omega como significando que Cristo es el principio y el fin de todas las cosas.

Los emblemas figurados son más graciosos y sentidos todavía. Así por ejemplo el pescadillo que figura esculpido por todos lados significaba nada menos que todo esto: «Jesucristo de Dios hijo Salvador». ¿Por qué? Porque el nombre griego del pescado es ixthus, que reúne todas las iniciales de Iesus Xristos theu vios Soter, Jesucristo de Dios hijo Salvador.

Por esto los primeros cristianos se designaban entre ellos con el nombre de pisciculi, pececillos.

Los demás emblemas, no menos interesantes, son de carácter histórico o moral, como se ve por el Arca de Noé, la viña, la paloma, el ancla, el buen pastor, etc.

Los lectores que no puedan ir a Roma harán bien en comprar la curiosa obra de Martigny Dictionnaire des Antiquités Chretiennes (París, Hachete, 1865) donde hallarán figurado todo lo que yo aquí voy describiendo, y otras mil cosas más.

En mi primera visita al Museo no pude entrar, porque una especie de lego que andaba por allí me dijo que las puertas permanecían cerradas con motivo del Avento.

El Avento, me dije yo para mí, es probablemente lo que nosotros llamamos el Adviento; mas como yo no sabía otra cosa que la tal festividad que lo que dice el adagio que cada cosa es su tiempo y los nabos en adviento, dije a mi hombre en el mejor italiano que pude: ¿y qué tenemos con que sea el adviento?

—¡Cómo! —me replicó el asustado monigote.

Lei e prottestante?

El rigorismo religioso es tal en Roma, que en ningún café o restaurant se sirve ostensiblemente de carne los días viernes, y para conseguirlo hay que entrar en algún segundo salón que no dé a la calle. El Braccio Nuovo es otro departamento del Museo, y en su construcción se admiran algunas magníficas columnas de alabastro oriental, otras de una piedra de un amarillo muerto que los franceses llaman amarillo antiguo, y un magnífico pavimento de mármol con varios mosaicos antiguos.

De sus estatuas o grupos llaman la atención los siguientes: un Antinoo representado bajo la forma del Dios de los jardines y de las frutas, Vertumno. Antinoo, el hermoso favorito del Emperador Adriano, tal como allí se le representa, tiene no poca semejanza con algunos batos y retratos de Lord Byron.

Una Venus Anadiomena, que saliendo de la posición habitual y uniforme en que se representa a todas las Venus, aparece exprimiendo sus mojados cabellos después del baño.

El grupo colosal del Nilo figurado; cuya fama es universal. El fluvial dios egipcio está tendido largo a largo, apoyado en una esfinge. Dieciséis chicuelos de un codo de alto se pasean por todo su cuerpo significando los 15 codos que el Nilo necesita crecer para fertilizar la tierra egipcia. Uno de ellos pone una haz de espiga en la mano del dios; otro le corona, y otro finalmente descansa con los brazos cruzados en la cornucopia que el fecundante río tiene en la mano izquierda.

Otros niños, no menos graciosos, juguetean a sus pies y tratan de hacer reñir a un cocodrilo con un icneumon, animal propio del Egipto, especie de rata de agua y cuyo nombre viene del verbo griego ikneuo que significa arrastrarse.

Las caras del zócalo sobre el cual descansa todo el grupo, que vengo describiendo, representan animales y plantas indígenas, como cocodrilos, hipopótamos (voz igualmente griega), cabatto del río, ibis o garzas, icneumones, etc.

Cuando alguna familia se detiene ante este ingenioso y admirable grupo, es muy de ver el alborozo de los niños al contemplar los 16 alegóricos que dejamos escritos.

En el Museo Pío-Clementino se ve la famosa estatua del famoso cazador antiguo, Meleagro, acompañado de su perro y con la cabeza del terrible jabalí de Calidonia; y en el patio octógono, llamado de Belvedere, está el Apolo que lleva este nombre, el grupo de Laocoon, y algunas obras más que pasan por la maravilla de escultura antigua.

El Laocoon fue desenterrado en 1506. Este grupo admirado por los mismos antiguos hace decir a Plinio opus omnibus et picturae es statuariae artis proponendum, obra que debe anteponerse a todas las producciones del arte pictórico y estatuario. Tres escultores de la antigüedad trabajaron en él; y sus nombres, que por fortuna se han conservado, son los siguientes: Agesandro, Polidoro y Atenodoro.

El Apolo fue descubierto en los primeros años del siglo XVI. Su actitud serena, no obstante los dardos que acaba de disparar y que tan lejos han de ir, revela la maestría del escultor.

Finalmente la rotonda conocida con el nombre de sala de la Biga, es interesante por las costumbres que representa.

Vese allí desde luego el carro romano de un solo tiro, biga (así como el de dos tiros o cuatro caballos se llamaba cuadriga) que da su nombre a la sala. La biga es de mármol y ha sido grandemente restaurada.

Vese también los discóbolos, esto es lanzadores del disco, o bien, jugadores de tejo. Ambos están representados en el crítico momento en que cogido el tejo entre los dedos índice y pulgar, miden con la vista la distancia que lo van a hacer recorrer.

Vese la distancia que lo van a hacer recorrer.

Vese finalmente un Auriga o cochero que acaba de obtener la palma de la carrera en el circo, por lo que lleva en una mano el emblema de su triunfo, y en la otra unos trozos de riendas como trofeo, todo lo cual reunido hace asistir por un momento al visitante a las costumbres públicas de los antiguos.

La Biblioteca del Vaticano tiene fama en Europa por sus manuscritos, lo mismo que la del Escorial. Los contiene en número de 23.577: y en cuanto a los impresos, no pasan de 80.000.

Saltemos ahora al Capitolio. Pese a sus gigantescos recuerdos, los romanos de hoy lo llaman humilde e industrialmente, Campidoglio, esto es, campo de aceite, así como inurbanamente llaman Campo de Vacas (Campo Vaccino) al antiguo foro Romano.

Se llega a una plaza, vulgar y pequeña, se sube por una larga rampa y viendo colosales estatuas de Castor y Pólux, llamados colectivamente por los Griegos Dioscuros, y las célebres columnas miliarias, una de las cuales marcaba la primera milla de la Vía Apia.

Pisa uno al fin la plataforma donde un tiempo tronó Júpiter Capitolino y donde en la Edad Media fue coronado el Petrarca. Allí se encuentra la estatua ecuestre de Marco Aurelio.

El Capitolio tiene también su Museo, cuyas esculturas más notables son un Júpiter de mármol negro, un Hércules niño de basalto, esto es, del mármol verde de los Egipcios, un lindo fauno del mármol rojo que los franceses e italianos llaman «rojo antiguo», el grupo del Niño y la Oca, el célebre Gladiador moribundo, lleno de dolor y sentimiento, y cuya verdad anatómica no repugna como el San Bartolomé de Agrates que dejamos visto en la catedral de Milán; y por último, en el Gabinete reservado, la célebre Venus del Capitolio, el grupo de Psiquis y el Amor y el de Leda y el Cisne.

He aquí el moderno atractivo del Capitolio. Degenerado de su antigua y austera grandeza solo se recomienda hoy por sus curiosidades artísticas.

Hemos llegado por decirlo así, a la tarde de nuestra descripción, y para concluir con la Égloga X, ya que empezamos con la primera, diremos:

>   Solet esse gravis cantantibus umbra
>
>   La sombra
>   dañosa suele ser a los que cantan.

Suspendamos pues el canto a la sombra, pidamos órdenes a nuestro amigo y compatriota don Pedro García y Sanz, que estudia en un seminario y que algún día será monseñor, y pidámoslas al señor doctor don Luis Mesones, nuestro buen plenipotenciario, el cual nos encargara para Nápoles unos corales por valor de 200 pesos, encargo que no tendremos el gusto de cumplir; y hecho todo esto, partamos para Nápoles.

Capítulo XIX
Travesía de Roma a Nápoles. Primeros días de Nápoles. Hoteles; calles y paseos. Inclemencias del tiempo. Mr. Eugenio Young. Noche toledana. Los cicerones. Excursión a Pompeya. Varias clases de viajeros. Pompeya

El 22 de diciembre de 1861, después de almorzar en el hotel de la Minerva, salía yo de Roma y en un coche me encaminaba a la estación del ferrocarril. Partí para Civita Vecchia, llegando a dicho punto con tiempo de sobra para tomar el vapor de Nápoles. Tocábame por segunda vez el Aunis de la línea francesa, que debía zarpar esa tarde a las cuatro.

Algunos pasos tuve que dar antes de embarcarme porque de costumbre en los Estados de la Iglesia, todos eran tropiezos; y así, habiendo depositado la víspera mi pasaporte en la policía de Roma y abonado una cantidad, tenía que pensar ahora ante todo en reclamarlo.

Este paso llamó otro, y de tropiezo en tropiezo, molestia en molestia llegué por fin a bordo.

La travesía fue buena, lo que no impidió que yo me mareara desde los primeros momentos, tanto que acababa de sentarme a la mesa, y empezaba a llevar a la boca la primera consoladora cucharada de sopa, cuando «del plato a la boca se me cayó la sopa». Un vuelco repentino en mis entrañas me hizo retirar al camarote, en el cual permanecí hasta la mañana siguiente a las diez, en que fondeamos en la encantada bahía de Nápoles.

Tanto tiempo hacía que ignoraba yo lo que era sentirse plenamente satisfecho en una ciudad, que al obtener esta gracia del cielo de Nápoles, me abandoné a la fruición pasiva de mi bienestar; y durante los primeros dieciocho días no hice más que estarme quieto, o arrobándome en las galerías del museo que aquí se llama degli Studii.

Fui a pesar primeramente al hotel de Roma, y aviniéndome a su oscuridad y a otros inconvenientes suyos, me trasladé al Hotel «Victoria» sito en la plaza (targo) del mismo nombre de la cual arranca la pintoresca Riviera di Chiaja, y el paseo de Villa Reali, el más hermoso que he visto, pues se extiende al pie y a lo largo de risueñas y pobladas colinas, y delante del mar, con vista sobre la mayor parte de sus islas.

Nápoles me pareció encantador desde los primeros momentos en que dando los primeros pasos de su privilegiado suelo, me dirigía del muelle al hotel. No se desvanecieron mis primeras ilusiones con la permanencia, como tantas veces sucede; antes bien fortaleciéronse, y como la total alegría era para mí algo muy insólito, sentía por Nápoles una gratitud sin límites.

En Nápoles se encuentran muchas calles, más que las que el extranjero necesita en sus cotidianas peregrinaciones, largas, anchas y limpias, por las que puede pasearse sin recelo y sin llevar la vista en el suelo para pisar cosa mala. Aun las callejuelas presentan sus trechos limpios, cosa que nunca creí notar en Roma, cuya ciudad es incomparablemente menos aseada que la hija del Vesubio.

La calle Toledo, la más larga de la ciudad, es digna de su nombre de principal; y tan concurrida, tan animada se halla de día y de noche, domingos y días de trabajo, que es difícil atravesarla; y eso que la multitud, viendo que no cabe en las aceras, desbordase por el centro de la calzada por donde caminan todos con las apariencias y el rumor de un caudaloso río.

Al principio creí que tal cosa fuera excepcional, por correr los días de pascua pero no tardé en convencerme de que allí es eterna la fiesta.

En la calle de Toledo arranca la de Chiaja, no menos favorecida por la concurrencia; y cuya calle, siguiendo una dirección tortuosa, va a morir al mismo mar, aunque allí se incorpora, y doblando a la derecha, se revive en la Riviera di Chiaja de que ya he hablado; Riviera que costea los cerros y que lleva adelante el hermoso paseo que también he descrito.

En todo el trayecto de Toledo a Riviera di Chiaja la aglomeración de carruajes es tal, los domingos que forman un inmenso y no interrumpido cordón, que pone en apuros al pedestre cuando quiere pasar de una acera a otra, y da a Nápoles el aspecto de un París meridional.

En los días de mi llegada sopló constantemente un recio y helado vendaval, uno de los más impetuosos y descomunales que he visto en país civilizado.

Tal era él, que trastornado y molido yo, y renegando de Nápoles, sin dejar de estar contento, me retiraba a cada paso a mi cuarto nada más que a descansar; y por la noche me acostaba rendido como si durante el día hubiera sostenido un gran combate. ¿Y este es el clima, me preguntaba yo, cuya suavidad recomiendan a los valetudinarios?

En la Nochebuena, habiéndome comprometido de antemano con un viajero francés a ir a la misa de Gallo, tuve que salir a la calle con tan crudísimo tiempo y a la tan molesta hora en que esa misa se celebra.

Mi compañero se llamaba el señor don Eugenio Young, hombre fino, educado e ilustrado, corresponsal entonces del Journal des debats y redactor director de la Revue des cours litteraries. Una de esas gratas compañías con que también se armonizan y que tan raras son en los viajes.

Como una hora anduvimos tonteando y maldiciendo el despiadado tiempo antes de dar con la distante catedral. Llegamos a ella, y casi no había un alma salvo unos pocos fieles del pueblo. No teniendo pues, nada de extraordinario el espectáculo, nos volvimos gustosos a solicitar el abrigo de nuestras camas.

¿Dónde estaban los napolitanos? Se habían retirado puertas adentro y allí festejaban la Nochebuena con báquicas y paganas ceremonias.

Por todas partes se oían detonaciones, incesantes, camaretazos y cohetecitos que tronaban y reventaban, estrepitoso modo de divertirse y de festejar la Pascua, que me recordaba al pueblo de Lima, y me traía atolondrado.

Muy desde prima noche habían quedado desiertas las calles; desiertas por lo menos para la animación que yo me había acostumbrado a ver reinar en ellas. Veíanse hogueras de trecho en trecho, y como las detonaciones no paraban, y el viento redoblaba su ímpetu creía yo por momentos hallarme, bien en una ciudad bloqueada, bien en un páramo de Siberia bajo una tempestad deshecha.

De rato en rato, una mano y un brazo, nada más que un brazo y una mano, salían misteriosamente de una ventanita que acababa de abrirse, teniendo cogido un cohetecito de ignición entre los dedos índices y pulgar. Las chispas corrían rápidamente por la untada guía, el mínimo e inofensivo proyectil daba su estallido, y todo a las tinieblas y al silencio. ¡El brazo había desaparecido y la ventana cerrándose, y el acto había tenido toda la solemnidad y la puerilidad de un sacrificio pagano! ¡Qué gente tan extravagante! le decía yo a mi compañero; y qué de restos de pergamino descubre uno por estas regiones.

Mientras que los napolitanos se divertían de puertas adentro no dejando más para nosotros que los cohetes, el traquido, el humo y las luces de bengala que nos echaban por las ventanas, nosotros, pobres forasteros a quienes se arrojan los mendrugos del banquete, avanzábamos hacia el hotel al cual llegamos al fin. Cesaron los ruidos, y el vendaval no volvió, de lo que nos felicitamos mucho, conservando yo un recuerdo duradero de esa noche toledana o más bien limeña. Empero, el frío continuaba, y no como quiera el frío grueso de un día nebuloso de invierno, sino ese frío exquisito, fino, sutil, que aquí como en Londres y París caracteriza los días transparentes de la estación invernal. Así es que aunque el primer movimiento es de regocijo al ver el Sol o la Luna brillando radiantes en un cielo azul y sin nubes, no tarda uno en suspirar por los días encapotados, en que por lo menos se siente uno encapotado en una atmósfera pesada y tibia, y libre de ese vientecito penetrante e intenso, de ese cierzo agudo y molesto que mortifica.

Una de las peores necesidades del viajero es el cicerone, o valet de place, o trujaman o guía que es forzoso tomar, aun cuando no sea más que por respeto a las tradiciones locales y a lo establecido por anteriores viajeros. Un zángano de éstos, odioso e ignorante, nos trae al retortero por el dédalo de curiosidades de cada pueblo; anda al escape, se impacienta si nos detenemos ante un objeto que de imaginación hemos venerado desde nuestra remota infancia, y que para él, gran camueso, no tiene el menor interés, nos perturba en nuestras grandes meditaciones con noticias ridículas, o que sabemos antes y mejor que él.

Mi costumbre era tomar un guía el primero, o los primeros días si el campo de las curiosidades era extenso para con él y a su paso recorrerlo todo, nada más que recorrerlo y una vez prácticamente orientado ya, comenzaba a pasearme solo y a mi gusto.

En mi primera visita a Pompeya hice menos que esto todavía, y uniéndome a mi excelente y nuevo amigo don Eugenio Young, tomamos un birlocho por todo el día lo que nos salió por dos ducados (dos soles).

También se hace el viaje por ferrocarril que llega hasta las mismas ruinas. Atravesamos los interesantes suburbios de Pórtici, Resina, Torre del Greco y Torre de la Anunziata, y a eso de las once de la mañana nos apeábamos en el hotel de Diómedes, sito a la entrada misma de la ex ciudad, y conocido como todo lo que rodea a Pompeya con un nombre del gentilismo.

Tuvimos un tiempo famoso, no solo claro, sino abrigado y hasta cierto punto tibio; y con muy regular apetito acometimos al almuerzo que nos sirvió el señor Diómedes, almuerzo que fue pasable y que importó en todo siete francos no obstante haber habido botella de Lacryma Christi.

Entre plato y plato, mi compañero que había hecho buenos estudios literarios, recitaba la célebre poesía de Lamartine, titulada Le lac. Cuando hablábamos de la antigüedad clásica, que era a cada paso, porque desde que un viajero culto se aproxima a Pompeya, comienza a no vivir sino de la época gentílica, veía yo con gusto que mi compañero también era fuerte en esta parte de la literatura, y me regocijaba pensando que nos serviríamos y socorreríamos recíprocamente en la interesante visita que íbamos a emprender. Y así fue en realidad.

El colaborador del Journal des Debats era hombre que se complacía lo mismo que yo, en descifrar y desentrañar cada pintura, inscripción u objeto que encontrábamos en las mismas calles o casas de la abandonada Pompeya.

Viajeros de este fuste son raros; viajero rico y desahogado es cualquiera, puesto que viaja por placer; pero no todos, sino muy pocos, traen el espíritu suficientemente preparado para gozar de lo que van a ver, especialmente en Italia donde los viajes son una prueba continua y un examen público de la educación del individuo, examen en el cual fracasan los más y descubren su vulgaridad.

Entramos en Pompeya por la «puerta de la Marina» contigua al hotel Diómedes, y solo empleamos tres horas en recorrerla, de lo que yo no quedé inconsolable, pues traía intención de hacer a ese lugar buen número de visitas, y a esta primera no la consideraba sino como una mera orientación para familiarizarme con la topografía.

Aunque todos los edificios subsisten en pie, ninguno, como es de suponerse, conserva techo ni maderamen de ninguna especie, que harto han hecho con salvar lo demás de un estrago de dieciocho siglos: los pocos hechos que se ven en alguna que otra casa han sido puestos para resguardo de algunos frescos u otros objetos curiosos que no se ha querido o podido transportar al Museo de Nápoles, almacén de todos los tesoros pompeyanos descubiertos hasta hoy que son innumerables. No llega pues la ilusión del visitante hasta el extremo de creer «que se encuentra en una población habitada cuyos moradores van de un punto a otro», según la peregrina ocurrencia o paradoja de algún viajero. Tampoco es fácil formarse una idea clara del conjunto y del detalle de lo que se ve, si no va pertrechado de buenos estudios clásicos o en su defecto, de algunos repasos de Charton y de otros escritores modernos que han descrito a Pompeya por todos sus lados con el lápiz y la pluma, en obras de mucha utilidad.

Sin estas precauciones es imposible la reconstrucción mental de la ciudad y el verla distintamente en la imaginación, asignando el sitio propio a cada columna, pilón, ara, piedra, que como otras tantas ideas incoherentes ve uno esparcidas y aisladas en esquinas o edificios.

Las calles son rectas y angostas, y algunas tanto que no podrían pasar por ellas de frente dos de los ligeros carros cuyo diestro manejo era esencial de la educación de los romanos. El pavimento o piso se compone de grandes losas volcánicas de forma polígona, como las de Vía Apia en Roma, como las de muchas ciudades modernas de Italia.

Cada calle tiene sus aceras (márgenes) y entre ellas y a su misma altura se elevan de trecho en trecho, generalmente en las esquinas y centro de cada calle una, o dos, o tres, según la anchura de la calzada, grandes piedras oblongas puestas en el medio de la calzada, y que servían para pasar sin encharcarse de una acera a otra, en los grandes aguaceros. He aquí lo único de una calle pompeyana que no tiene par en ninguna de nuestras ciudades modernas, al menos de las que yo he visto, que no son pocas.

En Pompeya no se ha descubierto hasta ahora como en Herculano un solo papiro, que era la materia empleada por los antiguos hasta que se generalizó el pergamino, originario de la asiática ciudad de Pérgamo. El papiro es una planta de tallo herbáceo, que aun hoy crece espontánea en muchos lugares, como que algunas semanas después pude verla yo mismo, a orillas del río Anapo en Siracusa, y comprar una cartilla de grosero papel papiro fabricado por mera curiosidad en el lugar.

En cuanto a Herculano (de cuya descripción me ocuparé más adelante) el compañero de la muerta Pompeya, el que tan triste juego hace con ella, la ciudad de Hércules, ha suministrado ya como mil rollitos de papiro, tan completamente carbonizados, que se les tomaría por trocitos de leña quemada.

A fuerza de trabajos y precauciones y desenrollándolos lentamente en telares especiales, han sido descifrados y hasta publicados algunos en una Biblioteca Especial del Museo de Nápoles; y ¡asómbrense ustedes! ninguno de esos papiros han sido hasta la fecha una obra importante desconocida, ni siquiera un nuevo códice de las ya conocidas, que viniendo a ser el texto más auténtico de cuantos códices o manuscritos posteriores existen en las bibliotecas de Europa, habría echado por tierra el cúmulo de varias lecciones sobre que reposa tanta reputación filológica de Alemania, Italia, etc.

La mayor parte de las papirenses obras de que hablo, versan sobre la retórica o sobre la música que es como si dijéramos música celestial; mas no se desespera de ver aparecer algún día obras de mayor importancia.

En las paredes de las calles y de las tabernas pompeyanas se han encontrado varias inscripciones populares, de aquellas que en esos como en estos tiempos trazaba con un carbón o con un punzón cualquier pilluelo o borracho transeúnte. Y así como los objetos de arte han dado lugar a una magnífica e ilustrativa obra en siete gruesos volúmenes publicada en París por Didot, y más verificada con el lápiz que con la pluma, así las inscripciones murales o parietales de Pompeya han motivado otra obra especial, más ejecutada con el buril que con la pluma y que por desgracia no pude proporcionarme. (Véase más adelante.) Mas no por eso dejaré a mis lectores sin saborear algunas inscripciones de puro y genuino latín, para lo cual les convido al siguiente capítulo.

Capítulo XX
Inscripciones de Pompeya. Esplendidez del panorama pompeyano. El novelista Bulwer. Eternidad de la naturaleza. Columna de humo del Vesubio. Mis contubernales. Alrededores de Nápoles. Los birlocheros napolitanos y sus ragazzas honestas. Bayas. Media ascensión del Vesubio

Sí, las inscripciones encontradas en Pompeya pertenecen al verdadero latín, al que vivió y no a ese otro más o menos muerto que solo ha llegado a nuestros días después de pasar durante siglos, primero por las manos de bárbaros copistas, y lo que es peor, de copistas pedantes que trabajaban, agregaban, suprimían, suplantaban y alteraban los textos, ni más ni menos como algunos modernos correctores de pruebas, que pretenden saber más que el autor; segundo por las manos de los impresores y cajistas, no tan bárbaros, pero que también han contribuido no poco a acabar los textos, y tercero y último, por la de comentadores más o menos topos.

¿Qué importa que gran parte de las inscripciones pompeyanas sean obscenas, que en ellas se denigre al prójimo, que su ortografía sea grosera, si por lo menos allí el estilo es el hombre y no el resultado de combinaciones torpes de toda una escuela de humanistas?

He aquí algunas de esas inscripciones:

Candida me docuit nigras odisse puellas.

que en castellano podríamos traducir: «Desde que conocí a Blanca, aprendí a detestar a las morenas».

Un chusco contesta al pie:

> Oderis et iteras. Scripsit Venus Nisica Pompeiana

> Las odias y las frecuentas,
> lo puso la Venus Física Pompeyana.

La Venus Física era la naturaleza personificada, como la Isis de los Egipcios.

> Ah peream! sine te si Deus esse velim.

> Ah, perezca yo, si me avengo a ser un Dios sin ti.

Un esclavo que ha terminado su condena de dar vueltas a las piedras de un molino (porque así como a nuestros negros esclavos se les mandaba por castigo a las panaderías, así los esclavos romanos o los deudores eran mandados por sus amos o acreedores a los molinos, pena de que no se libró el mismo Plauto, víctima de sus acreedores).

Un esclavo de esos, dijo, dibuja un burro dando vueltas a un molino y escribe al pie:

> Labora, aselle, quomodo laboravi,
> et proderit tibi.

> Asno, trabaja como yo lo hice,
> y te aprovechará.

En muchas de estas inscripciones se cita a Virgilio, Ovidio, Propercio; jamás a Horacio. Se diría que los pompeyanos no llegaban nunca a los cuarenta años, pues Voltaire ha dicho:

> J'étais pour Ovide à vingt ans,

> je suis pour Horace a quarante.

El autor italiano Garruci ha recopilado y publicado en Bruselas un volumen de esta literatura especial bajo el título de Graffiti di Pompei.

La mayor Parte de las pinturas murales al fresco de Pompeya han sido desprendidas y trasladadas al Museo de Nápoles con mucha prolijidad.

En mi primera visita a Pompeya, no pude hacer otra cosa que orientarme, como ya he dicho; el tiempo se nos fue en correr de una curiosidad a otra, queriendo verlo todo a un mismo tiempo y mis impresiones no se hicieron profundas hasta posteriores visitas. En la primera lo que más me impresionaba era el conjunto en primer término y en segundo, el panorama, ese panorama que se dibujaba y pintaba con tan vigorosos colores.

A un lado tenía el mar, ese mar azul y serenísimo tan bien descrito por Lamartine en su Graziella; al otro lado, la llanura tendida entre el punto de vista y la falda del volcán; la llanura verde y salpicada de blancos caseríos; las montañas nevadas detrás del Vesubio y finalmente a los pies del espectador, en torno suyo, las ruinas con un indefinible color, con la augusta majestad de los siglos; Pompeya, tan bien pintada en la novelita de Bulwer The last days of Pompei de la cual se ha sacado la ópera Ione que el público limeño conoce.

Bulwer se avecindó ex profeso por algunos meses en la campiña de Nápoles, para vivir su vida, es decir, la vida de Pompeya el año 79 del cristianismo, porque todos sabemos que el Sol, el cielo, los astros, la naturaleza, la magnífica e inmensa urna que rodea al hombre, no se empaña ni se altera con el hálito de las generaciones. Esta Luna que hoy contemplan nuestras románticas tórtolas es exactamente la misma fría deidad ante la cual se arrobaba tal vez Cleopatra; ese Sol que arrebató a Espronceda, no es otro que el que tostaba y exasperaba acaso a Alejandro Magno cuando atravesaba los arenales de la Libia en busca del templo de Júpiter Amon.

Es el mismo al cual Fedra, de raza heliaca, había dicho antes de morir:

> Soleil je viens te voir pour la dernière fois.

> Sol, vengo a verte por la vez postrera.

Esa pálida aurora que hoy borda los jazmines, los cristales de nuestras ventanas, es la misma a cuyo frío influjo soñaba Memnon.

El Sol, la Luna, las estrellas, el cielo, la naturaleza, en fin, religa a los hombres de todos los países y de todos los tiempos.

¿Quién no la amará o más bien, quién no la mirará con veneración? ¿Quién no sentirá un invencible amor a esos astros con solo pensar que su luz ha pesado y ha de pesar sobre nosotros por una eternidad; y que si vivos nos calientan, muertos ¡ah! muertos y desenterrados nuestros despojos con el transcurso de los siglos

¿Al resplandor de los fanales esos
han de blanquear nuestros durables huesos?

Trivialidades son éstas que el lector sabe no menos bien que yo. Atinado anduvo pues Bulwer cuando, concluido su conocimiento mental de la ciudad que iba a exhumar él también, se retiró a sus cercanías para sentirla.

El contraste de los colores desde el punto de vista al cual he arrastrado a mis lectores, es tan sensible, que por momentos me sentía ofuscado.

De igual espectáculo más o menos seguimos disfrutando en todo nuestro regreso a Nápoles, y lo que veíamos nos parecía un verdadero juego de óptica.

El volcán despedía esa tarde una gruesa columna de negro humo, que ondulando en el aire majestuosamente ganaba el mar.

Herido por los rayos del Sol poniente tomaba un tinte rojizo, y a trechos un bellísimo color rosado, haciendo parecer que el Vesubio vomitaba llamas en ese momento. Al llegar a cierto punto de Torre del Greco, nos fue preciso pasar por debajo de la ancha y oscura faja que invadía el aire. Agachamos instintivamente la cabeza, vímonos envueltos en una momentánea noche, y pese a nuestra precaución de apretar los dientes, comenzamos a tragar una finísima ceniza.

El «Hotel Victoria» estaba perfectamente poblado, y su mesa y sobremesa eran tan gratas por la excelente compañía, que la conversación solía prolongarse hasta las diez de la noche muchas veces.

Con excepción de dos rusos, un anciano y otro adolescente, todos los pasajeros eran ingleses y norteamericanos, y solo yo no tenía paisano, cosa a la cual estaba ya muy acostumbrado.

En compañía del rusito Sievers, a quien naturalmente me asociaba la coetaneidad, visité en diversos días, ya en excursiones matinales, ya en vespertinas y siempre en ágil birlocho, la gruta de Sejano, el lago Aguano, las ruinas de Pausílipe, algunas iglesias, como la catedral, Santa Clara, San Severo (capilla), las catacumbas, la Cartuja de San Martino, la Villa Romana, etc.

En una excursión especial de un día entero, y acompañado de un cicerone al cual pagaba doce carlinos (como doce reales), recorrimos todas las innumerables curiosidades de este o aquel carácter aglomeradas sucesivamente en Puzzoli, Solfatara, Bayas, Cumas, Miceno, etc., en donde lo antiguo y lo moderno se hallan perfectamente confundidos, lo mismo que en los edificios de Roma y en los de Atenas.

Tan pronto como llegábamos a una fácil y larga calzada, nuestro cochero aflojaba las riendas, y volviendo la cara hacia nosotros nos decía con aire insinuante: ¿Velate una ragazza? Y viendo que tardábamos en aceptar, acabábamos de persuadir, agregando con fineza:

Onesta, onesta; lo que prueba que esa buena gente no se limita solo a ganar la vida por medios exclusivamente cocheriles.

Es imposible pisar Bayas sin estremecerse. El parricidio de Nerón, con tantos vivos colores y con tan domésticos pormenores narrado por Tácito, asalta la imaginación. Prodigios hizo Agripina por librarse de los sicarios de su hijo, a pesar de lo cual y de algunos leales siervos, cayó al fin traspasada por los puñales de los esbirros.

Por último, en compañía del mismo rusito y de los dos jóvenes norteamericanos emprendimos, nuestra ascensión del Vesubio que por esta vez se frustró y fue del modo siguiente.

Después de haber contratado un coche o carretela de cuatro asientos, y concluido nuestro casero almuerzo en el Hotel Victoria, salimos para el Vesubio, el rusito, los dos jóvenes norteamericanos y yo.

Pasamos por Resina, y en menos de una hora llegamos al punto indicado por el cochero para alquilar los caballos que debían conducirnos hasta las faldas del volcán. Los flacos jamelgos vesubianos emplearon otra hora en ponernos en la Ermita (así se escribe en italiano).

Al salir de Resina, además de indispensable guía, se nos agregó una media docena de palurdos a pie, resueltos a acompañarnos en calidad de peones o escuderos, o más bien de palafreneros, pues cada uno de ellos se colocó al estribo de uno de nosotros, asiéndose firmemente de la cola del caballo y convirtiéndose en su parte integrante. Y resueltos a seguir, fuera lo que fuese, la suerte de las bestias, no se desprendían, no se desasían de ella por más que trotara, corriera o corcoveara. Gozaba pues yo, de una perspectiva bastante singular cada vez que me quedaba a retaguardia de la cabalgata que desfilaba en hilera de uno en fondo por la angostura del sendero de algunas partes. Esta costumbre de los napolitanos, el encaramarse del estribo, de las varas, y de la testera de un coche o coricolo, cubriéndolo de tal suerte, que apenas quedan a descubierto las ruedas, el grito seco y áspero que a falta del ¡arre! español emplean para animar a las bestias que arrean y que suena como un ¡jac!, su tendencia a la pantomima, la mueca armónica de que acompañan algunas exclamaciones de su expresiva lengua; su afición a colorines, todo les imprime un sello especial, pintoresco, extravagante que los hace simpáticos y que revela que ese Vesubio, quemándolos constantemente, los hace reverberar y chispear como el Sol a los arenales ardientes.

Todos sus ademanes, hechos y palabras parecen brotar de una fantasía enardecida, exaltada incesantemente por el fuego sutil, de que en parte el hombre es la obra y el reflejo.

El camino hasta el pie del cono del volcán se compone exclusivamente de montones de lava apiñada, que se presenta bajo las mismas formas caprichosas de los metales derretidos cuando se han enfriado en las grandes fundiciones. Su color parduzco recuerda el de las ballenas y demás cetáceos; así es que al fijar la vista en el suelo, con muy poco esfuerzo de imaginación, comienza uno a ver representada una serie infinita de escenas a cual más extravagante, en las que figuran siempre como únicos protagonistas, tiburones, ballenas, rinocerontes, hipopótamos y otros paquidermos haciéndose una guerra implacable y absurda, como la que pudiera concebir una imaginación calenturienta, o un poeta o artista al representar la descomunal batalla entre Júpiter y los titanes, o un pintor cualquiera encargado de los arabescos.

La Ermita es una casucha desmantelada, que se eleva en un paraje desierto al lado del Observatorio Meteorológico siendo ella y él lo único que de humano se encuentra en esas ingratas alturas. Me figuro que la Ermita ha de ser como esas postas de los Andes del Perú y Bolivia.

Echamos pie a tierra ya bastante mojados por la lluvia, que había empezado a caer media hora antes. Sorprendidos primeramente por ella en el trayecto de Nápoles a Resina, y habiendo aclarado el día de nuevo al llegar a ese último pueblo, creíamos que podríamos continuar nuestra excursión y fiarnos de la falaz temperatura.

Ya en esta segunda vez la lluvia, se sostuvo y no tardaron en venir a reforzarla el viento y la tiniebla, bastante recio aquél, bastante espesa ésta.

Mientras «Júpiter soltaba sus pluviosas cataratas» parecionos prudente permanecer refugiados en la Ermita, consolándonos con una botella de Lacryma Christi; y al lado de una chimenea por fortuna encendida, con un fuego más que regular.

Compónese la Ermita de dos salas, blanqueadas o encaladas las paredes y de dura tierra el suelo, adornando la primera, en que nos instalamos a causa del fuego, unas pocas sillas de paja, un mugriento escaño, una mesa, una alacena baja y un bufete tosco y grosero sobre el cual hallamos dos libros manuscritos igualmente mugrientos.

Al hojearlos, creí recorrer un mal cementerio de aldea, o más bien un cementerio abandonado, tales eran la confusión y el desorden con que andaban mezclados nombres diferentes, escritos ya con lápiz, ya con pluma, ya con letrones de cartel, ya con la mínima escritura de una costurera.

Unos de través, otros al revés, éstos a la espartana, como quien dice «Gil Pérez», aquellas a la portuguesa con varios nombres y apellidos, títulos, condición, patria, impresiones y observaciones del viajero, etc.

¿Han visto ustedes (¡y cómo no han de haber visto!) uno de esos lúgubres dramones de Bouchardy? Pues ahí tienen ustedes el cuadro que en esos instantes y con nosotros y nuestras guías dentro, presentaba la Ermita del Vesubio. Solo faltaban relámpagos y truenos; por lo demás, nada faltaba de lo que acostumbraban acumular ciertos románticos dramaturgos: la casita aislada y desmantelada en yermas alturas, los jóvenes viajeros ateridos y mojados en torno del hogar; los labriegos que nos habían escoltado; el patrón; alguno que otro campesino de mala traza a cierta distancia; la ventanilla con dos o tres cristales rotos y sacudida con ímpetu por el viento a cada paso; frío y cerrazón por fuera, solemnidad por dentro, nada faltaba, repito, para inspirar a Bouchardy o a Verdi.

Desistimos de continuar nuestra ascensión por ese día, y viendo que el tiempo no mejoraba y que la noche se nos venía encima, comenzamos a preocuparnos con la bajada. Emprendímosla resueltamente, y a pesar del viento y de la lluvia llegamos a Resina sin novedad.

Ajustada nuestra cuenta tuvimos que pagar: por cinco caballos y un guía tomados de Resina, cinco pesos, y dos al coche de cuatro asientos que nos había servido todo el día. Además gastamos en la Ermita doce reales en dos botellas de Lacryma Christi.

Capítulo XXI
Herculano. El teatro. Preparativos para ir al Vesubio. Un rusito caballófobo. La Ascensión. La cima. El cráter. La bajada. El ruso ruciófobo. Capua. Ver Nápoles y morir

Pocos días después salí a visitar Herculano en compañía de mi rusito, y casi sin intención de prolongar el viaje hasta el cráter del Vesubio, porque no esperábamos que el tiempo se compusiera.

El carruaje, que esta vez era un birlocho de dos asientos, debía costarnos por todo el día hasta las siete de la noche, apenas peso y medio, lo que pagaríamos en Lima por una miserable hora y media sin recorrer más distancia que las pocas y cortas cuadras del centro de la ciudad.

Visitamos en Herculano, el teatro subterráneo a la luz del tres velas de cera que encendimos, una el guía, otra el rusito y otra yo, por lo que mal pudimos hacernos cargo de su forma, pues si bien una parte de la escalinata o gradería, que como en los modernos circos ofrecía asientos a los espectadores, está descubierta y en buen estado, la otra yace enterrada en la dura lava.

Al llegar al sitio que ocupaba la orquesta y mirar a ambos lados, admira uno la anchura de la escena, sin ejemplo en nuestros teatros modernos, incluyendo San Carlo y la Scala.

Entonces se comprende por qué los histriones antiguos salían con altos zuecos, con máscaras de cóncava y acústica boca; lo primero para hacerse visibles a tan numeroso auditorio; y lo segundo para que reforzada la voz pudiera llegar a todas las extremidades del teatro.

He aquí también por qué todas las comedias de Plauto y Terencio llevan indefectiblemente un prólogo, o breve introito en que un autor o personaje de la obra que se iba a representar, exponía al auditorio el argumento de ella; precaución que en nuestros modernos teatros sería inútil y ridícula, si después de inspeccionada la anchura de la boca del proscenio quiere sondarse su profundidad, la vista tropieza inmediatamente con los enormes pilares modernos que guarnecen la escena, y que se ha puesto para evitar el desplome de la bóveda sobre que descansa una parte de Resina, pueblo situado, como es sabido, encima de Herculano, por cuya razón y por ser demasiado dura y alta la capa que soterra a la antigua población, ha habido que renunciar a exhumarla como a Pompeya, la cual apenas está cubierta por una ligera y nada profunda capa de ceniza.

Al salir del teatro, entramos nuevamente en las calles de Resina y fuimos a parar a otro pedazo descubierto de Herculano.

Lo que es éste, se encuentra a flor de tierra y basta la luz del día para verlo. Se reduce a un trozo o barrio de vecindad que contiene unas pocas casas, una cárcel y una calle, reunión de ruinas casi insignificantes cuando se ha visitado las tan completas de Pompeya.

El día estaba magnífico, y como la ocasión la pintan calva, allí mismo ordenamos al cochero que se dejara de meternos por las narices sus ragazzas onestas y que nos condujera donde un buen guía vesubiano.

Hízolo así el rufianesco auriga, y tuvimos la desdicha de caer en manos del más ruin de los guías, el cual nos hizo dar mil vueltas a pie jurando que de un momento a otro iban a asomar los caballos.

El rusito entusiasta quería que siguiéramos a pie hasta el cráter, cuando aún yendo a caballo y que poner dos horas y media en todo; y siendo ya la una del día, no me explicaba la flema de mi compañero.

Más tarde supe la causa de su antojo, causa de las más originales y graciosas que puedan imaginarse y que impondré a mis lectores más abajo.

Al fin apareció un mal rocinante, proponiéndonos el que lo traía que mi compañero y yo cabalgáramos por turno y que él guiaría a pie.

No acepté. Trájose entonces un asno, para que no faltara ninguno de los cuatro elementos quijotescos; el rocinante, el rucio, don Quijote y Sancho Panza.

Mi compañero que por lo visto deseaba hacer este último papel, se abalanzó gozoso al asno diciendo que esa era la única cabalgadura que le acomodaba.

He aquí por qué pretendía ir a pie hasta el pie del cono. El buen rusito era un caballófobo; tenía por los caballos un terror supersticioso como los antiguos peruanos, y prefería hacerse una jornada a pie, o por lo menos a burro, animal que por lo visto le aterraba menos.

Habido el asno, hubo que buscar la montura, y habida ésta cabalgamos y echamos a andar. Al primer estirón de mis piernas sobre la silla, reventé una acción y me quedé sin estribo, y al primer tirón del rusito que sofrenaba a su asno con temblorosa energía, se quedó con las riendas en la mano. ¡Todo estaba podrido!

Mi escudero se venía comparando él mismo a Sancho Panza; y en buena y agradable plática llegamos al cabo de una hora al pie del cono.

Allí lo echamos a tierra (el pie nuestro se entiende) y nos preparamos a la ascensión; mas como al salir de Nápoles por la mañana yo no había pensado en ella, me hallé muy mal pertrechado en lo tocante a vestido y calzado para trepar por esa pendiente cuesta.

Mis pantalones y botines más o menos finos, iban a ser destrozados con el roce de rudas escorias y acabados de perder al resbalarse por la pendiente de fina y suave ceniza del otro lado.

La ascensión del arduo como dura (o duró la nuestra) tres cuartos de hora. Se trepa por montones de escorias como por una cuesta pedregosa, asentando con brío el pie en esos carámbanos de lava que ceden, crujen, rechinan y al fin dejan al pie dar un paso más, pero sacándole el diezmo o sisa de un peso perdido cuando menos en cada diez pasos.

Por primera vez de mi vida sudé propiamente hablando la gota gorda, pues gruesas gotas corrían por mi rostro. No menos angustiado, aunque no lo confesaba iba mi buen Sancho. ¡Pobre de él si hasta allí hubiéramos venido a pie!

Mi guía se había colocado delante de mí desde los primeros pasos y alargándome la punta de la faja que rodeaba su cintura, agarrado a la cual iba yo como los labriegos del otro día a la cola de nuestras cabalgaduras.

Deteniéndonos de trecho en trecho a tomar resuello que nos faltaba, llegamos finalmente a la cima que es una vastísima plataforma o meseta. Envolvime en mi gabán porque soplaba un viento helado, y al pasear mi mirada en torno, y contemplarme en esa volcánica altura, y respirar esa atmósfera tan sutil, mi primer pensamiento fue la transfiguración del alma después de la muerte; y como un corolario de semejantes ideas, comencé a recordar algunas frases sueltas del magnífico Sueño de Scipión de Cicerón, cuando aquel héroe se vio en sueños transportado al mundo astral o sideral, desde el cual veía la tierra de mínimo tamaño, y, sin embargo, suspiraba. Por una ilusión de óptima producida sin duda por la excesiva luz, creía que el Sol, que bajaba al occidente y las nubes que le hacían juego, estaban casi al alcance de mi mano.

Los rayos del Sol rielaban en el mar con tal fuerza, que borrando por completo la línea divisoria entre el océano y el firmamento, formaban una ancha y luminosa estela que iba hasta la playa, y agua y cielo desaparecían, más bien se confundían en la admirable ardiente fusión.

Así las embarcaciones fondeadas en la bahía pareciéronme pardasmibes, aves flotando por el cielo. Era un completo miraje o espejismo.

Di la vuelta al cráter que tiene la misma forma de esos anchos vasos o jarrones a que los antiguos daban el nombre de cráteres, por lo que el nombre es apropiado.

Una capa de humo blanquecino con el algodón se mantenía indecisa y flotaba de borde a borde, extendido como un gran mantel. Rasgábase a ratos y me dejaba sondar la profundidad del gran horno, y que nada tiene de lóbrego y cuyas paredes bajan casi perpendicularmente, sin que mi vista alcanzara a divisar los torrentes de fuego y lava hirviente que debían bullir en el ínfimo fondo.

En una palabra, cuando la capa de humo se desgarraba más completamente, el cráter, no parecía otra cosa que unas de nuestras quebradas u hondonadas, con la sola diferencia de la forma regular de vaso o cráter.

El dar la vuelta al respiradero del volcán no es obra tan de momento como se cree desde abajo, en que se toma el cráter por una boca insignificante. El verificarlo yo, una espesa bocanada de humo impregnada de azufre venía con frecuencia a hacerme toser y casi a sofocarme.

Para bajar por el opuesto lado, basta dejarse ir, como quien desgalga una piedra, por la finísima ceniza; y en muy pocos minutos de suave descenso echado de espaldas, deshace uno la ruda obra de tres cuartos de hora, que ha puesto para subir por la otra falda.

Las lluvias habían reducido a lodo la ceniza; mas sin quitarle o embotar su propiedad resbaladiza. Lo más admirable es que en este modo de bajar, no solo no hay peligro ninguno, sino que el descendente puede graduar y hasta suspender si le place, su rápido descenso.

Cuando llegamos al suelo parecíamos dos deshollinadores de chimeneas. Noche cerrada era cuando entramos a Resina.

Caminando en la oscuridad y por malos caminos, y jineteando mal, mi compañero se había caído dos veces de su burro, con lo cual llegando al paroxismo del terror, quiso seguir el viaje a pie, y anduvo así por largo espacio; mas como Resina aún quedaba lejos y la hora era avanzada, volvió a trepar a su rucio el ruso, y comenzó a andar muy paso a paso, prohibiendo severamente al peón que le azuzara el burro y que le separara un solo instante de la brida.

De tiempo en tiempo me despachaba un propio para que acortara el paso, lo que poco trabajo me costaba, porque ni a bastonazos podía compeler yo a mi rocinante a que sacara fuerzas de flaqueza.

Pocos días después me acompañé del mismo caballófobo rusito para ir a visitar Capua, a donde llegamos en una hora larga por el ferrocarril. Pasamos por la estación de Caserta, célebre por un hermoso palacio, que se ve al frente de la estación, y por la de Santa María de Capua, que ocupa el sitio de la Capua antigua, y en la que se conservan restos de un famoso anfiteatro de la antigüedad, que fue según parece, el primero que construyeron los romanos.

Recorriendo las calles de Capua moderna, tropezamos apenas salimos del tren con dos bellezas notables, la primera era bonita, perfecta y nuevecita, y la otra, igualmente una hermosura perfecta, pero en pleno desarrollo. Comprendimos pues que no había exageración en la fama de hermosas que gozan las capuanas, y por mi parte recordé esta célebre reflexión de Séneca; «un invierno en Capua bastó para subyugar a aquel que había resistido las fatigas y los hielos de los Alpes» (Aníbal).

Porque la antigua Capua que apenas dista unos veinte minutos de la moderna, era para Italia lo que Lima para el Pacífico.

Un carruaje nos llevó a ella en ese espacio de tiempo. Santa María o Capua antigua, es más bonita y aseada que la moderna. Su única curiosidad es el anfiteatro cuyos macizos restos sorprenden.

Y siguiendo ahora con otros atractivos de Nápoles, ¿qué diré a mis lectores de la tarantela, el interesante y popular baile napolitano, que se improvisa a cada paso y con la mayor frecuencia y facilidad y hasta detrás de una puerta cochera?

Solo el Egipto más tarde debía producirme con sus costumbres populares y simpáticas unas impresiones tan agradables como las que el pueblo de Nápoles me inspiraba.

¿Quién diré de las linduras de lapislázuli, y de las de coral, ya rosado, ya como almagre o bermellón, ya entera y totalmente blanco, que a tan bajo precio se encuentran en todas las tiendas de Chiaja?

¿Qué de facilidad, gracia y talento con que artistas de a ciento en larga reproducen, y venden por pesetas o menos, ya a la aguada, ya en tierra cocida, los voluptuosos frescos de Pompeya trasladados al Museo, y los bustos de bronce o mármol de los filósofos antiguos descubiertos también en Pompeya u otra parte y depositados en el mismo Museo?

¿Qué de aquellas excursiones matinales o vespertinas o de un día entero, emprendidas con un jovial amigo, no ya a estudiar por precisión la antigüedad en unas ruinas, como en el Serapeum o templo de Serapio o las maravillas de la naturaleza como en la sulfurosa solfatara o como en el lago de la muerte llamado Agnamo o en el llamado Averno o como en la gruta del perro cuyas deletéreas exhalaciones, respetando a un varón, matan a un perro; sino pura y simplemente a gozar de la vida y de las buenas vistas con un buen plato de ostras por delante? Allí están las colinas de Polisipo y Vomero, el Convento de los camaldulenses y otros lugares deliciosos que no dejarán mentir.

«Ver Nápoles y después morir», es una frase que nada tiene de exagerado. No hablo de Castenemere de Sorrento, la isla de Capri y otros aristocráticos lugares veraniegos porque a mi regreso de Oriente que será en pleno verano, los visitaremos detenidamente, huyendo a los terribles calores de la ciudad. Después de un mes largo de residencia en la Antigua Pausílipe, determiné por fin zarpar hacia el Oriente, como lo traía proyectado hacía tiempo. Nada de lo principal para este viaje me faltaba, contaba con salud, juventud, dinero, tiempo y oportunidad, pero estar en Nápoles es hallarse a las puertas del Levante.

Solo me faltaba la parte del alma, el amigo o compañero y la ausencia de él me hizo titubear largo tiempo, hasta que comprendí que reunido lo más difícil y primordial, el vacío que quedaba podía llenarse con un poco de resolución.

Hice pues mis preparativos de viaje hasta Malta, escogiendo uno de esos vapores que en Lima llamamos caleteros, para tener ocasión de visitar Mesina, Catania, el Etna y Siracusa, y si el lector quiere conocer los pormenores de esta travesía puede seguirme al siguiente capítulo.

Capítulo XXII
De Nápoles a Malta. Reggio. Mesina. Catania. Siracusa. Mudas reliquias. El Riotinapo y la fuente Ciano. El Papiro. Malta

Nunca me pareció más espantosa ni más alarmante mi soledad que al zarpar de Nápoles, última ciudad cristiana con rumbo a Oriente.

Cabizbajo, a paso flojo, y poco menos que deseando que me dejara el vapor, marchaba hacia el muelle reproduciendo el más constante cuadro de mi vida de entonces: un adolescente lanzaruto con la escarcela terciada al hombro, el lío de paraguas y bastón en una mano, un pequeño saco de noche en la otra, seguido del fachino o portifaxi, agobiado bajo el peso de una maleta, como Atlas bajo el peso del globo terráqueo y camino del muelle o de la estación.

Entré en el primer bote que se presentó sin reparar siquiera en la catadura del patrón, tal me tenían de preocupado mis lúgubres pensamientos. «Mi brazo por un amigo» murmuraba yo por lo bajo, creyendo que hay momentos en que la manquedad del cuerpo es menos dolorosa que la del alma, cuando sentí al batelero que con voz ronca me gritaba: «¡Ea! apurarse, que ya se marcha el vapor», «pues al avío», le contesté con voz casi exánime y empezó a bogar. Una vez que estuvimos equidistantes del muelle y del vapor, el batelero cesó de darle al remo, suspendió la operación y parando el bote en medio del agua, me preguntó con mucha flema:

—¿Y cuánto piensa usted darme?

—¡Hombre! —le replique con estudiada sangre fría, lo mismo que he pagado siempre, lo que pagué la vez pasada (en lo cual mentía, pues nunca había estado yo en Nápoles).

—Eso no me basta; y si usted no me asegura cuánto piensa darme, nos volveremos a tierra y perderá usted el vapor.

—Reme usted buen hombre —le contesté siempre con la misma estudiada calma, que una vez a bordo, se le dará a usted lo que guste.

Y una vez a bordo me pidió cinco pesos.

—Eso no es posible, amigo mío.

—Pues me los dará usted.

—Pues no.

—Pues sí.

El altercado llevaba mal camino. Los empleados de a bordo y pasajeros nos habían rodeado y presenciaban la disputa en impasible y fría curiosidad dando a entender que no pasaban a ponerse de parte de ninguno.

Al fin le alargué las monedas que creí justo, y me retiré a la cámara.

—¡Ah! —decía el napolitano arrancándose los pelos y detenido en la puerta del salón—, ¡si como habla francés hablara inglés, nos veríamos!

Y es que en inglés están acostumbrados a desplumar a los viajeros ingleses en todos los puntos de la tierra.

El vapor Eléctrico de la compañía de Vapor i Postali Italiani, tenía una desahogada y magnífica cámara; y el pasaje por 79 francos hasta Malta, me pareció de balde.

Mas mi gozo en un pozo al día siguiente, en que habiendo llegado a Mesina, fuimos trasbordados al Arquímedes, vaporcito idéntico en todo y por todo a los que hacen el servicio en el paso de Calais, todos los cuales son muy inferiores a un al vaporcito Inca que hace algunos años recorría nuestras caletas.

Dos noches pasé en el Archimede pero nada contento.

Los pasajeros del Eléctrico se parecían a los de nuestros vapores caleteros y eran oscuros y modestos traficantes y hacían su viaje en segunda, siendo yo el único pasajero en primera.

—¡Mi brazo por un amigo! volví a repetirme paseándome agitado por la casi solitaria cubierta del Eléctrico, y apenas divisando ya a Nápoles entre las pardas sombras de la noche, murmuraba como acostumbro en casos semejantes desde mi edad tierna, los sentidos versos de mi maestro de Geografía y Gramática Castellana, el eminente poeta español don Fernando Velarde:

> Ondina de estos mares, amor de estas riberas,
> suspende tus cantares, tus gritos de placer;
> y oyendo de mis trovas las notas plañideras;
> recibe cariñosa mis lágrimas sinceras
> las vierto por dejarte, querida Santander.
> Jamás entre las rocas gigantes de tu barra
> jamás ha resonado tan flébil un adiós.
>
> Meciéndose la nave, comienza a navegar;
> muy pronto dejaremos los límites de Europa,
> cruzando los desiertos magníficos del mar.

Poeta esencialmente vagabundo, errante, peregrino, tiene Velarde admirables versos para todas las situaciones dolorosas de un viajero.

El tiempo fue detestable en la noche, como para que no impunemente desfiláramos entre Scyla y Caribdis las olas azotaban en una especie de rabia ambos costados del barco, y un montón de olas mayores, un mar más grueso se agitaba en mi pecho arrancándome sollozos y lágrimas.

> ¡Ay! si con pena tan profunda lloro,
> es por ti; dulce América. Yo ignoro,
> yo ignoro, ¡ay cielos! si la sombra impía
> del pálido, fantasma de la muerte
> permitirá que un día
> vuelvan mis ojos ávidos a verte.
> Patria, amigos, hermanos;
> ¡ay! cuán lejos me encuentro de vosotros.
>
> Lima, objeto constante de mis sueños
> ¿volveré un día a ver tus halagüeños y solitarios llanos?

Por la distante patria lloraba y todos estos ayes y gimoteos, lanzados y estampados contra las rígidas tablas de mi camarote, fueron necesarias para que mi oprimido pecho se desahogara un poco, ¡Oh dulces padeceres! ¡Cuán livianos me parecen ahora en la balanza de mi nueva vida! ¡Dulces padeceres porque tenían una esperanza, y los de ahora no la tienen!

Y también fue necesario toda la noche para que los conturbados elementos se despejaran y serenaran.

A la mañana siguiente, a las 10.30 y bajo un Sol radioso nos hallábamos fondeados al frente de Reggio, capital de la Calabria ulterior, y pintorescamente situado al frente casi de Mesina, ciudad principal de la isla de Sicilia. Los puntos culminantes de Reggio para el que como yo solo espectaba desde ahora, eran alguna que otra palmera como primeros bosquejos o preludios del cercano Oriente, y una lindísima casa de estilo árabe recién construida a la orilla misma del mar, por el capricho de un rico genovés, según me dijo un pasajero.

Viramos un poco y después estábamos en Mesina. «Palermo con la penna, Mesina con la anterma» dice el siciliano para dar idea respectiva de las dos principales ciudades de su isla.

Presentose a bordo un anciano guía mandado por el hotel Trinacria, y acepté sus servicios por el día que debía pasar en la «ciudad de la antena».

Una de las más eficaces recomendaciones de su cartera estaba en castellano y firmada por el general Belzu, con quien yo había viajado a España, lo que infundió algún consuelo a mi ánimo postrado.

En compañía de este buen anciano anduve todo el día recorriendo la población. Trepamos a la planicie o plataforma del monte de los Capuchinos, cubierta de florecitas blancas y moradas y guarnecidas la subida de alguna otra palmera y de cactos o nopales abundantes, cuyas tunas, llamadas por los españoles higos chumbos, me recordaban la patria.

De la cumbre de este monte se goza de una hermosa vista, limitada aquí a lo lejos en los postreros términos del horizonte, por los mismos objetos que en Nápoles; por graciosos y enanos pinos.

Al bajar refresqué mi paladar con deliciosísimas naranjas. Visité la catedral, que es insignificante, la llanura conocida con el nombre de Campo de Terra Nova, y siendo hora competente para dar a las articulaciones el punto cotidiano, volví al hotel Tinacria, cuyo pranzo dejó algo que desear.

Mis modestos y oscuros comensales no me dirigieron la palabra, ni yo a ellos; y los bocados tomaban el camino de la panza en lúgubre silencio.

A las doce de la noche me hallaba nuevamente a bordo, acompañado hasta ese momento y sitio por mi buen anciano, a quien en mi desesperación le había tomado ya tal afecto, que sentía dilatarse sus raíces por mi pecho como si fuera el afecto, no de un día sino de muchos años.

Por solo cinco francos creíase el buen hombre obligado a tributarme los mayores servicios y consideraciones.

¡Cómo se goza de la vida en éstos países! pensaba yo, ¡qué vida tan vida! ¡Cómo cada moneda va produciendo un placer equivalente a su valor! Y no como en Lima, donde puñados de dinero solo nos traen el sinsabor de presenciar la torpeza del artesano, o las insolencias y descomunales pretensiones del inútil criado.

¡Qué vida aquélla (la de Lima, se entiende)! ¡Qué vida aquélla tan... pero no, esa no es vida; es solo un fenómeno brillante!

Y aún así suspiraba por ella, en esa noche lóbrega y fría, en que mi único lazo con la tierra era un viejo de alquiler a quien acababa de conocer por la mañana.

¡Mis dos brazos por un amigo! Volví a gemir, aumentando esa vez la puja como si me las viera con algunos de los muchos pilluelos que infestan la humanidad, y no con todo un Dios, pues solo Dios había podido exaucer mes prieres, o sea, escuchar mis preces en ese instante proporcionándome un compañero como a Tobías.

—¿No podría volverme a tierra? —le pregunté al recomendado del general Belzu.

—Pero señor —me contestó el honrado siciliano—, perdería usted su pasaje. Además, ¿quién podría dar a estas horas con el equipaje que estará en el fondo de la bodega?

Abracé a mi buen compañero con la efusión que a un amigo; fuese él a tierra y yo a mi nueva camilla, porque camarotes no había. Eché una mirada oblicua a mis contubernales; puse bajo la almohada el reloj y el portamonedas, me acosté, y a pesar de mis lágrimas y zozobras, y fúnebres ideas, no tardé en quedarme profundamente dormido.

¡Tenía veintidós años!

A las ocho de la mañana siguiente, el Etna, no con un breve capelo de nieve como otros volcanes, sino con un amplio albornoz que lo envolvía casi hasta abajo, apareció ante mi ventanilla, y a su pie la población de Catania en la que yo pensaba almorzar.

Salté a tierra, y me hallé con unas calles anchas y largas de muy buen aspecto. Pasé por la del Corso, por la de Stesicore, que va desde la Puerta Grande (muelle) hasta la de Aci, nombre que recuerda el de algunos idilios del siracusano Teócrito.

Una de estas calles conduce en línea recta y como una magnífica calzada hasta las faldas mismas del Etna, que parece tocarse con la mano, según está de cerca.

La ciudad estaba muy animada por ser domingo, y ante víspera de la fiesta de Santa Ágata, patrona del lugar.

Catania es el Portici de Sicilia y su mismo nombre, de griega etimología, está indicando que se halla contra el Etna (Kata Etna). Es ciudad de unas 60.000 almas, pasa por una de las más lindas de Sicilia, y tan satisfechos de ella están sus hijos que dicen:

A tener Catania puerto
ya Palermo habría muerto.

Si Catania avesse porto,
Palermo sarebbe morto.

Ningún cochero de los estacionados en la plaza de Catania me ofreció sus servicios levantando el índice en lo alto desde lejos, como acostumbran hacerlo en todas partes, lo que no dejó de asombrarme.

Entré al Café de París, bonito y limpio, y pedí un almuerzo. Remitiéronme a la trattoria vicina.

«¿Es buena?» objeté.

—¡Cómo! ¡Si es la primera de Catania! Almorcé, tan bien como se almuerza en tierra cuando se llega de a bordo, aun cuando sea en Cobija (nombre mal puesto, porque nada cobija), volvime a bordo, y a las dos de la tarde estaba en la ciudad del terrible Dionisio y del bucólico Teócrito.

Presentose a bordo un guía. Era un tuerto; solo un ojo tenía, y aunque no lo traía clavado en el centro de la frente, estaba bien, muy bien en la tierra de los Cíclopes, de los Vulcano, de los Polifemo.

Saltamos a tierra, y sin pérdida de tiempo nos fuimos a buscar las ruinas de Siracusa. El Sol reverberaba, y a su luz despiadada, enteramente al raso, atravesábamos campos abandonados y senderos solitarios, guarnecidos de cactos o nopales, y de alguno que otro almendro en flor. Por lo demás, ni un solo árbol se divisaba en toda la fértil llanura que yo atravesaba marcialmente, precedido por mi monóculo guía.

Antes de que pasemos adelante será bueno recordar a mis lectores, que en el sitio en que ahora nos hallamos, poblado apenas por 18.000 habitantes, que es la población de la moderna Siracusa, extendíase siglos ha la más importante de las colonias griegas, la magna Siracusa, ciudad, o más bien conjunto de ciudades pues la componían cuatro en este orden: Ortega (Siracusa propiamente dicha) situada en una isleta delante del continente y unida a él por un puente; y Arcadina, Tycha y Neapolis en tierra firme.

Ciudad, o más propiamente Tetrapolis era esta que según el antiguo geógrafo Estrabón, abrazaba una área de siete leguas, y contenía habitantes por dos millones.

De las cuatro poblaciones apenas quedan vestigios insignificantes e incomprensibles, y éstos eran los que yo iba recorriendo. La moderna Siracusa, que quedaba a mi espalda, surge lo mismo que la antigua en la isleta de Ortigia, que quiere decir isla de las codornices, y que sigue reunida a Sicilia por medio de puentes.

Asegúrase que existía, además, una comunicación submarina, una especie de túnel; y excavaciones posteriores casi comprueban dicha aserción.

¿Qué dirían, si tal cosa llegara a confirmarse, los que pensaban verificar una obra nunca vista con el proyectado túnel submarino entre Inglaterra y Francia por la parte más angosta del canal de la Mancha?

¡Válgame Dios! ¿No basta que todo sea viejo, aun la empresa de unir dos mares por medio del canal de Suez, sino que hasta de los submarinos túneles, que parecían un invento ultramoderno, hemos de hallar el precedente en la más remota antigüedad?

¿Cuánto va a que el día menos pensado se descubre, se prueba y se demuestra que aun los prodigiosos yankes, que parecen adelantarse a su siglo, no hacen más que revivir el plan de alguna vieja civilización?

Cree el hombre avanzar en elevación, hacia arriba, y tal vez no haga más que agitarse en una miserable rotación, dentro de un círculo vicioso.

El científico Arquímedes y los bucólicos Teócrito y Mosco florecieron en Siracusa. También hizo memorable la isla, arribando a ella y habitándola algunos días, el glorioso San Pablo.

Era necesario el empuje de todos estos recuerdos para seguir atravesando con ilusión, a todo Sol, la pelada llanura y las pobres reliquias de que he hablado a mis lectores.

Habíamos visitado las Catacumbas de la Iglesia de San Juan, tan extensas que constituyen una ciudad subterránea, tan intrincadas que forman un laberinto o dédalo donde ha perecido más de un desgraciado.

Un fraile capuchino guía a los viajeros. Las galerías son bastantes espaciosas y elevadas, y están llenas de millares de nichos abiertos en la roca, a los que se ha extraído inscripciones, osamentas, medallas, urnas, vasos y otras curiosidades.

Créese que fuera una Necrópolis o ciudad de muertos de los paganos y que sirviera de refugio a los primeros cristianos como los de Roma.

De trecho en trecho se encuentran plazoletas con altas claraboyas para que penetrara la luz a esas lóbregas encrucijadas.

También son curiosas las latomias de los Padres capuchinos. Dan aquí el nombre de latomias a unas grandes excavaciones practicadas en las rocas primero y cuyo remoto origen se supone fuera de las canteras.

Mi guía me mostró un mal labrado y grosero monumento abierto en la roca viva como el sepulcro de Arquímedes, denominación caprichosa lo mismo que la de Oreja de Dionisio que se da en lugar inmediato.

La Oreja de Dionisio es una latomia más en cuyo fondo se ve una profunda caverna de 70 pies de alto y 170 y tantos de longitud, practicadas en medio de enormes y perpendiculares rocas por cuya cima se ve azulear el cielo como desde el fondo de un abismo.

La entrada a la gruta ha sido tallado imitando una gigantesca oreja, en donde se deduce que contigua había una cárcel, y que mediante ese conducto auditivo, podía Dionisio, tirano de Siracusa, oír desde un punto dado cuanto en la dicha cárcel se murmurase. Otros anticuarios, al ver la resonancia y repercusión que produce la voz en esa galería realmente acústica han creído que tal vez formara parte de un techo cuyas ruinas vi contiguas con el objeto de reforzar la voz del coro en ciertas tragedias cavernosas. Otros en fin sugieren que tal vez no era sino el antro de un oráculo.

Mi guía hizo arder un cohetecillo y la detonación se prolongó con el estruendo de un formidable trueno. Esto es lo que se llama entender la acústica, pero mientras tanto nadie explica ni explicará ya el objeto de esa curiosa y gigantesca entalladura, imitando una oreja más, que de hombre de burro; nadie ni ningún texto antiguo, ni las Verrinas de Cicerón en que enumerando las célebres dilapidaciones del Pretor de Sicilia, se da noticia de las riquezas acumuladas en algunos templos de Siracusa.

El Teatro por lo que subsiste, se viene en conocimiento de que era inmenso. La escalinata o gradería de asientos, se conservan en buen estado y aún se ven algunos vestigios de la orquesta y de la escena. Mas qué daría, si todo un Carlos V no hubiera ordenado la extracción de piedras para atender a unas fortificaciones que por su orden se construían.

Este teatro en su mayor parte se hallaba entallado en la roca viva y en uno de los muros se han descubierto inscripciones griegas de nombres propios. No lejos vimos el anfiteatro, labrado en parte lo mismo que el teatro en roca viva. No obstante su estado de ruina, la forma oval se dibuja perfectamente lo mismo que dos grandes entradas principales, correspondientes a otros tantos arrabales de la gran Tetrápolis. Desde aquí Siracusa presenta una hermosa vista.

Fuimos en seguida a un romántico paseo, sin más antigüedad que un vegetal, el clásico papiro que hasta hoy sigue creciendo silvestre en las márgenes de la fuente Ciana. Ciana era una ninfa que no pudiendo evitar el rapto de Proserpina por Plutón, diose a la pena, y tanto lloró que fue convertida la fuente.

Nos embarcamos en el río Anapo que desemboca no lejos de Siracusa por el lado que lleva el nombre de Puerto Grande. El Anapo no es más que un dormido arroyo, un apacible canal natural de a lo sumo cinco varas de ancho.

El agua se desliza suavemente casi al nivel de sus riberas, cubiertas de una hermosa vegetación. Más tarde al recorrer el poético Barbises de Constantinopla, que conduce al paseo del Agua dulce, le hallé una gran semejanza con el Anapo, cuyas márgenes, sin embargo, están enaltecidas por los preciosos idilios de Teócrito que solo en ellas se inspiró. De bogar sosegadamente río arriba, suspiré nuevamente según mi costumbre al ver cómo entre nosotros estamos privados, hasta no tener idea de ellos, de goces que tan naturales y baratos son por estos mundos.

¿Quién se proporcionaría en Lima ni en su cercanía, pensaba yo, ni con todo el dinero del mundo, el deleite, la voluptuosidad de rodar suavemente en un carruaje por una dilatada calzada, guarnecida de árboles, abastecida de posadas y exenta de malhechores o la de resbalar por una azulada y dormida superficie, entre floridas márgenes esmaltadas de flores que pueden coger con la mano? Pasamos por uno de esos elegantes puentes de un ojo, tan comunes en Europa en las más miserables aldeas y que tan conocidas son al Perú, por los paisajes azules y rosados que van pintados en la loza europea.

En un montículo inmediato divisamos dos solitarias y viejas columnas, sobrevivientes de unas importantes ruinas. ¿Qué hacen ustedes allí? pensé yo preguntarles.

—Recordar el Templo de Júpiter Olímpico, parecieron contestarme.

La magnífica estatua que ornaba el templo fue robada por el rapaz Verres. Ya ante el tirano Dionisio, no menos pirata, la había desnudado del rico manto de oro que cubría sus espaldas, y que era don de otro tirano, Gelón. Al consumar Dionisio su sacrílega expoliación había dicho desenfadadamente: «Que un abrigo como ese, era demasiado frío para el invierno, y pesado asaz para el verano; y que el de lana que en el cambio le dejaba él, hacía todo tiempo».

Doblamos por un brazo del riachuelo y penetramos en la fuente Ciana, especie de estanque circular lleno de agua clarísima. Los tallos triangulares del papiro con unos ocho o diez pies de alto y algo semejante a los retoños de nuestros plátanos (bananos), se elevaban por todos lados elegantemente, coronados por una especie de mechón, de cuyas hebras se tejía el papel papiro. De la espesura formada por esta antigua planta egipcia salían de cuando en cuando bandadas de patos, como de los totorales de nuestras lagunas. Mi primer cuidado al volver de Albergo del Sole fue pedir una cuartilla de papel papiro del que según sabía yo se fabricaba en Siracusa por curiosidad y obtenerlo por una peseta. A primera vista lo había tomado por corteza seca de plátano.

Cerca de la desembocadura del Anapo vi la romántica fuente de Aretusa, que se halla tan despoetizada como el recinto de Julieta y Romeo en Verona. La catedral de la moderna Siracusa es el Antiguo Templo de Minerva cuyas hermosas columnas se ven empotradas en larga hilera en los muros exteriores del cristiano edificio.

El Museo posee una hermosa y mutilada Venus de Mármol en Paros que se cree sea la famosa Venus Calipiga.

El Monte Hybla, tan celebrado por la miel hyblea que sus abejas elaboran, surge a poca distancia de Siracusa y sigue contribuyendo con su mismo dulce tributo que pude paladear en los postres del Albergo.

Mi frugal comida se compuso de un estofado de un pescado que el mozo me dijo llamarse luda o luccio, tal vez luchina, que en siciliano significa merloto, merluza (?), y por postre de almendras tostadas, naranjas excelentes y miel hyblea.

Salí a tomar café, siempre escoltado por mi cíclope, y viendo uno que parecía de los mejores, me entré en él, preguntando antes a mi guía qué tal era. Otro hay más barato y mejor, me contestó, éste es más caro ¡solo por el aseo! ¡solo porque son aseados! añadió con profundo desprecio y con una especie de rencorosa ojeriza.

A las diez de la noche, la bahía de Siracusa, vista desde a bordo, presentaba un aspecto de lo más romántico, el mar y el viento dormían en una profunda calma y sin duda también los siracusanos, porque no se oía el más leve ruido o rumor siquiera y eso que apenas parecíamos estar fondeados a unas veinte brazadas del litoral.

Los barcos anclados en el puerto eran tan pocos que se podían contar como las escasas luces que brillaban en tierra.

La Luna estaba en creciente, un fulgurante lucero brillante encima mismo y equidistante de los dos cuernos, así es que el astro de la noche parecía un fanal colgado de una piochia de brillantes para iluminar con luz tenue ese panorama tan callado como los siglos que pesaban sobre él.

A las diez y media zarpamos y yo fui a seguir el ejemplo de los siracusanos.

Capítulo XXIII

Malta. Breve geografía y breve historia. Topografía. Estudios de orientación. El señor Quintana. Calles, lenguas y tipos. La «Faldetta». Balcones y carruaje. El suelo de Malta. Naranjas singulares. Vana tentativa para introducirlas al Perú

El 3 de febrero de 1862 a las ocho de la mañana, entrábamos a La Valette, capital de la isla de Malta. Malta, más que una isla sola, es un archipiélago compuesto de tres islas, a saber: una al noroeste, que mira a Sicilia, otra menor, y finalmente la más meridional y, al mismo tiempo, la más considerable que es la que lleva el nombre de Malta.

La isla más septentrional es la de Gozzo; la intermedia se llama Cumino o Comino por los muchos cominos que produce y, ciertamente, que no vale un comino a juzgar por sus exiguas dimensiones.

Malta se encuentra descrita desde la Odisea de Homero, donde se la designa con el nombre de Hyperia y como la residencia de Calipso.

Cayó después en poder de los Pelasgos, de cuyas interesantes pelásgicas construcciones aun subsisten restos considerables en la isla, y quienes le dieron el nombre de Ogigia.

Setecientos años hace fue conquistada por los griegos, y pasó a llamarse Melissa o Melita que en griego significa abeja y de cuyo nombre corrompido se formó el actual; así como prosperan y medran todavía los industriosos insectos que contribuyeron a la nueva denominación de la isla.

En tiempos modernos Carlos V la cedió a los caballeros de San Juan de Jerusalén, a quienes los turcos acababan de expulsar de Rodas, y que fueron los que impusieron a la isla el durable sello que hasta hoy conserva.

Uno de esos caballeros, el gran maestre La Vallete, después de gloriosos triunfos sobre los infieles, fundó la capital donde hoy existe dándola su nombre.

Decayó este gran poder como decaen todos los de la tierra, y Napoleón Bonaparte tuvo fugaz imperio y señorío de la importante llave del Mediterráneo, destinada a manos que no eran las suyas; a las de los ingleses, que con su adquisición, la de Gibraltar, la de Corfú y la de Chipre, se han hecho los temibles dueños del Mediterráneo.

Los ingleses poseen Malta hasta hoy, lo que no debe pesar a los viajeros, que se hallan con una escala limpia, aseada y de excelente policía al venir de Oriente o de Italia, extremos ambos que dejan mucho que desear bajo el punto de vista del aseo y la policía.

Haciendo pues de cuenta que me daba un agradable baño de limpieza, salté a tierra.

La Valette cuenta unos 25.000 habitantes y se halla situada al este de Malta, en una lengüeta de tierra que es una península, pues el mar la baña por ambos lados formando las dos bahías que se llaman Puerto Grande y Puerto Chico. Así es que la costa oriental de Malta, a la altura de La Valette, tiene la figura de un tridente con un castillo o fuerte o fortaleza sobre cada diente, lo que equivale a tener colmillos y a ser tantas muelas pues cruzando los fuegos de una y otra fortaleza, la plaza se vuelve inexpugnable.

Ninguna curiosidad mayor atrae al viajero a la antigua residencia de Calipso, y a la costa donde en tiempos menos remotos naufragó según la tradición, el apóstol San Pablo; por lo que el viajero que va o viene de Oriente solo dedica a Malta una permanencia de horas o de un par de días.

Pues ahí tienen ustedes que yo me pasé veinte, porque por lo mismo que no había nada que me distrajera, y que ese punto iba a ser mi última escala civilizada, y con civilización inglesa, se prestaba maravillosamente a una vida de estudio preparatorio del Oriente.

Ya he dicho en anteriores capítulos que desde Berlín me venía yo orientando con frecuentes visitas a Museos de antigüedades. Mis estudios preliminares o de orientación iban a recibir su complemento con la permanencia en Malta.

La Biblioteca pública, digna sucursal de ese Reading Room del British Museum de Londres, que tantas veces constituyó las delicias más gratas de mi vida; las Circulating Library, donde por una suscripción de dos chelines al mes se obtiene cuantas obras se quiera, y las mismas librerías debían suministrarme amplios materiales para mi estudio teórico o científico del Oriente.

Para el estudio práctico, las calles pobladas de tunecinos, de árabes, de turcos, de toda clase de levantinos, y las tiendas abastecidas ya de numerosos artículos orientales, me ofrecían vasto campo a una observación provechosa.

Una de las librerías de La Valette en que más me acaseré fue la del señor Quintana, español de las Baleares avecindado en la isla desde hacía más de cuarenta años. Hablaba como casi toda la gente de Malta, inglés, francés, italiano y maltés, de cuyo enorme caudal se resentía no poco su español.

El señor Quintana se sorprendió agradablemente al hallarse con un compatriota en la lengua, y como a mí me pasaba otro tanto, a toda hora estaba en su casa.

De él me valí para llenar el requisito de la recomendación o garantía que exige la población de Malta al extranjero que se presenta a reclamar su pasaporte. El señor Quintana salió garante por mí.

Desde aquí empezaba ya a palpar los inconvenientes, que tanto habían de atormentarme en el resto del Oriente, de viajar por esas regiones sin tener cónsul en ellas, por lo que unas veces tuve que acudir al español y otras al francés.

No obstante las distracciones que me proporcionaba el bondadoso viejo Quintana, y las que yo mismo hallaba en mis estudios orientales, la inacción de la vida maltesa me cansaba en muchos momentos, particularmente en las noches que son enteramente muertas, como es natural en una vida de guarnición.

La calle principal es corta y pronto está andada. Conduce a una plaza o plazuela donde se goza de día de un cielo de un azul y de una claridad imponderables, y de noche, de la música con que nos obsequian los soldados ingleses, y del aspecto de uno que otro paseante. A las nueve de la noche todo desaparece.

La lengua local es la maltesa, especie de jerigonza compuesta de árabe y de italiano. Este último idioma es tan corriente en el país, que parece le fuera propio. Viene enseguida el inglés, hablado por la gente culta y por los comerciantes. El universal francés comienza a eclipsarse por aquí.

Corren también todas las monedas como se hablan todas las lenguas. El tipo de los malteses del pueblo es tan trigueño, que no pocas veces me recordaban a nuestros cholos y zambos. Tienen la nariz algo chata y los labios un poco gruesos. Entre las mujeres principales las hay de tez muy blanca. Son muy bonitas y graciosas, y todas, señoras y plebeyas, viejas y chiquillas llevan el manto o mantilla nacional llamada faldetta, que es de seda negra, algo semejante a un dominó y mucho más a un fustán o enagua; con la diferencia que está rasgado de arriba abajo, y que la parte, recogida correspondiente a la pretina, en vez de ceñirse al cuello o la cabeza, anda caída por un lado al desgaire, siendo uno de los paños o faldones el que sirve para el embozo, con el cual juegan no menos graciosamente que nuestras limeñas con su manta, a las que se asemejan mucho en su morisca afición al misterio.

En todas las calles se ven grandes y macizos balcones volados, pintados unos de verde, otros de amarillo, de plomo y ni más ni menos como los nuestros, tan afeados por los extranjeros.

Los carruajes llamados también caleshes, recuerdan nuestras antiguas calesas, diferenciándose en que el calesero va a pie, y en que un caballo reemplaza la mula. La caja es cuadrada de arriba abajo, y no resbala por detrás hasta terminar en un reborde delantero como las que hubo en Lima, y las ruedas quedan relegadas a tal distancia atrás de la caja, que causa risa.

Hay otros carruajes más ligeros que por primera vez he venido a ver en esta isla. Figúrense ustedes un colchón, una cama suspendida entre dos ruedas. El colchón se termina por un largo cojín delantero que sirve de apoyo o almohada a los que van tendidos a todo Sol, y también de límite entre el cochero y los pasajeros.

El suelo de la isla de Malta es una roca calcárea parecida en el color y en lo deleznable a esos panes de piedra de amolar cuchillos de mesa que usan los sirvientes de Lima. Gracias a su blandura y a su abundancia, como que por todas partes se encuentra, no hay edificio en La Valette que no esté construido de piedra. La escalera del Hotel Imperial en que yo posaba, hecha de esta amarillenta piedra, tenía sus gradas tan carcomidas por el uso como si hubieran sido de ladrillo, y no dejaban pisar con firmeza por los muchos hoyos.

Este color amarillento y la ausencia de todo vegetal descollante da a la isla de las abejas un aspecto de aridez y de insolación que desagrada. Las capas de tierra vegetal o humus son superficiales, tan superficiales que se cuenta que los industriosos malteses la van a buscar hasta las costas de Sicilia, extendiéndola enseguida, con las debidas precauciones, sobre la ingrata roca natal.

En tan someras capas no puede haber espacio para que ahonde grandes raíces, y así toda la vegetación es rastrera, y las sementeras de trigo, alfalfa, trébol, avena y comino divísanse desde abordo superpuestas, postizas como otros tantos felpudos, ruedos o peludos.

Mientras los hijos de otras regiones surcan los mares en busca de lavaderos de oro, el industrioso maltés solo le pide al orbe un puñado de su tierra vegetal que arroja a la cara de su ingrata madre.

Si cuatro hadas malignas de las Mil y una noches se propusieran dejar pelada y rasa la peña de Malta, no tendrían más que colocarse en las cuatro esquinas de la isla, y cogiendo con los dedos la postiza alfombra de verdura que la cubre, levantaríanla en el aire tan fácilmente como la de cualquier salón, o como el mantel después de la sobremesa; y dejarían el asiento de Malta como una cabeza a la que se le arrebata su peluca.

Los únicos vegetales descollantes o por lo menos los principales, son los naranjos enanos, que producen las naranjitas de piel lisa y fina llamadas mandarinas y que realmente constituyen bocados dignos de un mandarín.

Transplantadas u obtenidas de la misma tierra por aclimatación, no es raro hallar mandarinas en muchas ciudades de Europa, como en París, donde las exhiben; y como en Valencia donde según creo se da en su fértil y afamada zona fructífera conocida con el nombre de La Huerta.

Pero solo Malta produce y solo en Malta he visto esas gruesas naranjas de color sanguíneo u amoratado llamadas por los franceses gros-rouge y por los ingleses naranjas de sangre. Estas hermosas pomas entran acaso más por la vista que por el paladar, como tal vez sucede con las manzanas heladas, con la sandía mollares y con otras frutas que se distinguen por la singularidad del color.

De la naranja que describo a la común hay la misma diferencia, respecto al gusto, que de la manzana corriente a la helada. Es un agridulce más refrigerante, más aquilatado, y que participa (como también el color del jugo) del de la granada.

Sea por esto, sea porque haya algo de verdad, más de un entendido inglés me sostuvo que dicha naranja era el resultado de un cruzamiento o injerto entre el naranjo y el granado; y aunque bien sabía ya que no existía el menor parentesco entre estos dos árboles, propúseme hacer la prueba tan pronto como estuviera de vuelta en mis dominios, echando para mayor precaución algunas semillas de gras-rouge en el fondo de mi maleta.

Cuando llegó ese fausto día, cuando penetré al huerto de mi casa, mi padre se consolaba de la ausencia de su hijo, cultivando sus hortalizas, como Laertes de la de Ulises estercolando o abonando su campo.

Cuando estuve en Damasco con mis dos compañeros desde Egipto, Monsieur Gustave Beaucorps, y el Príncipe de Putbus, señor de la isla de Rugen, en el Mar Báltico, nuestro único compañero de mesa en la casa griega en que nos hallábamos hospedados, el doctor italiano don Alejandro Medana, único europeo de Damasco y vecino de sus murallas desde hacía seis años, después de imponerse con gusto de mi patria, estudios y viajes, exclamó: «Y después de todo esto, volverá usted al Perú... ia plantar coles!». ¡Válgame Dios! me dije al penetrar en el recinto en que corrió mi infancia; lo que yo tomé por una festiva metáfora, va a cumplirse al pie de la letra.

Perdóneme el lector estos párrafos inconexos y descuadernados que no venían muy al caso y que no están muy en su sitio, y sepa para concluir, que ni mis pepitas me dieron un rústico sujeto, siquiera de gros-rouge, ni mis injertos de naranjo, en granado, tampoco, ya porque todo hubiera sido desvarío de la mente inglesa, ya porque yo no tuviera buena mano.

Capítulo XXIV
El jardín de Floriana y el de San Antonio. El clima de Malta. El Teatro. La Biblioteca. Bibliografía oriental. Aniversario del naufragio de San Pablo. Homenaje a Pío Nono. Procesión y regocijos populares. El paseo de Sliema. Partida

Antes de concluir con el reino vegetal visitaremos sus templos, los templos que Flora, o más bien Vertumno y Pomona tienen en La Valette, en los encantados sitios denominados La Floriana y el jardín de San Antonio.

Al segundo, que es el verdadero sitio encantado, pues al primero le falta mucho para serlo, se va a caballo en dos horas (ida y vuelta). Este jardín llamado también del Gobernador, contiene varios pies de papiro, y una multitud de naranjitos, tan cargados de fruta y de hojas, que el tronco y las ramas desaparecían; y se les habría tomado por simples matas, más que por árboles.

El niño más pequeño hubiera podido desmocharlos de la más alta de sus frutas, por lo que nada habría significado allí este verso de una pastora de Racan, con el cual pretende dar idea de la edad y tamaño de su amador de trece años:

> Il me passait d'un an, et de ses petits bras
> cueillait déja de fruits dans les branches d'en bas.

Floriana es todo un arrabal de La Valette, como Patisia en Atenas, como el Cercado de Lima, aunque estos dos últimos lugares son mucho más frondosos, fructíferos y floridos que los dos jardines del arrabal de Floriana, de los cuales el primero no es más que una alameda emparedada, y el segundo lo mejor que tiene es la vista que desde él se disfruta.

Pero la aridez de la isla y los almendros cuajados de blancas flores del primero, contribuyeron a que yo también los admirara.

El clima tiene fama de benigno, y sin duda por esto vi muchas mujeres, por primera vez desde que estaba en Europa, andar sin medias, y criaturas de ambos sexos enteramente descalzas.

Los muchachos, unas veces solos, otras en pareja recorren las calles cargados de arpas, más o menos grandes, según el tamaño de ellos, de arpas que tañen acompañándose con el canto para obtener algunos soldi.

Los sitios más frecuentados por ellos son los cafés y las tabernas donde van a fomentar la pasión de los marineros ingleses por la danza.

El cielo de Malta es de un azul turquesa inalterable, que parece mayor todavía en las tardes, en que bandadas de aves negras atraviesan el aire majestuosamente con las alas desplegadas, y produciendo un hermoso y pintoresco contraste.

La primera noche que fui al teatro, el portero me detuvo diciéndome Stickies not allowed, Sir (no se entra con bastón) lo que no dejó de sorprenderme, porque no siendo el pavimento de la platea de ricos y variados mármoles, o de fina marquetería o taracea, sino de vulgar piedra de Malta, no había nada que corriera el riesgo de ser arañado, que es por lo que se prohíbe entrar con bastón en algunos museos y palacios visitables de Europa.

El telón del teatro estaba cubierto con un sobretelón de lienzo azul como si aquel fuera alguna preciosísima tela de gobelinos que se quisiera resguardar del polvo; mas al descorrerse poco antes de la representación ofreció a mis atónitas miradas... un telón vulgar como otro cualquiera.

Esta fue la señal de quitarse el sombrero todo el mundo, y como yo no lo hiciera, en el momento se me acercó un policeman a recordármelo.

No por falta de anuncios me habría quedado sin ir al teatro, pues por todas partes se hallaban colgados de una alta cuerda en el medio de la calle, cuerda que iba de un techo a otro cortando transversalmente la calle.

Y para imponerse de su contenido había que romperse los músculos del pescuezo como para admirar el Juicio final de la capilla Sixtina.

La Biblioteca era una de las mejores que veía, en cuanto a limpieza de aspecto y comodidades generales, desde mi salida de París.

La sala de lectura es elevada, ancha, larga y espaciosa. Cada lector dispone de una mesita independiente de las otras, de un atril que tiene por delante, y de un felpudo o ruedo a los pies. No se lee aquí en una de esas largas mesas que recuerdan las caballerizas, y donde las bibliotecas de París y Madrid una doble hilera de hombres cabizbajos sobre su libro parecen caballos rumiando a pesebre.

Se pide la obra que se desea verbalmente y no por escrito como se estila en casi todas las bibliotecas de Europa.

Se toma libros a discreción sin restringir el número, como en Nápoles, por ejemplo, donde no se entrega más de tres a un tiempo, lo que colma el desagrado que produce desde la entrada un saloncito oscuro, sucio, donde hierven confundidos algunos monigotes y estudiantillos escuálidos y no muy aseados.

La de Malta, como ya lo he dicho, recuerda inmediatamente la de British Museum, como que toda la población es una Inglaterra en compendio.

Los catálogos, divididos por orden de lenguas y de materia andan esparcidos por la mesa principal a disposición de todo el mundo, y basta escribir su nombre en un libro especial para conquistar el derecho de poder llevar obras a domicilio.

Grande fue mi júbilo el día en que sin saber cómo descubrí un poema limeño por el asunto, de que hasta allí no había tenido noticias.

Era el poema en doce cantos de Santa Rosa de Lima, por el conde de la Granja, que posteriormente fue reimpreso en Lima, en la imprenta de Alfaro, por el presbítero González de La Rosa.

Como bibliografía oriental, aconsejo a los viajeros que pasen para Oriente consulten las que siguen; Clot Bey, Apercu sur l'Egypte; Champollion, Egypte Ancien (Univers pittoresque); Wilckinson, Manners and customs of the ancient Egyptian; Lane, Manners and customs of the modern Egyptians, Jonson, Persian, Arabian, and English Dictionary, S. de Soey, Grammaire Arabe; Catafago, English and Arabian, Farris, Arabian Grammar;

Barthelemy, Vocabulaire francais arabe avec la prononciation figurée, y otras relativas a las demás ciudades de Oriente que iré enumerando en los lugares correspondientes.

La de Wilckinson y la de Lane merecen sobrevivir al viaje, y acompañar al viajero hasta su biblioteca casera, porque entrambas componen un completo, pintoresco y luminoso Egipto, antiguo y moderno, por la claridad de las descripciones y por los numerosos y fieles grabados.

Lane ha dado una brillante edición inglesa de las Mil y Una Noches y para que el Egipto fuera igualmente descrito por una mujer y para mujeres, hizo que una hermana suya emprendiera el viaje y publicara otro tomito como el de su hermano, pero con este título: English woman in Egypte.

Las calles cortadas a ángulos rectos, los balcones hechos y pintados como he descrito, y hasta con tiestos de flores. Las calesas cruzando aquí y allí, las tapadas misteriosas ocultando una mejilla y un ojo bajo los pliegues de la morisca faldetta, y hasta el clima, todo continuaba recordándome a Lima.

Populares regocijos y procesiones vinieron a acabar de transportarme a la ciudad de los Reyes. Era el 8 de febrero, aniversario según la tradición, del naufragio de San Pablo en esta isla.

La mayor parte de las calles estaban encintadas y embanderadas. En las banderas se leía con tamañas letras; Viva Pío IX, Viva Pío Nono Papa Massimo, Viva Pío Nono Papa Re (Papa Rey). Pero la última parte de este letrero, a lo que parece, no la juzgó política el señor gobernador y la mandó quitar.

¿Qué hacen los piadosos y férvidos malteses? Cambian de Re (Rey) en Be-gno (Benigno) para no perder su letrero, y todo queda arreglado, y no hubo domingo 7 ni 20 de septiembre.

Pelotones de muchachos recorrían las calles lanzando gritos y enarbolando banderas con manifestaciones parecidas al Papa Re.

Se habría dicho que el Papa era el Dios de la fiesta, que el Gobernador de la isla, o que esta dependiera de los Estados Pontificios.

Las calles estaban iluminadas, sobrepujando a todos en adornos y animación la de San Pablo, en cuyas dos extremidades habían improvisado dos elegantes portadas de madera de arquitectura enteramente morisca, sin que faltaran los esbeltos minaretes, los arcos ojivos, etc.

Una banda de música, compuesta de ciudadanos malteses, recorría la calle incesantemente, y estimulados por sus sones los naturales y hasta los soldados ingleses, se dejaban arrebatar por momentos y enlazándose unos con otros en improvisadas parejas de un solo sexo, se echaban a valsar en media calle.

En esto cesaba la música; todo el mundo quedaba en suspenso, volvía a comenzar, y la muchedumbre prorrumpía en exclamaciones; quién lanzaba un pañuelo, quién un sombrero, de improviso la muchedumbre se arremolina alrededor de un muchacho, lo coge por las piernas y lo eleva en el aire a guisa de muñeco, y como confiriéndole poderes para que fuera el órgano del pueblo (como con otros títeres suelen hacer los países republicanos nombrándolos diputados).

Elevado por el voto directo de la masa popular, comprendía el muchacho su alta misión, y quitándose la gorra repetidas veces, saludaba a un lado y otro con gestos expresivos.

Pero ¡ay! en medio de estos triunfos el equilibrio le faltaba, y con la misma o mayor rapidez con que había subido, descendía cayendo de bruces y con los brazos abiertos.

<blockquote>
Al mismo viento
que lo anonada
debió su alzada
sin fundamento.
</blockquote>

Por fortuna la gente estaba apiñada, y nuestro héroe de un instante no tenía que pagar con una rotura de cabeza su momentánea apoteosis.

Al día siguiente hubo procesión, siendo la strada San Pablo el centro de la animación y la algazara; mas el tiempo, bueno hasta entonces, enturbiose rápidamente y comenzaron los amagos del temporal. Llovía a ratos, soplaba un cierzo helado y aun caía granizo, recordándome este mal tiempo el que tanto me atormentó los primeros días en Nápoles.

Un gran gentío iba en pos de la imagen de San Pablo llevada procesionalmente en andas. Los sencillos malteses al pasar aclamaban lanzando al aire su sombrero, lo mismo que a una persona.

Antes de dejar Malta, quise ir a conocer el paso de los miércoles llamado Sliema, nombre que, mal pronunciado halagaba hacía tiempo mis oídos pues sonaba como es Lima.

Sliema es un villorrio o suburbio situado al frente de La Valette sobre la lengua de tierra que remata en la punta conocida con el nombre de Punta de Dragut.

El viaje se hace por mar (y también por tierra) en un bote, en el término de un cuarto de hora más o menos, y pasando muy cerca de la isla del Lazareto.

La calle principal de Sliema es el lugar destinado al paseo; y en su parte más ancha se agrupan, se detienen y se miran las caras hombres de a pie, de a caballo, y señoras y familias en sus apostadas carretelas.

¡A esto llaman pasearse! pero el paseo en cuestión tiene dos atractivos: 1.º que siendo la lengüeta esa muy parecida en su topografía al lugar denominado La Punta en el Callao, se halla uno como en la cubierta de un barco anclado.

Las olas revientan y murmuran en las escarpadas rocas de ambos lados, y esta Punta aparece mejor bordada que la del Callao, resaltando inmediato a uno el azul de las olas, el blanco tul producido por la reventazón, y el renegrido y subido tinte de las inertes piedras.

Una mar inmensa y azulada, sembrada de innumerables velas blancas cierra este cuadro y los concurrentes parecíamos flotar en ella como en una tabla o balsa.

El segundo atractivo es que allí concurre toda la sociedad selecta de La Valette, desde la Señora Gobernadora y su hija para abajo. Y el extranjero como yo, el triste paria aunque no tome parte en el banquete, por lo menos lo contempla de cerca y se mezcla con los concurrentes.

Al ver esa gente alelada y petrificada allí, se diría que eran unos náufragos que apiñados en una tabla esperaban con ansiedad la aparición de una vela salvadora en el horizonte.

Ese día se esperaba desde por la mañana el ya atrasado vapor de Marsella que debía conducirme a Egipto.

Una musiquilla animaba o más bien desanimaba a los concurrentes.

Unos cuantos soldados ingleses dispuestos en círculo en la mitad del paseo, hacían sonar sus instrumentos insuflándoles la gelidez propia de su carácter, de donde resultaba una sinfonía insípida y desabrida.

Contento de haber abrazado de un solo vistazo como en un salón el mundo más fashionable de La Valette, me volví al hotel a esperar mi vapor.

La noche entró precedida de una cerrazón o neblina tan espesa, que parecía venida de Londres. Todo lo envolvía, ciudad y contornos, tierra firme y bahía, prolongándose hasta el día siguiente, en el cual, no obstante habernos puesto los pasajeros a bordo desde las diez de la mañana no vimos levar el ancla al vapor hasta las doce de la noche, hora en la que sin duda la niebla dejó entrever el derrotero a los expertos marinos.

Capítulo XXV
De vuelta a Alejandría. Compañeros de viaje. La mujer Alcides y el hermano Gorenflot. Un obispo mexicano y mi clérigo de Guatemala. Un indígena de México. Himno al pan. Alejandría. Paso al Cairo

El vapor que me conducía a las costas del África se llamaba el Indus y pertenecía a la compañía francesa de Messageries Imperiales.

Desmesuradamente largo, no nada ancho, y privado de ruedas, porque era de hélice, este vapor se balanceaba con tal impertinencia que a cada paso me asomaba yo al mar creyendo hallarlo agitado, y no era así porque su señoría apenas estaba ligeramente movido, y en general de muy buen humor.

Yo me hallaba en segunda clase, pasaje que había tomado por vía de ensayo, presa de un marco que no me abandonó en los cuatro días que duró nuestra travesía.

¡Oh, enfermedad antigua como el mundo! No por lo menos como la navegación.

Pasajeros vemos desembarcar en las comedias de Plauto, escritas doscientos años hace, renegando de las náuseas de abordo. Tu propio nombre derivado de la vieja palabra griega naos, náuseas, está revelando la antigüedad del achaque.

El mareo y la muerte son dos profundos misterios, acaso los únicos que no fueron aclarados o por lo menos preparada su aclaración en aquellos sabios tiempos de Grecia en que todo se dilucidaba, y en que se sentaron principios que hasta hoy duran, o se echaron bases para que las generaciones siguientes los levantaran.

Mas para explicar la muerte y el mareo y para remediarlos, nada se hizo, ni se hace, ni se hará.

El peor defecto de una segunda clase de cualquier lugar y parte del mundo, es que en ella no va sino gente de segunda clase.

Hay que codear en la mesa y que oír roncar en el camarote a personas más o menos groseras, por su aspecto o por sus maneras.

Hay que aguantar el carácter demasiado quisquilloso del que precede la mesa, que como todo ser subalterno, está soñando siempre con faltas de respeto dónde no las hay y atormentando a los criados y por ende a los pasajeros.

Mi compañera de mesa, aquella con quien yo me codeaba, era una formidable y atlética francesita, una especie de ama de llaves, lo que los franceses llaman une bonne; una Maritornes de tan hercúleas proporciones, que rayaba en hombruna.

Así debía ser la Mujer Alcides descrita por Eugenio Sue en Martín el Expósito; como el reverendo padre capuchino sentado al frente mío realizaba perfectamente el ideal que yo tenía del padre Gorenflot desde que leí la novela de Dumas La Dama de Monsereau.

Mis comensales hablaban con frecuencia de novelas y nada menos de las de Dumas y Sue, por lo que me figuraba yo verlas en acción.

El pobre Gorenflot parecía dominado, preocupado, atormentado por la idea de la mujer. No hablaba dos palabras al concupiscente capuchino italiano sin hallar cabida a esta mágica expresión ledonne.

Si hablaba de sus viajes por el alto Egipto, «un ruso le acompañaba, un polaco también, y... una donna».

Discutiendo un día sobre el preciso significado de la palabra italiana «regina» convenimos todos en que significaba reina, esto es, la que reina.

«¡Alto ahí! dijo Gorenflot, que también puede decirse una reina al hablarse por ejemplo... de una bella donna», y por sus lúbricos labios discurrió una galante sonrisa.

Otras veces la palabra donna venía materialmente traída por los cabellos, y solo servía para delatar al menos observador, la especie de manía que el ardiente capuchino tenía «con la mitad preciosa del linaje humano».

Recogidos en la cámara hablábamos una noche de los animales de África. Desfilaron, como era natural, el hipopótamo, el cocodrilo, y llegó su turno al orangután.

Cada cual fue refiriendo las particularidades de este animal: solo faltaba la más notable; yo la tenía in pectore, y no la soltaba de temor de poner a Gorenflot en su acostumbrado camino.

Pero él se puso por sí solo, y después de tragar saliva, saborearse y relamerse observó con una gazmoñería muy zurda:

—Dicen también que acostumbran robarse le donne, las negras, ¡uf!

En otra ocasión me llevó aparte. Díjome que mi tierna edad le interesaba, y que creía un imperioso deber suyo, por su edad y por los hábitos que investía, aleccionarme en los riesgos mundanos que me aguardaban.

—Ha de saber usted —me decía—, que en el Cairo un joven honesto como usted no tiene nada que temer. Con todo hay que andar con mucho cuidado, que abstenerse sobre todo de... de...

—De los placeres mundanos —le repliqué yo—; capisco, capisco.

—Eso es, delle donne. Me han dicho —continuó con una indiferencia bien simulada que, sin embargo, dejaba traslucir relámpagos ardientes de felicidades pasadas y un vehemente deseo de sonreírme y de revivir conmigo, siquiera en conversación, aquellas alegrías pasadas—, me han dicho que en Alejandría hay una calle donde esas malvadas llevan la licencia hasta el punto de llamar a los que pasan.

En primera clase iban un Obispo mexicano y un clérigo de Guatemala que se dirigían a Jerusalén, donde no dejaron de proponerme que los acompañara.

Yo habría aceptado, pero el gasto de ceremonias y atenciones diarias que semejante compañía demandaba, el besamanos cotidiano de la esposa, y el tratamiento constante de ilustrísima, hicieron retroceder a mi carácter agreste e independiente, que huía aún de la vecindad de le donne muchas veces, sacrificando, ¡ya ustedes comprenden cuanto! por no verse obligado a abdicar su independencia en aras de la galantería.

El criado de Su Ilustrísima era un mestizo mexicano, se llamaba Santiago Rodríguez y me hizo pasar muy buenos ratos.

Él por su parte estaba encantado de hallar «por la primera vez que estaba en Europa, una persona que le hablara el español con claridad».

A todos los demás, incluso el compañero de su amo, no se les entendía jota, según Santiago Rodríguez. Pero ¿qué extraño? Santiago Rodríguez había viajado por España con su amo, y jamás le entendió una palabra de español a los españoles y se quedó estupefacto cuando le dije yo que lo que hablaban en España era español.

No pudiendo ya más le pregunté al fin:

—Pues, ¿qué diablos de idioma hablan en México?

—Esto que usted habla y esto que yo hablo.

—¿Y cómo llama usted a esto que nosotros hablamos?

—Mexicano.

Estas singulares pláticas y gratas reminiscencias ocurrían entre él y yo en pleno mar Mediterráneo.

Santiago Rodríguez me había tomado una adhesión tan ciega, que parecía mi criado. Una mañana en que el mareo me tenía postrado desde mi salida de Malta, me obligó a tomar la postura horizontal en una de las bancas de la cámara, acercóseme el mayordomo que barría y con aquella impertinencia que también saben aderezar los franceses con frases corteses, como para eludir una respuesta colérica, me dio a entender muy terminantemente «que debía quitarme de allí porque no estaba permitido echarse en la cámara».

¡Y hubieran ustedes visto a Santiago Rodríguez! Todos los colores de su híbrida raza confluyeron alternativamente a su cara. Púsose blanco, amarillo, negro, como para recordar que de todo tenía; crispó los puños, dio una patada, y su actitud fue tan hostil y tan salvaje, que el pulido gabacho se quedó petrificado y clavado, escurriéndose poco después con el rabo entre las piernas.

En los días que siguieron, Rodríguez, preocupado siempre con el desaire que según él, me habían inferido, no podía conformarse con no haber pateado al gabacho; y creo que si la travesía dura un par de días más, lo verifica como lo digo.

—¡Oh buenos tiempos —le decía yo a Santiago—, aquellos en que no había lugar a entripado, porque castigándose todo inmediatamente y de un modo recio y ejemplar, quedaba el ofendido purgado ipso facto de sorda bilis que en nuestros tiempos de política y miramientos se conserva represada en el cuerpo, royendo las entrañas tal vez de generaciones enteras!

Un espaldarazo, un cintarazo, una estocada y por consecuencia un herido o un muerto eran la válvula por donde prontamente se expelía la cólera mayor, desahogado de la cual íbase el hombre a dormir tranquilo, atormentado a lo sumo de un apacible remordimiento, pero no de un rencor violento, intransigente y eterno.

Pero notando ya aquí que mi Beocio mexicano me escuchaba alelado y que predicaba en desierto, le dije; «Doblemos esa hoja»...

Y obedeciéndome inmediatamente, se levantó y entornó la de la puerta de la cámara.

Los días más halagüeños de la vida de Rodríguez en Europa habían sido los que pasó en Roma con su amo.

Parece que allí habitó palacios y que los ministriles, monigotes, sacristanes y demás gente de iglesia que rodeaba a su Ilustrísima se disputaban a Santiago Rodríguez como a Palurgo, el burro del reverendo Gorenflot, en la novela de Dumas.

El estilo de Rodríguez era vivo y pintoresco. Todas sus relaciones de la patria tenían que hacer con salteadores, y cuando llegaba el momento crítico en que su propia persona era asaltada, Santiago dejaba de hablar en pasado, y echándose bruscamente al presente, continuaba: «Yo traigo un revólver» por yo traía o llevaba.

Cerca de cuatro días hacía que a mi estómago no llegaba bocado. Cuando el mareo hace al fin una concesión o tregua, no es con un apetito general, sino limitándolo a un solo antojo; el mío fue de pan.

Recibí el rubicundo y bien dorado que Rodríguez se pescó no sé dónde, y cogiéndolo entre las dos manos, no quise inmolarlo sin entonarle primero el siguiente improvisado himno:

—¡Pan nuestro de cada día! —le dije—, ¡cuál será la situación en que tú no recurras! ¡Tu nombre fue acaso la primera palabra que resonó en el mundo, cuando el Supremo Hacedor le dijo a Adán a qué precio tan personal debía obtenerte!

¡Gran personaje! El biscochuelo, el bollo y otros amasijos de moderno invento, sin historia, sin tradiciones, y cuyo origen no tiene el honor de perderse en la noche de los tiempos como el tuyo, otros amasijos, hechura de humanales manos, y no de divinales como tú, podrán eclipsarte momentáneamente en tal o cual mesa.

Su reinado dura lo que el capricho, y no tardas en resurgir tú, estrella de primera magnitud, aclamado por unanimidad.

¡Importante personaje! ¿Qué mesa se sirve, qué alocución importante se pronuncia sin ti? A la cara de Dios te comparan, y das idea de la suprema bondad de un hombre cuando se dice que es bueno como el pan. No en balde te llamas pan, porque en griego pan es todo.

¡Oh tú, sin el cual no hay alimentación posible, como no hay edificio sin arena! ¡Ven a ser el medio con que, al aproximarme a lugares santos, celebre alianza con un Dios a quien tan olvidado he tenido!

El 24 de febrero a las siete de la tarde divisamos el faro de Alejandría; mas como a los que parece la entrada al puerto de noche no es prudente, permanecimos volteando hasta el otro día en que echamos el ancla en la antigua corte de los Tolomeos.

Me levanto, corro a la ventanilla de mi camarote, y tuve que echarme hacia atrás inmediatamente como herido por un rayo.

El Sol como un tamaño e irritado ojo, se levantaba en ese momento en la línea misma de la visual por detrás de Alejandría iluminando y dorando esos puntos de vista de tantos recuerdos. La población, sin embargo, no tiene nada de pintoresco si se exceptúan algunos bosquecillos de palmeras y otros árboles orientales que adornan los jardines particulares, y la columna antigua llamada sin mucho fundamento de Pompeyo, que se divisa desde abordo. Vi, no obstante, con placer esta población, tanto porque era tierra, como le sucede a todo viajero eminentemente terrestre después de una navegación por corta que sea, cuanto porque al fin tenía ante mis ojos una ciudad de África o de Oriente; y estos pueblos de que tanto se ha oído hablar, y sobre los que tanto se ha leído, inspiran siempre un gran interés por insignificantes que sean.

El landford del hotel Abbat había ido en persona a bordo a enganchar por sí mismo sus pasajeros.

Yo me puse gozoso en sus manos y me dejé conducir. El hotel Abbat estaba invadido por unos magníficos oficiales franceses, magníficos porque venían de la célebre expedición francesa a Pekín con todas las magnificentes ínfulas de la victoria.

Casi todos ellos traían algún trofeo más o menos espléndido, conquistado por su propia mano en los palacios de la saqueada capital chinesca.

Uno de esos oficiales me enseñó un magnífico bastón de ébano nudoso y con el retorcido puño lleno de incrustaciones de plata y de nácar. El tal bastón era un monumento portátil, una especie de pagoda.

Ya desde Alejandría comienza a tomar el café a pasto. Mi desayuno a las ocho y media de la mañana se compuso de solo una taza de arábiga bebida. A mediodía nos pusieron un almuerzo excelente. No menos buena fue la comida. El café se sirvió a los postres enteramente oriental y en una gran mesa redonda con su braserito encendido para los fumadores, como se estilaba antiguamente en Lima, cuando un visitante pedía lumbre para encender un cigarro.

Alrededor del comedor corría un largo, ancho, y cómodo diván, que son los cómodos y constantes sofás de todo el Oriente.

Las principales calles de Alejandría tienen una buena acera de losa, su alumbrado de gas, y sus grandes almacenes, en uno de los cuales compré por 30 chelines uno de esos amplios chales escoceses llamados plaids, que tierra adentro de Egipto debía servirme más de una vez simultáneamente de sábana, frazada y colchón.

Alejandría es pues mucho menos Oriente y mucho más Europa que el Cairo y otras ciudades musulmanas.

Triste, humillado, avergonzado casi me paseaba yo creyendo que los infieles iban a leer en mi frente de todos los europeos llegados en la mañana, yo era el solo a-cónsul, in-cónsul, sin cónsul, y que por lo tanto podía ser impunemente vejado y atropellado si les venía en gana.

Muchos de los individuos de ambos sexos que pasaban a mi lado, recordaban bastante bien el tipo egipcio clásico tal como se le delinea en los sarcófagos, y me admiraba que ese tipo primitivo no se hubiera perdido en tantas centurias como sucede con el griego, que ya casi no se le encuentra.

No pocas veces, atendiendo a los demás, me creía en Villa u otra hacienda azucarera de Perú, pues veía pasar innumerables negros de Etiopía o Nubia o Abisinia, vestidos ligeramente como los nuestros y chupando su caña dulce. La topografía misma me recordaba la de nuestros campos, con la diferencia que reina un hermoso movimiento agrícola, que ya quisiéramos tener por acá.

A la mañana siguiente tomé una magnífica carretela europea de esas que tanto abundan en Alejandría y el Cairo, y me dirigí con mi equipaje a la estación del camino de fierro.

Al llegar a ella di a un pequeño egipcio, que se abalanzó a sacar mi saco de noche, unos cuantos sueldos o centavos por tan pequeño servicio.

—¿Qu'est en ce que c'est? —me dijo en mal francés, y mostrándomelos en la palma de la mano, exactamente con el mismo aire de los pilluelos que enjambran las estaciones de Italia, cuando haciendo la misma papelada dicen cómicamente:

¡Che me da cui? Se lo regalo, se lo regalo, bravatas que nunca se cumplen, y a que el viajero experto contesta con el más alto desprecio, lo que basta para que las reacias monedas tomen el camino del bolsillo de esos Rinconete y Cortadillo.

El trayecto de Alejandría al Cairo me pareció tan delicioso, que creía soñar. No comprendía cómo algunos viajeros le niegan interés a un viaje que yo hallaba interesante en alto grado.

Para el que por primera vez visita estas comarcas, todo tiene interés.

Mis compañeros en la primera parte del trayecto fueron griegos, con los cuales no hice otra cosa que hablar del griego moderno, lo que les lisonjeaba porque están acostumbrados a que los viajeros no se preocupen sino por lo antiguo.

Enseguida de apearse ellos en una estación, entraron tres árabes: el uno era un viejecito que me convidó naranjas y su larga pipa encendida para que aspirara unas cuantas bocanadas porque entre orientales suele ir la pipa o shibuck de boca en boca, como el mate entre argentinos.

Acepté ambas cosas y con la aceptación de la segunda dejé de ser neófito en costumbres musulmanas. El otro viajero, como solo hablaba árabe, no pudiendo tomar parte en la conversación, se quedó dormido. El tercero, en fin era un breve y elegante levantino, de rizado pelo, carácter ligero y conversación libre.

Hablaba desenfadadamente en inglés, francés e italiano, lenguas que, según él me dijo, había aprendido en Malta y recordaba a ciertos zambitos vivarachos y despercudidos de las casas grandes de Lima.

Me habló de París que constituía su sueño de oro y de la novela de Dumas hijo La Dama de las Camelias, con una especie de veneración. En la tarjeta que me dio, se leía: Alessandro Kessissoglú.

Unas seis horas después de haber salido de Alejandría, llegábamos al Cairo, y fui a hospedarme al Hotel d'Orient, en la Plaza del Esbekié.

Capítulo XXVI

El alto y el bajo Egipto. Impresiones callejeras en el Cairo; sakias, shadufs y el noreg. El vehículo egipcio. El borriquero. El sais. Las calles. Las palabras que más se oyen

Escribamos, mientras aún se conservan frescas nuestras impresiones, no sea que al quererlo hacer más tarde, nos hallemos sin colores en la paleta de los recuerdos. Ya ahora mismo siento que el influjo de los actuales comienzan a enfriarse las que me dejaron mis últimas excursiones, entre las que figura, como la más importante de todas bajo todos aspectos, la de las Pirámides. Recorramos rápidamente lo pasado y pongámonos a la orden del día para entrar de lleno en lo que por ahora nos preocupa.

Tanto en Alejandría como en el Cairo, he ido a ver una por una todas las curiosidades que señala la guía; y no puedo menos de confesar que casi nada he visto verdaderamente interesante bajo el punto de vista artístico, histórico o mitológico, (salvo por supuesto las Pirámides) lo que no es extraño, porque el Egipto interesante bajo esas fases, el Egipto clásico, se encuentra en el alto Egipto, adonde se va por el Nilo río arriba, en una barca que, generalmente, se toma entre varios amigos. En el camino se van viendo las ruinas y demás curiosidades históricas o naturales como son Tebas, las cataratas del Nilo, etc. Este viaje se hace en dos o tres meses, ida y vuelta y tiene tal de fama de ser delicioso, que todos los años en el otoño acuden innumerables viajeros de todos los puntos de Europa a realizarlos; como artistas los unos, como curiosos los otros, y no pocos como personas delicadas, por haberse observado que esos climas asientan admirablemente a los tísicos.

Así pues el verdadero interés del bajo Egipto, que es en el que yo me encuentro, está en sí mismo; y si en las ciudades de Europa se anda largo trecho para ir a admirar las curiosidades de un punto determinado, otro tanto deber hacerse en el Cairo, por la particularidad y costumbres casi siempre interesantes que se descubren en el camino.

Uno de los objetos más característicos y curiosos del Cairo y sus inmediaciones y que pregona la vida enteramente agrícola de esos lugares, es la sakia. Una sakia es ni más ni menos una noria, que un buey o una vaca o una yunta hace girar para regar los campos con el agua del Nilo, que en el período de la inundación se ha tenido buen cuidado de almacenar en grandes canales para servirse de ella cuando el gran río vuelva a reconcentrarse en sus dominios, esto es, en su cauce. Esta palabra, de la que parece haberse derivado la nuestra acequia, o la palabra española azacaya, se pronuncia haciendo una especie de aspiración seca al llegar a la k; diciendo por ejemplo sak, de un golpe, y después ia. La palabra pronunciada por uno del país suena como un hipo.

El número de sakias en Egipto pasa de 50.000 y una sakia es el objeto con que se tropieza eternamente en el Cairo. Así pues entre las pinturas sintéticas características del Egipto, al lado del grupo de palmeras y minaretes junto a la cáfila (kafila) de camellos y beduinos debe figurar la sakia, que con sus ruedas verticales armadas de botecitos de tierra cocida o, más propiamente, de cangilones atados a las ruedas por el gollete y que sucesivamente van llenándose y descargándose con la rotación; con su yunta, su boyero, el árbol poético que la sombrea, con frecuencia un tamarindo, y el padre Nilo a más o menos distancia constituye un croquis pintoresco.

Hasta el rechinar monótono peculiar e incesante de las máquinas, faltas probablemente de unto, parece hecho para llamar la atención del transeúnte. La noria (puits a chapelet de los franceses) es el punto más alto de la hidráulica egipcia.

Después de la sakia viene el shaduf, noria de brazos, aparato para levantar el agua como a tres varas de alto, que maneja un solo hombre y que lleva como un balde de agua en cada vez. Perpendicularmente sobre el río, canal, pozo u otro depósito cualquiera de que se quiera extraer el agua, se clavan dos postes, como si dijéramos las jambas de una puerta, y sobre ella se atraviesa un madero o dintel que hace veces de eje, pues sobre él va atado, formando coyuntura, el palo o palanca que debe descender a beber agua. Este palo se ata como por la tercera parte de su longitud y lleva en la una extremidad o cola un contrapeso, generalmente una gran bola de barro, y en la otra superior una larga pértiga colgante, de cuya punta pende un cesto o zurrón de cuero. La palanca se mantiene recta como un puntero y perpendicular al travesaño. El hombre que está abajo, a la orilla del agua empuña el zurrón y lo trae hacia sí: inmediatamente la cola de la palanca, vencida por la atracción, se levanta entretanto que la punta atraída, o sea el pico, baja a sumergir el zurrón en el agua. Lleno éste, el hombre lo suelta; vuelve a restablecerse el equilibrio y la carga de agua va a vaciarse en la plataforma en un recipiente de donde se reparte el agua. Este movimiento es de fácil ejecución por lo que la cantidad levantada por un solo hombre en poco rato es considerable. Cuando la altura es mucha, se van escalonando shadufs de tres en tres varas, y colocando un hombre en cada descanso, hasta el piso superior. Una sahduf sola funcionando, ya sumergiéndose en el agua, ya irguiéndose hasta el cielo, hace el mismo juego que los músculos de un pato, por ejemplo, bebiendo agua al margen del arroyo.

El tercer modo de regar las tierras, el más sencillo, el más primitivo, el más infantil, es columpiando el agua del modo siguiente: se toma una cesta armada de cuatro cabos o sogas. Cada hombre empuña dos de estos cabos y colocándose frente a frente y a corta distancia lo lanzan a vuelo como a una hamaca o columpio entre dos pilares. La cesta va repicando en el agua y recogiendo la cantidad de agua que puede, y vertiéndola en la parte alta, todo mediante la oscilación. Es claro que este sistema solo es aplicable para levantar el agua como a la altura de un hombre; pero se repite con tanta frecuencia, que es otro de los rasgos característicos de las orillas del Nilo.

Entre los instrumentos agrícolas descuellan el faraónico noreb o noreg, que se emplea para trillar las eras. Es un sillón patriarcal puesto sobre una rastra de madera en forma de zapato o patín armado a lo ancho por dos o tres hileras de ruedecitas de fierros, que van cortando la paja de las espigas trituradas por el paso de la yunta, pues ya habrá comprendido el lector que una yunta tira de este aparato. En el sillón va sentado un descendiente de Faraón, de espesa y larga barba, grave como un cochero en el pescante, el cual con las riendas en una mano y el aguijón o el látigo en la otra, se entrega al ejercicio de dar vueltas sentado alrededor de su era, trabajando sin moverse, como aquellos varones de tan activo temperamento que no pueden estar ociosos y pasan los días y aún las noches entregados a las fatigas (sedentarias)... de la pesca.

El noreg es probablemente el moreg de los hebreos a que parece aludirse en el libro de Isaías (XII 15), y corresponde al tribulum de los romanos descrito por Varrón.

Los shadufs, aunque tan sencillos en sí, pues se reducen a palanquear el agua, creo que ni de noticia son conocidas en Lima; y aunque su aplicación casera las haría preciosas entre nosotros, ¿para que ese exceso de industria, si aún no nos ha llegado el día duris urgens inrebus egestas de Virgilio?

Las excursiones tanto las más distantes como las más cercanas, se hacen en el Cairo a borrico. El asno, el humilde asno tan decantado en la Biblia y en la Iliada, y tan deprimido en nuestros tiempos; el asno que viene figurando en la historia del mundo desde su principio como la viña, la higuera y el ganado entre los vegetales, se pasea aquí triunfante, familiar e indispensable, y es el complemento del individuo, y el estar a borrico es en el Cairo el estado natural del hombre. El burro es aquí lo que el coche de alquiler en las ciudades de Europa; lo que la góndola en Venecia; lo que el caiq en Constantinopla, lo que los zancos en las landas de Burdeos. Estos animales son mucho más pequeños y más ágiles que los nuestros y sirven como de zancos para sobreponer el transeúnte al fango de estas calles sin empedrado ni enlosado. Su paso ordinario es un trotecito picado y menudo, tan suave, que casi no mueve el jinete en la silla. Pero al mismo tiempo la fragilidad de sus patas delanteras, que parecen espigas, es tanta que a cada cincuenta pasos en término medio, se van de bruces o de manos como los caballitos de madera cuando se les acaba la cuerda y hunden en el polvo la cobarde frente, tan firmemente persuadidos como un pecador contrito o como un amante desesperado, vaciando por las orejas al jinete, que casi siempre sale ileso sobre todo cuando es de cierta estatura, que entonces le basta abrir el compás para quedar de pie en el suelo, mientras el burro se salva a escape por debajo de sus piernas sin siquiera rasparle el lomo. La silla es una especie de los que nosotros llamamos aparejo, aunque el forro de la badana colorada y el gran morro delantero que sirve de cabezo o arzón le dan las apariencias de montura. Las estriberas son como la de nuestros galápagos, y la cabeza del burro va engalanada como la de nuestras mulas de recua, aunque con menos profusión de adornos. Unas argollitas de cobre ensartadas en la barbada u otra parte del freno, reemplazan a los cencerros y sirven para advertir qué gente viene a los pedestres transeúntes en las populosas calles de esta ciudad de más de 800.000 almas; aunque a advertirlo contribuyen con más fuerza que nada los gritos de ¡guarde!, ¡rigle! ¡ua! más o menos equivalente a ¡ea! ¡cuidado! ¡atrás! etc. del borriquero, la parte más importante y simpática del burro. El borriquero es a veces un hombre y las más un muchachito de siete a doce años que no se despega de su burro y que sirve para arrearlo y dar la voz de alerta, a los transeúntes; precaución inevitable de una ciudad de calles angostas, tortuosas y siempre llenas de gente a pie, de a caballo, de a camello, etc., y digo etcétera porque también circulan grandes coches de cuatro asientos que entran en una calle como en un molde, por lo bien que la llenan; carretelas venidas de Europa, y por consiguiente sin interés local; a menos que se tenga en cuenta el cochero, que vestido a la oriental y siendo con frecuencia un negro tinto de la Nubia, contrasta admirablemente con el vehículo europeo; y al muchacho de las mismas condiciones que a guisa de precursor, marcha delante del coche a pie, como un zapador, armado de un bastón o látigo que le sirve de hacha para abrir paso entre la compacta muchedumbre: estos muchachos son conocidos con el nombre genérico de sais. Por las noches llevan una antorcha encendida (meshal, origen de nuestra palabra mecha) precaución igualmente indispensable por no haber alumbrado en las calles.

Los borriqueros, a pesar de su corta edad, hablan con bastante soltura un poco de francés, italiano e inglés, y alguna que otra palabra en español. Andan vestidos de una gran camisa de algodón azul y de un gorro descolorido y raído que debió de ser colorado, y se les encuentra estacionados en casi todas las encrucijadas de la ciudad, particularmente en la puerta de los hoteles, formando grupos fraternales con sus burros ensillados y listos, y gritando apenas divisan a un europeo: a good donkey, sir; you want a donkey, sir?, un bon baudet, voilà le bon baudet, Monsieur. Si esto no basta se acercan al individuo y lo someten y acosan con la recomendación de sus burros, en estos términos: marche comme tous les diables; cest le chemin de fer, Monsieur. Algunos de ellos que han descubierto mi idioma natal suelen gritarme un buen asno, señor.

Todas estas virtudes del burro egipcio y del borriquero, y el módico precio del alquiler (un franco por dos o tres horas) hacen que se sirva uno de ellos a cada paso; y como ya he dicho el estado normal de la persona decente en el Cairo es estar a burro. El borriquero sirve de borriquero, de cicerone y cuando es despejado, de maestro de árabe. Para todo esto se necesitarían en Europa tres hombres sin contar que con el borriquero es más manejable y vale más que el cochero, el cicerone, ni más ni menos expedito que los de Europa y el maestro, el más eficaz de todos, pues su método se reduce a la simple práctica.

El sais, naturalmente músico como todo egipcio, no se limita a llenar sus funciones tonta y desairadamente delante del coche que precede, sino que se complace en estudiar la armonía y la cadencia de sus movimientos; y ora marche, ora corra, lo hace acompasadamente, acompañado su paso con el juego de brazo donde lleva la férula levantada y pareciendo alternativamente, ya un caballito de brazos, ya un tambor mayor.

Ahí la vida pública en el Cairo es con frecuencia un despejo natural y una pantomima espontánea. Un hijo de la fría Albión habla sin accionar, con sus dos brazos pendientes a lo largo de sus piernas como dos disciplinas colgadas de sus respectivos clavos, y abriendo y cerrando sus labios con la regularidad de dos platillos. Un egipcio y un napolitano saludan dando saltitos y gesticulando. Los muchachos del Cairo chapurrean la mayor parte de las lenguas de Europa con tal naturalidad que parece que las hablaran; y la ilusión auricular del que los oye es completa; pero nuestro entendimiento no percibe palabras o si las percibe, es trunca y como en embrión porque esas criaturas, con la finura de su oído, no se han apoderado del sonsonete peculiar a cada uno de nuestras lenguas, de su parte fónica, y al creer hablarlas, las entonan y no las articulan.

Sin las precauciones que dejamos enumeradas sería imposible transitar por estas calles tortuosas y con frecuencia tan angostas, que para resguardarlas del Sol basta extender unas cuantas esteras de techo a techo, lo que le da el aspecto de lóbregos, húmedos y misteriosos subterráneos en cuyas tinieblas hierven y hormiguean con su sorda actividad, la actividad de la usura, los bazares orientales.

La gente del pueblo rueda a pie, a burro, y de todos modos, hablando a gritos a la par de los borriqueros como si todo conspirara a encajar el árabe en la cabeza del europeo, quieras que no quieras. Recordemos de paso y para evitar errores que en el taciturno Damasco y en la misma Constantinopla, la vida no es tan expansiva ni tiende a derramarse como aquí. En la primera de esas poblaciones los individuos discurren por las calles, van, hasta creo que hablan, pero nada se oye: no dan señales de vida. Pasan como fantasmas, como sombras, como autómatas y a las doce del día parece las doce de la noche.

Digo, pues, que en el Cairo todo conspira a imponernos el árabe. Sea por esto, sea por la fuerza de la ilusión con que el occidental mira todo lo del Oriente, ello es que en los días que llevo en el Cairo he aprendido proporcionalmente más palabras y frases de árabe que las que aprendí de alemán en el tiempo que estuve en Alemania.

Esta ilusión extiende un velo mágico sobre todas las cosas; y así como otros dicen que el fuego lo purifica todo y que cocido todo es bueno yo diría que la palabra Oriente lo disimula y embellece todo; y que todo lo oriental bonum est, se entiende para los sentidos.

Los gritos que predominan entre la muchedumbre ambulante son los de los borriqueros, que no quieren y tienen razón, que sus burros se lleven de encuentro a los de a pie cuya inercia es tal que aunque sientan ya encima los gritos y aún el animal galopante, ni se mueven ni vuelven la cabeza hasta que no se le descarga en las espaldas un recio corbachazo con el corbacho (craash) que frecuentemente se lleva en la mano y que es un látigo de cuero de hipopótamo. Estos latigazos los reparte el que quiera, seguro de que el que los recibe no se alterará como si no se hubiera hecho más que sacudirle el polvo. Estos hombres me recuerdan a nuestros perros que no se mueven de donde se tienden hasta que el carruaje o caballos inminentes no pasan sobre ellos. También tiene mucha semejanza con nuestros chinos.

Los gritos de los borriqueros lanzados con una entonación, vibrante, graciosa y particular y de ningún modo semejante a los ingratos maullidos de nuestros llorones bizcocheros y demás pregoneros se reducen a ¡irigle! ¡irigle! (cuidado) ¡ja bint! (ea, muchacha) ¡ia wulad! (ea, muchacho) o simplemente ¡muchacho! ¡muchacha! porque ia no es más que una partícula inseparable del vocativo como se ve en: ia sidi que significa buenamente señor en caso invocativo. Así llamaban los árabes a Rodrigo de Vivar de donde le vino el antonomástico sobrenombre de El Cid; y así se llama Miguel de Cervantes cuando traduce el árabe su nombre y es Cide Hamete Benengeli.

Otras veces gritan ¡shimelek! que quiere decir ¡a la izquierda! ¡yeminak! que quiere decir ¡a la derecha!

El árabe, hermano del hebreo, como que ambos pertenecen a la misma familia de las lenguas semíticas, tienen muchas palabras que parecen tomadas o derivadas de él. Así, la palabra yeminak creemos hallarla (salvo el cambio de a en e, que como el de e en a es muy frecuente en árabe) en el nombre hebreo Benjamín (Ben-yamin) que según el Génesis (XXXV-18) significa hijo de mi diestra, Beh a su vez, parece haberse cambiado en Ibn (Ibn el Masr, Ibn el Izkendria, hijo del Cairo, hijo de Alejandría) como Perú que según Piecolt y otros puede ser una rotación de Ophir, en cuyo caso su historia etimológica sería Ophir -Phiró -Pirú -Perú.

Estas vueltas de la palabra recuerdan en el mundo filológico los movimientos de ciertos cuerpos en el mundo físico, los cuales como cansados de haber permanecido siglos sobre un mismo costado, se revuelven al fin y presentan una faz enteramente nueva.

El Yemen, en Arabia, no significa otra cosa que el país de la derecha.

La palabra favorita de la gente pobre y aun de la acomodada al ver a un extranjero es bagshish, que quiere decir propina, trago, el remojo, de los negros de Lima, y el boliglia de los no menos pedigüeños italianos. Nada hay más enfadoso que esta palabra repetida a toda hora, con clamor incesante y sin fundamento, porque en el mayor de los casos estos individuos piden el bagshish sin otro motivo que su linda cara como vulgarmente se dice. Al atravesar algunos de los pueblos circunvecinos al Cairo, semejantes a nuestros galpones, una bandada de muchachitos en camisa y semidesnudos se precipitan sobre el extranjero transeúnte a burro gritando ¡bagshish! ¡oh, bagshish! con tono impertinente y hasta imperioso como quien exige más bien que como quien pide. Una vez que se les da, se retiran no ya exclamando pero sí gruñendo o refunfuñando bagshish. Si en el tránsito se encuentra a alguna mujer, joven o vieja y comienza uno a mirarla con atención algo prolongada, se le oye murmurar ociosamente debajo de su antifaz bagshish.

La queja constante del borriquero es: ma fish flas, no tengo dinero, que recuerda aquella desesperada frase nuestra irse a flas, que viene del árabe, lo mismo de ojalá de inshalá, quiera Alá. Los mendigos abundan, particularmente, los ciegos; la oftalmía es aquí enfermedad endémica, sea por el ningún aseo de la gente, sea por los arenales que rodean el valle del Nilo, que deben llenar la atmósfera de imperceptibles granos de arena Mesquí, jugá, el pobre, señor, es la frase lacrimosa con que estos mendicantes solicitan nuestra caridad. De mesquí se ha derivado nuestro adjetivo mezquino.

Si de las exclamaciones de la miseria, real o simulada, pasamos a las que caracterizan la indolencia de estos países, hallaremos en primer término la palabra málesh ¿qué importa? digna de figurar al lado del masqui de los arequipeños, y del ¿para qué sirve eso? de los limeños así como el bukra, bukra, bakir, mañana, mañana, temprano, recuerda la tendencia de nuestros conciudadanos a aplazarlo todo para el día siguiente, para la semana entrante, para el año que viene con el favor de Dios, que es siempre Dios el recurso de los perezosos. Aquí como entre nosotros, se vive por siglos; en Europa por segundos y minutos.

En la desenfrenada ambición política eso sí, estamos a la orden del día y no hay ciudadano de Londres o Nueva York que ande más ligero que nosotros. Al llegar a este terreno no hay mañana, no hay semana entrante, no hay año que viene, no hay favor de Dios, no hay espera. El montonero ha de ser sargento mayor, y el municipillo de provincia ha de ser senador, ahora en el acto, al punto, al minuto, como el tinte instantáneo de Cristadoro.

La salutación más corriente y familiar entre los egipcios es ¿taibin? que recuerda el ¿ca va bien? de los franceses; y a que se contesta taíb o taib, quétir, bien, muy bien.

Capítulo XXVII
Los europeos. Mi compañero de viaje. Los cafés y su orquesta árabe. Las alméh o bailarinas públicas. El Esbekié. Las casas. Semejanzas. Las mujeres; su traje y variedad de afeites que usan. Una inglesa extravagante. El camello. Los hombres; su traje. Prostitución. Misterios del Esbekié. La caña dulce y la hueca. Materias para enlucir

Los europeos no solo no tienen nada que temer aquí, sino que en general se les respeta mucho, como a seres superiores, y parecen los señores del país, tratando no pocas veces a los hijos de él con demasiada dureza. Gracias a estas prerrogativas, encuentra uno aquí figurando y dándose tono a individuos que son la hez de Europa, y que en ella no llamarían la atención ni serían considerados, porque en sus respectivos países, según la candente frase de un escritor francés, «las aceras quemarían para ellos». En el Cairo todo se arregla a empellones o a palos que se descargan con desembarazo sobre los pobres hijos del país, que tanto por su carácter natural, cuanto por la costumbre de gemir desde tiempo inmemorial siempre bajo algún yugo extranjero, son suaves y benévolos y tímidos, por más que con mucha frecuencia la echen de guapos, sobre todo cuando se las han con un europeo recién llegado, o que no sabe aparentar soltura y posesión del terreno que pisa en un país donde todo consiste en el brillo de las apariencias. Así sucede en todos los países muy atrasados; así en el Perú primitivo un simple español a caballo parecía un Dios, como actualmente en el Cairo algunos muchachitos echan a correr apenas ven pasar a un europeo con su bastón. El bastón es indispensable en Egipto, para abrirse paso entre la multitud de hombres y animales que se encuentran en las calles, y para infundir respeto; porque si en Europa el bastón no significa nada por saberse que el que lo lleva no lo usará como arma sino en el caso de ser atacado, en el Cairo significa mucho por lo acostumbrados que están sus pobres hijos a que sus señores, los soldados turcos, entidades de que hasta ahora no he hablado, los traten a palos sin qué ni para qué; y a que esta facultad sea extensiva a cualquier extranjero de aspecto decente.

El día que fui a visitar las grandes mezquitas, que deterioradas como se hallan parecen en lo general viejos palomares, y a las que no se puede entrar sino acompañado de un soldado de la policía y de otro de un consulado (yo obtuve uno y otro por medio del vicecónsul español señor Lescura) me acompañaban algunos viajeros que habían querido aprovechar de la oportunidad; y naturalmente nos precedían los dos soldados, los cuales, en vez de pedir permiso a los que estorbaban el paso, les descargaban uno o más bastonazos en las espaldas, a sangre fría, sin que los así interpelados se alarmaran.

Es verdad que los orientales son de una flema y de una cachaza, que parece que no pudieran moverse por sí solos sino se les empujara. Muchas veces en las calles viene uno a pie y va otro a burro; y aunque naturalmente se vienen viendo, el pedestre no se hace a un lado hasta que no siente en su pecho las peladas orejas del burro.

Mi compañero actual, porque mi condición de viajero solitario me obliga a cambiar de compañero todos los días, es un francés de unos cuarenta y cinco años, alto, barbado y buen mozo como un guerrero de la Edad Media, y que parece haberse puesto de adrede Gustave de Beaucorps, que es su nombre, y que equivale a Gustavo de Cuerpo hermoso. Él parece conocerlo, y ninguno de sus retratos le cuadra ni se le asemeja, según él, aunque son fotográficos, y no he podido conseguir hasta ahora uno para recuerdo. Recorre el Oriente por segunda vez, exclusivamente en busca de aventuras como don Quijote, a quien se asemeja en más de una flaqueza. Se enciende en cólera tan fácilmente y tan bien, que solo el superlativo irascibilísimo puede dar idea de su carácter. Una vez que ha perdido los estribos requiere su corbacho como don Quijote su tizona; y ciego de ira comienza a repartir latigazos a diestro y siniestro, como el de la Mancha, cuando medio dormido hendía los cueros de vino del posadero. Mi compañero reparte sus golpes con tal firmeza, con tal entereza y con tal natural empeño, que la gente del país, naturalmente supersticiosa y cobarde, huye intimidada como si reconociera en él un derecho divino para sacudir el polvo a sus semejantes.

    Los innumerables cafés del Cairo están situados al aire libre, bajo los árboles, y se componen simplemente de un techo de caña sobre seis o más pilares, bajo el cual hay tres grandes escaños de madera colocados en la misma disposición que el triclinio de los romanos. En medio hay una mesita con un gran farol que alumbra a los concurrentes, sentados en los dichos escaños a la oriental, o sea, con los pies recogidos bajo los muslos, y cada cual con su pipa, shibuk, en la mano, y su tacita de café por delante, fumando y bebiendo a la par, en la plenitud de la dicha oriental. Entre ellos figuran los músicos en número de cuatro, pagados probablemente por el dueño del café para atraer y entretener a los concurrentes como en los cafés cantantes de París. La música es unísona y agradable, y se compone de los instrumentos siguientes: el Kemengui que es una especie de rabel; el Kamun, del griego Kanon, que es un arpa horizontal, y que se toca con dos plectros que se sujetan en el dedo cordial de cada mano; el ud (de donde tomamos laúd) y una flauta ordinaria llamada nay. Otros instrumentos no menos usados, aunque no en los conciertos de café, son el darabukié, tamboril en que cajean los pobres, como nuestros negros en la caja, y con cuyos sonidos lejanos y recónditos resuenan todas las casas pobres y todas las poblaciones pequeñas a ciertas horas de la noche; y los crótalos de bronce o címbalos de que se acompañan las bailarinas públicas (gawazi, gaziyia, las bayaderas de la India) y cuyos sonidos son más rotundos y musicales que los de las castañuelas de marfil o madera que suenan de un modo seco y siempre el mismo.

    Al frente de cada café hay una barraca de madera donde el cafetero y los suyos tienen sus útiles y confeccionan lo que se les pide. Los transeúntes se pasean delante del café, y los europeos se detienen un rato para observar la orquesta egipcia; así como un poco más lejos los hijos del país se agrupan con una especie de curiosidad febril delante del café europeo donde también hay concierto de arpas y violines tocados por alemanes de ambos sexos. Los orientales toman el café sin azúcar y sin leche, y con todo el concho o sedimento, que en Europa queda depositado en la coladera de la cafetera, lo que hace esta bebida tan alimenticia como el chocolate, al que se parece confeccionado de esta manera. Al principio repugna; pero luego gusta; y en las excursiones lejanas, el café así preparado sirve de refresco y de alimento.

Otra de las dulzuras que se va a saborear a un café es el narguilé. El narguilé es una pipa conocida por pinturas en todo el mundo. Se compone de una botella de cristal de roca que tiene por tapa una cazoleta de bronce, con unos orificios en el fondo, en la cual se pone el tabaco con unos carboncitos encendidos encima. Esta cazoleta o recipiente del tabaco comunica con el fondo de la botella, que está con agua, por medio de un tubo también de bronce. De este tubo arranca otro, larguísimo y flexible como una culebra, terminando por una boquilla de madera que es por donde se fuma. Como el humo anda un largo trecho antes de llegar a la boca, y como en su camino se enfría con el contacto del agua, la impresión que se siente en el paladar es fresca; y el gusto semejante al que deja el té frío. Estos aparatos los llevan de Bohemia y otros puntos de Alemania que abastecen a todo el Oriente, donde la gente está todavía muy atrasada para que pueda fabricar aparatos tan delicados. Los que se hacen en el país son de nuez de coco en la que se introducen, formando ángulo recto, dos carrizos horadados en toda su longitud, en la extremidad del uno va la cazoleta, y en la del otro la boquilla; el depósito central que es la nuez está lleno de agua. Estos narguilés del país son más cómodos y portátiles y sirven para los viajes; al paso que los otros tienen que descansar en el suelo, pues su base es una redoma. Para fumar narguilé no basta chupar como para fumar cigarro, sino que hay que hacer un gran esfuerzo aspiratorio y que llenarse de aire los pulmones. Por esto lo recomiendan a los tísicos. El narguilé tiene su tabaco especial, tumbaki que solo se da en Persia; tabaco tan fuerte que hay que pasarlo por varias aguas antes de fumarlo. El tabaco empleado para las pipas y cigarros de papel es el turco de Constantinopla, hebroso y rubio como el cabello de un niño; el de Latakié, muy célebre, y el del mismo Egipto que es muy sabroso. Todos estos tabacos me han parecido mejores que los que nos administran en Europa y América en los cigarritos de papel. La mayor parte de los cafés, están manejados por individuos griegos, y en ellos se oye resonar el idioma de los helenos en los siguientes gritos: ¡Ena kafé glykáaada! un café dulce esto es, con azúcar, para algún europeo, ¡Dyo narguiledes! dos narguilés. Los concurrentes se acomodan a la parte de adentro los filarmónicos concienzudos; y los demás a la parte de afuera, en el café hypetro, o sea, bajo el éter, al aire libre, donde hay mesitas distribuidas.

Las gawazi o bailarinas públicas bailan al son de un rabel y de un pandero, tar, generalmente manejado por una vieja. Su baile está lleno de pausas, de reticencias y de puntos suspensivos... Dicen mucho y no dicen nada, como aquellos grandes proyectistas enteramente teóricos. Recorren todos los términos del deleite sin moverse de un sitio. Sus movimientos son rígidos, perpendiculares siempre, y llenos de tensión. Se empinan sobre la punta de los pies, levantan los brazos, su piel se dilata, y ya fingen los calambres de la pasión, ya parecen petrificadas de placer. Sus largas pestañas, sus ojos rasgados y adormecidos, y las profundas y azules ojeras que todas ellas se pintan, realzan el tinte voluptuoso de su fisonomía; así como lo esponjado de su seno, lo redondo de sus hombros, y la verticalidad natural de su estatura, aumentan los atractivos de sus contornos.

A este letargo, a este sopor, a estas alternativas de embriaguez y, de éxtasis, suceden repentinamente una agitación febril, un desasosiego extraordinario, la fuga de nuestros bailes nacionales. Esta mujer que soñaba, acaba de saber por revelación que el bello ideal que parecía solicitar con tantas contorsiones voluptuosas y con tantos decaimientos lánguidos y provocativos, está allí, a la mano, a sus pies tal vez, y se pone a buscarlo con solicitud fogosa, con ferviente ahínco, poseída de convulsiones y delirio, hasta que va a caer extenuada en el diván.

El traje de las bailarinas se reduce a un pantalón holgado y lleno de pliegues, como el de los hombres, que baja hasta el tobillo, alrededor del cual está ceñido. Sus babuchas de badana amarilla caen en el suelo con estrépito cuando la fatigada bayadera va a tirarse sobre el diván continuo que circunvala todos los estrados orientales. Un corpiño o jubón con mangas rajadas desde la muñeca hasta la sangría y con una abertura delantera que baja desde la garganta hasta cerca de la cintura, descubriendo a medias el seno; y una serie de medallitas de plata, de oro, o, simplemente, de metal amarillo, entretejidas con el cabello, y distribuidas por el cuello, orejas, puños, y, alrededor de la frente, como collar, pendientes, pulseras, y, como vincha, por más que esta palabra peruano, que recuerda nuestros sencillos usos primitivos, haya caído en desuso con las nuevas modas, demasiado refinadas para adoptar un adorno tan sencillo y homérico, como una cinta atada alrededor de la frente. Estas medallitas, saltando, repicando, cascabeleando, y chispeando como lentejuelas alrededor de la agitada bacante, le dan un aire mitológico que recuerda a Júpiter descendiendo en lluvia de oro, a seducir a Dánae.

Las bailarinas pertenecen al gremio de las mujeres públicas, y prestan sus servicios coreográficos al primero que paga. El pueblo de Tanta, que se halla en la mitad del camino entre el Cairo y Alejandría, y a donde fui con Beaucorps durante la feria, tiene fama en Egipto, particularmente en esos días, por sus bailarinas y por el desenfreno público de sus costumbres. La figura de una muchacha egipcia es el óvalo.

El gran proscenio de todas estas escenas de cafés y bailarinas es el Esbekié, la plaza más considerable del Cairo, no solo por su tamaño, sino porque en ella residen la mayor parte de los cónsules europeos, los principales hoteles, y en una palabra, el mundo occidental, bien que fraternalmente mezclado con el oriental: así junto al café puramente árabe, figura el europeo, sin que de él estén desterrados ciertos hábitos, ciertos concurrentes, y en una palabra, cierto colorido oriental. Los cafés nacionales situados en otros puntos distantes de la ciudad, presentan un tipo más puro todavía, aunque no existe como en otro tiempo, una especie de barrera entre francos y musulmanes, que hoy los unos invaden los dominios de los otros con mutua cordialidad y con el mismo desahogo.

La plaza del Esbekié es de forma irregular, y está toda plantada de grandes árboles, acacias, sicomoros, semejantes a nuestros pacayes y a nuestros enanos y graciosos aromos (acacia farnesiana) cuyo perfume agradable y penetrante es bien conocido. El aromo es indígena en Egipto, y su nombre árabe es fetneh. Los árboles del Esbekié son tan corpulentos, que hasta ahora no tengo la idea exacta de la forma de la plaza, porque la vista no puede abarcarla con facilidad en toda su extensión.

El sitio del Esbekié estaba expuesto hasta no hace mucho, a las inundaciones del Nilo, que lo visitaban y ocupaban anualmente; hasta que Mehemet Alí o Méjemetáli, como dicen los árabes y que es como si dijéramos el don Ramón Castilla de estos climas, la puso fuera del alcance de las aguas desbordadas, elevando su nivel artificialmente y rodeándola de un canal.

Las casas del Cairo están construidas sin el menor orden: aquí una ventana, allá una puerta, más allá un balcón con sus celosías de madera, como las que se veían en Lima hace algunos años. El gasto arquitectónico de los árabes parece fundarse en lo ligero y en lo bonito. Los minaretes, aun los más altos, son delgados como alambres, y las puertas y ventanas de muchas casas son tan pequeñitas, que parecen las de una casa de muñecas. Cada calle es un laberinto, un dédalo.

La ciudad tiene mucha semejanza, en su topografía y distribución de partes al menos, con algunos de nuestros pueblos del litoral, con Lurín, por ejemplo; así como el Egipto en general se asemeja a los valles de nuestra costa, exceptuando por supuesto lo inmenso de la población, el movimiento industrial y comercial y la extensión de terrenos cultivados; cosas todas que no se ven juntas ni en tan gran escala en ninguno de nuestros valles, ni en ninguno de nuestros pueblos.

La gente del pueblo es del color de la nuestra, aunque de tipo más fino, y las muchachuelas se confunden con las zambitas, cholilas y mulatillas de por allá. El vestido de estas mujeres rústicas es una larga camisa de algodón azul que llega hasta el tobillo, una gran manta de lo mismo, que llevan sobre la cabeza, sin taparse la cara, cosa que solo hacen las de clase distinguida y las ciudadanas; pie descalzo, y por complemento de todo, un cántaro que con frecuencia llevan en la cabeza con mucho donaire, y sin perder el equilibrio, semejantes hasta en esto y el modo de andar a las mujeres de nuestros suburbios. Esta costumbre de llevar siempre un peso en la cabeza es la que, según mister Lane (Manners and customs of the modern Egyptians, Londres, 1846) da a la estatura de las egipcias ese aplomo y esa verticalidad encantadora que tanto agrada a los extranjeros. El calzado de las mujeres se compone de unas medias de badana amarilla o colorada, que más parecen botitas, y unas batuchas de lo mismo, sin talón y terminadas por delante por una punta retorcida hacia arriba. Estas babuchas se sueltan al subir al diván o al estrado, porque el estrado, en todo salón oriental, se eleva como un pie sobre el piso natural. El antifaz es un largo trapo o babador colgado de la cabeza por tres condoncitos, dos de los cuales pasan por encima de las orejas y el otro por el centro de la frente; este trapo cubre la cara desde los párpados inferiores hasta abajo dejando visibles, por consiguiente, los ojos y la frente. Acostumbran pintarse de negro los alrededores de ambos ojos, valiéndose de una disolución o colirio, kol, del hollín obtenido quemando resinas olorosas o cáscaras de almendras; con este afeite y el paño que les cubre gran parte de la cara resaltan más, y como que chispean sus hermosos y rasgados ojos, que sin necesidad de esto son brillantes, picarescos y de una expresión dulcísima. También hacen uso de la henna que es un árbol cuyas hojas pulverizan y disuelven, para teñirse de encarnado las uñas de los dedos de pies y manos y otras partes del cuerpo. Algunas se pintan de azul, lo que les da un aire lívido muy desagradable, particularmente cuando llevan la pintura en los labios. Los franceses e ingleses tienen un verbo común, se tatouer, para designar el acto de pintarse por gusto, peculiar a muchos pueblos.

Los españoles, que no viajan o que lo hacen solo por necesidad o sin fijarse, no pueden tener voces propias que correspondan a usos raros de países lejanos; porque miniarse que usa Zorrilla en su poema de Granada, en rigor no debe aplicarse sino al pintar en miniatura.

En días pasados conocí a una inglesa extravagante que se había propuesto no quedar extraña... a ninguna sensación oriental: había fumado y fumaba en ese momento, shibouk había aspirado narguilé, se había embriagado con el hashish tan popularizado por una novela de Dumas; había cabalgado en camello; y ese día (nos hallábamos en la población de Suez, de que hablaré más tarde) me enseñaba triunfante las extremidades de sus elegantes manos sonrosadas por el jugo de la henna.

El cabalgar en camello es una operación ardua: sobre un cuadrúpedo de éstos trepa el jinete a tanta altura, que si no anda listo, se queda colgado del primer árbol, si no como Absalón por los cabellos, si no por el pescuezo como merecen muchos, por la cintura que en todo caso es más seguro. La montura es una albarda hecha de cuatro palos, y el freno es una soguita atada alrededor del hocico del animal. Los árabes alimentan a sus camellos con unas tortas hechas de harina de haba según creo, de que llevan provisión, y que les obsequian a razón de una o poco más por día.

Estos animales que pueden cargar cuando menos seis quintales y andarse cuando menos treinta leguas en un día, casi no comen, casi no beben, y no han menester pesebre desde que pueden comer en la mano de su dueño. ¡De cuánta utilidad no serían en nuestra costa! Dromedario no significa otra cosa en griego que corredor, como se ve en hipódromo, que quiere decir carrera de caballo. El regüeldo de un camello produce un ruido análogo al de un gran tonel de agua removido, y las más noches, con solo eructar, me despiertan al pasar bajo los balcones de mi habitación, en el hotel francés de Coulomb, plaza del Esbekié. En cambio su casco, que es una mera carnosidad, no hace más ruido en la marcha que el que puede hacer un bribón en pantuflas; y cuando el transeúnte a pie menos lo espera, se encuentra aplastado por una piara de camellos cargados de troncos de palmera, como quien dice cuartones que sirven para la construcción de las casas.

El andar en camello marca a los novicios, pues el movimiento de estos animales es el de un buque dando cabezadas.

El jorobado cuadrúpedo se arrodilla al acercarse su jinete en ademán de montar. El árabe coloca el pie en la estribera y permanece suspenso, sin pasar la otra pierna, hasta que el animal se incorpora por completo: solo entonces cabalga. A los chambones les sucede lo siguiente; se apresuran a colocarse en la silla de un golpe y muy jaques mientras el animal está acostado. ¿Qué sucede?, que el camello, alzando primeramente su tren posterior, los arroja con violencia hacia adelante; y alzando después el anterior los arroja hacia atrás con no menos violencia. De donde resulta que nuestro jinete, en un santiamén,

> Toca el cuello y la grupa del camello
> con dolor de su espalda y de su cuello.

Con el pelo de sus camellos tejen los beduinos, que son los árabes errantes, unos cordeles equivalentes al ccaito y llama de los arequipeños. Ccaito de llama, que quiere decir hilo de llama.

El vestido de los hombres se reduce a un pantalón ancho, camisa y una especie de bata suelta que les baja hasta el talón. La juntura del pantalón y la camisa desaparece, ya que no bajo un chaleco europeo, bajo un ancho ceñidor de seda de mil colores enrollados con mil vueltas alrededor de la cintura. Todos ellos se rapan la cabeza no dejándose de pelo más que un mechón o penacho en la coronilla para que, si andando el tiempo vienen a ser degollados por un infiel y quiere este llevarse la cabeza como trofeo, tenga por donde asirla y no les ponga en el rostro su mano impura. Cúbrense la cabeza con un gorro colorado de borla azul, alrededor del cual se enrollan una gran faja, quedando así formado el turbante, por el cual tienen tanto respeto, que algunos le asignan una silla especial donde lo depositan mientras duermen por la noche. La faja del turbante es verde en los descendientes del profeta, blanca en muchos, y en los judíos y coptos o coftos, negra, azul o de cualquier otro color oscuro. Los adustos coptos que forman secta aparte, son los únicos egipcios reconocidos como vástagos verdaderos de los antiguos faraones; y de su idioma o dialecto se sirvió Champollión para interpretar los jeroglíficos. En los nubienses o nubenses y en los abisinios, negros tintos unos y otros, se ha creído reconocer con más fidelidad todavía el tipo primitivo. Los hijos de la Nubia o antigua Etiopía, que hoy se llaman berberinos o barabrá, y los hijos del Soudan o Abisinia, se encuentran en el Cairo como esclavos los unos, y como aguadores, cargadores y porteros los otros. Este mismo Cairo que sirve de invernadero a los tísicos de Europa, ocasiona la tisis a los indígenas de esas ardientes regiones, que tiritan en el Cairo como un andaluz en Laponia.

Los habitantes del Cairo, suelen llevar en la mano un rosario, no por cristiandad, sino por pasatiempo, y se entretienen en ir pasando las cuentas, de sándalo unas veces, de ámbar otras, como nuestros elegantes en esgrimir un chicotillo.

La gente del pueblo, y especialmente la clase agricultora es designada bajo el nombre genérico de fellah.

La prostitución de las mujeres es inmensa y no está sujeta a ninguna traba. Hay una plazuela o más bien encrucijada, maliciosamente llamada por los europeos Plaza del Cocodrilo, por la cual es imposible pasar a las doce del día sin sentirse aturdido por los femeninos gritos de ¡favoriska! ¡favoriska! que salen de todos los balcones, de todas las ventanas y de todas las puertas, lo mismo que aquella famosa calle de Hamburgo llamada Dampthorwall, de que ya he hablado. Favoriska es una palabra italiana que equivale a haga usted el favor de pasar adelante, y a ella se reduce todo lo que estas mujeres saben de nuestro idioma.

Al atravesar la plazuela del Cocodrilo, como en la supradicha calle alemana, se figura uno que recorre un hospicio de locos. El cuadro interior de cada una de esas casas, que tantos favoriskas echan por los balcones, es de lo más repugnante. Al entrar a cualquiera de ellas le salen a uno al encuentro, como las arpías de Virgilio, una serie de mujeres flacas, amarillas, escuálidas, pareciendo aún más macilentas por lo enjuto de su ropa; y el desencantado viajero cree hallarse en la región de las tercianas, pues la amarillenta enfermedad está como personificada en cada una de esas Mesalinas.

El verdadero campo del deleite y la galantería reside en la plaza del Esbekié, cuyas interminables arboledas e intrincados sotos brindan una serie de retretes, amenos y seguros, para escenas de esa naturaleza, en donde las protagonistas son las muchachas del pueblo que discurren por la plaza vendiendo naranjas. Rara es aquella que al recibir el pago de la fruta que se le ha comprado, no retiene al europeo de la mano, diciéndole con voz dulce y sumisa: tahale, que quiere decir ven.

Los muchachos, por su parte, mataperrean a sus anchuras, chupando su caña dulce, que abunda en el Cairo, donde fue introducida hace algunos años; aunque el azúcar no se elabora sino en el Alto Egipto. En el Cairo hay un establecimiento de refinería dirigido por un renegado italiano. Contiguo está el hospital y el jardín botánico, dirigido este último por otro italiano, Figari, hermano del que conocemos en Lima con el nombre de don Luis. Este sujeto tuvo mucho gusto cuando le dije de dónde era yo, y me preguntó con interés por su hermano a quien, según me aseguró, hacía muchos años que no veía.

Las cañas son más delgadas que las nuestras, y algunas parecen carrizo. El carrizo, tan útil en Lima, es también conocido por acá, y de él hacen varios usos como nosotros; ya horadándolo en toda su longitud para convertirlo en tubo de pipa y de narguilé, ya dividiéndolo por la mitad de arriba abajo para tejer aquellas esteras que nosotros empleamos para cubrir nuestros techos, poniéndolas bajo una capa o torta de barro.

En los pueblecitos circunvecinos al Cairo, que como ya he dicho recuerdan nuestros galpones, la gente pobre enluce sus casuchas con estiércol de camello; y por esto se encuentran en las calles de la capital multitud de muchachas y de viejas recogiendo afanosas en unas espuertas cuanta boñiga fresca encuentran, de camello, de burro, de caballo, etc., entreteniéndose al mismo tiempo en amasarla como hacen los panaderos con una materia más pura. Estas criaturas componen uno de los tipos más nauseabundos de la población, y al verlas y fijarse en sus brazos, parece que llevaran guantes verdes hasta el codo.

Capítulo XXVIII
Las pirámides. Un Rafael para un Tobías. El Cairo viejo o Fostat. El pueblo de Gizeh. Palmeras. Pirámides egipcias y huacas peruanas. Objeto de aquéllas. Obeliscos. La gran Pirámide o de «Cheops». La esfinge. Los beduinos. Ascensión a la gran Pirámide. Descripción del interior de ella. El borriquero «Murci». Vuelta al Cairo

La visita a las pirámides es la más importante de cuantas pueden hacerse en el Cairo, tanto por lo que ellas son en sí, cuanto por las insólitas fatigas que esta excursión requiere. Yo esperaba in diebus illis, un compañero de camino, como el joven Tobías; hasta que la suerte, representada por un dragomán, me lo deparó en la persona de un sueco, de Estocolmo, ya que no en la de un Rafael.

Me paseaba un día por el Esbekié, cuando el dragomán o guía mencionado, uno de los muchos que abundan en el Cairo, y de quienes hasta ahora no me he servido, teniendo a la mano a los borriqueros que valen mucho más y cuestan mucho menos, se me acercó diciéndome que un viajero había cerrado trato con él para ir a las pirámides al día siguiente, que éste deseaba un compañero para no ir tan solo, y que si yo quería serlo. Acepté inmediatamente y nos encaminamos al domicilio de mi nuevo compañero. Allí me encontré, no como Tobías con un joven espléndido, sino con un individuo enteramente septentrional, no por su talla, que era la de un Pulgarcillo, sino por su rubicundez, tan exagerada, que rayaba en zarco; y mi primer cuidado fue preguntarle si veía de noche; y solo cuando me repuso que sí, mirándome con extrañeza, solo entonces recordé que mi interlocutor era un hombre y no un caballo.

Su faz radiosa parecía una alborada flamante. Era una aurora boreal de Finlandia que venía a irradiar en Oriente; y bajo este punto de vista no dejaba de ser un hombre esplendente y espléndido como el ángel que acompañó a Tobías. A las pocas horas vi con sentimiento que me las había, no con el viajero clásico, cuya sociedad es tan agradable en estas regiones, sino con el mero viajero, que va religiosamente a visitar cuanto le señala su guía, echa un rápido vistazo para no incurrir en falta, y regresa sin entrar en pormenores y sin llevarse consigo una idea exacta de los países que visita. No me inquieté, sin embargo, porque para esa como para otras excursiones de Oriente, solo se busca en el compañero un fantasma, una sombra que lo haga pasar a uno menos deslucido de lo que pasa cuando va solo; como esas carabinas de palo de que se arman algunos viajeros en Siria para asustar a los beduinos. Un compañero, por otra parte, bueno o malo, aligera los gastos y aun los sinsabores de una expedición.

Mi sueco estropeaba un poco el inglés y más todavía el francés; y como otros muchos en su caso se consolaba diciendo que a traducir, eso sí, nadie lo ganaba; y que leía un libro en inglés o francés, para sí se entiende, como en su lengua.

A la mañana, muy temprano, estábamos a burro, mi compañero, yo, el guía o dragomán, y un solo borriquero, hombre entrado en años, que nos seguía a pie, y que había sido enganchado lo mismo que los borricos, por el dragomán, que se encarpaba de todo mediante cuarenta francos que debíamos entregarle a nuestro regreso.

Mi compañero parecía un lapón, no solo por sus diminutas proporciones, sino porque guiñaba, pestañeaba y gesticulaba, como si la excesiva luz del Oriente lo tuviera atormentado y deslumbrado. Mi imaginación veía surgir en torno suyo los principales atributos de las regiones boreales: la choza del esquimal, el trineo, el reno o rengífero; y hubo un momento en que confundiendo a mi individuo con todas las figuras de que voluntariamente lo rodeaba, creí que su jumento se arrastraba como un trineo; que de su cuerpo brotaba pelusa como el de un esquimal, y que sobre sus sienes surgía la elegante cornamenta del ciervo del Norte.

Piqué mi burro para alejar de la vista de mi compañero una risa indiscreta, que me vino, y el suyo, que ya se había puesto de acuerdo o amadrinado con el mío, avivó también su marcha; su jinete, que nunca había cabalgado en ninguna especie de animal, al ver que galopaba en pies ajenos creyó probablemente, que se lo llevaban los diablos, y poseído de terror gritaba: Arretez, Monsieur ¡Stop, stop! hasta que se halló paralelo a mí, y se asió de mi pierna todo convulso.

Este terror por el burro lo había notado ya, estando en Nápoles, en un jovencito ruso, con quien hice la ascensión del Vesubio. Mis lectores no lo habrán olvidado.

¿Quién hubiera creído que hay regiones del globo, donde este animal tan feo, inspira terror como si fuera gente?

En cosa de una hora llegamos al Cairo viejo, llamado Fostat, por los naturales, y después de haber desperdiciado por lo menos una media (no calceta) mientras el dragomán se arreglaba con los bateleros que debían transportarnos a la otra orilla del Nilo, entramos en un lanchón fraternalmente mezclados con nuestros burros, y se desplegó una vela, que los cuatro hombres de tripulación secundaban empujando la embarcación con unos grandes palos que introducían hasta el fondo del río, como vi hacer en el Danubio.

En un cuarto de hora llegamos al pueblo de Gizeh, situado al frente, y volvimos a montar, atravesando un mercado de granos, donde entre otros se veían las lentejas bíblicas. Gizeh es célebre por sus hornos de incubación artificial, en los cuales, teniendo huevos, se obtienen pollos sin necesidad de gallinas, proposición que a un muchacho le parecería adivinanza.

A la salida del pueblo, entramos en una alameda de acacias y sicomoros, muy pintoresca, y después en otra de palmeras, árboles que no nacieron para dar sombra, que nada tienen de halagüeños cuando el Sol quema, porque sus troncos, larguísimos, rectísimos, y coronados de un penachito de hojas abanicadas, no ofrecen el menor resguardo contra los rayos solares, y se discurre por entre ellos como por un edificio en obra del que solo se han levantado los pies derechos.

233

De aquí desembocamos en una risueña y verde llanura igualmente desamparada de toda sombra en toda su latitud, sin que la más ligera nube entoldara la poderosa luz del Sol.

A la extremidad de esta campiña rasa comienza el desierto, la arena, con tal precisión que la llanura verde parece una vasta alfombra tendida sobre el arenal. Este contraste que agrada mucho a los europeos, me recodaba a mí los oasis o valles de nuestra costa.

En la misma frontera del arenal se levantan como las puertas del desierto, las pirámides, que son tres: la grande o de Cheops, la de Chefren y la de Miserino, denominadas todas de Gizeh por el pueblo inmediato, y en Europa y entre nosotros, antonomásticamente Las Pirámides; aunque hay tanto número de ellas en Egipto y tan diseminadas están por el país como las huacas entre nosotros, habiendo desde la grande, construida de enormes monolitos, hasta la pequeña, pobre e insignificante, hecha de ladrillos; así como entre nosotros hay desde la Huaca grande, rica en entierros de oro, cuya abundancia ha podido aun dar su nombre a una de ellas (el Cerro del oro, en Cañete), hasta la Huaquilla, que solo contiene miserables líos de huesos y paja, expuestos muchas veces a la intemperie sobre la superficie, y con los cuales tropieza el pie de los caminantes.

> Son montecillos incultos
> do del Sol a los reflejos
> vemos blanquear a lo lejos
> huesos de gente insepultos.

Esos huesos despojados de su carne, de su sangre y de su vida y reducidos a la penúltima expresión del ser humano, pues la última es la ceniza y el polvo; esos huesos arrancados a la oscuridad subterránea por manos despiadadas o por el simple tráfico, vuelven después de largos años de tinieblas y olvido a empaparse sobre la faz de la tierra en la luz de los astros, en el aire vital, y en todos los goces exquisitos de la Creación que ya no sabrán absorber con deleite.

Cada una de nuestras huacas es un semillero de fragmentos humanos, y es raro el día en que la lampa brutal de nuestros peones, o el grotesco instrumento llamado rufa, no destrozan el cráneo de algún antiguo legislador peruano. Del mismo modo en Egipto, en las inmediaciones de ciertas pirámides, basta introducir el brazo en la arena para desenterrar la momia, tal vez de un faraón, o el cuerpo embalsamado de algún ibis (garza) u otro animal adorado en algún tiempo.

Las huacas peruanas y las pirámides egipcias desparramadas por estos y por aquellos llanos, levantándose de trecho en trecho solitarias y tristes, parecen unos centinelas taciturnos velando el sueño de las generaciones pasadas.

Después de muchas divergencias y de muchas hipótesis más o menos extravagantes, han convenido finalmente los modernos en que las Pirámides no eran otra cosa que túmulos o mausoleos de forma piramidal que los monarcas egipcios hacían construir para que sirvieran de sepulcro a sus restos y a los de los suyos. Cada monarca al ocupar el solio comenzaba a erigir la pirámide que había de ser su tumba; y el monumento se elevaba tanto cuanto el reinado se extendía; y no sería difícil, como dice el alemán Lepsius, averiguar la duración de un reinado por los cuerpos de una pirámide, como la edad de un árbol por el número de sus capas corticales.

De esta manera, pues, un monarca egipcio alternaba entre las grandezas de la vida y entre la nada de la muerte; y no se distraía de lo efímero sino para preocuparse con lo eterno. Otros de los monumentos muy del gusto de los egipcios eran los obeliscos, generalmente de granito rosado y de una sola pieza o monolíticos, de los que aún subsisten dos tumbados en Alejandría, que los franceses llaman Agujas de Cleopatra, uno de pie en Heliópolis (ciudad del Sol) cerca del Cairo, y otros muchos en el alto Egipto. Varios de estos obeliscos han sido transportados a Europa en diversas épocas y por diversos personajes. El emperador Augusto dotó de algunos a Roma, Constantino a Constantinopla, y en nuestros días Napoleón I, hizo llevar hasta París el que figura en la plaza de la Concordia de esa ciudad, con el nombre de obelisco de Luqsor. Estos monumentos se colocaban a manera de pilares a la entrada de los templos, palacios, etc., llevando escrita en jeroglíficos por sus cuatro caras la historia del edificio al que servían como de índices.

Los egipcios no conocían la bóveda ni necesitaban de ella, porque desde que disponían y usaban de grandes monolitos, podían salvar la distancia que media entre dos pilares tendiendo una gran piedra horizontal.

Concluyamos diciendo que la palabra pirámide se deriva del radical griego pyr, que significa fuego, por recordar su aspecto la llamarada puntiaguda de una pyra u hoguera.

Las diez y media de la mañana eran, y hacía cerca de dos horas que habíamos salido de Gizeh (pronúnciese Djizeh) cuando nos apeamos delante de la gran pirámide. Allí mi compañero me manifestó, como hombre resuelto de antemano, que él no subía, por lo que tuve que pensar en emprender solo la ascensión.

La gran pirámide o de Cheops, la principal de las tres que ocupan esta llanura y la única que visitan los viajeros, se halla construida sobre una gran roca subterránea que le sirve de base, y consta de más de doscientos cuerpos sobrepuestos en progresiva disminución. Los dos últimos cuerpos superiores han desaparecido, gracias a lo cual la cúspide se ha achatado y presenta una cómoda explanada de más de diez varas en cuadro, aunque vista de abajo parece una punta accesible solo a las garras de un pájaro.

Esta obra, la más antigua que haya salido de manos del hombre, y como su primer ensayo arquitectónico, tiene de alto 173 metros sobre el plano inclinado, y 137 verticalmente medida. Su base cuadrangular abraza una circunferencia como de 900 metros.

El aspecto de esta masa de rocas es tan imponente, que no ha faltado viajero que al verla haya tenido la absurda ocurrencia de creer que no es obra humana, y que salió del seno de la tierra erizada de peñascos como Minerva armada de la cabeza de Júpiter.

Su edad es inmensa: basta decir que los personajes de ahora dos mil años venían a admirarla, lo mismo que nosotros hoy, como obra de la antigüedad; y que Napoleón al arengar a sus soldados, poco antes de la célebre batalla de las pirámides, les decía:

—¡Soldados! de lo alto de esas pirámides cuarenta y ocho siglos os contemplan.

Entre la primera y segunda pirámide, se halla situada la esfinge, otro monumento de gigantescas proporciones, también de granito, que representa a una leona con cara y pechos de mujer, acostada sobre una base elevadísima, aunque en totalidad casi enterrada en la arena. Los egipcios gustaban mucho de representaciones de este género, y con esfinges lo mismo que con obeliscos, adornaban la entrada de los grandes edificios.

Un erudito alemán indagando el objeto de esta esfinge, y recordando cierta fábula griega muy conocida, concluye diciendo: «la esfinge en cuestión no ha hallado todavía su Edipo». Las cuatro caras de la gran pirámide estaban cubiertas y enlucidas con piedras pequeñas y otros materiales que servían de relleno ocupando los vacíos que quedaban entre grada y grada, con lo cual desaparecía la forma escalonada de la pirámide, y solo se veían sus cuatro fases lisas y unidas. Estas capas eran una obra póstuma que se hacía a la muerte del príncipe erector de su propia tumba y tenían entre otros objetos, el de ocultar la abertura practicada en uno de los lados de la pirámide para penetrar en las galerías subterráneas donde debían descansar los sarcófagos. Todo era misterio en las costumbres y en la religión de ese pueblo.

Una de estas capas y los dos cuerpos superiores del monumento han sido arrebatados en épocas posteriores para emplearlos como materiales en las modernas obras del Cairo. Gracias a tales despojos, el viajero se encuentra con una gradería tosca y horrorosa es verdad, pero que le permite la ascensión, y al llegar a la cúspide, con una cómoda y holgada plataforma.

Los beduinos (Bedawi en árabe) habitantes de un pueblucho inmediato, se nos habían acercado apenas nos divisaron, y nos hacían el objeto de sus más delicadas atenciones. Los mismos y los cuidados solícitos de que nos rodeaban movidos por la esperanza del bagshish, rivalizaban con los agasajos y cortesías de les garçons de París, a quienes agita igualmente, con no menos vehemencia, la codicia del bagshish traducida en pourboire.

Apenas di el primer paso al frente con ánimo de emprender la ascensión por la única cara descascarada que presentaba la pirámide, un pelotón de ellos se precipitó sobre mí, tomándome una mano el uno, otra mano el otro, y colocándose éste a la vanguardia a guisa de heraldo o abanderado, y aquel otro a retaguardia para empujarme, y comenzó el asalto de la inexpugnable fortaleza.

La ascensión se verifica de un modo veloz, rápido, aéreo casi, sea porque la soltura de miembros y la costumbre diaria del ejercicio haga imposible a los beduinos subir de otro modo, sea porque se propongan aturdir al viajero para hacerse después más indispensables; ello es que me izaban sin dejarme casi tocar los escalones, altos como de una vara el que menos. De cuando en cuando buscaba un descanso, propuesto por ellos mismos, sentándome en uno de los escalones naturales a tomar resuello, mientras que mis guías con el mayor anhelo se ponían a sobarme las piernas por si tenía calambres, y aventurando ya en voz baja la palabra bagshish. Un gracioso negrito, desnudo casi como sus compañeros, cuyo vestido se reducía a una larga camisa o manta en que se embozaban, nos precedía a cierta distancia llevando en la mano un cantarito de barro lleno de agua, previendo que llegaría un momento en que mi gaznate enardecido por el calor y la fatiga, solicitaría ser remojado con un trago de agua fresca; solaz que tan oportunamente proporcionado, no podría menos de ser remunerado con un generoso bagshish. Estos cántaros, enfriaderas naturales del agua, son muy usados aquí y recuerdan nuestros cacharros o alcarrazas.

Los beduinos me izaban al son de ¡jala! ¡jala! y algunas veces ¡jela! para interrumpir la monotonía. Al principio creí que se trataba de nuestro verbo halar pronunciado a la peruana y aun a la andaluza; pero recordando después que un árabe, y mucho menos un beduino, no está obligado a hablar español, comprendí que invocaban a su dios Alá, a quien estos ciudadanos gustan de encomendarse en todo, por todo y para todo.

Otro tanto sucede en español, o al menos recordamos al nuestro con más frecuencia que en las otras lenguas y decimos; «Que se haga la voluntad de Dios»; «que sea lo que Dios quiera»; «vaya usted con Dios», al despedir a alguno; Deo gratias al entrar en una habitación; y de otras mil frases análogas usamos que podemos llamar resabios del árabe o arabismos indirectos, porque se somete el arabismo en cuanto a la idea y no en cuanto a la expresión como al decir, por ejemplo «¡ojalá!» que es un arabismo directo por no ser otra cosa que la corrupción de inshalá, que en árabe significa: «si Alá lo quiere», lo cual es una suposición y no un deseo como «¡ojalá!».

Después de Dios, ningún ser parece inspirarnos tanto respeto como el hombre; y se diría que queremos rendir un homenaje perpetuo al más grande animal de la creación exclamando: ¡hombre! al principio, al medio y al fin de toda clase de frases, singularidad que no se encuentra en ninguna otra lengua.

Al poner nuestra planta en la cúspide de la pirámide, todos los beduinos a una voz soltaron un ¡hurra! europeo en obsequio mío. Hasta entonces habían hecho vanos esfuerzos por descubrir mi nacionalidad (para en vista de ella dirigir su ataque contra mi bolsillo con más acierto), hablándome sucesivamente en francés, en italiano y en inglés, y creyéndome de todas partes, menos de tierra española, porque los beduinos no están acostumbrados a que los españoles viajen y menos a que hablen idiomas, pues bien o mal, yo había contestado a todas sus interpelaciones. Al fin determinaron calificarme de francés; pero uno de ellos observó que la configuración de mi cabeza no era francesa; y aunque yo ignoraba las razones que pudieran asistirle, me preocupé algo al ver el aplomo y la malicia con que se expresaba este frenólogo del desierto.

Había empleado diecisiete minutos en la ascensión, y eran como las once de la mañana. La vista me pareció como la que se puede admirar de cualquier otro punto de vista a semejante altura, quitando por supuesto palmeras y minaretes que no en todas partes se ven. Creo, pues, que los autores que hablan de este espectáculo como de una cosa sorprendente, recuerdan sin duda que huellan cuarenta siglos, lo cual les hace teñir el panorama de colores excepcionales que en mi concepto no tiene cuando se echa un simple vistazo sin entrar en consideraciones.

Después de haber abarcado el contorno distante, que presentaba un aspecto risueño, deslumbrante y hermosísimo, traté de escudriñar el contorno inmediato; y me puse a buscar con la vista por la base del monumento, y mi pequeño lapón. Cuando creí divisarlo, esforcé la voz y le grité:

—¡Compañero! ¡De lo alto de esta pirámide veintidós años os contemplan!

Pero mi esquimal no me oía, ocupado en guiñar, en pestañear, en gesticular y como en forcejear con la luz que mortificaba sus pupilas de mochuelo. Un cuarto de hora permanecí en la explanada de la pirámide, durante el cual los beduinos desplegaban a mi alrededor una política y una finura de París. Unos me presentaban carbones, otros me ofrecían su navajas para que escribiera o grabara mi nombre entre los muchos que por allí se hallaban. No accedí, porque no tengo tal costumbre, aunque después me pesó no haber dejado mi nombre a tanta altura.

Yo me sentía agradablemente sorprendido al no hallarme con esos beduinos de caras y maneras feroces que esperaba, siguiendo la preocupación (?). Como se sepa tomar el partido de hombre chusco, de buen humor y aun extravagante, no hay miedo que se repita alguna de las muchas historias que se cuentan, tales como haber despojado de su dinero a algunos pobres viajeros, amenazándolos al llegar a ciertos sitios difíciles, con dejarlos plantados allí si al momento no vaciaban su bolsa. Los ingleses, los bobalicones ingleses, han sido con frecuencia víctimas de semejantes chascos. Es verdad también que los ingleses es la gente más desinteresada entre los viajeros y sueltan los chelines y libras esterlinas con poco trabajo.

Cuando los beduinos trataron de emplear conmigo el conocido procedimiento y me amenazaron con dejarme solo en esa altura si no le daba un bagshish a cada uno de ellos, los miré con la mayor indiferencia, y aún los empujé hacia abajo para probarles qué poco me importaba su compañía, aunque no era así. Esto me valió más que hacerme el terrible y echar mano al revólver como acostumbran algunos.

Un cuarto de hora permanecí en la cúspide de la pirámide, al lado del cual pensé en la bajada. Esta segunda operación es menos sencilla que la primera, porque al subir todo se remedia con no volver la cara; no así al bajar, en cuyo caso el viajero va midiendo constantemente la altura a que se encuentra, la distancia que lo separa de la tierra firme, y paseando su espantada vista por esa formidable pendiente, perpendicular casi y erizada de picos. Al acercarme al primer escalón no pude menos de preguntarme ¿cómo había podido subir? y sobre todo ¿cómo podría bajar? Pero los beduinos estaban a mi lado, y con su denodada actitud me daban a entender que se comprometían a transportarme insensiblemente, no solo hasta abajo sino hasta los infiernos, siempre que no les destruyera la agradable esperanza del bagshish.

Dando saltos descomunales, y creyendo precipitarme en cada uno de ellos, llegué por fin al suelo. El calor, la fatiga, y lo insólito del espectáculo, me habían trastornado de tal manera, que mis piernas se doblaban; y poseído de un vértigo, y mareado, me resolví a abrazar la superficie de la tierra, en cuya arena caí boca abajo, creyendo llegada mi última hora.

El lapón que seguía todos mis movimientos, se me acercó; y cuadrándose delante de mí, tirado a sus pies, me preguntó con una ironía triunfante, más propia de un esprit francés, que de un carámbano del Norte.

—¿Y bien? ¿Qué ha visto usted?

—Nada —le respondí con voz ahogada.

Un rato después penetrábamos todos juntos, habiendo antes encendido las velas que llevamos del Cairo, en los subterráneos de la pirámide.

La entrada se encuentra en la misma cara por donde se ejecuta la ascensión, a una altura como de 20 metros sobre el suelo, y da acceso a un largo y pendiente callejón, de forma cuadrada, por el que se desciende a gatas, ayudándose de pies y manos. Desgraciadamente el piso, las paredes y el techo de esta rambla, todo es de piedra lisa; y cuando el pie resbala, y la voluntad solicita el auxilio de la mano, ésta no hace más que secundar el resbalón del pie, resbalando ella también y viceversa. Por fortuna hay una especie de grada de trecho en trecho, formada tal vez por el uso que lo ataja a uno; aunque como en la ascensión no hay el menor riesgo, gracias a los beduinos que despliegan en esta segunda operación los mismos cuidados que en la primera.

A la extremidad de la galería, y como si dijéramos en lo más íntimo de la pirámide (90 metros más o menos de la entrada) desemboca uno en un pequeño cuarto, casi cuadrado, cuyo objeto se ignora. Este cuarto se halla en el gran eje vertical de la pirámide, a 32 metros debajo de su base y por lo tanto al nivel del Nilo.

Al llegar a él me incorporé, que harto lo necesitaba mi espinazo, tan amigo de la posición vertical, y dando un largo resuello y olvidando entre qué gente me hallaba, dije en español:

—De aquí no paso —cerrando, afirmando y remachando mi proposición con aquella vigorosa y conocida interjección española que don Quijote solía arrojar como tenía de costumbre, larga perífrasis que me evita seis letras.

El entusiasmo de los beduinos, comprimido y hasta amortiguado ya al ver que no podían descubrir mi nacionalidad, estalló con esta importuna revelación, y perturbando el silencio de aquel lúgubre recinto, gritaban: ¡Spanúl! ¡Spanúl!

Acto continuo vinieron a lisonjearme hablándome lo que sabían de español, que no pasaba de cuatro palabras, y que podían reducirse a otras tantas variantes de la vigorosa y conocida, tan característica de la lengua española, como Cervantes y don Quijote de su literatura. Murci, mi borriquero favorito en el Cairo, en sus frecuentes y rápidos tratos con los españoles que transitan por aquí de paso para Manila, o de regreso de ella, se había aprendido el siguiente estribillo, incoherente en apariencia, que solía repetirme cadenciosamente como si hubiera sido una tonada:

—El mañana... el borrico... el... y aquí entraba la vigorosa.

Nuevo Champollión, traté de reconstruir una historia con estos tres fragmentos aislados, con estas tres columnas truncas, restos indudablemente de algún vanto (?) edificio de palabras, y al fin se presentó a mi espíritu la siguiente proposición, que someto al juicio de los más sutiles investigadores:

—Un español de tránsito llega al Cairo, y sin acordarse para nada de que está en la interesante tierra de los Faraones y que hay Pirámides, Esfinge y obeliscos que visitar, se dirige al hotel, cena, y antes de irse a la cama hace venir al borriquero; se encara con él y levantando su índice a la altura del rostro del muchacho, le manifiesta con resolución; que para el día siguiente muy temprano (mañana) necesita un borrico, y que... ¡cuidado con olvidarse! Dicho esto se va a dormir hasta la madrugada siguiente en que prosigue su viaje.

El borriquero no ha entendido nada de la retahíla; pero ha notado que las palabras mañana y borrico se presentan a cada paso como las principales, y que la vigorosa interjección ha discurrido por todo el período una y mil veces, activa y enérgica como un general en jefe. No es, pues extraño que en su memoria quede grabada la agradable tonadilla: «El mañana... el borrico... el...».

Salimos del cuarto cuadrado, y al poco trecho subiendo por otro pasadizo que al bajar habíamos dejado a nuestra izquierda fuimos a pasar a otro aposento llamado el cuarto de la reina, que como el anterior se encuentra en el gran eje vertical de la pirámide; a 22 mts. sobre el nivel del suelo, a

54 sobre el cuarto cuadrado, y solo a 119 mts. de distancia de la plataforma superior en la que yo había reposado poco antes a la luz del día. Se cree que en cada retrete de estos había un sarcófago.

Poco rato después dejamos la tumba y resucitamos a la vida exterior con el apetito muy aguzado. Fuimos a sentar nuestros reales en las últimas gradas de la pirámide, y comenzamos nuestro almuerzo con el fiambre que habíamos llevado, que constaba de pollos fríos, huevos duros, queso y naranjas, que en Egipto son excelentes. Nuestro dragomán y el jefe de los beduinos (sheik) a quien éstos respetaban tanto, que en su presencia se abstienen de solicitar el bagshish se conservaban a cierta distancia esperando nuestros despojos con toda gravedad. Antes de retirarnos, distribuimos algunos chelines (aquí corre toda moneda europea) entre los beduinos, cuyos servicios y humildad bien merecían un ligero bagshish. Al último el mismo sheik se despojó de su majestad y vino a pedirnos su bagshish como el postrero de sus súbditos. Nos encaramamos en nuestros ágiles borriquillos y tomamos alegremente el camino del Cairo.

Dos versos habían preocupado mi imaginación toda la mañana, latino el primero y sudamericano el otro, y alusivos ambos al monumento de que me despedía con tristeza. Es de Horacio el primero, cuando hablando de sus propias obras dice:

>Exegi monumentum, oere perennius,
>regalique situ Pyramidum altius.

«He levantado un monumento más duradero que el bronce, y más sublime que el real sitio de las pirámides.» ¡Dichoso él, cuya pretensión análoga a la que puede formular cualquier pobre diablo, ha sido sancionada por dieciocho siglos, los mismos que prueban que la admiración por las pirámides no es moderna!

El segundo verso es de Olmedo, y más o menos dice así:

>Las soberbias Pirámides que al cielo
>el arte humano osado levantaba,
>templos, do esclavas manos

> deificaban en pompa a sus tiranos,
> ludibrio son del tiempo, que con su ala
> débil, las toca y las derriba al suelo.

¡Lástima que los dos últimos versos no sean verdad, pues las pirámides se mantienen en pie victoriosas de los aletazos del tiempo, y solo la mano del hombre se ha ocupado de descascararlas!

Nos detuvimos por segunda vez en Gizeh, abatidos por el calor y entramos a descansar a un café en donde nos refrescamos con esa bebida y algunas naranjas; y a las tres y media de la tarde estábamos de regreso en el Cairo.

Capítulo XXIX
Excursión al pueblo de Suez. Mi compañero belga. El mar Rojo. El Bazar de Suez. Aullidos de lobos. Los Dervises. Una familia española. Los trabajos del Istmo. Vuelta al Cairo. Separación de la familia española

Pocos días después salí para la población de Suez por el ferrocarril en compañía de un barón alemán a quien sentaba muy mal su título pues no era nada distinguido.

Pero lo que yo buscaba en mis compañeros era un bulto que me ayudase a sobrellevar los gastos y penalidades de una excursión, y nada más; y bajo ese punto de vista mi nuevo compañero no dejaba que desear. Además hablaba o creía hablar una palabra de español, y decía narangae cuando tenía sed.

A las ocho de la mañana nos embarcamos en el tren que debía conducirnos, y a la una del día fondeamos en el hotel, situado delante de la misma estación. Es un magnífico edificio, mucho más para el que viene del Cairo, donde los hoteles son muy imperfectos. El patrón era maltés, y los criados negros todos traídos de la India inglesa, eran dóciles, sumisos y activos, gracias a los cuales el hotel es un modelo de limpieza, de orden y de aquel confort que los ingleses plantifican por donde quiera que pasan.

El camino es el desierto, y no creo que vi más de los árboles, o más bien arbusto secos parecidos a los aromos silvestres o guarangos enanos que interrumpen la monotonía de nuestras áridas pampas descollando graciosamente sobre su tronco inclinado, y con sus ramas extendidas como si estuvieran nadando en el aire.

Los puebluchos que encontrábamos se componían de unos pocos tugurios de barro, o enlucidos con estiércol de camello; con aquella misma materia que las muchachitas y las viejas del Cairo andan recogiendo por las calles con tanto amor y esmero como si fuera oro.

Apenas se sale del Cairo, comienza el desierto por la derecha; por la izquierda la vegetación se prolonga más por largo trecho. Las puertas y ventanas de las malas casuchas que se ven en el camino son simples agujeros.

Al fin ve uno dibujarse a la derecha una gran montaña de color violeta como lo indica su nombre árabe. Gebel Ataka. De la palabra gebel se ha derivado nuestro sustantivo jabalí que no es otra cosa que un adjetivo del mismo origen que montaraz, montuvio, cerril, cimarrón, que viene de monte, cerro, cima. Rinden pues, culto a la etimología sin saberlo tal vez, y colocan a la palabra en su verdadero lugar, los que se obstinan en decir cerdo jabalí que equivale a decir cerdo del monte.

Paralelo a esta montaña corre el tren hasta llegar a Suez, que nada absolutamente tiene de interesante. Es una especie de Iquique en grande o más bien en pequeña escala, una miserable población de mil quinientas almas, que por el ferrocarril recibe diariamente del Cairo, el agua, y donde no se ve el menor asomo de vegetación, el menor rastrojo.

Esta agua la conducen en unas largas cajas de hierro, ajustadas a cada coche por debajo del asiento, ni más ni menos como aquellas secretas, o doble fondo, que se suelen practicar en algunos cofres.

El mar Rojo visto desde Suez, no tiene aspecto ni de bahía, ni de rada, ni de golfo, ni de nada que recuerde un puerto; y rodeado de playas tersas y lustrosas por todas partes, más bien parece un gran lago de agua dormida, un estanque desbordado, un pantano. Sin embargo, habiendo salido al día siguiente en un bote con mi compañero lo notamos agitado y ondeante. La playa está llena de sumideros peligrosos, y Napoleón I estuvo a punto de desaparecer en uno de ellos una tarde en que se paseaba por la orilla del mar.

Los buques fondean muy lejos; y la población es estrecha, pobre y sus habitantes me parecieron más taciturnos que los del Cairo, y mucho menos dispuestos a simpatizar con el europeo.

En una de las tiendas del Bazar vi entre otros objetos curiosos, un precioso abanico de sándalo de la China, delicadamente entallado en paisajes, figuras y toda clase de adornos, que en su confusa distribución recordaban aquellas caprichosas fantasías de la arquitectura morisca llamadas arabescos, los que a su vez parecen simbolizar la imaginación de algunos de nuestros vates, que con llamarse fantásticos piensan disculpar todas sus incongruencias.

Compré este abanico en veinte francos, y después otro, meramente calado, por cinco. También me ofrecieron otro, análogo al primero, pero de marfil, que no compré por parecerme algo caro (tres libras esterlinas). Tomé igualmente como recuerdo curioso, un gran vaso de madera hecho de un cañuto o internudo de bambú (caña de Guayaquil) admirable y artísticamente esculpido; esta curiosidad me costó siete francos.

Por la noche reinaba un silencio formidable, silencio de desierto de que no gozaba tiempo hacía, acostumbrado a las populosas ciudades de Europa, distribuidas como tableros de ajedrez, con una sola casilla o cuadro para cada figura; y bajo la apacible luz de la Luna me paseaba a lo largo de los rieles, teniendo a un lado la población muda, y al otro el mar Rojo con algunas embarcaciones menores donde probablemente los Dervises hurleurs se entregaban a sus ceremonias habituales, pues oía unos aullidos sordos como los que había oído en algunos conventos del Cairo; pero mucho más horrorosos, y que nada tenían de humano. Estos aullidos eran idénticos bajo más de un aspecto, pues en ambas partes la escena pasa en pleno desierto, a los que se perciben en las cercanías del pueblo de Asia en nuestra costa, al pasar de noche por las inmediaciones de la isla de lobos.

Los Dervises, de cuyas ceremonias religiosas me ocuparé más tarde, equivalen a nuestros sacerdotes, y viven en congregaciones o cofradías. Los franceses los dividen en Dervishs hurleurs, y Dervishs tourneurs, porque los primeros celebran sus funciones místicas dando aullidos, y los segundos dando rapidísimas vueltas, aisladamente o asidos en círculos o en gran círculo general.

La escena de los hurleurs es una gritería discordante y bárbara, de que solo pueden dar idea los aullidos de los lobos que pueblan algunas islas desiertas de nuestro litoral. Los tourneurs, que yo llamaría de remolino, se agitan en silencio, con los brazos abiertos en cruz y el semblante adormecido, y parecen nigrománticos de la Edad Media evocando espíritus.

Al día siguiente por la mañana me fijé en un individuo que acababa de desembarcar de la India, y que parecía preocupado en realizar no sé qué arreglo con el dueño del hotel. Seguí atentamente todos sus pasos y todos sus movimientos, pues un vago presentimiento me anunciaba que ese hombre debía de hablar, mi idioma, de que tanto tiempo estaba privado.

No tardé en descubrir que era un español que venía de Filipinas de paso para España, y acto continuo y sin saber cómo nos hallábamos en relación, pues él también por su parte había presentido o tal vez sabido mi origen.

Mi nuevo compañero me recibió con júbilo indecible, porque habiendo salido muy joven de España y habiendo permanecido trece años confinado en una provincia de Filipinas, como gobernador de ella, no había podido familiarizarse con las lenguas extranjeras, que le eran tan oscuras como para mí los jeroglíficos; y en tan extrema situación yo no podía menos de ser muy útil como intérprete y como guía. De uno y otro necesitaba él con más urgencia que nadie, por venir arrastrando un tren considerable, compuesto de su esposa, una niñita de cuatro años, y un vasto equipaje de veinte y tantos bultos. Se retiraba para siempre a su hogar y había querido arrancar y traerse consigo todas las raíces que los sujetaban a aquella tierra de promisión. Se llamaba don Vicente Bouvier, y la historia de su viaje había sido una larga tragedia cuyo colorido se hacía más vivo por el sentimentalismo natural con que él y su esposa la referían.

Al llegar a la isla de Ceilán, el jardín de esos mares, donde los vapores acostumbran hacer escala, saltaron y tomaron un carruaje para recorrerla. De repente, la niña que iba arrimada a la portezuela, cayó al suelo de bruces y cuando el carruaje rodaba con toda velocidad; la madre se precipitó detrás de su hija; el padre tras la madre, y lo más sorprendente de este lance dramático fue que los tres salieron ilesos.

Posteriormente, en la travesía del mar Rojo, a cuya entrada, viniendo de la India, surge el miserable puerto de Aden, donde también hacen escala los vapores para abastecerse de carbón, la misma niña fue acometida de una fiebre devoradora que trajo su vida en un hilo hasta la llegada a Suez; durante este tiempo ni el padre ni la madre se habían desnudado ni habían pegado los ojos, como vulgarmente se dice.

La niñita fue salvada merced a la solicitud del médico inglés de abordo, y en general de toda la oficialidad, incluso el capitán, para la cual gente abrigaba Bouvier una gratitud sin límites, que ya en parte había satisfecho remunerando al médico y a los sirvientes con muchas onzas de oro.

Uno de los maquinistas del vapor, un John Bull alto y grueso o más bien redondo como una de las columnas de Hércules, cobra y percibe hasta hoy los réditos tardíos y exagerados de unos servicios en los que tal vez no tomó mucha parte. Mi compañero con la magnanimidad propia de un padre, me preguntaba a veces:

—¿Si no le habrá dado ya lo bastante?

En cambio mi gringo, que siempre está ebrio y que ha tomado mi americanismo como de los Estados Unidos, no cesa de repetirme que: los diablos se lo lleven si en su vida ha visto a un yankee hablar inglés con acento más raro que el mío.

Pocas horas después de mi encuentro con don Vicente, regresábamos al Cairo, habiéndome divorciado enteramente de mi barón, quien por su parte, desde el día anterior no hacía otra cosa que pasar los ojos por la Independence Belge, La Presse y otros periódicos que le habían venido de Europa, y de los que se pertrechó al salir del Cairo. Solo un momento suspendió la lectura que hacía concienzudamente a puerta cerrada, para ir a dar un paseo en bote, a propuesta mía, por las encrespadas olas del Mar Rojo.

Pensar en visitar los trabajos de la ruptura del Istmo, habría sido de mi parte una insensatez. Esa curiosidad demanda una seria excursión por el desierto, en camello, que es la nave del desierto, como dicen los europeos y acompañado de beduinos, que son los pilotos de ese mar, como dicen o pueden decir los mismos.

Una carta de recomendación especial para Mr. Ferdinand de Lesseps, el popular director de esos trabajos, y unos conocimientos algo especiales para poder abarcar y apreciar la magnitud de ellos pues todavía no ha llegado y está distante el día en que basten estas dos aberturas u ojales que con el nombre de ojos llevamos en la cara, son necesarios para comprenderlos. Algunos tontos, sin embargo, emprenden el viaje, llegan, abren y clavan sobre esa obra sus dos claraboyas con el aire de unos papanatas, o papamoscas, o papahuevos y se vuelven sin otro adelanto que el de poder satisfacer su vanidad diciendo: «Yo he estado allí».

Por todas estas razones tomé mi dromedario de vapor, lo mismo que los otros viajeros, y salí de Suez a las dos de la tarde. Dos paradas hace el tren en el camino y en ambas salté de mi vagón y fui a colgarme a la portezuela del que venía don Vicente y los suyos, porque estaba privando con ellos, lo mismo que ellos conmigo, y el idioma natal me producía el efecto de una música.

Por la noche entramos al Cairo a la luz de la Luna, viendo con singular placer, yo al menos, aparecer los grupos de la vegetación y alguna que otra lucecilla tímida y unida abriéndose paso entre ellos, como esas lucecitas de nuestros cuentos que se van y vienen.

Cuatro días, durante los cuales no nos separamos un instante, disfruté de la compañía de don Vicente, sin que en ello hubiera podido persuadirlo a ir a las pirámides, ni a hacer la más pequeña excursión por las cercanías, ni siquiera a presentarse en casa de su cónsul como acostumbran todos los europeos.

Es verdad que el cuidado de su esposa e hija absorbían toda su atención.

Murcí, mi borriquero habitual a quien le presenté como un modelo de precoz poliglotismo, le halagaban el oído en diversas ocasiones repitiéndole su acostumbrado sonsonete.

Mi compañero era un joven de treinta y tres años de regular estatura, delgado, de aspecto militar, y parecía hombre de fibra y acostumbrado al mando, como que había gobernado trece años la provincia de Leyte, una de las islas del archipiélago de Filipinas.

Su esposa, doña Clotilde, natural de esas regiones, iba a Europa por primera vez, era una mujer amarilla como una de nuestras retamas, con su abundante pelo negro y lustroso como el plumaje de nuestros chivillos, dotada de una hermosa dentadura y de toda la indolencia encantadora peculiar a su clima.

Sonó por fin la hora de nuestra separación; y sea que mi compañero no se hallara realmente sin mí, sea que me creyera necesario, ello es que hizo vanos esfuerzos para arrastrarme hasta Alejandría, en donde debía embarcarse para Europa, ofreciéndome costearme el tren de ida y vuelta, por si el temor de gastar veinte pesos me arredraba.

Era la segunda vez que mi compañero me tomaba por un aventurero: en la primera me había preguntado, a lo mejor de una de nuestras conversaciones, ¿si no era yo jugador? y al contestarle que no, trató de excusarse asegurándome haber oído que en mi país todos jugaban.

Acostumbrado estoy ya a despertar este género de sospechas, porque los que me ven no pueden comprender que un joven de mi edad haya venido desde el Perú hasta Egipto, solo, sin recomendaciones y como expulsado de la sociedad, por mera curiosidad.

Yo en esos días era como un príncipe, la idea de que alguien me costeara un pasaje, me indignaba.

¡Infeliz padre mío! yo te lo agradezco, pero no educaste a tu pobre hijo como para este país.

Dejé acomodados en el tren que partía para Alejandría a mis amigos de cuatro días. Antes de separarnos cambiamos los recuerdos que pudimos. Don Vicente me obsequió dos palos de canela en forma de bastones y un cortapapel o plegadera de carey finísimo, traído todo de Ceilán. Yo le di mi tarjeta, para que con ella se presentara en el hotel Albat, en Alejandría, en donde había dejado buenas relaciones.

Pocos días después, al pasar nuevamente por ese puerto, supe que hasta mi tarjeta había sido útil a mi compañero, pues habiéndole suscitado dificultades en el Banco de Egipto para el cobro de una letra que traía, se escudó con mi nombre, conocido y acreditado en esa casa en donde me habían suministrado ya algunos fondos.

Dos meses más tarde debía hallarme yo en una situación análoga en Atenas, sin que entonces viniera a salvarme tarjeta, persona ni cosa alguna conocida, por lo que me fue forzoso pasar tres lunas en la tierra de Teseo y de Pericles, pues tres veces la vi nacer, crecer y morir.

Capítulo XXX
Alrededores del Cairo. El barraje del Nilo. La selva petrificada. Heliópolis o Matarieh. Mezquitas del Cairo. Las pirámides de Sákara. Mi compañero de excursión. Abu sir. El serapeum. Dibujos Murales. Los beduinos. Galerías subterráneas. El pueblo de Sákara. Menfis. La estatua de Sesostris. Funerales de un rajá. Adiós a Egipto

Para distraerme de la soledad en que he vuelto a quedar, me entretengo en dar frecuentes vueltas por las cercanías del Carro; sin otra compañía que la de mi fiel e inteligente escudero Murci, que parece un radical de murciélago. Repetidas veces he ido a Boulak, pintoresco arrabal del Cairo, que le sirve de puerto en el Nilo. Ahí se detienen las embarcaciones en su travesía de Alejandría al alto Egipto. A Heliópolis la antigua ciudad del Sol, conocida hoy por los naturales con el nombre de Matarieh. A la espléndida alameda de Chubra, selva secular de acacias y sicomoros, que corre paralela al Nilo y conduce a un palacio de recreo construido a la europea, por Mehemet-Alí. Este suele ser el paseo favorito de los europeos por las tardes; y en una de ellas me encontré con el príncipe de Gales, que recorre el Oriente, y que galopaba esa tarde en su borriquillo seguido de una larga comitiva. También he ido a ver la selva petrificada, al barraje del Nilo y otras curiosidades.

El barraje del Nilo es un proyecto estupendo de hidráulica, que aún no se ha concluido y que aun parece ya abandonado. Fue iniciado por Mehemet-Alí, a quien hemos comparado, tal vez con alguna ligereza, con don Ramón Castilla, pues nada semejante ni en menor escala se ha iniciado todavía entre nosotros, a no ser el puente colgante de Lurín...

El barraje o dique se proponía represar las aguas del Nilo y vaciarlo lateralmente por la extensión de los campos, principalmente en la larga temporada de aguas bajas o medias que sigue a la inundación periódica. Los primeros ensayos o experimentos se practicaron en pequeño, en los canales artificiales, por medio de compuertas; hasta que ensanchándose las pruebas se llevó al sistema de las esclusas o represas al mismo río, padre común de todos esos canales.

Encargado de la obra el ingeniero francés Mr. Linant de Bellefonds escogió para teatro de sus operaciones la cabecera misma del Delta.

El Delta es un espacio de tierra formado por el Nilo, como unas cuarenta leguas antes de su desembocadura, en cuyo punto se abren en dos ramales que van a buscar el Mediterráneo por caminos distintos; siendo tal la divergencia al terminar su curso que dan al triángulo formado por ellos una base de sesenta leguas. Esta forma triangular es la misma que tiene la cuarta letra del alfabeto griego, llamado Delta, por cuya razón se aplicó su nombre con mucha oportunidad a la porción de tierra internilótica, denominación conocida y antiquísima.

Los trabajos del barraje inaugurados con toda solemnidad durante la administración del Mehemet-Alí, han sido posteriormente abandonados ante la magnitud de la empresa; y todo lo hecho, que no es poco, empieza a deteriorarse.

La selva petrificada, distante dos horas del Cairo, es una gran pampa de arena en la que se ven esparcidos un sin número de fragmentos, leña por la apariencia y poco peso, y pedernal o sílice por su dureza y por el sonido pétreo que producen al chocar unos con otros.

Vénse allí petrificados y tirados por el suelo, troncos, ramas y aun astillas siendo en estas últimas en las que más sorprende el fenómeno de la petrificación, por ser las astillas, como puede notarlo cualquiera, la parte más característica de la madera, y en la que menos puede concebirse la transformación en piedra. Algunas que recogí conservan tan indeleble su primitiva forma, que sus aristas parecen todavía destilar polilla y aserrín bajo el frío consistente de la petrificación. Nada por lo demás que acredite una selva o bosque. El aspecto general es como de campamento o aduares abandonados, con los trozos de leña de los hogares esparcidos aquí y allí.

De la selva petrificada pasamos a Heliópolis, ciudad del Sol, que los naturales llaman hoy Matarieh. Heliópolis era célebre en la antigüedad por su magnífico templo del Sol, precedidos de una larga hilera de esfinges y obeliscos, de todo lo cual solo subsiste ahora un obelisco, levantado al cielo como un índice y señalando los sitios donde Heliópolis fue. Su principal mérito es ser el más antiguo de cuantos se conocen, pues por las inscripciones que lo adornan se ve que cuenta cerca de cuatro mil años de existencia.

Otra de las curiosidades de Matarieh es un grande y secular sicomoro a cuya sombra, según la tradición, descansaron Jesús, María y José cuando el viaje a Egipto. Los viajeros han debido aceptar la leyenda a pie juntillas, pues cada cual se ha llevado un pedazo de corteza, haciendo profundas entalladuras en el tronco y las ramas; así es que este árbol parece un gran cuerpo, a trechos llagado y a trechos desollado.

He hecho una segunda visita a las mezquitas del Cairo, habiéndome llamado la atención particularmente la de Tulum única en que he visto una arquitectura árabe sostenida; arcos ojivos, bandas de arabescos a lo largo de las paredes, ventanitas microscópicas, etc., todas las demás, como ya he dicho antes, parecen viejos y desmantelados palomares.

El respeto, que en Europa reside en la cabeza, anda aquí por los talones y no es posible entrar a una mezquita, o al estrado de una casa, sin quitarse el calzado. Allá se descubren, aquí se descalzan: y es necesario caminar a pie enjuto o por lo menos en medias por las frías y húmedas baldosas de las mezquitas, costumbre imprudente para el que llega acalorado, y que me ocasionó una enfermedad de varios días. Es verdad que así como entre nosotros los señores calvos suelen llevar su birrete que se calan apenas se descubren y suelen algunos aquí llevar sus zapatillas que se calzan apenas se descalzan pues el objeto es, no precisamente entrar descalzo sino impedir que se lleve al santuario el polvo impuro de las calles que se ha recogido en las suelas de los zapatos.

En algunas mezquitas suelen hallarse individuos que alquilan unos capachos de paja, con los que el viajero se cubre los pies sin necesidad de descalzarse, evitando así catarros, fluxiones y otros males. Este es colmo de la perfección.

A cada mezquita va anexa una fuente de agua perenne y unos lugares de desahogo público. Este es un medio de atraer sobre la casa de Dios las bendiciones de toda clase de sectarios, pues el que una vez haya satisfecho allí alguna necesidad corporal, no podrá menos de bendecirla y de recordarla con gratitud, con la gratitud profunda del egoísmo.

La religión de los musulmanes está llena de rasgos, de alta política los unos, como el que nos ocupa, de higiene pública los otros, como la prescripción de las abluciones, del baño, de la depilación de ciertas partes del cuerpo, particularmente la cabeza, y de otras más cuya saludable importancia se comprende al ver de cerca este país caliente, polvoroso, laxante, patria antigua de las plagas, y donde las menores hoy son las pulgas y los piojos. El Alcorán es un libro sabio.

El interior de algunas mezquitas, como el de muchas casas, está pintado con unas largas fajas horizontales de varios colores, generalmente azul y rojo, que resaltan de un modo charro en las blanqueadas paredes.

También se ven sobre algunos frontispicios pinturas groseras, o sea, mamarrachos, pretendiendo representar el ferrocarril y el vapor, objetos que han debido pasmar a las árabes, acostumbrados a sus ágiles dromedarios como al non plus ultra de la locomoción. También aquí, como entre nosotros, la locomotora viene a despertar de su letargo a los pueblos y a preocupar a los habitantes.

Después de haber visitado las pirámides de Djizeh, que son las principales y a las que se alude siempre al decir automáticamente «Las Pirámides», era necesario ir a visitar las de Sákara, importantes por su número, ya que no por su elevación y lo sólido de su construcción como aquéllas.

Tuve por compañero en este paseo a Monsieur de X, caballero belga, que se hallaba en el Cairo de paso para Sidney; a donde va a desempeñar un consulado, es el más galante y cumplido de cuantos compañeros de viaje he tenido la desdicha de contar hasta ahora.

Desconoce el mal humor, la grosería y la avaricia, que con tanta frecuencia sacan a relucir los que viajan. Mi nuevo compañero está en fecha de ser tratado desde que se levanta; y a ninguna hora, ni momentáneamente siquiera, recuerdo haberlo visto intratable. O es de un carácter inalterable, o un roce antiguo y sostenido con la buena sociedad lo ha refinado y pulido hasta el extremo de quitarle toda aspereza, habiendo sido el trabajo tan hondo, que jamás se trasluce en él un asomo siquiera de esa rudeza animal que hay en el fondo de toda naturaleza humana.

Al saber que yo era peruano exclamó:

—Ah! j'ai connu a Bruxelles un de vos compatriotes; il venait d'être bien cruellement éprouvé avec la morte de sa femme.

—¿Qui etáit-il?

—Mr. Barrenechea.

Así supe la viudez de nuestro buen don José Antonio. La figura desgraciadamente no le ayuda a tan fino compañero; y es feo, ridículo y extraño como un figurón o como un mamarracho. Sobre una cara bermeja lleva unos anteojos azules. Su melena es una peluca natural de color de azafrán, y amortiguada, árida y sin brillo como la de un difunto.

Asiéntese esta fea carátula sobre un cuerpo rígido y seco y bien entallado como el de una figura de palo, o como el de una doncella de cincuenta años que a lo mismo sale, y se tendrá una idea completa de mi individuo. Es Belcebú vestido de diplomático, siendo tan quebrado de cintura, que parece que lo hubieran cogido por ambos hombros y aplicándole la rodilla en el centro de la espalda lo hubieran doblado hacia atrás. Su cara, de cuyo color ya me he ocupado, tiene la forma convexa de uno de nuestros mates vuelto boca abajo.

A las siete de la mañana nos pusimos en marcha, seguidos de dos borriqueros a burro por esta vez pues el trayecto es largo. El de mi compañero se llamaba Aisawi, que equivale a Esaú, y, hombre aristocrático, porque también entre borriqueros hay categorías, había fletado a otro de humilde condición, que nos seguía a pie a guisa de peón caminero. El mío se llamaba Mousa, que equivale a Moisés.

Llegamos al Cairo viejo, y, como en la primera excursión, pasamos el Nilo y atravesamos el pueblo de Djizeh; y después de haber caminado por una serie de llanuras muy pintorescas, nos encontramos a la vista de las pirámides de Sákara, cuatro horas y media después de nuestra salida del Cairo.

Al salir del pueblo de Abusir, vimos terminar la vegetación y entramos en pleno desierto de arena; aunque por fortuna para tocar muy pronto al término de nuestro viaje.

Esta vasta pampa se halla sembrada de pequeñas pirámides, algunas inconclusas, hechas de piedras calcáreas o de ladrillo, y en número de diez y ocho o veinte. También se encuentran algunos pozos artísticamente construidos, donde se depositaban las momias de animales sagrados como serpientes, carneros y sobre todo ibis (garzas), sin que sean raras las momias humanas.

Fuimos a instalarnos en un templo desenterrado de la arena en 1850 y ya en gran parte nuevamente cubierto por ella. Éste era el templo de Serapis, descrito por Estrabón, y llamado hoy por los franceses Sera-Peum. Está muy bien conservado y es un lindo monumento. Se compone de un propileon o vestíbulo, que conduce, previo a otro vestíbulo, transversal, a un patio pequeño con su columnata en el centro. Sigue un pasadizo corto, y dejando a la derecha un cuartito que en templo cristiano fuera la sacristía, se entra en un cuarto de regular tamaño con sus paredes totalmente cubiertas de jeroglíficos en relieve, representando animales indígenas y escenas de la vida rural, todo muy bien conservado y grabado con una fineza y precisión sorprendentes. Las paredes del pasadizo y cuartito anterior se hallan cubiertas de dibujos análogos.

Los egipcios antiguos se complacían en reproducir con el punzón las escenas más insignificantes de su vida; y gracias a este prurito por dibujar, prurito natural desde que el dibujo era la escritura, nos han dejado sus monumentos plagados de delíneos que reunidos forman como una enciclopedia práctica de aquellos tiempos. Casi todos estos dibujos han sido copiados con admirable gusto y exactitud en la magnífica obra de Mr. Gardner Wilkinson (A popular account of the ancient Egiptians, in two vol, Londres, Murray, 1854) que es inseparable de la no menos notable obra de Mr. Lane sobre los egipcios modernos: An account of the Manners and customs of the Modern Egyptians, in three vol, Londres, 1846.

Mr. Lane es, además, traductor de Las mil y unas noches, y esta traducción, está enriquecida con un sinnúmero de eruditos notas y comentarios, es un manuscrito de saber, buen gusto y elegancia. De estas dos obras creo haber hablado anteriormente a mis lectores.

Los juegos de los egipcios, sus conciertos musicales, las escenas de su vida a campo raso y bajo el techo del hogar, y hasta los misterios de la cocina, todo ha sido trasladado a los muros por el punzón. Aquí se ve a unos individuos jugando con unas bolas; allá a una especie de mayordomo haciendo la planilla de los trabajos rurales.

> Y aun atados los pies en el establo,
> y echada con angustia atrás la frente
> de cuernos coronada inútilmente,
> vesé postrado a un buey dándose al diablo.

> Bajo el candente hierro cuya marea
> de la espaldilla la mitad le abarca;
> y en ligera espiral de humo al cielo
> sube el olor del chamuscado pelo.

Esta operación, que es la que nosotros designamos con la campechana frase de echar fierro, prueba que aún en los tiempos patriarcales se maltrataba y degradaba a las bestias, sin que tal vez sea moderno tampoco el uso más bárbaro todavía de mandar a Capadocia y a Castranza a los más vigorosos de nuestros potros y a los más fuertes de nuestros asnos. El gran cuarto en que acabábamos de entrar, y que se halla al fondo del templo, es el único que conserva su techo, compuesto de enormes piedras cuadradas, sin base ni capitel como todas las columnas de la antigua arquitectura egipcia, aunque en el Alto Egipto las hay con un capitel sencillo, semejante a un canastillo, en el que los arqueólogos creen ver un preludio del orden corintio.

Estas dos columnas de piedra ocupan el centro del salón y le dan un aspecto imponente. En una esquina se ve una gran piedra oval tendida en el suelo y rodeado de una gradilla, en la que un hombre de imaginación fácil creería ver el ara destinada para el sacrificio de la víctima.

No sabré decir si servía para eso o para tal o cual cosa: todo lo que puedo asegurar es, que si los arquitectos del templo hubieran querido dejar en dicho sitio una mesa cómoda y natural donde los futuros viajeros se sentarán a desayunarse, no la habrían imaginado mejor. Un montón de cáscaras de naranjas secas que vimos a un lado nos indicó que los viajeros, nuestros predecesores, habían opinado como nosotros. Así pues, nos sentamos en la grada, mi compañero a un lado, yo al otro, y la canasta de provisiones por delante, sobre la ancha piedra interpuesta entre ambos, que nos servía de mesa.

No tardaron en llegar los señores beduinos, que luego sienten al extranjero, y que con gran asombro mío no se asemejaban a los que había visto en las pirámides Djizeh, tan joviales e inteligentes. Estos, a más de llevar dos de ellos sus largas escopetas árabes terciadas al hombro y sus pistolas al cinto, eran todos de una gravedad, de una tiesura, y de una impolítica desesperantes. Uno de los así armados, que tal vez era el jefe, se cuadró delante de nosotros mudo e impasible y en apostura arrogante permaneciendo así hasta que nosotros nos escurrimos, cansados, no tanto de almorzar, cuanto de tenerlo por delante.

Yo dominaba mi miedo lo mejor que podía, y aun parecía exclusivamente entregado a mi almuerzo: no así mi compañero, cuyos nervios se hallaban terriblemente conmovidos, y como agitados y recorridos por los dedos de terror. No llevaba bocado a la boca sin presentarlo previamente al beduino diciéndole en italiano con aire y risa suaves como para interesar su curiosidad: Buono, buono. Nuestro convidado de piedra no le hacía el menor caso y continuaba delante de nosotros, en la misma actitud; un pie adelante, el cuerpo echado hacia atrás, la mano apoyada en el pomo de la pistola y la expresión del rostro lleno de desdén y de fiereza.

Aunque probablemente no abrigaba ningún mal proyecto, o solo pretendía imponernos o darnos un susto, su apostura, y sobre todo, sus armas delante de los que no las tenían, y hombres, además, bonachones como lo parecemos todos cuando comemos con buen apetito, nos parecían un insulto. Sus demás compañeros permanecían a la entrada, en postura menos soberbia, y todo nos hacía aparecer como unos prisioneros de guerra.

Yo estaba resuelto a mantenerme firme hasta el último trance; y a pesar de las consideraciones de mi compañero que quería dar a su miedo las apariencias de una probidad escrupulosísima, no consentí más tarde en obsequiarle sino un muy pequeño bagshish, pues en resumen de muy poco nos sirvieron (pues en resumen) tanto por su mala gracia y rudeza, cuanto porque unos de nuestros borriqueros, que había vivido en Sákara algún tiempo, conocía el terreno perfectamente y nos sirvió de guía.

No dejó de sorprenderme la docilidad con que más tarde se retiraron nuestros inoportunos acompañantes, sin hacer la menor objeción hasta que después supe que mi compañero, que era a quien de preferencia acometían presintiendo sin duda la parte flaca, había ido chorreando, uno tras otro, no sé cuántos chelines en la mano de cada uno de ellos.

Aconsejo a los futuros viajeros que no emprendan esta excursión sin ir escoltados por un dragomán, que conoce siempre a los beduinos se arregla fácilmente con ellos, da un aire respetable al viajero que acompaña, y le evita, sobre todo, la mortificación de tratar directamente con unos hombres que parecen abatirlo con la presencia de su larga carabina y de su par de pistolas.

Libres ya de los beduinos, entramos en los largos y tortuosos subterráneos que servían de crypta o hipogeo, como decían los griegos, esto es, de cementerios para enterrar a los monarcas a los bueyes sagrados conocidos con el sobrenombre de Api.

Mi compañero encendió una vela y yo otra, de las que habíamos traído del Cairo: y el rostro del primero irradió de satisfacción cuando improvisadamente nos hallamos con otros viajeros que nos habían precedido, y que tras sernos superiores en número, nos llevaban la ventaja de ir escoltados por un par de respetables dragomanes. Este acompañamiento inesperado quitó de encima a mi compañero el gran peso de su miedo, y le volvió el alma al cuerpo.

Los nuevos viajeros eran tres jóvenes ingleses, que nos acogieron con su acostumbrada glacial indiferencia, tanto que uno de ellos pareció enfadarse cuando mi compañero lo detuvo para encender su vela que se había apagado, sin duda por ir en mano que temblaba todavía con los últimos aleteos del miedo; y un joven mexicano, cuyo origen descubrí más tarde en mi travesía de Alejandría a Beirut, en la cual volví a encontrarlo. Tenía el tipo de un hijo de Albión; pero hablaba el inglés con una suavidad tan meridional, que me causaba extrañeza. Lo extraño de su aspecto dejó de sorprenderme cuando posteriormente supe de adonde era. Entonces también comprendí la mirada de simpatía que me asestó en los subterráneos, cuando oyó a mi compañero que, sin dejar de hablarme en francés, me llamaba don Pedro y en cuya mirada no fijé entonces la atención. A esto se redujo, en ese momento, la revelación de mi compatriota en América. Tal vez no fue más explícito por no faltar a la etiqueta inglesa... Mi nombre, pronunciado en tales circunstancias, debió causarle el mismo asombro que me causaba a mí oírlo hablar inglés con acento tan blando.

Nos incorporamos a estos nuevos compañeros mal que les pesara, porque no nos hacían el menor caso, por más que mi pobre compañero se despepitaba hablándoles inglés para congratularse con ellos. Por otra parte era de ver las proezas desairadas a que se entregó con furia, como para probarme, o más bien para probarse a sí mismo, que nunca tuvo miedo. No necesito decir cuáles fueron, pues raro sería el lector que no recuerde haberse hallado en circunstancias análogas a las que voy describiendo. Prescindo del silbar y el tararear que son los medios más comúnmente empleados por todo el que quiere aparentar que nada teme; prurito de todos los instantes, pues la idea del valor preocupa tanto al varón, como la de la hermosura a la hembra, comprendiendo uno y otro que sin aquello no hay hombría, y que sin esto no hay... ¿Cómo diremos? ¿feminismo? y ambos aspiran, como es natural, a poseer todo lo que sea eminentemente sexuálico, o característico de su respectivo sexo.

Mi compañero no silbaba ni tarareaba, sino que se valía de medios más estrepitosos para demostrar cuan distante se hallaba del miedo y saltaba y brincaba con arrojo y denuedo en todos aquellos pasos en que un simple tronco bastaba.

De trecho en trecho íbamos hallando unas veces a la derecha, otra a la izquierda, una especie de alcoba profunda, en cuyo centro se elevaba un sepulcro de piedra, de forma cuadrada, más o menos espesa. Si la comitiva se detenía a examinarlo, el entusiasmo arqueológico de mi compañero no tenía límites; pero no bien ésta se retiraba, corría a tomar la delantera fingiéndose plenamente satisfecho de su inspección.

Otras veces los ingleses, con esa curiosidad que con frecuencia raya en pueril y maniática, y que, sin embargo, es la que suele dar valor a sus relaciones de viajes, porque en ellos todo se espulga y explica, lo que ilustra al lector, con esa curiosidad que distingue al inglés, nuestros acompañantes, o más bien nuestros acompañados, pues nosotros los seguíamos a ellos y no ellos a nosotros, creyendo que era necesario descender hasta el fondo mismo de un sarcófago como si esperaran hallar en él algún tesoro o por lo menos una momia, escalaban sus lisas paredes ayudados de pies y manos y empujados por los beduinos; y no se crea que una vez que apoyaban la barba en la boca del sarcófago en cuyo fondo naturalmente no se veía otra cosa que polvo y telaraña, se daban por satisfechos, no señor, se montaban a caballo sobre el muro, y enseguida se dejaban caer adentro.

Salimos; atravesamos el pedazo de terreno plantado de palmas que precede la población de Sákara dejando a nuestra izquierda una sementera de pepinos de Castilla o cohombros, de que tanto uso se hace en Londres para confeccionar ensaladas (esta planta se origina en Egipto) y nos encaminamos a la llamada posada de Fernández.

Este nombre en tales regiones me causaba una agradable sorpresa; pero no solo no existía en el pueblo de Sákara el español que yo esperaba; no solo el tal nombre parecía simplemente una tradición que nadie sabía; sino que la posada no era más que un parador en pequeño porque todo lo que en ella se hacía era señalar al viajero el pedazo de suelo cubierto con una estera donde podía pasar la noche a la luz de las estrellas; a no ser que quisiera encerrarse en un cuartito cálido, infecto y plagado de pulgas y piojos. Nosotros preferimos la inofensiva intemperie.

Sákara como todos los pueblos egipcios, es idéntico a cualquiera de nuestros galpones con la diferencia que en el más humilde de éstos suelen hallarse algunas casitas resplandecientes de asco, limpieza y comodidad; al paso que en los pueblos egipcios, casas, calles, todo es una pocilga donde las menores plagas son las pulgas y los piojos, como ya tantas veces he notado. El suelo es eternamente polvoroso, y los caminos no son las espléndidas chaussées o calzadas de Europa, sino los infernales callejones de nuestra costa peruana. A sus lados se extienden vastos alfalfares entre los que crecen espontáneamente innumerables florecitas, rojas las unas como amapolas, otras amarillas, otras azules, muchas de forma aparasolada y el conjunto de los cuales ofrece un magnífico tapiz al paseante en burro. Estos campos de alfalfa se extienden sin presentar la menor eminencia, hasta perderse de vista, hasta confundirse con un horizonte azulísimo y sereno.

La hospedería de Fernández se componía de una cocina con su puerta a la calle sumamente baja, y dos cuartos tan lóbregos, que era imposible resignarse a pasar la noche en ellos; así es que los dueños de casa, que son dos viejas musulmanas y una chiquilla, proceden con gran prudencia, al reservarlos para su uso y el de los borriqueros, brindando al viajero con la azotea. A esta azotea se suele subir por una escalera de mano que forma un plano muy poco o muy nada inclinado por lo que la subida no tiene nada de cómoda.

Nos tendimos largo a largo en las flacas esteras que debían servirnos de lecho, y que componían todo el mueblaje de ese humilde terrado, teniendo la bóveda estrellada (que aún no lo estaba) por único techo. Desparramamos por el suelo unas cuantas naranjas que nos habían traído, y nos entretuvimos en comer acostados como los antiguos y como los cerdos; mas como debajo de nosotros se cocinaba, recibíamos el humo que se hacía a nuestros pies como los dioses del paganismo.

Un rato después fuimos a colocarnos en el parapeto o ante pecho que se elevaba sobre la puerta de la cocina, y que caía a la calle, y desde ese balcón nos fuimos a contemplar a un marido que zamarreaba brutalmente a su cónyuge en la azotea fronteriza. Unas veces la cogía por las mechas y la mecía; otras le arrimaba un par de pescozones, que después de hacerla titubear en un doble sentido, la dejaba definitivamente firme en su puesto, otros, en fin, la despedía con un puntapié y por las mechas volvía a atraerla hacia sí.

En esta pelotera rodaron hasta la calle, en donde el marido suspendió la operación, tal vez por respeto al público, y se volvió a su azotea. Las vecinas que impasibles habían contemplado el suceso, se acercaron entonces a consolar a la víctima, que lloraba y manoteaba con el enternecimiento de nuestras rabonas cuando sus soldados las acarician a puñetazos.

No tardó la mujer en seguir las aguas de su marido, retirándose tan alegre, tan feliz y tan aligerada, que parecía pedir albricias por la soba e ir entonando:

> En la cojera del perro
> y en lágrimas de mujer
> por ser cosas que no duran
> lo mejor es no creer.

A las cinco de la tarde volvimos a montar a burro y nos encaminarnos a Menfis. Al divisarlo no pudimos menos de exclamar con honda pena aquel patético y conocido verso latino:

> Etiam periere ruinae!

¡Han pasado hasta las propias ruinas! Pues todo lo que subsiste de la antigua capital de los faraones es un gran espacio plantado de palmas, en donde hasta los hoyos abiertos por los arqueólogos en sus frecuentes excavaciones se confunden con los trabajos de la agricultura, y más que con una mira científica, parecen abiertos por la pala del labrador.

El único objeto de antigüedad que vimos allí fue una inmensa estatua de Sesostris, como de unas veinte varas de alto, que yace acostada en el suelo plagada de inscripciones modernas debidas a la vanidad de los viajeros, que por dejar su nombre, no han vacilado en estropear hasta las facciones gigantescas de la cara; la nariz particularmente era un fárrago de nombres propios y fechas más o menos prolijamente grabados.

Después de haber pasado una noche lamentable en el pueblo de Sákara, regresamos al Cairo a la mañana siguiente. Al entrar a la ciudad tropezamos con el curioso espectáculo del entierro de un Paschá (Bajá).

Cuatro hombres llevaban en sus hombros el ataúd cubierto de un paño grana, y detrás venía un cortejo inmenso de mujeres a borrico, con la cara tapada como de costumbre, y montadas a horcajadas según la usanza del país, llorando y gritando plañideramente, o bien enumerando las virtudes y particularidades del difunto en voz alta como para encomendarlas a los cuatro vientos, diciendo por ejemplo, según nos tradujo el dragomán: «¿Qué se ha hecho aquel tan hermoso cuando pasaba en su caballo blanco? ¿Cuándo fumaba sus shiluk? (pipa)».

Los lamentos comparados de estas mujeres formaban un guirigay agudo muy semejante a una serie de quiquiriquíes lanzados al mismo tiempo. Delante del féretro marchaban dos cuerpos de infantería turca, divididos en dos cuadros haciendo honores militares al difunto, pues el título de bajá es un grado equivalente al nuestro de coronel. Dos hombres a camello precedían el acompañamiento, llevando cada uno de ellos un par de capachos a los lados en los que sepultaban las manos, sacándolas enseguida cargadas de dátiles secos, pan y naranjas que repartían a la famélica muchedumbre que probablemente bendecía la muerte del Paschá.

Más de un mes hacía que me hallaba en Egipto; el tiempo me venía estrecho; mis fondos se agotaban, y era necesario pensar en levantar las anclas. Di un adiós eterno a todos los individuos de diversas naciones franceses, ingleses, alemanes, italianos, suecos, rusos y griegos, que sucesivamente habían ido siendo mis compañeros de excursiones, o con los que había contraído alguna amistad; y reuniéndome con Gustave de Beaucorps, el más antiguo de mis compañeros, salí en compañía suya para Alejandría, en donde debíamos embarcarnos. El derrotero del vapor que nos conducía era: Jafa, Beirut, Chipre, Rodas, Esmirna y Constantinopla.

Mi cabeza iba llena de palabras y frases árabes aprendidas con los borriqueros: Bukra bakir, mañana temprano; Ma fish bagshish, no tendrás propina; aljántara, el puente, alcántara; Kata-el jerak, buenos días.

Me había pertrechado de diccionarios y gramáticas árabes; más tarde lo hice con las lenguas muertas hebrea y caldea. ¡Me proponía hacerme orientalista! Vine a Lima... y vi que con mascullar un poco la lengua propia que se habla había de sobra para llegar a personaje.

Capítulo XXXI
De Alejandría a Beirut. Compañeros de viaje. Pasatiempos a bordo. Jafa. Caifa. Beirut. El golpe de vista de Damasco. Callejones peruanos. La ciudad. La matanza de cristianos. Represalias. El cónsul francés. Un almuerzo damasquino. Salida de la caravana para la Meca

El 2 de abril de 1862 me hallaba fondeado en la bahía de Alejandría, a bordo de un vapor austriaco del Lloyd, listo para zarpar hacia Constantinopla.

El viaje debía durar ocho días, haciendo escala en Jafa, Caifa, Beirut, Chipre, Rodas, Esmirna y Constantinopla, que de otro modo, o sea, haciéndolo directamente solo dura tres días.

Mas como yo no estaba de prisa, juzgué preferible ir visitando siquiera de paso esos interesantes puntos.

Hasta entonces solo había probado los vapores franceses de las Mesageries. Ahora por primera vez en uno de los del Lloyd austriaco, que es otra compañía rival de aquélla, había pagado 332 francos por un pasaje de primera.

La comida era regular, y la mejor pasta de a bordo, el capitán, del que puedo decir que fue uno de nuestros compañeros de viaje, se llamaba Pietro Remedelli.

Los demás compañeros se reducían a un joven príncipe alemán, el príncipe de Putbus, señor de la isla de Rugen en el Mar Báltico, que recorrían el Oriente en compañía de la distinguidísima princesa arrastrando un tren verdaderamente regio, aristócrata pareja de que creo haber hablado ya a mis lectores en los primeros capítulos de estas Memorias.

También en el Hotel Coulomb del Cairo, había trabado amistad con otro príncipe a cuyo cuarto me iba a charlar las más noches. Era el príncipe de Gagarini, joven como de unos veinticinco años, mustio de pelo y amarillo y trigueño de rostro: en Lima habría pasado por mestizo. Era príncipe ruso.

Un distinguido alemán, satélite o cortesano de los príncipes, y un francés, monsieur Gustave de Beaucorps, compañero de mis últimas correrías en Egipto, y a quien ya he tenido el gusto de presentar a mis lectores, completaban la sociedad de a bordo.

El día lo pasábamos del siguiente modo: el príncipe a popa venía haciendo una guerra sin tregua con una escopeta de Lefaucheux, a las marítimas gaviotas, cediéndonos algunos tiros al capitán, a Beaucorps y a mí.

Por otro lado de la cubierta, la princesa copiaba del natural con un lápiz la larga cadena de montañas o cordillera a trechos nevada, por delante de la cual íbamos navegando con serena rapidez.

Los dibujos, perfectamente bien hechos, eran coloreados por el alemán.

Un día el príncipe se volvió a mí al mejor de sus tiros, y con malicia o sin ella, me preguntó en francés no muy bien pronunciado: Est-ce-que chez vou on connait la poudre á canon? (¿Conocen ustedes la pólvora?)

—Es una de las cosas —le contesté—, que más conocemos, y con que más familiarizados estamos, y no para bien.

No supo (pensé para mí), no supo Pedro de Candia, cuanto había de cundir en el Perú posterior sus mortíferas armas.

Mi compañero de camarote era un clérigo norteamericano, de semblante amarillo hasta rayar en lívido, ojuelos verdosos y siniestros, y boca comprimida, de esas bocas sin labios que parecen revelar la ira y la hipocresía.

Nuestro hombre que emprendía solo el viaje a Jerusalén, hizo varios esfuerzos por persuadirme a que lo acompañara; y habríalo conseguido, porque mi única razón para no entrar en Tierra Santa, era no tener quien me ayudara a disminuir los gastos y peligros que esa excursión, la única de

Oriente, ocasiona a los viajeros solitarios; mas el aspecto de mi compañero y su modo de hablar, todo trascendía a loco; y como yo recordaba la historia de un padre Ananías que había rodado por América, no quise exponerme a morir estrangulado.

Beaucorps, que por su parte tampoco quería meterse solo en Damasco, a donde se dirigía, me catequizaba para esta última ciudad: «Véngase usted conmigo, me decía, y a lo menos conocerá una ciudad de Siria». Y para acabar de persuadirme, fingía espeluznarse de mi compañero de camarote, asegurándome que no desearía verse solo con él en un paraje solitario.

Mas todos convenían en que era muy chocante haber venido desde el Perú hasta Jafa y no visitar Jerusalén: «Ése será el desconsuelo de la vejez de usted», me decían.

Pero la Ciudad Santa es la más inaccesible de Oriente. Para recorrer con seguridad y comodidad sus interesantes cercanías, como el Mar Muerto, el Jordán, etc., se necesita una escolta de soldados turcos y otra de dragomanes, cocineros, arrieros, una batería de cocina, una tienda de campaña, etc. Y ¿quién sobrelleva solo tanto gasto?, y ¿cómo ponerse solo a la cabeza de un regimiento tan enteramente musulmán?

Me decidí a acompañar a Beaucorps, mayormente cuando mi pasaje era valedero por dos meses, y cuando el príncipe de Putbus debía formar parte de la caravana.

En Jafa pasamos algunas horas, y pisamos su interesante suelo ligeramente cubierto de arena y entrecortado por cercas de nopales o tunales, y por embalsamadas callecitas de naranjos y limoneros, entre los cuales se veía grupos de mujeres y hombres haciendo sus abigarrados trajes, y acurrucados por el suelo en pintoresco desorden.

Beaucorps y yo hicimos alianza dividiéndonos una tan monumental naranja que parecía una cidra, y encerraba todas las zonas paladeables, desde la dulce hasta la agria, desde la sápida hasta la insípida, desde la jugosa hasta la seca, como si la naturaleza no hubiera tenido fuerzas para difundir por igual el gusto dulce en tan desproporcionada fruta.

Después de haber tocado en Haifa, y divisando de abordo el Monte Carmelo y su convento, y San Juan de Acre, la antigua Tolemaida, fondeamos en Beirut el día 5.

El puerto es malo y hasta peligroso y el aspecto del mar recuerda el de Iquique. Nos hospedamos en el hotel de Bellevue, y al sacar por la noche la nariz, de nuestro cuarto, tropezamos con una lobreguez tan fea y tan profunda, que dejaba atrás a la de los pueblos de Egipto, y nos hizo recular.

Lo más bello de Beirut es el paseo de los Pinos, cuya dilatada plantación surge delante del mar y en la misma infecunda arena. Estos son los famosos pinos conocidos entre otros nombres, con el de pinos de Burdeos o marítimos porque se avienen bien con la vecindad del mar, y con la arena, sin que exija nada para prosperar.

¿No habrá alma caritativa que los lleve a esos muertos arenales del Perú?

Una tarde me paseaba por el referido paseo, y vi una familia maronita que agazapada a la sombra de los pinos, festejaba el día feriado a la manera patriarcal y primitiva que acostumbran los orientales.

Se comía, se bebía, se rascaba un rabel de cuando en cuando, desplegándose toda clase de comestibles, bebestibles y de utensilios traídos de casa como para pasar un día de campo.

La reunión parecía, además, tener por objeto, obsequiar a una familia rusa de carpinteros, a lo que supongo, pues traían caras y narices hechos como a formón. Constaba de marido, mujer y niño, que se asemejaban a aquellos tantos mamarrachos de nuestros pueblos, cuando reciben la adoración estólida de cuatro cholos fanáticos.

La familia obsequiada se mantenía a cierta distancia, y quería aparentar dignidad aunque le costaba trabajo. Padre, madre y niño eran de un aspecto, plebeyísimo, y de una fealdad hórrida como de calavera, como de potrero inculto, como de muladar cubierto de herraduras y zapatos viejos, como todo en fin lo que en su fealdad es árido, seco y escabroso. A pesar de esto se les halagaba respetuosamente, porque en Oriente el europeo más descamisado y plebeyo es una especie de hijo del Sol.

Los rusos recibían la ovación desde unas sillas que componían su pequeño Olimpo. En esto una de las muchachas maronitas se levantó y se dirigió al niño llevándole un gajo de naranja. Corrió el muchacho a su encuentro, cayose el gajo en la tierra, ensuciose, recogiole la maronita y se puso a limpiarlo, mas ¿cómo? Primero le pasó al revés de la mano, enseguida lo lavó...

con saliva escupiéndolo, y secándolo por último con la palma de la mano, se lo presentó limpio (?) al muchacho que lo engulló de un bocado.

¡Raro modo de entender la limpieza!

El 8 salimos para Damasco. El príncipe traía cocinero, tienda de campaña, mukras (arrieros) y todo lo necesario para que no tuviéramos que hospedarnos en los malos pueblos del camino.

La primera parte de la jornada es interesante, y discurre por entre jardines y casas de campo. Se pasa por el paseo de los Pinos, pinos que van haciéndose raros, a medida que se asciende al Líbano, de cuya cumbre, 1.800 metros sobre el nivel del mar, se disfruta de una soberbia vista, presentándose en anfiteatro risueñas colinas, quintas, poblaciones, Beirut y el Mediterráneo.

El resto del camino, salvo trechos, es enteramente salvaje. Los cerros verdean a lo lejos con un verde que más que musgoso parece mineral; el suelo se asemeja al lecho de varios torrentes; ni flora ni fauna. El viaje fue monótono; en cambio al regreso debía ser cruelmente animado como lo verán mis lectores en el capítulo correspondiente.

Dos días después de haber salido de Beirut, cansados de lidiar con las malas bestias de alquiler y con los mukras, llegamos a la peor parte del camino, cuando de improviso saliendo de un mar de áridas rocas, vimos extenderse a nuestros pies y a gran profundidad, y con una extraordinaria magnificencia, la vasta, la fértil, la risueña llanura de Damasco, en cuyo centro se elevaban en grupo los minaretes y las cúpulas de la ciudad sarracena.

Dos cadenas de cerros cierran por ambos lados el valle, que se extiende hasta perderse de vista. Por primera vez comprendí las Mil y Una Noches, y mi impresión y mi sorpresa fueron idénticas a las que más de una vez había experimentado en la costa del Perú, cuando al salir de una nueva pampa de arena, se halla uno inopinadamente con la perspectiva de los verdes y espesos bosques de la rinconada de Mala.

Mas la ciudad oriental, sentada del modo que he descrito, recordaba más bien aunque con alguna vaguedad, a Lima vista desde Miraflores, con la diferencia que por acá no se conocen tan acentuadas ni las escaseces del Rímac, ni mucho menos los lastimosos desperdicios de sus aguas.

El bullicioso Baradá, distribuido sabiamente en grandes y pequeños canales reparte los beneficios de sus frescas aguas, no solo por toda la verde sábana de que he hablado, sino que las lleva una por una al interior de todas las casas, en cuyas viviendas se ven fuentecitas octógonas de diversos mármoles que alegran y refrescan la vista de día, y regocijan el oído por la noche con el rumor del agua que surte en menudas gotitas.

Bajamos por una rápida pendiente y no tardamos en llegar al llano y en tocar el primer término de la vegetación dejando a un lado una de esas arruinadas capillas de Santones, de elegante cúpula tan comunes en Oriente.

Acto continuo entramos en una serie de callejones tierrosos, formados por tapias, sombreados por árboles frutales y despidiendo un agreste olor a hoja seca ilos callejones peruanos!, que no veía desde hacía cuatro años, pues en Europa los caminos están formados de otro modo, ni se conocen tapias, sino cercas vivas de boj y otras plantas, que en honor sea dicho de la verdad, son mucho más hermosas y casan mejor con el campo, que las feas tapias de adobe.

Por segunda vez me creí en la rinconada de Mala y en las arboledas que conducen al río.

Damasco, situado a dos días de la costa, y separado de ella por un camino salvaje e ingrato, es lo menos europeizado de esas regiones, y se diría que en su seno ha venido a refugiarse el Oriente, perseguido en Egipto, Esmirna y Constantinopla por el gas, los ferrocarriles, los carruajes, el comercio y otros agentes extranjeros.

El que quiera pues beber un Oriente puro, venga a Damasco. Aquí casi no residen europeos, y los muy pocos que se ven acaban de llegar de Jerusalén o Beirut y están de tránsito; ni hay insignias exteriores que recuerden la civilización europea, porque aún sobre la puertecita enteramente árabe del hotel, no se ve más que una enorme cifra arábiga.

La única tienda que vi y que era una quincallería, estaba arrinconada en el bazar, sin letrero, divisa, ni nada que recordara su nacionalidad. Creo que aún a los cónsules no se les permite el escudo en el frontispicio de su casa. Todo ha de hablar árabe y ha de referirse a Alá.

El feroz fanatismo de los damasquinos es intransigente, y entre ellos el europeo no encuentra la menor muestra de simpatía y adhesión, como tan común es en Egipto.

En esos días estaban frescas las huellas de la atroz matanza de cristianos, que había conmovido a la Europa entera, y a todo el mundo civilizado.

El barrio o cuartel de los cristianos, que por esa circunstancia era una de las más recientes y sangrientas curiosidades de Damasco, solo presentaba un laberinto de paredes, destechadas y en parte calcinadas, porque el fuego había sido empleado en la gran hecatombe.

De ruina en ruina fuimos a parar a un cuarto y capilla cristiana donde residían unos sacerdotes españoles de la Rioja, que como unos pocos cristianos más, habían salvado, merced a la caridad del Emir Abdel Kader, y otras almas piadosas del lugar.

Estas fueron recompensadas ampliamente por Napoleón III, y un afilado viajecito de Damasco, en un almuerzo que dio al Representante de Francia llegado en esos días, y a que nosotros fuimos invitados por este último, mostraba abierta sobre el diván una de esas cajas de escopetas de Lefaucheux, de gran valor, que le había sido enviada por el Emperador de los franceses, por su buen comportamiento en la última catástrofe.

Si las recompensas no se hicieron esperar, mucho menos las potentes y vigorosas represalias que en esos momentos pesaban sobre Damasco, y lo tenían aterrado de su propia obra.

Las principales potencias de Europa se habían coaligado con la presteza y energía tan propias de la verdadera civilización, que no se deja dominar por esa compasión imbécil, de que tanto se jactan los pueblos atrasados.

Impuestos, tributos, exacciones, embargos, penas corporales, todos los males juntos oprimían al pueblo de Damasco, urgido sin misericordia por sus propias autoridades, que ya creían oír tronar a sus espaldas los cañones de la Europa vengativa.

Las numerosas y fuertes contribuciones impuestas para resarcir a los cristianos de daños y perjuicios, iban a levantar como por ensalmo en su mala hora destruido barrio. Yo, acostumbrado a deplorar calamidades sin remedio y sin castigo en regiones poco menos que antípodas, me sentía vivir al ver aquí la pena eficaz y satisfactoria tan inmediata al criminal y antojadizo atentado.

—Esto es vivir —me decía yo—, al amparo de la Sabiduría, y no vegetar al desconsuelo de la Imbecilidad.

El hijo del recién llegado representante francés, que lo diré de paso era un mozuelo altamente impertinente, se paseaba por las calles altanero, siempre con la mostaza en las narices y repartiendo vigorosos corbachazos a diestra y siniestra. Los que le acompañaban, nosotros, y el mismo pueblo damasquino, parecíamos absortos de que tales latigazos pudieran caer impunemente sobre la cerviz jamás encorvada de los altivos damasquinos. ¡A tal extremo los había traído el miedo!

En el almuerzo dado al Cónsul francés, que asistió con su señora e hijo, y Beaucorps, el Príncipe y yo llevados por él, se sirvió en el centro de una pequeña mesa redonda, un grande y piramidal lebrillo de arroz, embutido y taraceado a trechos de huevos duros y presas de gallina.

Cada uno de nosotros buscó su filón o veta por ese cerro, y se dio a explorarlo armado de sus dedos, un cacho de pan y a lo sumo una cuchara de madera.

Los lebrillitos de leche vinagre discurrían por la base del cono de arroz, mientras que nuestro árabe anfitrión sentado al frente a la oriental con sus piernas cruzadas sobre el diván, velaba su escopeta, fumaba el shibuck y nos miraba beatíficamente, entendiéndose con señas con nosotros cuando se ofrecía.

La casa era como cualquier otra que describiré más abajo.

Con la misma familia del Cónsul asistimos otro día, a uno de los más curiosos espectáculos anuales que tiene Damasco, y es la partida o desfile de la caravana o romería que sale para la Meca.

Nos hallábamos en una larga y ancha calle como de pueblo, no como de ciudad, instalados nosotros mismos en un balconcito enteramente morisco, de madera sin pintar y exornado de las peculiares celosías, tal como aún quedan algunas en ciertos claustros de Lima.

El desfile duró todo el día, y se verificaba en camello y a pie. La giba de cada uno de esos infatigables cuadrúpedos, era una montaña, un castillo. El hombre, el jefe de la familia, ocupaba el centro, y a los lados iban cómodamente mujeres y niños, vajilla y menudencias acomodados en jamugas o artolas o capachos de panadero de Lima, que las fuerzas del gibado animal alcanzan para todo.

En la mano de los hombres solía ir el narguile de viaje nacional, hecho aquí como en el Cairo de dos carrizos en ángulo recto, atravesados en una nuez de coco, que es la que borbollonea el agua al espirar el tabaco de la cazoleta que corona la punta superior.

Otros llevaban la pipa de viaje, la pipa del desierto que desde luego es más corta que el shibuck ordinario, y remata en una boquilla, no de ámbar, sino de frío zinc para refrescar esos labios que han de secarse en los penosos arenales.

Con el mismo fin va una esponja primorosamente ceñida alrededor del tubo y debajo de la boquilla; esponja que se moja de cuando en cuando, y así el humo llega fresco a la boca. Una de estas pipas figura hasta hoy entre mis curiosidades de viaje.

La comitiva desfilaba unas veces tupida, otras rala, otras se adelgazaba hasta ser un solo y desairado jinete en dromedario al punto de vista único de los mirones... Otras veces, en fin, la reducción era más completa, y quedaba saltando en medio del camino y haciendo gestos extravagantes un hombre en cueros vivos, uno de esos Santones tan comunes en Oriente, y que no son más que infelices amantes a quienes la enajenación mental de que son víctimas hace pasar por santos en estos supersticiosos países. Se cree que su alma está con Alá.

Mis lectores excusarán el brusco salto que he dado desde las puertas de la ciudad y parte puramente descriptiva hasta estos episodios y finales de mi mansión en Damasco.

Volvamos al punto de partida y pasemos al otro capítulo.

Capítulo XXXII
El silencio de Damasco. El Kief. Europeos y orientales. Calles de Damasco. Las mujeres. El hotel. Casas damasquinas. Los bibelots. Ibrahim. Los cafés. Los baños. Nuestra inacción

Los transeúntes apenas nos miraban o si lo hacían era con la mayor indiferencia, y nada lograba interrumpir ni el carácter taciturno de las gentes ni el silencio misterioso de la ciudad.

Silencio en que apenas suspiran las brisas, se agitan los árboles y murmura el Baradá, y que produciéndome el efecto de un sueño o sopor agradable, me inspiró el siguiente soneto, en que hablo como quien se acuerda:

>Soñé con la morada del reposo,
>en cuyo dulce celestial letargo
>jamás atruena el tráfico enojoso
>con su agrio chirrío y su estridor amargo.
>
>Los ríos en silencio majestuoso
>iban de su ribera a lo largo:
>sitio más veraniego y más sabroso
>no se pudiera hallar ni por encargo.
>
>Las campiñas en redor mullida alfombra,
>al Sol opuestos árboles gigantes
>tendían en los prados su gran sombra.
>
>Y dulces los segundos, los instantes,
>dulces íbanse allí las horas quietas
>sin coches, sin pregones ni carretas.

Me hallaba ya en las puertas de la ciudad, de una ciudad de 150.000 almas, era de día, y a juzgar por el extraño silencio, me habría creído o muy lejos de ella todavía, o en plena media noche. Las gentes iban, venían, hasta creo que hablaban, pero con natural sigilo, sin dar señas de vida, siendo aquello como la vida en la muerte.

>Las gentes en silencio rumoroso
>iban de las aceras a lo largo.

He aquí me decía yo, el pueblo del arrobamiento, del éxtasis, del Kief, en fin, para adoptar su misma palabra que no es más que la reverie de los franceses hecha crónica.

La fantasía de los árabes, soñolienta o más bien soñadora, tiene pasión por ese estado beatífico del ánimo que ellos llaman Kief y que con diversos nombres, es propio a todos los hombres, más por excepción, por acceso; al paso que aquí el Kief, la reverie son el estado constante, la vida toda de los felices individuos, por lo cual el shibuck, el narguile, y el findjean en que se sirve el café, tienen tanto empleo como que son los que preparan el ánimo a los ensueños.

¿Quién tendrá razón (me pregunté muchas veces mientras residí en Oriente) el habitante de Londres, consultando cada cinco minutos su reloj, comiendo de pie y sin quitarse el sombrero delante de uno de los mostradores de la City, el hombre del tren expreso, o el pacífico oriental, arrastrando un muchachito especial, el Shibuquier, para que le cebe la cazoleta del shibuck y otro para que le aderece el café; calzado de flojas babuchas, y vestido en holgadísima ropa?

¿Quién tendrá razón, el que parece creer que solo le quedan minutos de vida o el que aparenta contarla por siglos?

Unas veces creía que los orientales eran unos estúpidos, otras que los europeos eran los que iban descamisados.

Mientras tanto y, por primera vez, yo iba caminando por muy regulares calles para ser de Oriente. El centro o calzada estaba a la rústica, pero había aceras formadas de irregulares baldosas polígonas como las que vimos en Lima antes de las actuales, y como las que hasta hoy subsisten en el centro de las calles de Pompeya.

Del mismo modo no recuerdo haber tropezado (¡y qué bien viene aquí el verbo!) con empedrados puntiagudos como los nuestros, de cabezona piedra de río, sino en los pueblos más secundarios de España como el Escorial y otros.

Por esas aceras damasquinas veía yo desfilar en silencio muchachas adolescentes (sino mentían las formas), altas, derechitas, envueltas de pie a cabeza de grandes mantos blancos que parecían sábanas o sudarios, con calzado de badana amarilla que subía hasta más arriba del tobillo a manera de borceguí, y velada la faz mucho más rigurosamente que en Egipto, con espesos pañuelos floreados, por entre cuyos no muy abiertos hilos les es forzoso ver su camino.

Blancas e inmaculadas palomas parecían al volver la cabeza a un lado y otro con un embarazo lleno de gracia, motivado por la dificultad de ver por entre un antifaz tan grosero.

Cuando por un incidente cualquiera dejaban ver la última cosa, la vida que faltaba, dos negros e inquietos ojos azorados, selváticos como los de una gacela o como los de una paloma torcaz, la ilusión llegaba a su colmo.

Una paloma puliéndose y repuliéndose, y mullendo y aliñando su plumaje al borde de una fuente, no arquea su cuello ni lo mueve con más graciosa voluptuosidad que una joven damasquina viendo por donde ha de pasar.

El meneo de la cabeza y cuello, peculiar a las mujeres de Damasco por lo cerrado del antifaz, que hace difícil su marcha, convierte a cada una de ellas en una especie de Sara en el baño, como la descrita por Víctor Hugo:

> Sara belle d'indolence
> se balance etc.

pues se balancean al andar con la más cadenciosa indolencia.

El velo es una especie de celada de caballero antiguo pues va encajado en el marco que le forma el manto, que cae de la cabeza, se ciñe alrededor de la cara, se cruza bajo la barba y baja en mil pliegues hasta el suelo, realizándose por completo el hecho de la mujer tapada.

El lector comprenderá que con las digresiones, observaciones y descripciones que preceden, hemos tenido tiempo de sobra para llegar al hotel.

El dueño es un griego que después de haber recorrido mucho Oriente acompañando a viajeros europeos como intérprete, dragomán, criado, en fin, como lo que los franceses de aquellas regiones llaman courien, ha llegado «al término legal de su carrera» que es el de posadero.

La fonda se llama Locanda, y el dueño Dimitri, como casi todos los griegos.

La puertecita que teníamos delante, aunque era la que en Lima llamamos puerta de calle, no pasaba de una puertecita como la de un cuarto de pobre. Sobre ella se desparramaba una cifra arábiga, y a lo largo de la blanqueada pared corrían paralelas fajas pintadas de azul y rojo, con lo que queda descrito, no solo el de mi Locanda, sino el frontis de cualquier casa de Damasco.

Al pasar por la puertecita, casi tuve que hacer una zalema, tan era ella de baja. Entramos a un zaguancito enmarmolado y de bajas paredes, pequeño vestíbulo o portal con su poyo para el descanso junto a la puerta, y al fondo del cual está la abertura que conduce al patio de la casa que parece un traspatio de Lima.

En el centro surgían algunos naranjos y limoneros, y una fuentecita incrustada de menudos mármoles de diversos colores.

A los lados corrían portales de altos arcos ojivos y complicadas cornisas y cuyo piso estaba cosa de un pie más alto que el del patio. Allí se encontraban divanes, nichos incrustados en las paredes, todas las comodidades y caprichos de la arquitectura arábiga; y al tenderse de espaldas, veía unos florones, rosetones y mil molduras y filetes artesonados en el pecho.

La sala que se nos asignó contenía todo lo descrito en el párrafo anterior, y a pesar de ser ya una vivienda y no un portal abierto, goteaba y murmuraba en su centro una nueva fuentecita, como la del patio, que debía arrullar nuestro sueño en las respectivas alcobas que se abrían a los lados.

La casa de Dimitri y aún parte de Damasco, se habían alborotado por la llegada de un emir (príncipe). El uno, el posadero, preveía (y no se equivocó) que el champán correría en abundancia en la mesa a expensas de Su Alteza, y los otros, los sórdidos comerciantes del bazar, aprestaron las mil antiguallas buscadas con avidez por la mayor parte de los europeos que pasan por Damasco, y a que los franceses dan el nombre genérico de bibelots. Beaucorps venía soñando desde muy lejos con los bibelots que eran en él una manía; el Príncipe, no tanto; pero las libras esterlinas se desgranaban de su locupleto bolsillo con la mayor facilidad, mientras que mi pobre compañero francés sudaba antes de exprimir una sola moneda de oro de veinte francos. La princesa se había quedado en Beirut.

Mientras comíamos, los vendedores de antigüedades esperaban a nuestros pies, sentados en el suelo a la oriental y teniendo expuestas por delante, como para tentar nuestra codicia, las pretendidas hojas damasquinas, los nielados bronces, las teteras, cafeteras, aguamaniles, etc., todo cubierto de un venerable orín o herrumbre... que tal vez no databa sino de la víspera, porque también en Damasco, como en Nápoles y como en todos los lugares donde las antigüedades son un negocio, se improvisan antigüedades.

Yo confieso que permanecía impasible ante esos abollados jarros que pretendían haber servido a los Califas, y que tantas libras esterlinas arrancaron al manirroto Emir.

Nuestro único comensal era un médico italiano, don Alejandro Medana, que residía en Damasco desde hacía seis años, y mediante el cual pudimos visitar muchas casas judías de su clientela, y hasta asistir a un matrimonio.

El solo guía de europeos en Damasco era el judío Ibrahim, cuya larga y blanca barba, a trechos dorada como una pipa culotée, cuyos labios gruesos y cuya cabeza enterrada en las espaldas como la de un Atlas, y rodeada de un turbante, recordaban esas tete d'étude a deux crayons de las aulas de dibujo. El muy bellaco pretendía hablar italiano, mas nunca pudimos entendernos con él sino con señas.

Cada vez que le significábamos el deseo de que nos llevara a la casa de una ragazza onesta, el taimado judío llevaba la mano por el filo a la altura de su garganta y se fingía degollado.

Los más interesantes Cafés de Damasco son los que se hallan situados encima del mismo río, casi a flor de agua, sobre estacas bajitas o zampas; y no siendo como construcciones sino meras barracas, y con las tablas del piso más o menos desunidas, los concurrentes ven bullir bajo sus pies casi mojándoselos, las aguas del Baradá.

Los establecimientos de baños públicos, de agua caliente y vapor, tan característicos del Oriente como los cafés públicos del Occidente, son hermosísimos en Damasco, y los más agradables de esas regiones.

De ellos en general, daré una idea al hablar de los de Constantinopla.

Beaucorps y yo en los de Damasco pretendíamos hacer Kief pero no nos salía.

Ese estado beatífico en que los árabes caen con frecuencia, si es que no viven siempre en él, es incompatible para el occidental, con su sangre activa, con su vida de telégrafos, vapores y con su idea instintiva y vanidosa de que él es un factor de progreso, y de que ha venido a este mundo a cumplir una misión.

Mi hermoso, aunque cascado y gastado compañero de viaje, tendido en el blando diván, envuelto en amplios paños, traspirando y con un café o helado y el narguile al lado, se mantenía lo mismo que yo con tamaños ojos abiertos como dos pesetas, pensando cuando menos en la política europea o en alguna operación de la bolsa.

¡Lindo modo de hacer Kief!

A la larga empezábamos a entrar en una torpe modorra, en una siesta española con su acompañamiento de ronquidos.

Capítulo XXXIII
De Damasco a Beirut. Los ingenieros franceses. El viernes santo en el Líbano. Tempestad deshecha. El Jan. Un tugurio árabe. Chipre y Rodas. Esmirna. Metelín y el cabo Baba. Ténedos. Los Dardanelos y Galípolis. El Cuerno de oro

El 17 de abril de 1862 a las cuatro y media de la mañana salíamos de Damasco para Beirut después de haber pasado unos ocho días en esa espléndida ciudad de la Siria. A la ida habían sido mis compañeros de viaje, un personaje alemán, el príncipe de Putbus, señor de la isla de Rugen en el mar Báltico, que viajaba con la princesa y un séquito verdaderamente princier, y un caballero francés que respondía al nombre de Gustave Beaucorps, que le iba a las mil maravillas.

La princesa, que recorría el Oriente por prescripción facultativa, buscando alivio a una enfermedad de pecho; y que según el almanaque de Gotta, falleció en sus estados cuatro o cinco años después, quedó en Beirut con su acompañamiento. Con esta ilustre familia y Beaucorps habíamos hecho la travesía desde Alejandría de Egipto. La princesa era uno de esos tipos ideales de princesa que los republicanos de por acá, que no los conocemos sino por las novelas y cuentos, nos solemos fingir. Si no lo hubiera sido, habría merecido serlo, y metafóricamente cualquiera podría haberla llamado así. Joven, bella, delicada rubia, lánguida y con esas manos y pies de limeña que en Europa no se ven sino por excepción, parecía evaporarse entre el mar y el cielo cuando sentada en la cubierta del vapor dejaba correr sus dedos por las páginas del álbum de viaje, copiando con lápiz el Carmelo y otros montes y cordilleras que iban desfilando a nuestra vista.

Putbus solo permaneció en Damasco dos o tres días, y satisfecha la curiosidad y hecho el acopio de las tradicionales hojas damasquinas, y piezas de vajilla cubiertas de cerúleo herrumbre, que el Emir (así se le llamaba sabiéndose su título nobiliario) pagaba con mano larga, regresó al puerto.

Beaucorps y yo pertenecientes a la bourgeoisie, nos quedamos hechos unos pánfilos: aquél deseaba además escatimar y regatear sus bibelots (nombre colectivo de las curiosidades) jurando que el Emir le había echado a perder los precios.

Salíamos apenas de la ciudad cuando se descargó una borrasca que nos acompañó fielmente hasta las puertas del hotel de Beirut, debido a lo cual pusimos tres días en una jornada que a la ida hicimos en dos, que es lo que ordinariamente se pone, y pasamos el viernes santo de una manera bastante original: desde luego azotados y sacudidos por un ventarrón insoportable, o por la lluvia, o por el granizo que apedrea de un modo cruel; y más tarde hospedados o más bien refugiados en una casucha miserable, en un pueblo idem, donde pasamos la noche.

El sábado de gloria a la hora en que en Lima estarían cantándola en San Pedro, a corresponderse las horas, yo tiritaba de frío, y tenía los dedos adoloridos y batallaba con los trastornados elementos en las entrañas del monte Líbano, todo cubierto de nieve, que caía con su acostumbrada glacial impasibilidad.

El 17, fecha de nuestra salida, anduvimos todo el día hasta las cuatro de la tarde en que llegamos a un pueblo llamado Meshdel, situado en una de las muchas ramificaciones del Antilíbano; pueblo que nada tenía de pintoresco como el resto del camino, en que apenas se ve un árbol, sino un césped menudo en las llanuras y unas zarzas áridas en las montañas.

Teniendo las casas de este pueblo como todas las demás sus techos planos, y estando construidas en la pendiente del cerro, el pueblo parecía una grande y ancha escalera. Trepamos hasta una de aquellas situada en la cima donde nos hospedáramos a la ida y en donde residían un ingeniero francés con sus empleados que construían entonces la carretera de Beirut a Damasco. Negligentes como la mayor parte de los europeos establecidos en el país, no habían hecho nada por procurarse algún bienestar en la casa en que vivían hacía un año y en la que debían permanecer probablemente otro más. La casa seguía como salió de manos de su constructor indígena, sin que hubiera más que la caja de fierro para el dinero, los catres de lo mismo y alguna que otra cosa que le diera un color extranjero.

La comida fue escasa y pobrísima, y peor el servicio, reduciéndose la primera a agua hervida con pan, como sopa, y a carne cocida. Al día siguiente Viernes Santo el mal tiempo se declaró por completo, a pesar de lo cual nos pusimos en marcha a eso de las nueve de la mañana. Entramos en la única llanura que se encuentra, que se extiende entre el Líbano y el Antilíbano, más larga que ancha, por lo que parece un gran callejón, y en la que el vendaval o huracán soplaba de lo lindo. Para librarnos del pedrisco del granizo nos arropábamos las orejas y la cara con lo que podíamos; llevábamos una mano al bolsillo... pero la otra tenía que quedar de guardia con las riendas en la mano y sufriendo el apedreo. Adolorida al fin, iba también a buscar refugio en alguna parte; pero entonces la cabalgadura, a quien la granizada verberaba por el anca, hallándose con la rienda suelta disparaba como una flecha y aumentaba nuestros apuros.

La ropa que traíamos era de rigurosa estación, de primavera, y veníamos vestidos de nanquín y de dril de hilo de pie a cabeza; así es que el agua tuvo muy poco que hacer para calarnos hasta la médula de los huesos. Al cabo de hora y media de marcha nos fue forzoso detenernos molidos y mojados en un gran Jan situado en medio de la llanura que se llama la Celesiria.

El Jan (así lo hemos oído pronunciar, pero los europeos que no tienen idea de la aspiración de nuestra jota, escriben khan). El Jan es lo que en el Perú llamaríamos un tambo, aunque muy inferior a éste en lo tocante a comodidades, pues puede decirse que todo lo que encuentra el caminante es un piso fangoso, las paredes de adobe y los techos de paja de sus oscuros cuartos. Almorzamos nuestras provisiones y unos huevos duros y un lebrillo de leche vinagre que obtuvimos en el Jan. La leche vinagre, servida sin miel ni azúcar, es como el pan de los orientales y como la sandía del roto chileno por el grandísimo uso que tiene. En las grandes poblaciones como Constantinopla y Atenas, pueden los europeos acompañarla con la exquisita miel de abejas del Himeto, que se encuentra siempre en la mesa redonda de los hoteles.

Como estábamos muy mal instalados y comenzábamos a comprender que nos sería imposible continuar nuestro viaje hasta el siguiente día, resolvimos trasladarnos a un pueblecillo situado al frente por donde habíamos pasado, y donde nos mostraron la mejor voluntad en una casucha en que entramos a guarecernos de la lluvia momentáneamente. Nos trasladamos pues a esta pascana, inferior a cuantas puedan encontrarse en nuestra costa, aun cuando las de la sierra me figuro que no le irían en zaga. Un solo y mismo cuarto servía en ella de cocina, de recibimiento y de dormitorio común. Nosotros que estábamos transidos de frío nos arrimamos a lo que uno de nuestros irreflexIVos croniqueros habría llamado poéticamente el hogar; y que no era sino un vulgarote fogón de cocina. Pero soportábamos con gusto el humo que nos hacía lagrimear, en gracia del abrigo. La familia mostraba la mejor disposición y se componía del padre, que era turco y se llamaba Mastafá, de su mujer, cristiana con el nombre de Sofía, de su suegro, de una hija, muchachona cuya cara revelaba una honrada e inofensiva estolidez, y que respondía al nombre de Fatomí; y de otra de la misma edad y talla aunque distinta de la anterior, pues sus ojos que eran hermosísimos, expresaban mucha inteligencia y penetración; y ella era la que hacía los honores de la casa y la más previsora; aunque supimos que no tenía puesto determinado en ella y que era una especie de huérfana recogida.

Hablaba algunas palabras de francés, que no pasaban de cuatro, y se llamaba María. Era la que nos miraba y atendía con más interés; y tanto por esto como porque los otros nos decían a cada rato señalándola: «Católica, francesa», con cierta intención, supusimos que tal vez era la única cristiana (maronita) en la casa, donde parecía extranjera.

Para comprender esto y otras cosas nos veíamos en grandes apuros, pues no traíamos con nosotros más que nuestros mukras (arrieros) que naturalmente no hablaban sino el árabe. Se preparó la comida a nuestra vista, y se compuso de una gran olla de leche con la que mi compañero hizo una famosa sopa, porque aunque era lo que en francés se llama un belhomme y parecía un guerrero de la Edad Media, se las entendía de culinaria y gastronomía y era voraz y glotón como cualquier hombrecito rechoncho y vulgar de nuestros días.

Cuando comía era implacable, y a poco que yo me descuidara, me dejaría en ayunas, mayormente tratándose de leche que él bebía a cántaros.

Vino después un gran lebrillo de arroz bien guisado, huevos duros y la indispensable leche vinagre. Esta comida fue mucho más apetitosa y variada, aunque sencilla, que la de los ingenieros; y estuvo más en armonía con la solemnidad del día, puesto que fue de viernes. Nuestros cubiertos se redujeron a dos cucharas de palo, y no habiendo ningún mueble en el camaranchón, nos sentamos en el suelo, al canto de los dos flaquísimos colchones que se nos había tendido para que nos sirvieran de cama.

En esto y otras cosas se nos pasó hasta las siete de la noche, en que comenzamos a sentir la necesidad de ir a dar una vuelta por afuera, con el objeto de desentumir las piernas y de respirar mejor aire; pero la cosa era poco menos que impracticable, porque a más de estar el patio enfangado con la lluvia, un apretado rebaño de carneros lo llenaba de bote en bote desde la puerta de la calle hasta la de nuestro aposento, contra la cual se estrechaba. Mi compañero salió el primero y tuvo que volverse luego, yo le seguí y apenas pude avanzar poquísimos pasos encharcándome como él hasta el tobillo.

El patio despedía la misma pestilencia de una pocilga; y a cada rato durante la noche nos venían gruesas bocanadas de aire infecto, cada vez que la desvencijada puerta cediendo a la presión de la manada, se entreabría chirriando ingratamente sobre sus enmohecidos gonces.

Los chillidos de un chico que dormía en una cuna baja, el toser de un viejo, el roncar de otro, porque contando con los mukras éramos quince los durmientes o con más propiedad los yacientes, todo contribuía a mantenerme en prolongada vela. Apenas serían las nueve cuando nos entregamos al reposo. Las doncellas se acostaron sin desnudarse lo mismo que el resto de la familia. Yo lo hice con el mayor recato que pude y me envolví en un chal escocés o plaid, comprado en Alejandría en 30 chelines y que ya en las pirámides había desempeñado ese ambiguo oficio de sábana y de frazada.

Se apagó el candil que ardía sobre uno de los pies derechos del cuarto puesto en una repisa que a manera de collar lo ceñía, y empezaron su tarea las pulgas y chinches... A las seis de la mañana del sábado de gloria, nos pusimos en pie y tomamos otra sopa de leche después de lo cual echamos a andar, abonando antes a nuestros huéspedes cosa de un par de pesos. Acabamos de atravesar la Celesiria con un ventarrón insufrible, y dejando atrás el pueblo donde habíamos pernoctado y que se llama Merj, comenzamos a internarnos en el Líbano, donde nos llovió, granizó y nevó; así es que al apearnos a las cuatro de la tarde del 19 en las puertas del hotel de Beirut, estábamos hechos una sopa.

Una fiebre violenta que me asaltó en la noche me hizo creer que tal vez iba a dejar mis huesos en esos inhospitalarios lugares; pero un sueño profundo y bestial, el sueño de los veinte años, puso remedio a todo; y a la tarde siguiente singlaba como si tal cosa a bordo del «Estambul» por las costas del Asia menor.

El 21 de abril a las diez de la mañana fondeábamos en la Isla de Chipre, que algunos años después por un habilísimo golpe de diplomacia que dejó estupefacta a Europa, debía pasar a manos de la Gran Bretaña. Tuvimos tiempo para ir a tierra y recorrer la población que nada tiene de notable y que con motivo de la Pascua yacía sumida en un silencio verdaderamente sepulcral. La mayoría de los habitantes la componen los griegos, y el resto los turcos y los judíos. A estos últimos se les encuentra por todas partes en Oriente, hablando con frecuencia un castellano mezclado de italiano.

—Un chavico, señor —(un ochavico) es la frase con que suelen pordiosear esos pobres judíos.

Bebí el famoso vino de Chipre que ya había catado en Venecia y en Beirut, y que se ostentaba listo para la exportación en unas grandes damajuanas expuestas en una barraca inmediata al desembarcadero. Continuamos nuestro viaje siendo apenas cuatro los pasajeros de primera entre ellos el príncipe y la princesa.

El martes se pasó en blanco, y el miércoles al amanecer tocamos en la Isla de Rodas que es más interesante que la de Chipre, y en donde se ven las almenas de las antiguas fortificaciones, unas arruinadas y otras en buen estado. Recorrimos la calle principal que se llama de los caballeros, por tradición sin duda, y de la que después he visto una excelente vista en el tomo del Universo pintoresco dedicado a «Las Islas de Grecia».

El sitio en que debió surgir el célebre coloso se indica convencionalmente cerca del puerto, sin que haya certidumbre de su autenticidad. No quedan ni vestigios ni indicios; derribada por un terremoto esta maravilla de la antigüedad, ya en la era cristiana, fueron necesarios novecientos camellos para conducir sus restos al interior del Asia menor.

Discurriendo por el Archipiélago o Islas Esporadas, y viendo de más o menos cerca la isla de Cos, muy pintoresca y patria de Hipócrates; y la de Samos y la de Patmos célebre por San Pablo, a lo lejos, llegamos finalmente a Esmirna, bellísima ciudad situada a la orilla del mar y sin disputa la perla del Levante, el 24 a las diez de la mañana.

Allí trabé ligera amistad con el alemán Joseph Meyer, comerciante de Esmirna.

Después de una permanencia de un par de días, pasábamos a las cuatro de la tarde del 26 delante del antiguo castillo de Esmirna situado casi a flor de agua en una lengua de tierra que se avanza en el mar, y tras de la cual se ofrecía un paisaje bastante pintoresco. La fachada del castillo estaba cubierto de cañones que parecían prontos a vomitar fuego sobre nosotros. Dando balances algo recios llegamos a las diez y media de la noche a Metelin, corrupción de Mitilene, nombre antiguo de la capital de la isla de Lesbos. Al amanecer nos detuvimos unos instantes en el Cabo Baba y a las siete y media de la mañana fondeamos en la isla de Ténedos distante unos siete kilómetros del continente y coetánea del sitio de Troya. Allí fueron a ocultarse los griegos cuando desesperando de poder tomar la ciudad por asalto, fingieron que desistían de su empresa. Después de esa pueril estratagema de guerra, después de ese ardid de muchachos ¡cuánto dolor no ha presenciado la tierra! La Eneida describe así esta isla:

> Ténedos se alza de la costa enfrente,
> isla próspera ayer y floreciente,
> hoy desierta bahía
> de la que el marinero no se fía.

La isla que para el narrador Eneas estaba en decadencia ahora tres mil años, sirve todavía hoy de surgidero a los agentes de la civilización. La primera tierra que vimos enseguida fueron dos islotes chatos, las islas de Los Conejos, tras las cuales venían la isla de Imbros y la de Samotracio en lontananza. Dejándolas a nuestra izquierda entramos en el callejón que se llama estrecho de Dardanelos, antiguo Helesponto. Por la tarde nos detuvimos en Galípolis, corrupción del nombre griego que significa buena ciudad, a la salida de los Dardanelos y a la entrada del mar de Mármara antigua Propóntide.

Capítulo XXXIV
Entrada a Constantinopla. El dragomán y el viajero. Los cónsules europeos. La aduana. Los dos cementerios. La torre de Galata. Pera. El bazar. Susto nocturno. El palacio del Sultán. Enconchados. Los del bazar de Damasco

En la mañana del 28 de abril de 1862 muy de madrugada, abrí los ojos y acto continuo salté de mi cama pues me había acostado con el natural deseo de presenciar la entrada de Constantinopla. Lo primero que se ofreció a mi vista al subir a cubierta no correspondió a mis esperanzas pues se reducía a una multitud de casas apiñadas sobre unas lomas al borde del mar y entre las que descollaban innumerables minaretes y cipreses igualmente esbeltos como en Esmirna. Pero a medida que avanzábamos y que el Sol iba rasgando la ligera niebla que envolvía la población el panorama fue ganando a mis ojos y haciéndose digno de las pomposas descripciones que había leído.

El conjunto pintoresco se desarrollaba inundado de luz y de sombras. Nos hallábamos aún en el mar de Mármara, y a nuestra derecha se destacaban las islas de los Príncipes, y las de ellas en el continente asiático, las nevadas cimas del Olimpo que cobijan a Brusas, célebre por sus baños termales y por sus sedas. Al frente el Bósforo, angosto, con sus orillas cubiertas de verdura y de poblaciones, en tanto que a la izquierda comenzaba ya a dibujarse el Cuerno de Oro (krisokéras en griego) llamado así desde lo antiguo por la feracidad de sus orillas y a cuya entrada debimos fondear.

Pasamos delante de la punta del Serrallo sobre la cual se eleva la mezquita de Santa Sofía (Aguia Sofia en griego) la principal de Constantinopla, y cercana a ella la del Sultán Akmed, viendo al frente a lo lejos sobre el Bósforo el palacio del Sultán que como todos los edificios orientales cuando son elegantes, parece de papel calado o bien una de aquellas casitas de marfil que vienen de la China.

Anclamos, y los botes como de costumbre comenzaron a rodear el vapor. De repente vi a un individuo que no pudiendo soportar lo que tardaban en establecer la comunicación entre los de a bordo y los de tierra, se lanzaba a guisa de corsario intrépido en momentos de abordaje por uno de los costados del «Estambul» desplegando gran habilidad en la maroma. Antes de verle la cara adiviné a mi hombre que por su parte también me había adivinado. ¡El viajero y el dragomán se presienten y se reconocen instantáneamente! Así pues, mi hombre, abriéndose paso por entre una multitud prosaica y sin interés para él, de meros pasajeros de pacotilla, se abalanzó sobre mí y me plantó en las narices una tarjeta en que leí, previo un pase atrás, «Hotel de Byzance». Era el dragomán anexo a dicho hotel, que más afortunado que su compinche el del «Hotel d'Europe», conseguía abordarme el primero y por el frente, mientras que aquel pobre diablo y los demás de la misma calaña que en ese momento parecían brotar de la cubierta, se resignaban a atacarme por los flancos.

Yo que desde el Cairo traía apuntado el Hotel de Byzance, acepté luego, sin que los agentes de los otros hoteles aflojaran por esto en sus pretensiones. Al mismo tiempo había cundido no sé cómo entre la chusma dragomana la voz de que yo era español; porque en mis viajes, en Oriente sobre todo, jamás pude hacer comprender que peruano y español eran dos cosas distintas.

¡Yo no les faltaba razón, porque indudablemente un hombre no es sino de donde habla y de donde como se llama! por lo que produce un efecto tan chocante la moderna denominación de latinos, que una pretendida ciencia quiere aplicar afectadamente a los pueblos que hablan idiomas neolatinos.

Una multitud de dragomanes sueltos, de aquellos francos guerrilleros que no se han amparado al pabellón de ningún hotel, hormigueaban en torno mío presentándome tarjetas y certificados de personajes españoles. Poco después un individuo más grave en quien se veía ya el sello oficial me invitaba a conducirme a la cancillería española. De mil amores me habría echado en sus brazos porque ¡es tan grato al llegar a uno de esos países levantinos solo y sin ninguna recomendación, hallarse de manos a boca con la formidable protección de un cónsul! Porque es de advertir que un mero cónsul europeo en esas regiones hace más papel que el mismo colocado del plenipotenciario y aun de embajador en una corte cristiana; y que casi hay un derecho de gentes aparte para los estados berberiscos y el Imanato de Moscato en donde los cónsules son un poco menos que señores de horca y cuchillo.

A pesar de estas ventajas consulares para el súbdito europeo en Oriente no siendo esta última mi condición nacional, juzgue irregular mi presentación en el consulado de España. Y desechando al enjuto pinche de la cancillería que me recordaba al barquero Caronte, y dándome aires de súbdito rebelde e independiente me lancé en Constantinopla como me había lanzado en Alejandría, Damasco y tantas otras ciudades de Oriente: ¡como un pobre viajero a-cónsul, in-cónsul, sin cónsul!

Debo advertir sin embargo, que el vice-cónsul español en el Cairo, señor Lescura, me brindó su protección oficial en esa ciudad y que me fue muy útil. Pero la oficina más solícita en proteger todos los intereses latinos en Oriente es el consulado de Francia.

Fuimos a tierra y los aduaneros registraron mi equipaje de la manera que acostumbran; esto es, trasteando y revolviendo neciamente, por ejemplo, libros que no entendían ni por el forro porque no estaban en turco, y que, sin embargo, examinaban como lo más sospechoso que caía entre sus manos. Mientras tanto dejaban pasar con aire atontado los abanicos de sándalo, los pañuelitos de China, sin estrenar y otros mil dijes y curiosidades que traía yo del Cairo, Suez y Damasco.

Como habían procedido con impertinente minuciosidad no quise darles el bagshish debido (propina) que en Oriente se da en todo, por todo y para todo, como el pourboire de los franceses. Esto me costó caro, pues probablemente mis individuos resueltos a vengarse de la irrisión que hacía de ellos dejándolos sin bagshish de ordenanza, dieron soplo al puesto vecino en el cual no teniendo ya derecho para abrir mi equipaje se lanzaron con aire famélico y resuelto sobre tres lujosos shibuks (pipas de fumar) compradas en Damasco y que los otros habían dejado pasar libres en su automático registro.

Varias visitas tuve que hacer a la aduana durante el día para que se me devolvieran; lo que al fin conseguí mediante dos francos de derechos que me hizo pagar el administrador, que como los subalternos, era de una impolítica sorprendente.

Visité lo que los franceses llaman el pequeño y el gran campo de los muertos; o en buen castellano, el cementerio grande y el chico; cementerios urbanos, porque la usanza turca no proscribe a los muertos como la cristiana, de la inmediación de los vivos; y las tumbas diseminadas por las ciudades se barajan con las casas de los habitantes. En Londres tampoco es raro tropezar con pequeños cementerios apenas separados de la bulliciosa acera por una verja de fierro baja. Así es que en esos lugares sería paradójico llamar a la mansión de los muertos la morada del reposo y del silencio, porque no se disfruta ni de lo uno ni lo otro, mucho menos en Londres.

También subí a la Torre de Galata, donde no hay como esperaba una azotea o plataforma desde la cual se pueda abrazar toda la perspectiva de la ciudad; antes bien se ve uno obligado a irla admirando por partes por entre las ventanitas de la rotonda superior, que como las inferiores es de forma octogonal.

Tal disposición tiene quizá sus ventajas pues así entra uno en pormenores que se le escaparían en la confusión y deslumbramiento de un vistazo general. El panorama de Constantinopla es más grandioso que el de Nápoles, gracias a los gigantescos cipreses y a los innumerables minaretes y cúpulas de las innumerables mezquitas que lo realzan. Agréguese a esto que el mar o sus brazos dividen la población en grupos doblemente pintorescos por elevarse apiñados en colinas y no en un llano como sucede en Nápoles; en donde por otra parte todo lo que se ve al horizonte son unos pinitos enanos, que dan mucha gracia pero no grandeza al conjunto; por lo cual el recuerdo que la vista de Nápoles deja en el alma, es tierno y profundo como todo lo que es gracioso y delicado.

En Pera, que es la designación del barrio o arrabal de los europeos, se está como en Europa; pero en una Europa muy fea. El piso es detestable; lo que se hace muy sensible por estar todas las calles en declive con frecuencia rapidísimos.

En la calle principal (Grande rue) hay una especie de acera tímida, que a cada paso se para o interrumpe y deja al desconsolado transeúnte en el mismo plano de los animales y carros que atraviesan la angosta calle prontos a llevárselo de encuentro si se distrae. Están pavimentadas de un canto al otro con losas análogas al antiguo enlosado de Lima, lo que basta para hacer comprender cuán resbaladizas serán.

El Bazar me pareció más espacioso, más limpio, más regular y, por lo tanto, más agradable que cuantos dejaba vistos en mi ya avanzada correría por el Oriente. Sus curiosidades no pudieron llamarme mucho la atención desde que me eran conocidos los de tres ciudades principales: Cairo, Damasco y Esmirna; sin contar los bazares secundarios pero no menos curiosos de Suez, Alejandría, Tantah, Beirut, etc.

Pero el bazar de la metrópoli y Constantinopla misma son un magnífico complemento de un viaje por el Oriente; un resumen de todo lo que se ha visto, que se le presenta a uno como expuesto en un gran teatro o como una feria, y con el mágico barniz de la capital.

Antes del amanecer después de mi primera noche en la capital de los turcos, me despertó un ruido o mejor unos golpecitos extraños que oía en la calle bajo mis ventanas y que parecían barretazos periódicos; o bien un bastón grueso y de madera dura suspendido de una cuerda y que imitando el movimiento de un barreno a vapor, subiera y bajara, tocando las losas al hacer esto último y produciendo un sonido vibrante y altamente melancólico.

Como estos golpecitos, eran de lo más extraño e inexplicable que se puede imaginar y yo no conocía aún el suelo que pisaba ni tenía cónsul, todas las viejas ideas de la niñez se revolvieron en mi mente; creí que estaban penando como se dice en dialecto vulgar o infantil que a lo mismo sale, y me agazapé bajo los cobertores... casi casi con miedo. Es de advertir que en tan largo y solitario viaje nunca llevé conmigo un arma, ni de fuego, ni blanca; a no ser las de Odyseus el cálido personaje que yo había tomado por tipo, como el sabio más práctico de la antigüedad (Ulises).

Al día siguiente al volver del teatro tarde de la noche, porque Pera tiene su teatrito, oigo súbito el mismo ruido y precisamente al aproximarme al Hotel, lo que me hace comprender que lo de la víspera no fueron penas, y naturalmente acorté el paso y avancé con cautela. No tardé en encontrarme al frente de un turco grave, obeso, de esos tipos que sorben rapé y usan pañuelo de cuadros (foulard) y que parecía pasar su tiempo golpeando el suelo pausadamente con un grueso bastón; para lo cual lo dejaba caer desde cierta altura deslizándolo por entre la mano ahuecada a manera de tubo.

Era... el sereno del barrio, y los vibrantes golpecitos en el pedernal de la acera eran su pito. En cuanto a su gravedad nacía de su obesidad turca; de la obesidad, que es una de las más graves cuestiones de estado que pueden preocupar a un hombre.

El bastón suplía al pito desgarrador de los celadores de Lima y al vozarrón descomunal y estentóreo de los serenos de Valencia y otras ciudades de España, que tanto aburren a los durmientes.

Para visitar todas aquellas curiosidades que requerían un firman o pase especial del Sultán, que no se puede estar solicitando a toda hora, nos reunimos hasta dieciséis viajeros reclutados entre los demás hoteles y salimos precedidos de un porta-firman.

Nos embarcamos y fuimos a desembarcar en la punta del Serrallo, entrando desde luego en el jardín del antiguo serrallo, esto es, del antiguo palacio a cuya extremidad se nos abre una puerta que nos conduce al jardín propiamente dicho, pues el anterior no es sino un gran patio plantado de largos cipreses.

Serrallo no significa en realidad harem ni odalik, sino palacio y aun espacio grande, como la hall o halle de los ingleses y franceses; por lo que en los caminos de la Siria se da el nombre de caravanserail a los tambos de las caravanas o recuas.

El jardín es hermosísimo, aunque sin un gran color local. Llegamos al primer kiosko, descalzámonos previamente a pesar de que el piso no estaba cubierto sino de una pobre estera o petate. El respeto que entre nosotros reside en la cabeza, entre los orientales está en los pies; y hay que descalzarse tantas veces cuantas en Europa descubrirse. Nos asomamos a las ventanas de una especie de rotonda y dominamos el mar de Mármara con todas sus bellezas adyacentes.

Al salir pasamos por delante de una columna aislada de mármol muy antigua, y entramos en otro gran patio donde termina la vegetación.

Después de visitar la biblioteca fuimos a otra pieza separada, la Sala del trono, donde vimos un trono que más bien parecía el tálamo de un matrimonio real: por lo que uno de nuestros compañeros viendo contigua la abrigadora chimenea, se apresuró a decir con aire ingenuo: «No era tonto, tenía su cama junto al fuego».

Al frente del regio dosel hay una ventana ante la cual se colocaban los que venían a hacer alguna petición a su Alteza; y para que no le pudieran ver la cara por ser persona divina, y él si a ellos, estaba cubierta de una gran plancha de zinc llena de agujeritos cuasiporos, como las que se ponen en las ventanas de reja de Lima, para poder ver sin ser vistos.

Los pilares que sostienen el dosel de ese gran trono, que como ya he dicho parece ni más ni menos uno de aquellos tálamos suntuosos que encontramos en Europa en nuestras visitas a los palacios deshabitados, están incrustados de pedrería, fina según mi dragomán (cicerone) y falsa según los viajeros que me acompañaban; aunque de las turquesas podíase asegurar que eran verdaderas, porque son tan abundantes en Oriente, particularmente en Siria, que los naturales las ofrecen en taleguitas, y con ellas se podrían haber incrustado los cuatro pilares del trono.

Pasamos a un jardincito, y dejando a nuestra izquierda un estanque con sus peces entramos a otro kiosko o cenador, mucho más lindo y elegante que los anteriores; aunque por desgracia lo primero que se ofrece a la vista es cierto retrete en cuya puerta suelen estampar los ingleses una W. C. y los franceses un número 100.

Los europeos empresarios de obras en Oriente como los que suelen ir a América, abusan a su gusto de la ignorancia local, no solo en la estipulación de precios sino en la distribución de partes. Los gobiernos se entregan a ciegas para cualquiera obra pública al especialista extranjero, único que posee el secreto del arte, y que para mayor desventura no suele rayar muy alto ni como competencia ni como escrúpulo.

Vimos una alacena cuyas puertas estaban incrustadas de pedacitos de concha de perla o nácar formando dibujos caprichosos. Estos enconchados son muy comunes en Constantinopla, y en ninguna parte como en Damasco en donde se malgastan hasta en los objetos más vulgares como son los zuecos o chanclos, que en Lima apenas se conocerán de nombre y que en Damasco son como unas zanquitos, pues tienen mucha más altura de la que conviene a un chanclo ordinario o sabol, que no es otra cosa que un calzado de madera.

Los usan mucho las mujeres, quienes no hacen más que ensartarlos con la punta del pie sobre el calzado o sobre la media, y no pocas veces sobre el pie desnudo. Estos chanclos tienen la ventaja de sobreponerlas a los charcos del lavadero y al barrizal de las calles. Son de una madera oscura como ébano y sobre la cual resaltan con más lujo las labores de concha de perla. Cuestan muy barato; y a pesar de esto y del servil objeto a que están destinados, son tan bonitos y pulidos, de forma tan elegante, y tienen tal aspecto de magnificencia cuando desde lejos se les ve acumulados en montones en el Bazar de los ebanistas, que el viajero se siente inclinado a comprarlos como una curiosidad. Por tal tomarán también los visitantes turcos del kiosko de Bizancio el europeo W. C. que allí se ostenta tan inoportunamente para un extranjero.

Por el mismo estilo de los chanclos se encuentran en el recordado Bazar mesitas o más propiamente veladores; cofrecitos o arcas, pupitres o atriles a la oriental, y otros objetos, ninguno de ellos por desgracia bastante portátil para traérselo dentro de la maleta de viaje.

¿Por qué no se usan chanclos en Lima? La pregunta es impertinente y la contestación es obvia, se me dirá: porque no llueve.

Pues no señor; yo voy más lejos. No se conocen y no se usan en Lima esos atributos del trabajo recio y concienzudo porque entre nosotros por desgracia no se trabaja sino muy superficialmente; fuera de que el más humilde de nuestros proletarios tendría a menos ensartar un chanclo, aun para penetrar en la fangosa pocilga de sus marranos. La única preocupación en todo habitante de nuestra costa desde que nace es ser gente. Si tal aspiración lo llevase a trabajar con ardor y perseverancia, se saldría con la suya aquí como en todas partes y sirviéndose a sí propio habría servido a los intereses nacionales.

Pero por desgracia no es así: nuestra gente quiere ser gente porque sí. En todas nuestras calamidades públicas nos lamentamos de que no hay hombres, refiriéndonos mentalmente a las cabezas; lo que falta es los brazos y las piernas, los brazos sobre todo que trabajen recio o que sutilicen una industria y no vivan entregados en el más inofensivo de los casos, a una charlatanería demente.

Si es cierto que no hay hombre sin hombre, ¿cómo podrá haber hombre de Estado en donde no hay Estado?

Capítulo XXXV
La armería. El At Meidan. El Museo de los Jenízaros. La cisterna de las mil columnas. Santa Sofía. Los extramuros. El Sultán. Los Dervises

Del kiosko de Bizancio pasamos a la Armería donde se ven unos fusiles que deberían llamarse cañones de a cuatro por su macicez y peso insólito. Mis compañeros comenzaron luego a pulsear viendo quién los alzaba con una mano, quién con dos, quién los sostenía más tiempo en el aire; y de común acuerdo convenimos en que con semejantes fusiles era difícil tirar de otro modo que a mampuesta. Atravesando una gran puerta, nos hallamos en una plaza interior más bien que patio, plantada de cipreses como la que dejamos atrás, y viendo a mi derecha una cosa parecida a un locutorio, pregunté a mi guía qué era aquello y me contestó que allí estaba el harem, donde se encontraban las sultanas viudas.

Por otra puerta fronteriza salimos al At Meidan o Hipódromo, en donde se ven, a la derecha, el edificio de la Moneda, y a un lado una especie de jardincito con su enrejado, que no contiene más curiosidad que unas pocas antigüedades griegas y romanas allí esparcidas; entre ellas dos grandes sarcófagos de pórfido muy hermosos coronados de una cruz, y otro de mármol blanco con sus bajos relieves sobre asuntos mitológicos en los que fácilmente se reconoce el cincel griego. Sigue la iglesia de Santa Irene convertida hoy en el Museo de Artillería; rico museo, y finalmente a la parte izquierda la mezquita de Ajmed.

En medio de la plaza hay un obelisco de granito rosado de Egipto con sus jeroglíficos muy bien conservados, llamado el Obelisco de Teodosio; y a continuación en la misma línea, la mitad de una columna de bronce trunca figurando tres serpientes, tres boas enroscadas entre sí, y una columna de piedra gris de forma piramidal cubierta en un tiempo de láminas de reluciente bronce, lo que le valió el nombre de la pirámide tapiada.

Doblamos a la derecha antes de llegar a la Moneda, y pasamos por una puerta al frente de un plátano colosal que no es, sin embargo, el llamado de Los jenízaros, y entramos en el museo de este nombre que es por el estilo del de Madame Toussaud en Londres, con la diferencia que las figuras no son de cera y que la ejecución es menos brillante.

Estas figuras representan al mundo jenízaro bajo todas sus fases, desde el gran personaje hasta el panadero del regimiento y el aguador, cada cual naturalmente vestido con su traje y atributos particulares: ¡Cuadro figurado de una generación que pasó! Separados en una vidriera se ven tres muchachos de una belleza y delicadeza tal, de un aspecto tan gracilis como diría Virgilio, que parece imposible que no pertenezcan al bello sexo. Eran los Antinóos del Sultán.

Visitamos la Cisterna de las mil y una columnas, en la que hay hasta setecientas de ellas. Se baja por una escalera húmeda y carcomida, como la de un aljibe, y al detenerse en el primer descanso, encuéntrase uno delante de una alta bóveda que descansa sobre una serie de columnas formando calles longitudinales y transversales: recinto húmedo y lóbrego como el fondo de una verdadera cisterna, y dominio exclusivo de los tejedores que en tal lugar se entregan a su tejemaneje como el misterio de unos monederos falsos o como unas gigantescas arañas que hilan sus telas en tan apropiado sitio.

Cada columna equivale a tres, por estar puesta sobre otra y ésta sobre otra, cada cual con su respectivo capitel, así es que si un don Quijote se entretuviera en dar un tajo al pie de cada una de ellas se hallaría no con una columna dividida en tres partes, sino con tres columnas completas.

La cisterna está rellena hasta la mitad y solo se ven columnas y medias columnas lo que hace comprender que el suelo que se pisa no es el verdadero sino que está más abajo.

Entramos en Santa Sofía y por dondequiera veíamos vestigios del edificio antiguo, esto es, de la iglesia cristiana. Grandes alas de arcángel volteadas de un brochazo por el hábil brochero, se habían convertido en arabescos. En los arcos se distinguían unas manchas, unas sombras de lo que fueron tres cruces latinas; dos laterales, y una en medio de la parte alta en que se ciñen las dos mitades del arco. Otras grandes manchas sobre la bóveda del altar mayor revelaban bien claro todavía la cabeza y un brazo extendido de lo que probablemente fue el Padre Eterno. Ocho de las columnas son de pórfido y fueron traídas de las célebres ruinas de Balbek en la Siria, descritas por Volney. Las otras dejan ver entre los arabescos que ornan sus capiteles monogramas en caracteres comunes de los emperadores bizantinos.

Empleé la tarde de este día en recorrer a caballo las antiguas murallas de Constantinopla altamente majestuosas en su actual estado ruinoso y en medio de la feraz campiña en que descuellan. La vista se pierde siguiendo las interminables alamedas de gigantescos cipreses que conformándose con las alternativas y ondulaciones de un terreno quebrado, ya aparecen sobre las lomas, ya en el fondo de las hondonadas, y trayéndome constantemente a la memoria estos dulces versos de Bello:

> Los cipreses
> cabecean
> en el valle.

Este árbol soporífero y taciturno parece que dormitara siempre y es uno de los grandes encantos de Constantinopla. A su verde oscuro casi negro, se mezcla el verde claro, el verde por excelencia de los demás árboles, y figúrese el lector el efecto tan nuevo que produciría en este conjunto una multitud de arbolitos de regular talla que por hojas y flores daban puramente flores, como el almendro y el durazno, y de un color morado como vestido de obispo o como ramada de Bougainvilia. Los griegos a quienes preguntaba me contestaban Paskallá, nombre de la lila y que literalmente significa Pascual, y los franceses me lo designaban como árbol de Judea. También el diccionario de griego moderno de Bizantius traduce Paskallá por árbol de Judea.

El color de estas florecitas es muy distinto del de la lila. Los árboles de Judea se encuentran en todas partes en los alrededores de Constantinopla y su matiz purpúreo entre el verde oscuro y claro de las arboledas, es de una belleza extraña como la de las adelfas en Granada y otros puntos de Andalucía.

Acompañado de mi dragomán visité una capillita griega donde se conservan en un estanque unos peces tradicionales y milagrosos; hasta que la lluvia y el frío me obligaron a volverme al hotel sin haber completado mi vuelta.

Pocos días después quise ir a Sentari, situado a la otra orilla del Bósforo en la costa de Asia y el mal tiempo me detuvo en casa. Al siguiente día desafiándolo todo fui hasta el palacio del sultán para verlo salir, pues en tales días, los viernes, que son como los domingos de los turcos, sale Su Alteza a recorrer las mezquitas.

El sultán venía a caballo con aire distraído y rascándose la cabeza bajo el gorro turco como quien se fastidia y sin hacer caso de los saludos de su milicia. No llevaba en el gorro sobre la frente, acaso por el mal tiempo, la estrella de brillantes o piocha con su pluma de pavo real encima, que es una de sus prerrogativas o reales insignias. Su aire me pareció vulgar y su traje era como el de los Bajaes y demás personajes de su séquito, con los que fácilmente se lo hubiera confundido.

—¿Es ése el sultán? —pregunté a mi guía levantando naturalmente el brazo derecho.

—Sí —me contestó él bajándomelo con fuerza, porque al pasar Su Alteza la muchedumbre debe mostrar tal respeto que todo movimiento es prohibido, y hasta los paraguas se cerraron en el acto, no obstante llover a cántaros.

Para concluir el día al abrigo de la lluvia, me fui a ver una ceremonia de dervises. Los dervises se dividen en tourneurs y hurleurs, según la definición francesa. Los primeros practican sus ceremonias religiosas entregándose a giros vertiginosos, asidos de las manos o sueltos; y los segundos lanzando unos aullidos cavernosos idénticos a los que se oyen de noche en la costa del Perú al aproximarse a alguna isla de lobos. La función a que iba a asistir era de tourneurs, que es la más frecuente. La sala destinada a la representación (pues no otra cosa parece el acto), era de madera de forma octógona, y aunque bonita, no se distinguía por ninguna particularidad arquitectónica o digna de atención. Estos lugares son conocidos con el nombre de tequié. Dos centinelas turcos fusil al hombro, guardaban la puerta. A izquierda y derecha se abrían dos galerías semicirculares de palcos corridos, desde los cuales de pie o sentado en la estera que los tapiza, presencia uno las mil evoluciones y danzas a que se entregan esos fanáticos en el centro de la sala o digamos la platea, ejecutándolos con los pies descalzos sobre el pulido entablado.

Los dervises vestidos de una chaquetita azul y de una pollerita ceñida a la cintura que se ensancha a medida que baja a manera de un fubtán con mil pliegues, dan vueltas en el centro con los brazos abiertos en cruz, la cara levemente inclinada a un lado, y un aire total de beatitud y unción. Todos ellos llevan en la cabeza un gran bonete de fieltro de forma cónica, que no es sino el mismo gorro turco más alto, consistente y duro, una especie de corona pequeña y de un color uniforme de tabaco o canela.

A la cabeza de la comunidad el presbítero, esto es el más anciano, se hallaba sentado en el suelo con las piernas cruzadas, y parecía sumido en una oración mental. Era un viejecito muy menudo, muy delicado, muy bonito y con todo, de un aire muy respetable.

Los dervises cantaban de cuando en cuando con voz suave y mística, y su canto no dejaba de parecerse al de nuestras iglesias. De la segunda galería que venía a ser como el coro, cantaban otros dervises lo que se puede llamar la antístrofa o antífona... La función era de carácter benigno, esto es, de tourneurs.

Cuando acabaron sus ejercicios, se formaron en columna delante del presbítero, que seguía sentado en el suelo sobre una piel, y cada cual a su turno le hacía una profundísima reverencia, le besaba la mano e iba a colocarse de espaldas en el semicírculo de la izquierda, tapando así la vista a los que ocupaban los palcos de ese lado.

El que seguía, previa la misma operación, iba a colocarse a su lado, y el último dervis de la columna, después de haber saludado al presbítero, no fue trazando una diagonal a ocupar el puesto que le esperaba en la extremidad del semicírculo formado por sus compañeros, sino que se entretuvo en ir de dervis en dervis besándoles la mano, mientras que ellos llenos de probidad, le besaban también la suya con la misma efusión. A este paso y de ósculo en ósculo llegó por fin a su sitio.

Y aquí dio fin a su cantar Salicio.

como diría Garcilaso, porque después de una especie de oremus que entonó el vejete poniéndose de pie y desprendiéndose de su piel de tigre, el pío concurso desfiló en silencio, y yo recuperé mi calzado y mi bastón que había dejado al entrar en manos del portero, quien los guardaba convenientemente numerados como se estila en los teatros de París.

Una representación de dervises danzantes como se ha visto la de los aulladores, cuyo ciego frenesí había presenciado pocos días antes en Esmirna, es ni más ni menos la calma después de la tempestad, o el plácido espectáculo de las Euménides cuando ya no atormentan como Furias a Orestes en la tragedia de este nombre.

Nada más ruidoso, más brutal ni más grosero que las ceremonias de los hurleurs. Describiré la que vi en Esmirna. Después de haber cantado o más bien aullado en todos los diapasones hasta llegar un momento en que con fatigoso acecido parecieron eructar este estribillo: La ilá jeringalá, que quiere decir: «La Allah jel Allah, no hay más Dios que Dios», se formarán en círculo todos los asistentes, dervises y no dervises viéndose entre estos últimos algunos soldados turcos y comenzaron a girar.

Estos soldados con su uniforme casi europeo que llevan con muy poca marcialidad y que les da un aire grotesco, provocaban a enviarles un puntapié por retaguardia cada vez que en la rotación venían a quedar de espaldas al espectador. Figúreselos el lector con sus levitas levantadas de talle, con su cabeza enterrada entre el alto cuello que les toca las orejas, y que es la primera extrañeza que excita hilaridad; con su pantalón de dril choleta cuya trabilla del mismo género pasaba ese momento no bajo la suela del zapato, sino bajo la planta de la descalza y ancha pata, y que escurriéndose a ratos va a encaramarse a la altura del talón; con sus dos brazos tendidos sobre las espaldas de sus dos colaterales, echados hacia delante como si fuesen a desplomarse, boquiabiertos, hipando, jadeando, y pataleando con bestial frenesí, y eructando todavía con un estertor ronco que ha dejado de ser voz; jala, jela (allah), y tendrá idea de lo que es un hijo de Marte musulmán en el paroxismo de la borrachera fanática. Algunos dervises de cabellos desgreñados aúllan en el centro de la rueda a la que sirven como de eje, y agitan el cuerpo de la cintura arriba echándolo hacia delante y hacia atrás con mortal congoja y los ojos del carnero ahogado como si quisieran hacer descender al estómago, algo que se les hubiera atracado en el gaznate.

Estos remolinos y aullidos me recordaban la marcha política de los estados hispanoamericanos durante cuarenta años. La rueda eran los caudillos, aspirantes y demagogos haciendo la rueda, y el papanatas del centro, el pueblo Sober...asno.

Capítulo XXXVI
Estambul y el bazar. Idiomas europeos en Oriente. La poca cortesía de los turcos. El commis voyageur. El «Agua Dulce». La cuesta de los ángeles. La mujer en Oriente

El sábado 3 de mayo me entretuve rodando por el Bazar y las calles adyacentes o sea en pleno Estambul que así se llama toda la parte turca de Constantinopla. La parte europea lleva el nombre de Pera y posee teatros, hoteles, cafés, alumbrados de gas y otras regalías. Ambas porciones se hallan separadas por tres malos puentes que cruzan el «Cuerno de Oro». En las colinas de un lado se hallan los barrios de Pera, Galata Top Hane, etc., que reunidos forman Constantinopla moderna, la Constantinopla de los europeos, griegos y armenios y también de los turcos que, sin embargo, no forman por completo la mayoría sino en la orilla opuesta, en la Constantinopla propiamente dicha que desde los tiempos remotos se llama Estambul, donde tampoco fallan establecimientos y habitantes europeos.

Aunque de sonido y forma enteramente turcos la palabra Estambul no es más que una corrupción de la frase griega is tin polin que equivalía al ad urbem, a la ciudad de los romanos, así como Pera significa al otro lado, com lo chimba de los taeneños.

No vi nada que me sorprendiera muy eficazmente, como que el gran Bazar no es sino el conjunto de los otros bazares de Oriente que yo dejaba vistos.

El tabaco de Latakié tan conocido y buscado, y con razón, en Egipto y Siria, no parece muy abundante aquí y se diría que los vendedores de tabaco ignoran hasta su nombre al menos ninguno de aquellos a quienes me dirigí manifestó entender lo que significaba tabaco de Latakié.

Uno de estos vendedores que como los demás no hablaba palote de europeo, me preguntó repentinamente:
—Xevris elenika? (¿Hablas griego?)
—Málista (Como no) —le contesté con aplomo.
—Ti thelis? (¿Qué quieres?)
—Kapnó Latakié, Kapnó Egiptu. (Tabaco Latakié, tabaco egipcio.)

Resultó que mi hombre ni tenía, ni conocía este tabaco verdaderamente sabroso cuando se fuma en las largas pipas orientales y de que se hace gran uso en Egipto y Siria. El puerto de Latakié es una de las escalas de los vapores entre Alejandría y Constantinopla. Me retiré muy satisfecho de mi primera campaña en griego moderno.

Lo que más me sorprende en Constantinopla al venir de Egipto es el atraso de sus habitantes en lenguas europeas, tanto más chocante si se tiene en cuenta lo crecido de la colonia extranjera y lo estrecho de sus relaciones comerciales con la gente del país. Puede decirse que nadie en Constantinopla habla una palabra de europeo; cosa que no sucede en Egipto, en donde la gente o es más hábil, o tiene mejor oído, o acaso menos orgullo nacional. Siempre he notado que un inglés en las colonias o un español en Hispanoamérica son más aptos para aprender las lenguas extranjeras y las hablan con más frecuencia y mejor acento que los hijos de las metrópolis.

Esto no proviene en mi concepto de una habilidad especial que no tendría razón de ser; sino de que el hijo legítimo tiene, sin darse cuenta un orgullo, que le quita la flexibilidad inherente al pobre hijo natural que aunque hijo del mismo padre no gasta ni puede gastar las mismas ínfulas. Acaso los turcos se reputan los ingleses del Oriente; como que políticamente lo son respecto de la demás chusma levantina.

He aquí por qué los otros orientales más aventureros y emprendedores, más necesitados de hacerse un lado entre las naciones extranjeras, solicitan y consiguen el poliglotismo hasta en el acento que es lo más difícil de apropiarse.

En contra de lo que voy diciendo se me podría oponer el ejemplo de rusos y alemanes, grandes políglotos, pero ¿qué harían los rusos en medio de toda su grandeza geográfica, qué harían en Europa si solo hablaran su lengua? En cuanto a los alemanes, lo difícil y lo científico de su lengua les hace hallar fáciles las demás.

Aun los mismos griegos que en otros puntos de Oriente se recomiendan por un modesto poliglotismo, aquí se enturcan, que es como enrocar en el ajedrez, y apenas hablan un poquísimo de italiano o de francés y con sumo trabajo.

Al mismo tiempo que ignoran las lenguas europeas, los señores trucos abrigan la persuasión de que con la suya propia se puede abordar a cualquiera, antes de oírlo, antes de verle la cara con la cuasi seguridad de ser entendido como si se le abordara en el idioma universal. En los primeros días de mi llegada a esa ciudad en que paseaba por sus calles mi figura que nada tenía de turco, a lo que creo, y con aire lamentablemente extranjero, solía más de un turco acercárseme y dirigirme la palabra en turco puro con aire tranquilo y familiar como si todos fuéramos otomanos, para preguntarme... ¿qué se yo? Y yo que al dirigirme a alguno en italiano o en francés con más derecho a ser entendido, lo hacía, sin embargo, con aire tímido, no podía conformarme con esta desigualdad.

En Egipto casi todos los naturales saben lo suficiente de europeo para salir de sus apuros, aun los fruteros y fruteras indígenas que son unos pobres diablos, y en particular los muchachos borriqueros como ya hemos hecho ver en nuestros apuntes sobre el Cairo.

Tampoco se halla entre los turcos la cortesía y galantería de otros levantinos; y aún en los comensales de la mesa redonda del hotel creía notar los resabios de la localidad, en que ellos llevaban residencia más o menos larga. De paso advertiré que en Oriente como entre nosotros si hay una plaga peor que la del criollo puro es la del europeo acriollado.

Todos mis compañeros de mesa eran griegos y no hablaban otro idioma que el suyo. Pertenecían a la clase que los franceses llaman el commis voyageurs, palabra que traducida nada significa y que en francés suscita un mundo de recuerdos cómicos. Son viajeros en comisión, comisionistas o sea independientes de las casas de comercio que viajan por cuenta o a expensas de su principal con miras puramente mercantiles.

Así como el boticario a fuerza de manosear recetas y de estar tan cerca del médico acaba por creerse tal y da su opinión sobre las enfermedades y aun se permite curar; así como el cajista se mete a escritor las más veces o sospecha que lo es así el commis voyageurs a fuerza de traficar se da por viajero y se muere por terciar en las conversaciones científicas de éstos. Él lo ha visto todo o en su mayor parte con los ojos de su cara; y creyendo que no hay testimonio como este le porfía al viajero de profesión con el mismo encarnizamiento con que el mismo testigo ocular de los hechos rebate al narrador de historia de ellos.

El tipo de commis voyageurs tiene tal riqueza cómica, que un célebre novelista francés Luis Raibaud le ha dedicado una novela entera bajo el satírico título «El último commis voyageur».

Solo dos de mis comensales no eran griegos sino alemanes, y como aquellos no hablaban otra lengua entre sí que la propia, así es que en la mesa a la hora de comer me divertía oyendo graznar a los alemanes y silbar a los griegos; porque el griego moderno como nuestro español abunda en eses finales, no solo en las terminaciones plurales sino también en las singulares.

El sonido de s y el de i es el que más ocurre en el rumaico o griego moderno. Uno de los alemanes de que he hablado era lo menos malo del hotel Bizancio, porque hablaba francés muy bien y aun llevaba su ilustración hasta el extremo de aceptar ciertas excursiones siempre que fueran razonables, por supuesto todo lo que saliera de lo común y exigiera fantasía, imaginación, gustos intelectuales, caprichos y en proporción tiempo y dinero, eso no era de su resorte. El commis no pierde nunca su cálculo lucrativo que aplica a todo.

Mi prusiano me decía a cada paso que había estado muchas veces en Constantinopla y se empeñaba en exhibírseme como un viajero de fuste; pero en todo resaltaba la aridez del que no estaba acostumbrado a viajar por solo ilustración y recreo.

Acompañado con él fui a unos de los más celebrados y concurridos paseos que tiene Constantinopla, el Agua dulce; y desde que salimos se empeñó en que había de tomar un camino inusitado. Mis guías me aconsejaron que no lo siguiera; y me detuve mientras uno de ellos iba a notificarle que se descaminaba.

—¿Qué sabes tú? —le contestó airado—. ¿Por quién me tomas? ¿Crees que es la primera vez? Yo sé lo que hago —y se alejó a galope.

Aconsejado por mis guías le volví la espalda, y media hora después lo vi regresar desconcertado mientras que yo gozaba tranquilo de la amenidad del paseo.

Apenas nos reunimos volvió a echar por otro sendero y volvió a perderse, y al encontrarse por segunda vez conmigo me puso una cara de pascuas porque probablemente había creído que en este segundo extravío iba a perderse de veras.

El «Agua dulce» (Les eaux douces) de Europa, en oposición al otro paseo del mismo nombre en la costa de Asia es un paseo que nada debe al arte, un hijo de la naturaleza con sus calles polvorientas como las de cualquier camino trillado. Es una pradera situada entre varios cerros, con sus árboles esparcidos por diversos lados y a cuya sombra puede solazarse el paseante. Pero no hay una sombra general y uniforme como en una alameda o selva. Lo que da un encanto inmenso a este paseo es lo vario, animado y original de su concurrencia; en lo demás al atravesarlo en un día ordinario se le tomaría por un sitio bonito, por un campo cualquiera, más no por un paseo público.

Los días de fiesta y, por consiguiente, de concurrencia, son tres: viernes, sábado y domingo. El primero para los musulmanes, el segundo para los judíos y el tercero para los cristianos, y para los griegos y armenios, que a falta de domingo propio, se arriman al nuestro; como los súbditos italianos, españoles e hispanoamericanos en Oriente, que no teniendo consulado propio las más de las veces en estas regiones, nos ponemos bajo la protección del francés. El viajero independiente y un tanto escéptico, aprovecha de esta triple fiesta sin preguntarse si acompaña al infiel, al judío o al cristiano.

Es verdad que los habitantes del lugar hacen otro tanto; y si los europeos acuden en tropel y en traje de gala al Agua dulce los viernes, los domingos aun los mismos orientales tienen un aspecto dominguero, y acuden al paseo donde no forman la mayoría, como no lo forman los otros en los días viernes.

Cuando se viene en caiq, al entrar en el paseo se navega ya por el poético riachuelo Barbises que desemboca en el fondo del Cuerno de Oro y es el que da nombre con sus dulces aguas al vallecito del Agua dulce. Por su angostura y mansedumbre parece un canal artificial de riego. Sus orillas rasas tapizadas de vegetación y aparentemente al nivel del agua, se hallaban ocupadas por musulmanes de ambos sexos y abigarrados trajes, que daban con esto a esas márgenes un aspecto animadísimo y encantador. Salvo la soledad que allí no reinaba este riachuelo me recordaba el Anapo de los desolados campos de Siracusa que había visitado pocos meses antes.

La alegría que encontramos como toda alegría inmoderada y vulgar, más que de descanso y desahogo para el espíritu, servía de fatiga y cansaba; porque lejos de observarse en ella esa compostura que los europeos no abandonan nunca aun en sus mayores expansiones cada cual se entregaba desenfrenadamente al placer que lo dominaba. Los jinetes lanzaban a escape sus caballos llenando de polvo a todo el mundo y atropellando al que se descuidaba. Era una tarde de Amancaes en Linia por los días de San Juan o una de esas públicas bacanales llamadas Noche buena. Algunas vivanderas improvisadas bajo los árboles se habían llevado consigo entre otros trebejos, hasta jofaina, jabón y toalla, y de rato en rato se hacían a un lado a practicar un lavatorio de manos.

Al regresar a Constantinopla por la vía de tierra y por dirección opuesta a la que habíamos traído, comiénzase a trepar una larguísima cuesta, pelada y escarpada, desde cuya cima las damas turcas que han echado pie a tierra a la subida para aligerar sus pesados carros tirados por yuntas de bueyes y llamados talikas, las grandes damas de Constantinopla envueltas en sus mantos de seda ya de color de rosa, ya de verde, ya azul, presentan un golpe de vista aéreo y celestial al europeo que se encuentra abajo deslumbrado por el espectáculo y preguntándose: ¿es por ventura el coro de los ángeles escalonando las alturas del cielo?

El misterio y retiro a que se condena a las mujeres en oriente las rodea de una poesía y de un voluptuoso encanto que están muy lejos de poseer las nuestras con quienes tropezamos a cada paso aun en las circunstancias más desfavorables para la ilusión. Ya las vemos pálidas, desgreñadas, con toda la máquina revuelta luchar a bordo con las angustias del mareo; ya coloradas y llenas de polvo destrozando con los dedos un pollo frío o un jamón en algunos de los buffets de las estaciones ferrocarrileras; y cerrando el atracón con uno o más tragos de cognac para evitar que el fiambre se endurezca y facilitar la digestión.

Ora las encontramos en las grandes Tables d' hote de las fondas devorando en común en la larga mesa que parece pesebre corrido de caballeriza. Ora trepando una especie de fiebre (las inglesas) los escarpados escalones de la gran pirámide Egipto; ejercicio que debe dar a sus piernas una macicez y a sus pies una aspereza casi masculina.

La mujer de esos climas naturalmente delicada por el género de vida que se le hace llevar desde que nace, lo parece más aún por el abandono desdeñoso en que la tiene el hombre, convirtiéndola por fuerza en un ser melancólico que parece cruzar por el mundo como una sombra errante en busca de protección. Por esto la acogida que dispensa al hombre, en quien debe ver un ser infinitamente fuerte, es más dulce, más tierna, más infantil y candorosa que la de nuestra, que con las guapezas referidas pierden todos aquellos temores y aprehensiones que constituyen su mayor encanto para nosotros.

El culto de la mujer por aquí es como una religión. Tiene su departamento, su templo, su odalik en turco, su gyneceo en griego; su harem como decimos nosotros, donde se evaporan entre flores y aguas olorosas. Cuando el vapor se siente harto de la árida vida real, deja el mundo exterior saboreando ya misteriosas ilusiones y halagüeñas curiosidades; y penetra en el recinto especial del deleite, descalzándose al pie del estrado como si fuera al templo a orar.

Para él todo lo que existe de la mujer es su perfume. Hasta las feas y hasta las viejas particularmente en Egipto, me han inspirado con el solo metal de su voz un afecto y una simpatía que no solían despertarme las más afeitadas parisienses.

En Constantinopla hasta las viejas se indultan, porque las gasas que las rodean les comunican un aire infantil, gracioso tan angelical que materialmente echan un velo sobre sus caducos años.

Capítulo XXXVII

El caiq. Buyuk-Deré. «Los commis voyageurs.» Plátanos tradicionales. El acueducto de Mahmud. La selva de Belgrado. «El commis voyageur», se idealiza. Los ruiseñores y las luciérnagas. El commis voyageur se sublima. Una merienda en el suelo. El hotel de la Luna. Las garitas del Bósforo. El monte del gigante. «Paskallá.» Terapia

El domingo 4 de mayo de 1862, siempre acompañado de mi commis prusiano que a falta de un viajero más clásico me servía para dividir el gasto y aún para evitar cualquier peligro material, salí para Buyuk-Deré que es una de las poblaciones más importantes de las orillas del Bósforo hallándose situada muy inmediata, ya a la desembocadura de este canal, en el Mar Negro, es como el Chorrillos de Constantinopla.

Tomamos un caiq, embarcación especial del Bósforo, como la góndola lo es de Venecia. Un caiq, por su forma, pulidez y aun color, es como una cáscara de almendra puesta de filo en el agua. Su inestabilidad es tal, que es imposible hacer el menor movimiento sin volcarlo; y así los pasajeros apenas han entrado en el con las mayores precauciones, se apresuran a acurrucarse y a sentarse en el plano mismo del fondo de la embarcación, donde suele haber un tapiz o cojín, y de este modo se conserva el equilibrio.

Los caiqueros llevan unos remos cortos y de forma rara más redonda que plana, parecidos a las mazas de aparato que usan los acróbatas de los circos en los juegos atléticos.

Nuestra graciosa embarcación nos condujo hasta Buyuk-Deré en el espacio de dos horas y media por la cantidad de cincuenta piastras que pagamos a escote. La piastra turca es una piece sita de plata muy delgadita y cobriza, con su gran cifra arábiga o turca en el centro equivalente a un medio real de nuestra moneda.

Apenas pisamos tierra se nos dijo que el vaporcito para Constantinopla con el cual contábamos nosotros para nuestro regreso, deseosos de ahorrar tiempo y dinero, zarpaba dentro de un cuarto de hora: era el último y eran las tres y media de la tarde. Nuestra perplejidad fue grande porque se nos hacía duro volver a la ciudad sin haber visto del Bósforo otra cosa que sus orillas y aún esto de paso.

Un francés vecino de esos lugares años hacía, vino al encuentro de mi compañero para saludarlo; y enterado de nuestra indecisión nos propuso pernoctar en Buyuk-Deré. Mi compañero que visitaba esos lugares, excepto Buyuk-Deré mismo, por la tercera vez se mantenía en duda, porque siendo un commis voyageur juzgaba un sacrilegio dedicar tantas horas a una excursión de mero entretenimiento: y por otra parte le mortificaba no poder agregar a sus timbres de viajero, que no daba por medio menos, una pernoctada en ese pintoresco lugar y sus cercanías por puro gusto.

En cuanto a mí, yo pesaba las ventajas y desventajas de ambos partidos, el quedarnos y el volvernos, y no sabía por cuál resolverme. Convenimos casi en aplazar para el domingo próximo la excursión a Belgrado que es la principal por ahí; pero recordando yo que para esa fecha podía no hallarme ya en Constantinopla, insinué emprenderla acto continuo ya que los paseos improvisados solían ser mejores... Mis compañeros aceptaron, no eran éstos en verdad de la mejor clase, como que no pasaban de modestos comerciantes metidos a gente mas como por esta época reinaba en Constantinopla pobreza de verdaderos viajeros, comprendí que hacer ascos a los que me deparaba la suerte, era ponerme en el caso de emprender al fin la excursión enteramente solo, con doble gasto, con algún riesgo y entregado a discreción al genus insoportabile quod dicunt dragomanes.

Tuvimos alguna dificultad para conseguir caballos. Presentáronse malos rocines por lo que nos pidieron cien piastras que vinieron a quedar reducidas a cincuenta. No eran estos peores, sin embargo, a los que me condujeron de Beirut a Damasco y de este punto a aquél, por lo que no anduve con reparos.

Atravesando una pradera o vallecito que se prolonga internándose en unos cerros y que sirve de paseo a la sociedad Buyuk-Derense, vi descollar los siete plátanos agrupados, conocidos con el nombre de los siete hermanos, a cuya sombra cuenta la tradición que reposó la primera cruzada. Nada de muy notable les encontré y aún me parecieron inferiores no solo al sicomoro de la Virgen tan visitado por los viajeros en el Cairo, sino a cualquiera otro de su misma especie, que cargados de años y de veneración suelen encontrarse en muchos lugares de Oriente: simpáticas antigüedades de que no hay idea en nuestra costa peruana, en donde todo es y será siempre de ayer, en donde no hay árboles y casas que cuenten su edad por centurias, ni los habrá, mientras, nos falten los grandes aguaceros que llaman y fomentan árboles de larga vitalidad y sólidos edificios de piedra que no dejen a la intemperie a sus moradores.

¿Quién entre nosotros, en donde no hay pasado, podría decir con enternecimientos: he aquí el solar de mis mayores?

La vegetación era magnífica; pero el camino un cenagal continuo por últimas lluvias.

Divisamos el acueducto de Mahmud con sus arcos ojivos, bajo uno de los cuales desfiló al fin nuestra alegre cabalgata.

Doblamos a la derecha y fuimos a parar a un pueblo que también atravesamos y poco después nos encontrábamos en plena Selva de Belgrado. No se compone esta selva de árboles seculares de robusto tronco y talle gigantesco, como tantos que había visto en Inglaterra; sino de árboles comunes, siendo la feracidad del terreno en producirlos lo que ha formado un gran bosque, tal vez rápidamente. La belleza de esta selva consiste pues, en lo poblada que está y en grupos que forman un conjunto pintoresco como en el Itsmo de Palo quebrado y desigual del suelo que la presenta dividida en porciones namá.

La noche avanzaba a grandes pasos: yo tenía una idea fija no tanto del capricho cuanto de la prudencia, y no me atrevía a comunicarla a mis prosaicos compañeros temeroso de que éstos la examinaran por su lado poético y la rechazaran. Cuando he aquí que mi commis ¡el commis voyageur! dio un mentís a mis cavilaciones, proponiendo de repente que pasáramos la noche en el pueblo de Belgrado, «lo cual tendría mucha originalidad». ¡Un commis voyageur consultando la originalidad de una excursión! Indudablemente mis seudo viajeros estaban de vena esa noche.

Es verdad que los ruiseñores cantaban melodiosamente en la doble sombra del bosque y de la noche, que las luciérnagas titilaban en los oscuros matorrales; que reinaba el florido mayo, que todo tendía a despertar una chispa de poesía, aun en la gente más prosaica en esa noche edénica. Pero el otro commis, mas commis voyageur desecha la idea con desprecio y opina porque continuemos hasta Constantinopla; mas viendo que el prusiano cuenta con mi apoyo y que él figura en la minoría, espera prudentemente a que nos pase el alboroto.

Gozando de la melodía del canto, enteramente nuevo para mí que nunca había oído al ruiseñor y del vivo espectáculo de las luciérnagas que discurrían por las matas, llegamos al pueblo.

El commis prusiano persiste en su propósito más firme que nunca. Espía todas las casas de aspecto decente que ve y nos propone seriamente iir a pedir hospitalidad en una de ellas!

Ante la ingenua proposición de soplarnos en la primera casa turca que se nos ocurriese, el otro commis se rió en sus barbas como desconociéndolo. Después de varias tentativas el romántico improvisado desiste no sin antes observar lanzando un suspiro «lo hermoso que habría sido presenciar la salida del Sol en ese sitio». ¡No hubiera pedido más el cantor del Niágara, ni Fernando Velarde! Determinamos por lo menos tomar una merienda campestre que nos fue servida en una especie de mesón. Nos apoderamos de tres banquitos, taburetes o escabeles análogos a aquellos con que se tropieza en los cafés de Damasco, y también en Constantinopla, y nos pusimos en facha de mascar.

Trajeron una mesita que colocaron en medio de nosotros, redonda y tan baja que no tendría más de un pie de alto: y sobre ella un plato de barro vidriado o librillo con huevos escalfados, con lo que quedó instalado este banquete de liliputienses. Una cena semejante nos sirvieron en un pueblo de la Mancha, Manzanares, España, la noche en que encalló la diligencia en los atolladeros a la salida del lugar, y nos tuvimos que volver a pie.

Alrededor de la mesa se desplegaban en guerrilla trozos de pan negro sitiando a otro lebrillo que contenía rajas de queso de cabra. Mientras comíamos y bebíamos, los perros se deslizaban entre las piernas, disputándose famélicamente la más leve migaja que caía. Los individuos del mesón que eran griegos se ocupaban en desollar a nuestra vista dos corderitos, desangrando a uno de ellos, suspendido del techo por las patas. El otro yacía en tierra donde uno de los mozos parecía que reventaba soplando, como si se tratase de llenar un odre, en una incisión que había practicado en una de las patas del animal degollado.

La situación de Belgrado recuerda la de unos pueblos que se encuentran al atravesar el Itsmo de Panamá.

Volvimos a montar a caballo resueltos a regresar a Buyuk-Deré, y entramos nuevamente en la Selva, sumida en la más profunda oscuridad.

Nuestro mukra o arriero temblaba como un azogado por temor a los malhechores y nos rogaba que apuráramos el paso advirtiéndonos que mientras no saliéramos de la Selva, no las tendría todas consigo.

Estos mukras son como peones de mulas que siguen a pie a los viajeros a quienes han alquilado cabalgaduras.

Al llegar al acueducto la Luna se desembozó y gozamos de una romántica vista, teniendo adelante las gigantescas alquerías a cuyo pie nuestras propias sombras y las malezas y arbustos que cubrían el suelo desigual, aparecían infinitamente pequeños.

El silencio era profundo. El Bósforo que al venir habíamos divisado a la salida del acueducto como a través de un pabellón era, solo ahora adivinado por nosotros. La Luna indecisa no tardó en desaparecer. Las ramas circunvecinas armaban una gritería que de todas partes nos venía y que ahogaba las notas del ruiseñor. Así llegamos a Buyuk-Deré ya muy entrada la noche. Nos separamos del francés y comenzamos a trepar la agria cuesta que conduce al hotel de la Luna, que domina la población y justifica su nombre porque parece, o que escala la Luna misma, o las montañas de este nombre que dan origen al Nilo.

Desde sus elevados balcones se goza de la vista del golfo de Buyuk-Deré, porque el Bósforo al llegar a este punto se ensancha y arquea y forma como un ancho lago por cuyas orillas se extienden los pueblos de Terapia Buyuk-Deré y otros menos importantes que van hasta su extremidad, en donde el Bósforo vuelve a angostarse formando un estrecho canal que es el que definitivamente conduce al Mar Negro.

El mar, es decir, el Bósforo y la población, yacían a mis pies en completo silencio. Sobre aquél brillaba diseminados de distancia en distancia, unos faroles, ya verdes ya rojos produciendo lindísimo efecto y que de pronto tomé por faros. Eran garitas de mar o guardacostas desde las cuales un vigía apostado impedía que ningún buque cruce el estrecho por la noche en que se suspende la navegación, sin duda por los contrabandos.

Después de haber tomado un té perla con mantequilla que parecía de cabra, me retiré a mi cuarto, cuyas dos ventanas rasgadas hasta el suelo, caían igualmente sobre el Bósforo; así es que desde mi cama, acostado, podía seguir gozando de esas diversas luces de colores que iluminaban el golfo.

La excursión a la selva de Belgrado, como todas las que son famosas entre los viajeros, está sujeta a reglas determinadas, y se debe hacer en tal época, a tal hora, por tal camino etc., estas reglas que el buen viajero sigue al pie de la letra, viéndose en apuros cuando por culpa suya o del dragomán las quebranta.

Como nosotros la proyectamos impromptu, la hicimos bajo todos los aspectos al revés, como todo lo improvisado. Y la excursión que nada tiene ya de nuevo ni de original, fue original y nueva para nosotros como lo es un pantalón viejo que se vuelve al revés.

En el transcurso de ella, aunque mi commis voyageur se transformaba, poetizaba, a mis ojos, insinué tímidamente una nueva excursión, para el día siguiente: la del monte del gigante, ya que lo teníamos al frente, al otro lado del Bósforo para coronar de una manera espléndida nuestra excursión a Buyuk-Deré.

El francés se deshizo en elogios sobre mi proyecto, aunque dando a entender terminantemente que por supuesto él no iría. Tal suelen ser todos los commis voyageurs cuando se hallan entre viajeros; toda excursión magnífica; todo precio aun el más subido es bajo, pero mientras tanto ni se ponen en marcha ni echan mano al bolsillo.

El prusiano se apeó al fin por las orejas, harto ya sin duda del papel de viajero, que es costoso y no lucrativo, y que en mala hora se había metido a desempeñar. Sus negocios lo llamaban a Constantinopla y no podía perder más tiempo. Así pues, a la mañana siguiente, después de emprender nuestro descenso de la Luna, lo dejé en el vapor que partía a la ciudad, y fui a plantarme delante de los caiqueros que pululaban en la orilla, esperando que como todos los de su especie, y como los cocheros no tardarían en caerme encima con sus ofertas de que podría yo aprovechar con ventaja.

Vana esperanza. Con gran asombro mío, esa chusma marinera no me hacía el menor caso, bien se ve, me dije, que no me las he, ni con borriqueros del Cairo, ni con corrícolos de Nápoles ni con fleteros del Callao; y rehusando a mi papel de distraído, empecé a insinuarme con miradas significativas porque no deseaba que la propuesta partiera de mí.

Viendo que tampoco eso bastaba, me dirigí resueltamente al gandul que más cerca tenía y que desde su caiq departía sabrosamente en el idioma de Homero con un compadre o aparcero sentado en la orilla. El oírlo hablar en una lengua más humana que el turco y en la que podía echar mi cuarto a espadas, me hicieron comprender que ése era mi hombre.

Apenas le dirigí la palabra me manifestó que también chapurreaba el italiano lo que acabó de regocijarme. Era un griego, que un turco es incapaz de hablar otra cosa que su idioma. Entré en la frágil embarcación y media hora después, a un solo reino, llegábamos a la orilla opuesta y atracábamos al pie mismo del cerro, donde vi un café, uno de cuyos mozos se me vino muy oficioso y aun se aprestaba a traerme una silla cuando yo emprendía mi marcha precedido de mi fiel caiquero, que me condujo hasta la cima en otra media hora.

Hay en esa cumbre dos o tres casuchas, algunos árboles y ningún punto de vista dominante desde donde se pueda alcanzar el panorama, que se presenta furtivamente a pedacitos entre el ramaje y las casas. Éstas, según entendí, componían un solo establecimiento, un convento turco con sus dependencias, el sacristán o el que fuere, no tardó en salir y abrirnos la puerta de un jardincito largo y angosto como un callejón, en cuyo fondo se veía un sepulcro turco. Mi guía señalándomelo me dijo en griego O megálos (el gigante) ¿Quién diablos sería el Goliath allí enterrado?

¿Cuántos años fatigaría la tierra con su peso?

Al salir tropezamos con unas lilas, y el caiquero mostrándomelas con aire de triunfo me dijo: Touto paskallá (éstas son lilas), porque poco antes a la vista de esos arbolitos de Judea de que he hablado y que constituían mi preocupación pintoresca le había preguntado yo ¿paskallá? y contestándome él, ogi (no) siendo el primer griego que me negaba tal cosa.

Bajamos por el mismo camino y nos dirigimos a Terapia donde lo despaché abonándole 25 piastras (unos doce reales). Supe allí que el vapor para Constantinopla pasaría una hora después; y para emplearla en algo y ganar tiempo retrocedí siguiendo el malecón, hacia Buyuk-Deré. A medio camino tan distante de este punto como de Terapia, vi un vaporcito que venía. Acto continuo deshice lo andado poco menos que a escape, y llegué a Terapia, tan anticipadamente, que aún pude saborear una taza de café y fumar un narguile antes de que el vapor llegara.

Al recorrer en él las mismas aguas que había surcado la víspera en microscópico caiq, me felicité de haber procedido así, porque en efecto, las dos calles verdes y animadas, las dos pintorescas orillas por donde se desliza uno, pueden apenas ser admiradas desde la cubierta del vaporcito, todo arropado y envuelto en un gran toldo para librar a los pasajeros del cisco, y en la que se está con estrechez y poca comodidad.

En hora y media llegamos a uno de los puentes de barcas que unen Pera con Estambul, atravesando el profundo seno formado allí por el Bósforo y que es el Cuerno de Oro. Fuimos recibidos por una gran lluvia.

Capítulo XXXVIII
El baño turco. El Kief. Un cicerone judío. Caballejos de alquiler. El cerro de Burgulú. El cementerio de Scutari. Otra función de dervises. Un eunuco. El zurcidor de voluntades

Al día siguiente, si no estoy trascorde, me dirigí a un establecimiento de baños con el objeto de conocer los de la metrópoli del imperio Otomano siéndome ya conocidos los de otras poblaciones de Oriente, me parecieron mejores que los de Egipto e inferiores a los de Damasco, que son los más elegantes y bien servidos, contribuyendo en mucho a su lucimiento la fina arquitectura, los pavimentos de mármoles de colores y las fuentecitas anteriores: todo esto es muy común en esta bella ciudad.

Se me envolvió de la cintura para abajo no en un paño blanco, sino en uno azul con fajas de colores. Las ceremonias discrepan poco. Lo principal en el baño oriental (haman en turco y lutrá en griego moderno) es la transpiración y el amasamiento para producir literalmente el massage de los franceses, que con tanta propiedad y energía designa uno de los actos principales del baño turco, en que uno de los sirvientes va sobando el cuerpo acostado del bañante con la misma concienzuda tenacidad que un peón de amasijo en su faena.

La transpiración se obtiene con solo atravesar salas más o menos calentadas. En Damasco se pasa por ellos ensartando en los pies aquellos chanclos o zanquitos de que ya se ha hablado, para no caldearse en las baldosas.

Concluida la operación, o más bien las operaciones, se acuesta el individuo en un ancho diván de una sala fresca, envolviéndole el cuerpo en varias fajas y mantas. Se le trae café, limonada, narguile y velis nolis se pretende que el más prosaico y árido europeo, supongamos un commis voyageur, se entregue a los ensueños, a la reviere y a lo que los mismos árabes denominan kief. El árabe es soñador por naturaleza y no ha menester de muchos aditamentos, para dar libre curso a su propensión favorita.

Puede decirse que aún andando a pie o a caballo el árabe va soñando; el agitado occidental con el times is money, vela y está despierto aun entre sueños.

Me sirvieron limonada y café, acepté lo segundo y me retiré después de haber abonado 12 piastras (unos seis reales de nuestra buena moneda). Por supuesto que a los hijos del país que no son ni pueden ser explotados, les cuesta mucho menos la función.

Un jueves determiné pasar al pueblo de Scutari, situado al frente de Constantinopla en la costa del Asia, a ver a los dervises hurleurs o aulladores.

Un muchacho judío de aspecto nauseabundo y con ínfulas de guía o cicerone me ofreció sus servicios a la puerta del hotel. Pasé por alto su aspecto desarrapado y su mala facha, porque cuando un viajero se ha preparado a un viaje con sus libros y sus planos no busca en el guía sino un intermediario para abreviar rodeos y para simplificar transacciones. Es, además, un homenaje a la costumbre local, y no es prudente atraerse la odiosidad de los del gremio. Por lo menos se les debe tomar por decencia y respeto.

Un guía de tono y de lujo, pues también hay aristocracia en este oficio, cuesta caro y despotiza con más o menos disimulo a su viajero, y con su interminable pedantesca charla fastidia al que sabe más que él.

Estos asistentes no son buenos sino para esos señores inválidos de cuerpo como de espíritu, y tan ricos que solo viajan por seguir la moda.

Descendimos al puerto donde tomamos un caiq de dos remos que nos llevó a Scutari en tres cuartos de hora. En el mismo desembarcadero encontramos caballos y alquilé dos.

Los caballos o más bien caballitos de Constantinopla son todos muy bonitos, gordos de rajarlos con la uña, lucios prometedores. Pero una vez sobre ellos no hay quien los saque al galope. Resisten los bastonazos con el más alto estoicismo como si fueran de palo. Al fin se irritan, y saliendo de su indolencia responden con un pesado corcovo, como el más innoble de los asnos. Los que me sirvieron en Buyuk Deré y otros lugares secundarios, eran menos prometedores, unos malos rocines de carromato, y, sin embargo, andaban trotaban y galopaban en proporción de los golpes que recibían, no siendo entonces como ahora predicar en el desierto.

De aquellos podía decirse bajo una mala capa un buen bebedor, porque de puros huesos y pellejos sacaban un buen paso, de éstos, no es oro todo lo que reluce.

Comenzamos la ascensión del famoso monte Burgulú, que es uno de los celebrados puntos de vista de Constantinopla, aunque menos alto que el del gigante.

En una hora llegamos a la plataforma que precede a la cima, distante de ella unos veinte pasos. Vense en ese sitio algunos plátanos y varias fuentecillas de mármol entre ellas una que suministra la mejor agua de Constantinopla. Y en efecto un líquido puro diáfano y cristalino que provocaría beber a un hidrófobo, cae sobre una taza de mármol de forma oval en cuyo blanco fondo resalta el musgo que la tapiza.

Al llegar a la cima pude ver de cerca, tocar y contar el grupo de arbolitos que disminuidos por la distancia me habían salido al encuentro tantas veces cuántas desde Pera solía echar un vistazo por los alrededores, colocado en una altura, son siete, y su reunión repito me servía de norte o punto de partida siempre que trataba de orientarme y divisaba ese grupo pintoresco que corona el Burgulú como el penacho de esa cabeza.

No es con todo muy alto tal cerro; y como el del gigante, no es mucho lo que sobresale al menos en un vistazo general, en la cadena de colinas o cordilleras que costeando la orilla de Asia se extienden hasta el Mar Negro; y si el manual del viajero no hablara de ellos, ni echaría uno de ver, que son más elevados que los otros, ni le vendría en mientes emprender su ascensión aunque el panorama que se descubre es indudablemente magnífico y nadie podrá arrepentirse de hacer la excursión.

Mi mukra o guía quiso llevarme a visitar el Kadi Keui, pueblo del cadí, palabra que no necesito traducir porque el lector recordará haberla hallado en el castellano antiguo y aun en las novelas de Cervantes designan a una especie de juez de paz. Lo único que aquí debe notarse como curiosidad filológica es que la acentuación original, al menos en esos lugares es grave y no aguda.

Kadi Keui es el nombre de la antigua Calcedonia, no pude visitarla por temor a llegar tarde a la función de los dervises y volvimos a Scutari. Seguimos un camino inmediato al grande y afamado cementerio de Scutari, poblado de cipreses que ocupa más de una legua, y que estará allí hasta la consumación de los siglos; porque en esos lugares no se usa desalojar a los pobres difuntos so pretexto de que no pagaron «nicho perpetuo», ni enajenar cementerios para convertirlos en otra cosa.

Un turco sabe que al acostarse bajo la losa funeraria, compra de hecho el sitio en que van a descansar sus huesos y que ningún futuro demoledor vendrá a perturbar sus sueños. Desgraciadamente el que todo lo trastorna, el que todo lo altera, no solo con años, sino en días, horas minutos, el infatigable demoledor, el tiempo, enemigo de la estabilidad, que suele deleitar al hombre, atrae insensiblemente a las generaciones turcas hacia sitios que en su piedad no desearían ellas profanar.

Derriba el pilar o poste funerario de mármol que se enclava en la cabecera de cada losa sepulcral con el gorro y turbante musulmanes figurados en la punta por medio de la escultura y de la pintura, que imita al hombre turco de modo que el espantajo o dimingueje de la sementera puede representar al hombre cristiano. Arrastra tierra capa sobre capa, hasta cubrir la malhadada losa que yacía horizontalmente en el suelo.

Tras esta tierra, o más bien con ella, viene la vegetación, tras la vegetación, un pie, tras este pie un hombre; tras este hombre, la casa; y a la postre la necrópolis o ciudad de los vivos mediante la acción sorda pero segura del inefable demoledor y transformador.

Mas como el cementerio continúa ganando terreno y desalojando por otro lado, nunca llega a perder su primitiva extensión.

Llegamos a Taki o convento en los momentos en que la representación acababa de empezar. Un imán se ocupaba de hacer milagros. Unas veces es un niño, una criatura de dos años, que una madre en cuyo corazón debe arder la fe trae en brazos, y la extiende boca abajo en el suelo a los pies del presbítero para que él la preserve de todo mal pasando por encima de ella.

La pobre criatura llora amargamente al sentir sobre ella la poderosa mole. El animalón le puso la pata en la espalda y la otra en los muslos, se detiene un momento en este piso deleznable y al fin bajó, siempre apoyándose en dos acólitos laterales, sin los cuales el peso descargado únicamente sobre el cuerpecito acabaría por aplastarlo.

Cesó de llorar el niño y la madre acudiendo veloz, como si acabase de salvar del lobo a su hijo, levantolo gozosa, y presentolo al imán, que acabó de tranquilizarlo con algunas caricias paternales. Otras veces era una niñita de pocos años, delicada, preciosa, precoz pues ya tenía el atractivo de su sexo, un atractivo de mujer, que como diría el poeta, hacía saltar el beso de la boca.

Avanzaba espontáneamente sin ser acompañada de nadie, a no ser de alguno que otro devoto, ansioso como ella de las mismas pisadas; y abocándose con el suelo como el niño de antes, se prestaba graciosamente a la humillación. Divisando en esto el infatigable imán un grupo de muchachitas esperando su turno, comprendió que si las iba a pisar en detalle una por una, no tendría cuando acabar. Hizo pues que se tendieran todas de una vez y que formaran una especie de cama análoga a la que forman nuestros sacerdotes cuando van a ser batidos por la bandera de la reseña.

El imán parecía un hábil equitador de circo, que después de haber saltado por encima de uno y otro caballo, los pone en fila para el gran salto mortal.

Un hombre hecho y derecho que por esto y por estar vestido a la europea se le habría creído un esprit fort, salió de la muchedumbre y fue a postrarse cuan enorme era a los pies del santón. Este individuo que era un negro eunuco, me llamaba la atención rato hacía por su decente vestido, su

317

arrogante aire, profunda devoción y descomunal talla, que tras gigantesca delatábase robustísima.

Era redondo de la cabeza al pie; una montaña, una columna monolítica que se paseaba sola, entre magnífico y monstruoso, resultado del eunuquismo. Su cara más bien hermosa que fea, sus ojos grandes y redondos la nariz corta arremangada, y la boca gruesa como hecha a mano.

Acostose el Portos de brea, y su colosal fábrica dio un crujido al tomar postura opuesta a la vertical. Trepó el dervis, y por primera vez lo vi oprimiendo un cuerpo humano sin experimentar congoja y respirando libremente; antes bien temí que el yaciente diera un bufido y volcara al perambulante. El milagroso varón desaparecía en las espaldas del eunuco como un solo árbol o un solo hombre en el medio de una plaza.

Un individuo de los espectadores presenciando esto, codaba maliciosamente a su vecino y lo provocaba a reír.

Pero advirtiendo que yo los observaba y me reía también, se pusieron inmediatamente serios, como dándome a entender que la ropa sucia no ha de ser lavada sino en casa. ¡Hasta allí ha penetrado esta cómoda muletilla de nuestros escritores públicos!

Algunos fieles, no se hallaban con bastante resistencia de espalda para aguantar al dervis encima, se contentaban con ponérsele delante, de hombre a hombre: el imán comenzaba a sobarlos lentamente, de arriba a abajo, como para sacarles por las extremidades el mal que podía aquejarles. Llegole a su vez a un adolorido de orzuelo cuyo ojo fue examinado con una prolijidad que parecía tener algo de inteligente. Fueron presentadas enseguida camisas y otras prendas que el santón revolvía entre sus manos en ademán de bendecirlas.

Botellas de agua, en cuyo gollete aplicaba su boca el bellaco y soplaba; después de lo cual, un individuo la iba pasando bajo las narices de los circunstantes, los cuales inhalaban con avidez lo que pudiera quedar del aliento divino.

En un brasero puesto en el suelo, cuyo fuego se renovaba a cada paso, ardía constantemente una pastilla perfumada, que el imán que lo tenía a su lado, sacaba de una cajita de piedra.

Ornaban las paredes tersos panderos; y la del fondo o testera, multitud de herramientas de todo género que traían a la memoria los departamentos de un museo de la Edad Media, o los cuartos destinados al tormento de la Santa Inquisición.

Con ella se mortificaban los dervises cuando les da por hacer pública penitencia.

El tiempo pasaba, dos horas llevaba ya de estar allí, la función terminaba, y con la inmovilidad mis pies se habían helado. Salí pues y tomé el vapor para Constantinopla. Durante la travesía, mi cicerone comprendiendo que ya iba a concluir conmigo, se arrimó a uno de los pasajeros, un italiano, con quien me había juntado al salir de Teki. Viendo que el sujeto no era de aquellos que usan dragomán, lo llamó a otro terreno y le insinuó que él era también... ¡dueñas de la antigüedad, prestadme vuestro auxilio! ¡Que él era también zurcidor de voluntades!

Capítulo XXXIX
Vuelta en caiq alrededor de las murallas. Los cementerios turcos. Cuadros patriarcales. El traje de los hombres. El antifaz de las mujeres. Los soldados turcos. Las pedradas. Pensiles colgantes

Me faltaba dar una vuelta exterior en torno de las antiguas murallas que circunvalan a Bizancio. Eché mano de mi último recurso, el «commis voyageur» prusiano, y en su compañía tomamos un caiq de dos remos, un judío que nos guiara y bogamos hacia la Punta de las siete torres.

Nos hallamos en pleno mar de Mármara, silencioso, tranquilo y terso como un espejo o como una gran sábana de raso plomo, sobre la cual venía de tiempo en tiempo a refrescarse y a reposarse alguna gaviota. Era poco más de mediodía, hora de la completa luz y de la total ausencia de sombras, en que no hay vista, perspectiva o panorama que bien parezca. Lejos de eso; la campiña toma un aspecto de pesadez, de sequedad y aridez, arebant herbae. Un silencio uniforme y sin poesía, no como el de las horas de transición crepusculares, reina y pesa por todas partes. Ésta es la hora en que las espinas y las zarzas entre los vegetales, y los moscones y las arañas e insectos zumbadores entre los animales, parecen estar en su elemento.

Ésta es su hora; así como la media noche es la de las visiones y apariciones quiméricas; desahogos del alma humana que no puede soportar el misterio de la vida y se finge revelaciones, ya que la naturaleza se las niega, en los momentos en que las tinieblas, el frío, el silencio y desamparo le presentan de consuno el cuadro de la muerte cuya idea le agobia.

La atmósfera parece turbia a fuerza de estar radiosa y se vienen a la memoria estos versos de un traductor de los Salmos:

> Lanzaba el Sol su fuego a mediodía
> sobre las tristes rocas del Calvario;
> el campo estaba triste y solitario
> y hoja ninguna en su árbol se movía.

Hallamos un pueblucho, entramos a un café, pedimos un par de tazas y mandamos por caballos para seguir por tierra hasta el paseo del Agua Dulce. Nos trajeron dos malos rocines que contratamos hasta por la tarde por sesenta piastras (unos treinta reales, plata de nuestra moneda). El camino y el lugar o paseo a que conduce, que ya conocen nuestros lectores, es lo más limpiamente hermoso de cuanto de oriental he visto. Los innumerables cementerios que encontrábamos estaban llenos de gente; turcos, armenios, griegos y judíos de ambos sexos, cada cual con su mejor traje, trajes vistosos, de mil colores y de rica seda en las mujeres, ofrecían el aspecto de un gran baile de fantasía. La declividad perpetúa del terreno realzaba y embellecía más y más este gran cuadro. Los mismos cementerios se hallan esparcidos aquí y acullá por faldas y lomas. ¡Quién fuera muerto en este país donde no se abandona a los muertos! Los difuntos siguen gozando desde el seno de la tierra del calor, del humo del tabaco y del aroma del café con que van a regalarlos, sin preparativos extraordinarios como en nuestro anual Todos Santos, sus hermanos los vivos, que no les llevan las frías ofrendas de la intemperie, las tristes flores; ni menos los manoseados artefactos de una industria impertinente; sino los tibios aromas, el amoroso abrigo y sabrosa atmósfera del hogar doméstico, que no nos vuelve a ser recordado a nosotros los cristianos desde el momento en que para siempre transponemos sus dulces umbrales.

Linquenda tellus et placens uxor.

Las familias turcas tienden sus tapetes sobre las mismas losas sepulcrales y allí se acuestan en regocijados grupos a fumar y a beber. Aun me dicen que tras cada poste funerario (en francés *cippe*) hay una abertura disimulada que comunica con el fondo de la sepultura para que los suspiros por el ausente tengan franco y material camino hasta su corazón helado.

De buena gana describiría cuanto vi y sentí ese día, si con frecuencia no me sintiera incapaz de referir lo que me impresionó en alto grado.

La pluma del escritor cae ante la suma emoción del hombre, como las herramientas del escultor antiguo cuando quería reproducir el desastre de su hijo:

> Tres veces en el duro mármol quiso
> reproducir sumiso
> el funesto desastre, y otras tantas
> mazo y cincel cayeros a sus plantas.

La gente circulaba por los cementerios como por una plaza en día de feria. Las familias, los amigos de todo sexo y edad se agazapaban al pie de los cipreses y sobre las losas sepulcrales cubriéndolas antes con sus alfombras de Esmirna llevadas «ad hoc», y sirviendo el pilar de mármol que señala cada tumba, de respaldo a los sentados y de cabezal a los acostados. Allí toman las once, meriendan, echan la siesta, etc., porque para los orientales el paseo semanal a los cementerios es como para nosotros el anual a Amancaes; y cargan consigo todo el arsenal casero inclusive la estera o alfombra en que han de sentarse bajo un árbol o sobre un sepulcro.

Más tarde en el Agua Dulce misma vi a una mujer, griega o armenia, que andan descubiertas, lavar una especie de mondongo y tras eso sacar de no sé dónde un jabón y una jofaina, y ponerse a imitar a Pilatos como si estuviera en su casa, y el paseo fuera un pueblo. En Oriente a cada paso se ven a lo vivo las escenas primitivas de que todo hombre instruido tiene idea por la Biblia, la Ilíada y otras obras clásicas. En el Cairo, Damasco, Beirut, Esmirna, Constantinopla, donde quiera y cuando menos piense, el viajero se hallará de manos a boca con una familia agrupada bajo un árbol desde la abuela hasta el niño de pecho, conversando dulcemente, bebiendo, fumando, comiendo, y bajo todos aspectos en posición tan original para el europeo, y tan bien colocados bajo el punto de vista artístico, que parece, o que se han acomodado así estudiosamente, o de acuerdo con algún artista oculto para servirle de modelo. Todas estas animadas escenas se realizan sin ruido, como una pantomima, que es lo que más asombra en Oriente al extranjero acostumbrado a esa cocora de las calles de París, Londres y Viena, sobre todo, sin que se quede atrás nuestra Lima que merece una patente muy especial con los maullidos, aullidos, rebuznos y graznidos de sus infinitos pregoneros de «porquerías», que nos dan a toda hora una ópera de burros al aire libre. Los turcos se visten casi como los europeos serios: siempre de negro; pero con la levita abotonada derecha sin solapas, y con el cuello alzado; un gorro colorado con una espesa borla azul y botines de Preville a que parecen muy aficionados.

La combinación de colores y géneros no puede ser más feliz; así es que todos ellos parecen buenos mozos, andando con tal desembarazo, que se diría los romanos o los ingleses de Oriente. Las mujeres turcas se velan la cara de la siguiente manera; cúbrense la cabeza con una blanca y transparente gasa que baja hasta las cejas; y se acomodan otra a manera de barboquejo bajo las narices, llevando sus extremidades a lo largo de las mejillas hasta lo alto de la cabeza.

Bajo esta especie de yelmo antiguo, no de metal, quedan completamente descubiertos ojos y narices y una tez de un blanco mate como que nunca le da el Sol. La boca y la barba suelen verse muy bien por la transparencia de la gasa, cuando se pasa cerca de ellas. Lo que se descubre de barba es una barbita rudimentaria atajada en su desarrollo por la constante presión del barboquejo, como sucede con el desproporcionado e infantil pie de las chinas. Estas barbitas de mono o fuyant en arriére como con intraducible propiedad dicen los franceses, llaman mucho la atención en las fisonomías turcas femeninas.

El antifaz de las mujeres difiere en todos los pueblos de Oriente. Las diferencias en el resto del traje son menos notables.

Los cementerios estaban animadísimos, y de trecho en trecho, se danzaba y se «musicaba». El «mukra» dueño de los caballos nos seguía a pie como de costumbre, y también el judío, aunque ya lo habíamos despachado por innecesario. De repente unos soldados turcos tirados por el suelo sobre la hierba, como todo el mundo, se lanzan a la carrera por donde nosotros íbamos desfilando por entre floridos, pintorescos y «alegres» cementerios, y se apoderan del «mukra» sin que el judío se detenga ni haga caso. Volvimos la cara y vimos al infeliz que se debatía entre los soldados. Sorprendime y sin darme cuenta de la irrupción seguí andando en pos de mi compañero y seguido del judío cuya indiferencia era probablemente hija del miedo porque todos ellos son tan tímidos como nuestros chinos. Repetidas veces miré hacia atrás, y en una de ellas una piedra que no podía venir de otra parte que del grupo de soldados, me pasó zumbando por encima del hombro. Era la segunda vez que me veía objeto de semejante hostilidad. En la primera íbamos atravesando el Hipódromo dieciséis viajeros o por lo menos visitantes de las curiosidades de Constantinopla: de improviso una muchachita con la ceguedad y vehemencia del fanatismo se precipita entre nosotros que marchábamos en columna cerrada; se escurre por entre nuestras piernas precisamente por delante de mí, y sin volver la cara ni dejar de correr nos tiró su piedra huyendo como los Partos.

Nuestro «mukra» volvió al fin sano y salvo sin que por sus explicaciones pudiéramos comprender que era lo que había pasado; aunque nos dio a entender que se había tratado de un salteo, lo que quiere decir que los custodios del orden público por esos países merodean también por su cuenta.

Atravesamos el pueblo de Eyoub, y al salir de él nos hallamos en un nuevo paseo digna continuación del que atrás dejábamos. Se abría a ambos lados del camino sobre unas lomas cubiertas de cipreses y de tumbas.

Las mujeres sentadas al canto sobre la carretera, en la verde hierba, vestidas de diversos colores, inclinadas a un lado u otro, algunas con el pie sin más que la media de badana amarilla colgando sobre el camino polvoroso parecían aquellas flores silvestres que tapizan algunos sitios elevados; y aglomerándose en desorden, se columpian sobre el camino y el transeúnte a manera de pensiles colgantes.

Terminamos nuestra excursión en el paseo de Agua Dulce, siendo la presente una de mis últimas excursiones en Constantinopla, porque a los pocos días cerraba mi vuelta por el Levante zarpando para Atenas, en donde lleno de ardor por la antigüedad clásica griega, debía permanecer más tiempo que en cualquiera otra de las ciudades de Oriente.

Capítulo XL
De Constantinopla al Pireo. El Acrópolis de Atenas. El griego moderno. Calles y pregones. El traje nacional. Monedas. El teatro. Las mujeres

El 14 de mayo de 1862, a las seis de la tarde, zarpaba yo de Constantinopla con dirección al Pireo. Había pasado unos veinte días en la antigua Bizancio, y antes dos en Esmirna, algunas horas en las islas de Chipre y Rodas, y finalmente ocho días en Damasco.

Hallábame a bordo de uno de los vapores de la compañía francesa de las «Messageries Imperiales», que es la que hace (o la que hacía) con otra línea austriaca llamada del Lloyd, el servicio del Mediterráneo.

El nombre del vapor que me conducía era el «Simois», que en buen castellano equivaldría al «Simoente», célebre río clásico de la Troada, en cuyas orillas deploraba no haber sucumbido «militarmente», el piadoso Eneas, cuando conjurados contra él los elementos, veía sus naves próximas a zozobrar, según nos lo refiere el cantor de la Eneida.

El mar estaba hecho una balsa de aceite por la cual resbalaba bonitamente nuestra embarcación; ¡nos hacía mejor tiempo que a Eneas!

Vi de nuevo Metellín, capital de la isla de Lesbos, y conocida en lo antiguo con el nombre Mitilene, patria de Safo y otros poetas machos; y vi asimismo o más bien pasé por delante de la isla de Ténedos, que como la precedente, queda descrita en capítulos anteriores.

Más tarde dejamos a nuestra izquierda la isla de Quío, patria... pero si voy a ir enumerando cuya patria es cada isla del archipiélago griego, y cada lugar del continente, no acabaré nunca y ofenderé la ilustración de mis lectores.

Basta saber que en la Grecia moderna es imposible dar un tropezón, sin suscitar un recuerdo, de gran hombre o de gran hecho.

A media noche, bajo los rayos de una hermosa Luna y siempre con mar bonancible, desfilamos por el Canal de Oro, con la isla de Audros a un lado, y Negroponto al otro. Por último, al amanecer del dieciséis fondeábamos en el clásico Pireo, y acto continuo saltaba yo a tierra, ávido por pisar y temeroso de que se me escapara ese suelo, a cuyo estudio venía preparado con dos años de estudios clásicos en París.

Tomé un coche de cuatro asientos, de los muchos que por allí había apostados, y al cual vehículo dan los griegos modernos el nombre de «amaxa».

El que me tocaba era desgraciadamente un cochero cerrado o cubierto, y así no pude admirar bien a mis anchas el famoso Acrópolis de Atenas que se presenta a la vista apenas se sale del puerto. Acrópolis quiere decir «ciudad elevada», y desde el tiempo de los Pelasgos, raza originaria del Asia y una de las que primero ocuparon el suelo llamado más tarde de los Helenos, hubo costumbre de dotar a cada ciudad con una ciudadela, construida en el lugar más escarpado e inaccesible, a cuyo alrededor se fabricaba igualmente el templo de la Divinidad tutelar o patrona, que en su santuario guardaba el tesoro nacional. La misma población solía extenderse por las faldas del cerro, sin orden alguno. En la ciudadela de Atenas estaba el Partenón, en honor de la Virgen (Parthenos) Minerva o Atenea.

Ponga o imagine mi lector peruano unas grandiosas ruinas de mármol blanco sobre el Morro de Chorrillos, y tendrá una idea bastante exacta de Atenas y su topografía, seca y polvorosa, y barrida frecuentemente por fastidiosos ventarrones; y perdóneme si el deseo de ser comprendido con más claridad, me hace ahora y después recurrir a símiles nacionales, que algunos hallarán chocarreros y chabacanos, tratándose de un mundo clásico.

El camino entre el Pireo y Atenas no es tan feo ni tan árido como me habían hecho creer algunas relaciones de viajeros. Por todas partes se extienden llanuras de trigo, y al borde del camino surgen álamos, olivos y morales, que al llegar a cierto sitio, hasta parecen darse una cita y componen una regular alameda.

Dejando a mi derecha el moderno Conservatorio Astronómico (ya en la entrada de Atenas) y a mi izquierda el antiguo Templo de Teseo, admirablemente bien conservado, no obstante los veinte siglos muy largos que pesan sobre él, y contorneando la falda del peñascoso Acrópolis, desde la cual divisaba otras antigüedades, como el Arco de Adriano y el Templo de Júpiter Olímpico, entré en la capital de Grecia, poblada entonces por unos treinta mil habitantes y regida por el bárbaro rey Othon.

No había cuartos vacantes en el hotel de los «extranjeros», situado junto al palacio real, frente a la Escuela Francesa, y uno de los afamados de Atenas, por lo que me dirigí al Hotel de la Corona, Xenodogíu tu stégmalos. Advertiré una vez por todas, que al transcribir a caracteres latinos palabras del griego moderno, no buscaré precisamente las letras que corresponden desde tiempo antiguo, sino las que mejor reproduzcan su sonido para nosotros. Así, por ejemplo, la palabra xenodogíu, se escribe con «x», no solo al principio, sino al fin; mas como la segunda suena como nuestra «g», la represento por esta letra. El verbo érjomai, se escribe con la letra que los latinos traducían por «ch», como se ve en chronos (jronos) que significa tiempo y yo la reemplazo con nuestra «jota», que es el sonido que suelen darle los griegos modernos, como se ve en Jristo (christo) y otras palabras en que entra la referida letra griega. El diptongo «ai», suena como «e»; «ei» y «oi», como «i», y «ou», como «u». Las combinaciones que dan el sonido de «i» en el actual alfabeto griego, son muchas. Además de los dos diptongos citados, suenan así la letra «eta» (que hoy es «ita») el «upsilon» (o ypsilon, como que de él salió nuestra «y» griega) y la misma «iota», que es la «i» latina.

Los europeos pueden pronunciar del modo que gusten el griego clásico, yo, desde que oí a los griegos modernos, me adherí enteramente a su pronunciación, creyendo que ellos tienen más derecho que cualesquiera otros a legislar sobre esta materia.

Al mismo «ypsilon» le dan en ciertos casos el sonido de «f», como se ve en la palabra eftis y que significa «inmediatamente», equivaliendo al tout de suite de los franceses y al «súbito» de los italianos.

El Hotel de la Corona se acababa de estrenar, por lo que aún no tenía la fama del de los extranjeros, y hallábase situado en la Plaza del Pueblo. Al frente, de él comienza una de las principales calles de la ciudad; la de «Eolo» (odos Eolu), que va en línea recta a morir al pie mismo del Acrópolis formando antes una intersección o crucero con la de Hermes (Mercurio) que es otra calle principal. Hay asimismo una que lleva el nombre de

«Byron» (odos Vironos) tan amado y tan popular aquí como en Venecia y otras ciudades de Italia; o cuando es aborrecido Edmond About, por su libro La Grece Contemporaine. Estas calles, como la mayor parte de la moderna Atenas, se asemejan bastante, o al menos más que las de cualquiera otra ciudad de Europa, a las de Lima, en su rectitud, latitud, aceras y edificios poco elevados.

Lo que más llamaba mi atención en los primeros momentos era los gritos de los pregoneros, causándome asombro, y pareciéndome un sueño, ver hablado y por tan humildes bocas, un idioma que se ha reputado un mito, y por el cual nos han hecho concebir en las universidades un respeto religioso, y hasta una especie de fanatismo.

Órnitha, órnitha gritaba desgañitándose el vendedor de gallinas. He aquí, pensaba yo para mí, la etimología o poco menos, de «ornitología» Kryo nero agua fresca, chillaba otro. Lo que es aquí, el clásico hydor se ha convertido en neró; pero ya hallaremos la explicación en nereida, y en el mismo adjetivo neros, que en griego antiguo significa «húmedo»; y veremos que por «fas» o «nefas», el helenista halla siempre alguna relación entre el griego de hoy y el de marras.

¡Glyká portugalla! (naranjas dulces) ¡Kérasi Kalo! (las buenas cerezas) llegaban hasta mi oído, recordándome los radicales clásicos conservados en glycosis y en las innumerables palabras que empiezan por «kalo».

En cuanto a portugalla, es uno de los mil neologismos que las necesidades modernas o el comercio han introducido en el griego. Acaso las naranjas procedan o se crean procedentes en Atenas, de Portugal. Las de las islas Azores son muy estimadas en Londres. Por la misma razón de procedencia se llama en París «un Panamá», a un sombrero de Jipijapa o de Guayaquil.

No menos agrado me producían las palabras y frases sueltas de las conversaciones familiares. Oriste (mande usted, decía el uno), érxome (ya voy), repetía el otro; kalá, está bien, istokaló (eis to kaló) adiós, etc.

Atenas parece una ciudad recién estrenada, recién abierta al público, y como que todo tuviera un carácter provisional, desde el idioma que se habla, hasta el traje nacional llamado patikari, que es un verdadero vestido de fantasía. En los niños o adolescentes es bonito, y recuerda a los meninos de las antiguas cortes españolas y portuguesa; mas no en los hombres ya rígidos y duros, y aquijotados, y mucho menos en los que son del tipo de Sancho Panza, porque entonces las carnes parecen rebalsar y derramarse por el ajustado justillo, así como los enjutos parecen angelones de procesión.

Este traje se compone de unas blancas enaguas, que perfectamente ceñidas a la cintura, bajan en innumerables pliegues y con gracioso vuelo no más que hasta la rodilla; de un chaleco o justillo rojo o morado, lleno de grecas; un ancho ceñidor de seda de colores vivos, al cual suelen ir colgadas las pistolas en el campo; un gorro color grana con borla azul, y unas polainas que hacen juego con el justillo y que recuerdan el calificativo de Homero en la Ilíada: efmenides Achaion, los «Aqueos bien empolainados». Este traje de bailarina, y que a veces aun parece delatar un corsé, no puede menos de asentar muy mal a hombres que, como el rey Othon, por ejemplo, habrían sido llamados en la Ilíada, «anchos de cintura».

El Sol que entonces abrasaba, obligaba a algunos palikaris transeúntes por las calles de Atenas, a llevar un enorme, faldudo y prosaico sombrero de paja amarilla de Florencia, sobre este tan elegante traje, y en sustitución del gorro colorado. Vestidos así parecían esos maniquíes de ropería a los que se viste de piezas heterogéneas, como que el objeto es lucirlas o exponerlas, y no armar bien al muñeco.

¿Hasta qué hora dura la prueba de que estos hombres hablen griego? me preguntaba yo, pues semejante al portugués de la décima, no podía concebir que un idioma que en otras partes se llega a viejo y, lo entiende uno mal (que hablarlo es imposible) lo «parlara aquí un muchacho», y el más zafio, y el más intonso. Mientras tanto, y sin entenderlo todavía gran cosa, me deleitaba oyéndolo. Con el griego me sucedía lo que con el italiano; hallábalo tan «humano», que aun sin entenderlo me agradaba; o más bien que aun me hacía la ilusión de entenderlo; al revés del alemán, que aun entendido me desesperaba. Grecia no contaba con ningún ferrocarril cuando yo lo visité; y en cuanto al alumbrado del gas, se estrenó durante mi permanencia, en una noche del mes de mayo de 1862, llenando de regocijo a los atenienses.

Igualmente andaban muy escasos de moneda nacional, o mejor dicho, no poseían otra cosa que el centavo de cobre llamado leptá, y del que habla con profusión. La moneda de plata que corre con el nombre de dracma, y que hace las veces del franco o de la lira italiana, o de la peseta nuestra, se compone con las primeras monedas extranjeras que vienen a mano. El peso, conocido con el nombre de Thálari, es unas veces mexicano, y otras el corbatón de Bolivia de a seis reales o peso feble.

¡Cuál sería mi enternecimiento al hallarme, después de largos meses en que perdido por los pueblos del Oriente no había sabido nada de América, al hallarme repito, con la familiar efigie de Bolívar, tirada sobre el mostrador de un heleno! Mi primera idea fue robarme la moneda; pero después supe y vi que ese artículo era corriente en Atenas, moneda corriente.

El teatro es malo y sucio, y después de haber permanecido un rato en él, me salí fastidiado de la ruidosa concurrencia. El programa de la función decía, O Maniothis (El Maniático, furioso o loco) y su protagonista era nada menos que el Cardenio que figura en Don Quijote; así que en el reparto detrás de Kardenio venían «Leonora, Bartolomeos, padre de Markella, Phernandos y un negro».

El almanaque de los griegos no es enteramente conforme con el nuestro, y así la función de esa noche, que era la del 18 de mayo, estaba anunciada para el 6. Por esto los griegos siempre que escriben para europeos, ponen dos fechas, la suya y la que deducen.

Ya he dado una ligera idea del traje nacional en los hombres, veamos ahora el de las mujeres. Lo único que diferencia a las de Atenas del bello sexo de otros países, es un gorrito colorado que llevan en la cabeza, y que con el peso de la borla azul se rinde a un lado, y el cual lejos de agraciarlas hace resaltar más su ausencia de gracias. Puede que también en este terreno el peor enemigo de la Grecia sea su pasado. Llena la imaginación de las Helenas, las Andrómacas, las Penélopes, las Náusicas y las Venus, tales como las describen los Homero y los Fidias, es natural que se descontente al no hallar en las bonachonas hijas de la actual Atenas, el refinado idealismo que expresan aquellos tipos. Un adminículo como el gorrito de que hablo, está pidiendo a gritos una carita mona, picaresca, vivaracha, despercudida, y no una cara pesada y chata, con grandes ojos saltones que se quedan atónitos ante las miradas significativas de los extranjeros. El gorrito-mueca con su respectiva borla, no cumple pues las promesas picarescas, retrecheras y maliciosas que parece encerrar. Dos meses pasé en Atenas: dyo minas is tas Athinas para hablar griego, y no solo no me parecieron bellas las mujeres, sino que ni siquiera les concedí ese atractivo, ese imán secreto que compensa la fealdad, ese poderoso gancho o garabato que trastorna mucho más que la gélida hermosura.

> Nada más bello que mujer concibo,
> ni que cual su hermosura me enajene;
> y, sin embargo, lo mejor que tiene
> no es su hermosura, sino su atractivo.

El único tipo de griega verdaderamente hechicero y que estaba bien con el gorrito, era el de la señorita Grivas, una de las camareras más queridas de la Reina.

Capítulo XLI
La isla de Egina. El Templo de Júpiter Panhelenio. El Lycabeto. El teatro de Baco. Curiosidad de los griegos. Campiña de Atenas. Tardes Atenienses. La colina de Museo. El Estadio. El Pnyx

Muy pocos días llevaba en Atenas, unos dos o tres, cuando tuve ocasión de ir a visitar la isla de Egina, que se encuentra al frente del Pireo.

Las cuatro de la mañana serían cuando el mozo del hotel, que estaba recién llegado de la isla de Cerigo (él pronunciaba Chérigo) su patria, y que respondía al pintoresco nombre de Teodortis, golpeaba a mi puerta como un verdadero animalitis, esto es, a coces y a patadas. Aunque interrumpido mi sueño de un modo tan poco urbano, salté de la cama alegre y gozoso: tenía veinte años, y aún si ustedes quieren dos más, que dos años más no alteran sensiblemente el carácter, como no muda del todo la temperatura porque se anden unas pocas millas. Estaba pues, en esa feliz edad en que cada mocoso cree firmemente que va a arreglar el mundo, y que éste espera con la mayor ansiedad su advenimiento de ese importante mancebo, que va a realizar él solo lo que a nadie se le ha ocurrido en los sesenta siglos que hacen que transitan hombres por este valle de lágrimas e ilusiones.

Pero pronto se llega al término del círculo vicioso, y se ve con doloroso asombro, que hace seis mil años, sino más, la humanidad recorre el mismo camino y vicisitudes; y que esfuerzos, pujos y conatos de todas las juventudes pasadas y presentes, que el progreso todo no es más que una triste rotación, en la que el que parece más reciente y atrevido impulso, viene a encadenarse con otro anterior, que ya existía, y cuya existencia olvidaban o desconocían la ignorancia o la vanidad.

> Quien de su vida recoger pudiera
> las necedades de la edad primera,
> y cuando en el sepulcro se acomoda,
> las necedades de su vida toda.

Levánteme pues «ufano, alegre, altivo, enamorado» como dice Hurtado de Mendoza o Mira de Améscua describiendo al pajarillo, y pintando, sin quererlo, a la Juventud de todos los tiempos.

La idea de que al fin iba a sentir fresco; al fresco de toda madrugada, en medio del bochorno que nos traía enervados, me cautivaba. Y fresco hacía en efecto, y hasta frescor y frescura y casi casi me pesó no haber salido más abrigado, por el vehemente deseo y aun necesidad que experimentaba de enfriar un poco mi piel enardecida. Llegamos al Pireo; mi compañero era un erudito y caballeresco conde alemán, llamado Von... no sé cuantos, pues la preposición nobiliaria es facilísima de pronunciar en todo apellido germánico; no así el título o nombre, en el cual está el busilis. Con este motivo, es decir, con motivo de la erudición y caballerosidad, aconsejaré a mis lectores que cuando viajen, tomen siempre por compañeros a alemanes o ingleses. De mis compañeros franceses, aunque tuve muchos muy amables, solo uno me cuadró, y hasta me apasionó, el señor don Eugenio Young, mi compañero en las excursiones de Pompeya, y el cual era entonces redactor o corresponsal del Journal des Débats, y después estuvo al frente de la Revue des Cours Litteraires que se publicaba en París. En la tarjeta de mi nuevo compañero se leía: Ván Affelen van Oorde, lo que parecía delatar un apellido holandés.

Nos dirigimos para embarcarnos en un bote, al baño de las mujeres, fronterizo al de los hombres; mas como apenas eran las cinco de la mañana, no había por allí ninguna alma, ni con forro femenino, ni aun con masculino. Cuatro horas después, o sea, a las nueve, como que íbamos a paso de bote, por más que éste se llamara pomposamente, Orais el Hermoso, fondeamos en la isla de Egina en una playita solitaria, elegantemente arqueada por la mano de Dios, y formando la más diminuta ensenada que puede imaginarse. Se llama Hagia Marina, Santa Marina. No menos de tres cuartos de hora se necesitan para subir la cuesta y llegar a la cima de un cerro alto, escarpado, pedregoso y salvaje como todos los de esta parte de la Grecia o Ática, y sobre el cual se eleva, majestuoso aún, el templo dedicado a Minerva, según algunos, y según los más, a Júpiter Panhelenio, es decir, de todos los helenos, agradecidos al Padre del día o Diespiter, por haberlos salvado de una gran calamidad de hambre universal.

La subida toda es más o menos quebrada y propia para destrozar el más duro calzado. En el fondo de cada barranco se veían surgir arbustos silvestres, tortuosos, compactos, contrahechos, y como atormentados por la naturaleza del lugar. Solo subsiste del templo, la fachada, y un pedazo de cada ala con su respectivo arquitrabe, la cornisa ausente. Las figuras que adornaban el frontón han ido a enriquecer el Museo de Munich, según sabía yo y me confirmó mi anticuario compañero. El templo es de orden dórico, como todos aquellos que se dedicaban a alguna divinidad austera o de excelsa jerarquía, y el único que he visto de piedra gris, pues todos son de mármol. Esto lo hace más adusto, más imponente, y más en armonía con la severidad del sitio. El orden dórico es el que más me agrada entre todos los órdenes arquitectónicos; tiene cierta desolación, cierta inmensidad que halaga, como el mar, como el cielo y como el horizonte. Algunas columnas aparecían carcomidas tal cual si fueran de madera o fierro. Unas eran monolíticas o de una sola pieza; otras se componían de aquellos trozos redondos, idénticos a una rueda de molino, y que los franceses llaman tambores, los cuales van unidos entre sí por abrazaderas de fierro, que solo se descubren al desbaratar las columnas.

Las primeras columnas, en número como de veintidós, estaban todas en buen estado, salvo la carcoma y una que otra rajadura; las segundas, rotas a mano en la coyuntura de los tambores, quizá para extraer la llave de fierro de que he hablado, y de que tal vez necesitó un habitante de ese país paupérrimo (toda la Grecia) en el cual suelen cambiarse huevos y otros comestibles por puñados de clavos y de fierro viejo. En todo el camino desierto solo hallamos un viviente, un viejo veterano, fundador acaso de la independencia helénica, en que tanta parte tomó Lord Byron, y el cual era el guardián de esa ruinas de las que salió como evocado al sentirnos llegar.

Después de enseñarnos el templo, para lo cual bastaba la luz del día que por todas partes lo bañaba, nos mostró en las inmediaciones su propio tugurio; que era una choza hecha de ramas de árboles y piedras. ¿Si sabrá este solitario Robinson, pensaba yo para mí, que hay un lugar en el orbe llamado Perú?

Antes de dejar la isla y vueltos a nuestro bote, tomé un baño de mar, doblemente agradable porque me hallaba en el seno de la naturaleza, en un mar libre de estacas y sogas, de divisiones de madera, de departamentos de bañistas, de algazara, etc. Por cierto que no estábamos en Dieppe ni en Chorrillos. Fui a concluir de vestirme dentro del bote mismo, temeroso de que el Sol me sorbiera como un huevo si continuaba en la roca pelada en que me había instalado. Aquí contrajo la enfermedad que en breves horas se lo llevó al sepulcro, el sabio francés Lenormat. Cerca de Atenas se ve el modesto túmulo de otro sabio, alemán, Müller, que pereció de una insolación. Este había sostenido en Europa la no divinidad de Febo Apolo (el Sol) y para comprobarlo se vino a Grecia; y el Dios airado le fulminó uno de esos rayos de que habla Homero en los primeros versos de la Ilíada, y lo clavó, para probarle su divinidad.

Yo más afortunado, bendecía la bondad de los elementos cuando están buenos. El uno me había hospedado pacíficamente en su seno, y el baño fue como de tina; y posteriormente prestaba a mi embarcación un asiento inmóvil. El otro, el viento, no encrespaba las olas, ni nos ponía en riesgo de zozobrar; y soplaba lo suficiente, y con bastante tibieza, hecho un favonio, para orear el pañuelo que me había servido de sábana; y finalmente el mismo Sol no llevaba trazas de dispararme ningún rayo mortífero.

La brisa nos fue más favorable y constante que a la ida; y el Oreas, cuyo patrón se deshacía en su elogio, singlaba bonitamente por el agua, y en tres horas menos cuarto llegamos al Pireo. Mis paseos vespertinos y matutinos por las inmediaciones de Atenas eran bastante variados.

Unas veces subía al Licabeto, el más puntiagudo, empinado y curioso de cuantos cerros circundan a Athinas, que es como la llaman los griegos modernos. Parece un peñasco marítimo, y en su misma punta se eleva una capillita dedicada a San Jorge, en la cual solía detenerme a descansar.

Los griegos son muy amigos de coronar las alturas con capillas y monasterios. Otras veces me dirigía a las considerables ruinas del Teatro de Baco, que desenterraban entonces al pie del Acrópolis. Este era el paseo favorito de la ciudad. Allí se encontraba por las tardes una concurrencia muy variada, de mujeres, hombres, niños, gentes de tono, aldeanos y extranjeros. Uno de mis compañeros solía ser don Jacobo Bermúdez de Castro, llegado a Atenas en esos días como cónsul de España. Era un hombre bueno, filantrópico, y muy versado en lenguas antiguas y modernas, aunque muy excéntrico y siempre malhumorado. Se expresaba con acritud de España y de su literatura, sin que se le escapara ni el Quijote ni su propio hermano el célebre poeta don Salvador.

Al pasarme su tarjeta y sabiendo que yo era peruano, me dijo: mi nombre le será a usted conocido, y continuó:

—Yo conocí en Bruselas a un paisano de usted muy miserable, un señor don Mariano Eduardo Rivero; me hizo trabajar en una obra suya (Antigüedades peruanas) y no me dio ni un ejemplar.

Los hijos del país seguían los progresos de la excavación del teatro de Baco con un interés laudable, y era conmovedor ver cuanto se preocupaban con todo lo que tenía relación con lo que ellos creen firmemente y a pie juntillas sus antepasados, Mercurio, Dios de las especulaciones y el comercio, es el único griego clásico que aún parece respirar por ese suelo. Los concurrentes al teatro de Baco se agazapaban ante cada nuevo sillón de mármol, hecho de una sola pieza, que salía a luz, para desentrañarle la inscripción si es que la tenía; y vanamente porque el griego antiguo es incomprensible hoy para las clases no cultas.

El deseo de instruirse que casi todos los viajeros han observado en los griegos modernos, es realmente notable, y se manifiesta hasta en los dragomanes. Un día disputaban dos de ellos y el landord del hotel en mi presencia, sobre la palabra tiempo en griego. El uno decía que era chronos, y el otro que kairos y entre la primera y la segunda hay la misma diferencia que entre times y weather en inglés, el primero es el tiempo, el segundo la temperatura.

Discutían asimismo los mencionados individuos, sobre el nombre de ciertos signos celestes, y recordaban que el arco iris era el uranon taxon (arco celeste), y la vía láctea, odos galakta (que literalmente significa lo mismo).

El landord que se llamaba Jorge Papadsópulos, apellidos que significa hijo de babuchas, porque nuestro hombre descendía de zapatero, me preguntaba otra vez «¿qué cosa era perouain?» y gruñía como un marrano queriendo decir peruvien, peruano. Eso de Perú, continuaba, ¿no está por ahí por Burdeos? Yo he leído peruana en algunas monedas, pero no me explico.

Otro día contemplaba yo en una tienda un grupo en biscuit, que representaba a un Sátiro y una Ninfa. Está cansada de luchar probablemente, yacía como desmayada en la rodilla del seductor, que tenía la otra puesta en tierra.

Estaba admirando la expresión eminentemente lasciva del caprípedo, cuando se me acercó un palikari y me arrojó por encima del hombro un diluvio de preguntas acerca del grupo en cuestión.

—Mitología —le dije yo por salir de él.

—¡Ah! del tiempo de los helenos, katha lambano (comprendo) —exclamó, y se fue satisfecho.

Pero la campiña de Atenas está lejos de ser una campiña. Toda ella tiene algo de Licabetoso; está erizada por doquiera de guijarros y asperezas, como si Deucalión y Pirra acabaran de pasar por allí en su ingrata tarea de repoblar el orbe. La tierra no presenta el agradable color o tinte amarillo de los suelos vegetales, ese aspecto especial que tanto halaga después de una larga travesía, o de un viaje por arenales, es decir, después de lo incoloro e inhumano.

El suelo es aquí blanquizco y polvoroso, y aunque por varias partes han plantado hileras de graciosos arbolitos dentro de la misma ciudad, parecidos a nuestros molles, y que según creo son pimenteros, la tierra conserva siempre en la superficie su aspecto de aridez y esterilidad, y parece soportar a más no poder el árbol que se le ha confiado. Creo que si la vigilancia de los jardineros de Atenas se adormeciera por algunos días, nos quedaríamos sin verde para siempre, cual si esta verdura fuera la de un teatro, o la de una feria, cuya duración es precaria. La inhumanidad del terreno, por el cual parece que nunca hubiera transitado un ser humano, todo, como he dicho, es Lycabetoso, recordando la etimología de esta palabra, que si no me engaño es lycos, lobos: el suelo ateniense huele a lobos.

En cambio, y a pesar de todo, las tardes, las puestas de Sol son espléndidas y compensan de sobra la pesadez y el bochorno de los días. El verano es ardiente, seco, polvoroso, y con frecuentes ventarrones.

Como la población está encajonada entre cerros, hay que trepar a alguno de ellos (a cualquiera de esas célebres colinas, en todas las cuales se han impreso las huellas del pueblo más ilustre de la tierra, cuyo recuerdo durará lo que dure el mundo) para gozar de la belleza que el panorama ofrece a tales horas. El espectáculo del crepúsculo en esa ciudad, no me recordaba ninguno de los que yo había admirado en otras regiones más privilegiadas por la naturaleza. Era una belleza austera, silenciosa y desmantelada, el cadáver grandioso, la tétrica sombra de lo que fue. No se ven por cierto llanuras floridas, vegetación sin límites, arroyos que serpean, poblaciones acumuladas en la distancia; ni respiraremos un ambiente cargado de hálitos humanos, ni sentiremos resonar sobre nosotros un éter henchido de la vocinglería de cien ciudades... manufactureras y carboníferas. Los cipreses y cúpulas de Constantinopla, las palmeras y minaretes de Egipto, los graciosos y enanos pinos de Nápoles, que guarnecen y limitan las lejanas cumbres, han desaparecido detrás del viajero, procedente de esos lugares, como la estela de las naves que hasta allí lo han llevado.

Cerros pelados (el Parnés, el Himeto, el Pentélico) y montañas erizadas de rocas, es todo lo que a la vista se ofrece. Las esquinas de los rebaños y los balidos de las ovejas resuenan débilmente y a corta distancia; más lejos los ladridos de los perros y los mugidos de las vacadas; voces apagadas como el crepúsculo; pero entre esos vagos rumores, entre esa media luz se interpone el eco de la voz de Demóstenes, y la sombra de su gran figura, que parece agitarse con la majestad de la distancia, sobre esa cumbre llamada hasta hoy la tribuna de los oradores. Los sonidos y el colorido que faltan al paisaje, están en el corazón y la imaginación del espectador.

A veces distinguía voces humanas inmediatas a mí, y al volver la cara, veía hombres que conversaban en alguna cima fronteriza, bastante apartada. El aire no ha perdido esa sutileza clásica, esa transparencia que le reconocía la antigüedad, merced a la cual desde el cabo Suniuni, avanzado promontorio del Ática y distante como sesenta millas de Atenas, se distinguía la punta del lanzón de la Minerva de Fidias, colocada en el Partenón.

El horizonte, en las tardes de que hablo, se reviste de sus más escogidos colores, y Salamina, Egina y demás islas e islotes esparcidos en el antiguo Egeo, aparecen con tintes oscuros o violáceos, conforme los envuelve la sombra o la luz. No pocas escenas patriarcales o poco menos, admiraba en esas circunstancias. Los raros paseantes que alcanzaban a pasar delante de mí, y que solían pertenecer a las clases más modestas, se quitaban el sombrero y me daban las buenas tardes, Kalisperas, Kyrie (buenas tardes, señor). Otras veces era el pastor de un rebaño inmediato, vestido poco menos que de pieles, que venía a sentarse a mi lado, después de un saludo digno de los tiempos de Teócrito, y a acompañarme en mi contemplación.

Por esos alrededores hallaba constantemente todas las tardes, constantemente solo y constantemente acompañado de unos perrillos, a un taciturno palikari, a quien no parecía faltar nada, sino era el buen humor.

Este hombre había tomado en mis meditaciones el nombre de Timón, pues creía hallarle los rasgos del antiguo misántropo de Atenas de ese nombre, cuyo tipo nos han conservado Plutarco, Luciano y otros escritores, y que ha servido de protagonista a un drama de Shakespeare.

Una tarde en fin, me paseaba por el camino de Falera, que está a la espalda del Acrópolis, cuando vi a un rústico que con su alforja al hombro y seguido de una muchachita, habíase detenido en el camino y conversaba con otro de la ciudad, reproduciendo con bastante gracia uno de esos encuentros de pastores con que suelen empezar algunas bucólicas de Virgilio, como la que dice: «¿A dónde vas, oh Meris?». Mis dos hombres concluyeron de conversar, o de negociar, y al separarse, el del campo llevó la mano a la alforja y puso en el pañuelo del otro no sé qué objeto. Yo los miraba atentamente, y al pasar junto a mí el de la alforja, sin más ni más me alargó cuatro peras en la palma de la mano diciéndome: Oriste, Kyrie, sírvase usted señor. Viendo que yo vacilaba, y que llevaba la mano al bolsillo, insistió en su oriste Kyrie, me las dejó al fin y siguió muy satisfecho.

Como se ve, los griegos son bastante sencillos, y tan fraternales, que entre ellos dos desconocidos no se llaman ieh, lá bas! ieh, l'homme! como en Francia, sino iadelphe! que es el vocativo de hermano, en moderno y en antiguo.

Uno de mis puntos de vista favoritos era la colina llamada de Museo, cuyo nombre es de una antigüedad casi fabulosa. Anteriores a Homero, y unos trece o catorce siglos hace, existieron los poetas Lino, Orfeo y Museo (éste discípulo de aquél). Museo según Pausanias, cantaba sus versos en esa colina, y en ella fue enterrado cuando murió de pura vejez, como debía sucederle más tarde a la mayor parte de los longevos poetas y filósofos griegos. Todo lo que queda del famoso Museo es la colina de su nombre, pues aun el poemita de Hero y Leandro que se le atribuye, delata bien en sus neologismos que es posterior, no solo al discípulo de Orfeo, sino al mismo Homero.

Mis otros dos puntos de vista predilectos eran la cornisa del Partenón y las colinas que forman el antiguo Estadio. Al primer punto se sube por una escalera de caracol, de época veneciana que está a la izquierda de la entrada, y al segundo me dirigí con el fin de abrazar el panorama bajo un punto de vista enteramente distinto.

La escalera de caracol a que me he referido, y una torre de ladrillos igualmente veneciana, son el lunar del Partenón, y la segunda lo afea y aun lo tapa desde cualquiera parte que se mire, aun desde el Pireo. Esta maldita torre fue mi pesadilla mientras estuve en Atenas, porque no podía echar los ojos al Acrópolis sin tropezar con ella.

El Estadio era la arena destinada a los famosos ejercicios corporales que con el nombre de Juegos, se celebraban en toda la Grecia, y especialmente en Olimpia, y que traían asimismo certámenes y concursos de toda especie, en los que los filósofos, poetas, artistas, etc., exhibían o recitaban sus obras. El de Atenas servía exclusivamente para la carrera de a pie y para la lucha.

Fue construido trescientos cincuenta años hace, y reconstruido en la era cristiana por Herodes Ático.

Del Estadio salían las célebres procesiones conocidas con el nombre de Panaleneas, que se dirigían al pueblo de Eléusis a celebrar los Misterios o ceremonias religiosas en honor de Ceres. Dichas procesiones llevaban el nombre de Teorías.

La obra de mano en el Estadio, como en la mayor parte de los anfiteatros antiguos, se reducía a excavar una escalinata continua en la falda de los cerros encargados de delinear la planta del edificio.

El Estadio parece una sala natural, formada por la naturaleza. Al fondo y hacia la izquierda de este salón, descúbrese una especie de caverna muy larga y muy alta, a manera de túnel o socavón, que perfora la colina por ese lado de parte a parte, y al salir de la cual se encuentra uno a campo raso. Se supone que por allí penetraban los enjaezados caballos y ricos carros que debían formar el cortejo de las Panateneas; o que era la salida de los atletas vencidos.

El Pnyx es otra de las colinas célebres de Atenas. Allí se verificaban las asambleas, y aún existe la tribuna, labrada en la roca, desde la cual los oradores dominaban al pueblo con la palabra.

Los gritos del cárabo y otras aves vespertinas entre ellas la lechuza, el ave tradicional de Atenas y la constante compañera de Minerva, se oyen repetidas veces en esos desolados ámbitos, y componen un cuadro original.

Momentáneamente distraído con los recuerdos del pasado, volvía yo pronto en mí, y al retirarme a casa repetía siempre:

> En vano al Pnyx acudo y al Museo,
> y al Lycabeto y al antiguo Estadio,
> cuando a la patria, en mis ensueños veo,
> ay ¡solo entonces de placer irradio!

Capítulo XLII
Vegetación de Atenas. El áloe. Los cafés al aire libre. El Iliso. El templo de Júpiter Olímpico

No obstante lo que llevo dicho de la aridez de Atenas, de lo escabroso áspero y lleno de zarzas y pajas de este suelo, llamado ya por el mismo Homero pedregoso, cascajoso y la árida Atenas por Píndaro, no obstante esto, no le faltan sus gracias y partes risueñas que algo pueden justificar las bellísimas descripciones que de las márgenes de Iliso hace Platón en uno de sus diálogos.

Estas contradicciones de la historia prueban que el suelo de Grecia ha pasado por vicisitudes y mudado de fases debido no a conmociones volcánicas como en otras partes, sino a conmociones sociales. Una de las primeras consecuencias de la guerra era la tala, ejercida principalmente en los olivares y viñedos que aún hoy mismo son característicos del Ática.

La historia cita con respeto a un griego (no recuerdo ahora ni su nombre, ni su jerarquía, ni hacen muy al caso) que repobló los campos de laureles, de esos laureles llamados en Andalucía adelfas, y en Grecia dafní, y que tan comunes son hasta el presente en esta última parte.

La esterilidad de Atenas no es pues absoluta, los olivos cabetes irguiéndose sobre alfombras de viñedos de reluciente verdor; los granados con sus botones colorados; los dafní con sus flores color de sangre aguada y sus venenosas propiedades; los plátanos monstruosos que surgen en algunos lugares, como lo veremos más tarde y las higueras en fin, antiguas compañeras del hombre, agracian el panorama y consuelan la vista de trecho en trecho.

También es frecuente en la ciudad el álamo, que los griegos llaman lefkd, blanco, como en otras partes se le califican de plateado.

El aloe era para mí el árbol del triunfo y de la transfiguración. Nada más poético y simbólico que el modo como se desarrolla esta planta de hojas cónicas y cartilaginosas. De un haz de ellas, carnosas, traposas que yacen como revueltas por el suelo, se levantan dos del centro, reuniéndose lo mismo que dos manos que se elevan juntas implorando. Estas dos hojas guías se abrazan por completo y acaban por convertirse en un tallo o tronco, que despunta a bastante altura, redondo y esbelto abriendo sus ramas en la cima a manera de abanico. Las ramas se extienden horizontalmente y terminan con la configuración de unas manos presentando sus palmas, como si llevaran algo en triunfo. Las hojas que han servido de cuna al árbol, permanecen a su pie volteadas, rebujadas. Diríase una bailarina de teatro, que habiendo soltado de repente a sus plantas algún pesado disfraz nigromántico o carnavalesco se ofrece a las miradas atónitas en toda su ágil esbeltez.

Parece la radiosa transfiguración del Señor, y aun las hojas de que he hablado, caídas en desorden unas sobre otras en el suelo, como que recuerdan el estupor en que debían yacer por tierra los guardianes del Santo Sepulcro cuando veían subir a los cielos al transfigurado Señor.

No faltará quién se ría del símil precedente, y aún quién arguya que son desórdenes de la imaginación; y, sin embargo, una de las veces en que me hallaba extasiado como de costumbre al frente de uno de esos aloes, se me acercó un palikari que traía en la mano una pasionaria. Inmediatamente se me ocurrió preguntarle, si también en la lengua de los helenos tenía esa flor el nombre histórico que en otras muchas.

El griego me contestó que se llamaba I pathus tú gristú (la pasión de Cristo).

Bien, pues, si tantos pueblos han concurrido en ver todos los emblemas de la pasión de Cristo en esa flor ¿por qué no me sería dado a mí figurarme en el aloe la escena de la transfiguración?

Como la ciudad de Atenas no es grande, por cualquiera calle se sale al campo y a las clásicas ruinas y a los pintorescos cafecitos situados en las inmediaciones, y aun en medio mismo de algunas de aquéllas.

Aquí, como en todo el Oriente, nada hay más sencillo que establecer o más bien que improvisar un café. Se traen unas cuantas sillas y mesas al lugar donde va a verificarse alguna ceremonia y se reparten por las rocas, bajo los árboles como dé el terreno, y al aire libre.

Una mala ramada o cobertizo de sencillez homérica construida a toda prisa cobija a los que preparan el café, que los concurrentes saborean a cielo raso.

Gran parte de mi vida, al menos de mi vida vespertina, y nocturna se pasó en los cafés, y es justo que les consigne descripciones y recuerdos.

Casi al fin de la calle de Eolo e inmediata a la «Torre de los vientos», se encuentra a mano derecha una plazoletita, en cuyo centro surge una pequeña fuente de mármol redonda, sombreada por un par de enormes sauces llorones.

Antes de pasar adelante advertiré que la Torre de los vientos es una de las muchas reliquias de la antigua Atenas que ha venido a verse y a quedarse empotrada, y como cautiva en la moderna.

Semejante a la Giralda de Sevilla y otros monumentos análogos, el edificio en cuestión señalaba el viento reinante con una veleta o giraldilla de que estaba coronado, y la cual por medio de un mecanismo, reproducía sus movimientos dentro de la torre con una aguja o manecilla.

En cada una de las ocho caras exteriores de la octógena torre hay esculpida una figura tendida volando que personifica, con los posibles atributos a uno de los vientos, cuyo nombre lleva escrito al lado en griego.

Allí el viento norte (Bóreas), el del oeste Céfiro y también favonio, el del sudoeste Lips en griego, africus en latín, sirocco, en italiano y en español ábrego; el Noto, el Euro, etc.

En la plazoleta cuya descripción dejé suspensa, se ven diseminadas las mesitas de madera que constituyen el café, situado al aire libre (hipetro o bajo el éter para hablar eruditamente), como casi todos los de Levante.

En Damasco hay uno sobre el río Baradá, tan al ras del agua; que ésta parece correr por entre las piernas de los concurrentes sentados en taburetes muy bajos.

El de la calle de Eolo era uno de los más pintorescos de Atenas y siempre estaba muy concurrido, principalmente de hombres del pueblo cuyas costumbres, de las más democráticas, iba yo a observar con interés.

Traíanme el café y un vaso. Puesto el primero en la mesa, el mozo tomaba el segundo e iba a llenarlo a la fuente, porque parecía de rigor que el parroquiano bebiera agua, y que ésta fuera la del uso común.

De improviso algún palikari, de las mesas inmediatas, que tenía sed y no vaso, se acercaba a la mía, echaba mano del mío me tiraba a los pies como sobrada, el agua que no habían tocado mis labios, iba a la fuente, bebía, servía a sus compañeros volvía a mi mesa, y dejando el vaso en su sitio, se retiraba sin siquiera echarme una mirada.

Semejante acción en París habría provocado ipso facto, cambio de tarjetas esto es, notificación y aceptación de desafío.

El café de la Bella Grecia está situado dentro de la misma ciudad y bajo techo y no presenta ningún interés. Allí solo iba yo por el buen abastecimiento de periódicos extranjeros en los días de vapor.

Los mozos me servían... periódicos, y creo que nunca me preguntaron si tomaba algo. Esta desentendencia o poco anhelo por vender me chocaba en todos los establecimientos de Atenas, y nunca pude explicarme si provenía de noble desprendimiento, o de indolencia y pereza.

Una turba de jóvenes ociosos y al parecer ignorantes, y unos viejos que pululaban en el café en esos días, se disputaban y arrebataban los diarios con tal avidez, que parecía que la patria, la familia, que la mitad de la vida e intereses de los Helenos se hallaban en Europa.

Entre el Templo de Júpiter Olímpico (lo que de él queda) y el antiguo Estadio, ya enteramente en el campo, había otro cafecito delicioso por su situación. Ocupaba el centro de un jardín bastante grande donde se hallaba oculto como un nido, entre higueras y otros árboles de espeso follaje, juncos, cañas, rosales y toda clase de flores. Este cafecito, disimulado y escondido, comunicaba con la calzada que pasaba por delante por medio de un puentecito de madera al gusto suizo, tendido sobre el seco Iliso a quien no queda más que el nombre como a las viejas octogenarias que se llaman Laura o Elvira.

Platón en su Fedro habla del mullido césped que cubría las márgenes del Iliso, y del plátano que las sombreaba; pero

Ce doux siecle n'est plus!

La testera o respaldo de ese romántico cafecito, y su segunda entrada al mismo tiempo, era un monte, que encadenándose con otros va a formar poco más allá el solitario anfiteatro del Estadio.

Desgraciadamente un lugar tan agradable se halla más concurrido de moscas que de parleras aves, y no de moscas bobas, sino de aquellas cuasi tábanos, que hacen una cruda guerra.

El Templo de Júpiter Olímpico, es decir, las trece o dieciséis soberbias columnas que de él subsisten, se elevan lo mismo que el Templo de Teseo, en una bellísima explanada, sobresaliendo en toda su majestad y aislada de todo empotramiento vulgar, de toda fea vecindad moderna, porque aun el cafecito hipetro establecido entre ellas hace resaltar más su belleza produciendo en el ánimo una mezcla agradable de impresiones opuestas.

Muchas dudas y disputas ha habido acerca del fundador y de la época de este templo: lo único que consta es, que no fue concluido sino por el Emperador Adriano en el siglo II de la era cristiana; y como, su fundación data probablemente del siglo VI a.C., época de Pisístrato, tirano de Atenas, resulta que en su construcción se emplearon como setecientos cincuenta años.

Al hacerse cargo de la obra Adriano, iba gastada una enorme suma.

Nada más grato en las tardes, que sentarse a tomar café recostado en una de esas amarillentas y ennegrecidas columnas, que con los siglos han tomado el color de las pipas que los franceses llaman culotées color entre dorado y tostado.

Una de las columnas yace acostada por tierra, en toda su longitud, y sin que le falte nada, desde la base hasta el capitel. Los tambores que la componían desunidos y caídos sesgadamente unos tras otros a manera de escamas, presentan el aspecto de un naipe tirado negligentemente sobre un tapete después del juego.

Los muchachos y aun las personas de más estatura, que por travesear o curiosear se metían entre ellos desaparecían del todo lo que dará idea del enorme grosor de esas columnas cuya altura pasa de 20 metros.

Algunos de los tambores tendidos por el suelo a manera de barajas como he dicho, conservan todavía las abrazaderas de fierro que los unían entre sí, esperando que algún piadoso heleno, venga a llevárselas a su casa.

Las mesitas de humilde pino, sillas, y bancos del café se extienden en gran número por la explanada, colocadas muchas de ellas entre las mismas columnas o al pie lo que, por comparación da a éstas un grandor desmesurado pareciendo microscópicos los individuos y los objetos diseminados por su base; mayormente cuando se les divisa a la luz del poniente, bajando uno del acrópolis u otra altura inmediata.

Trece columnas se mantienen todavía reunidas por su arquitrabe y formas dos hileras, o sea, una galería. A pocos pasos vense otras tres aisladas, una tendida en el suelo y dos en pie.

En la punta de estas dos últimas se nota con extrañeza, una especie de garita de centinela anacrónica, hecha de ladrillos y mezcla, cuyo objeto no se comprende. Dice la tradición que allí hacía penitencia un anacoreta imitador de San Simeón Estilista, el cual efectivamente se llamó así por haber vivido encaramado en una columna, que en griego tiene por nombre stylos.

Éste era mi paseo favorito por las tardes en que el aire vetusto de las ruinas contrastaba lindamente con los lucidos carruajes y elegantes señoras, que allí se ostentaban con sus variados trajes y adornos, como flores momentáneas de esas ruinas desnudas de toda vegetación.

Recostado a una de las columnas me complacía yo en levantar los ojos a los destrozados arquitrabes y cornisas, que desde allí me parecían a una altura inmensurable, y a los que prestaban cierta animación los chirridos y revoloteos de las garrulas golondrinas.

Al caer la noche, empotraban en el suelo y encendían de trecho en trecho unas antorchas, las mismas del Cairo en las noches del Ramadán, que es la cuaresma de los egipcios.

Los árabes dan a esas antorchas el nombre de meshal. Es una armazón de fierro, como si dijéramos la de un farol sin vidrios, que se pone en la punta de una estaca, llenándola para que arda de fajina resinosa, que viene a ser el aceite o combustible de esas lámparas aéreas.

Y así, bien podrían decir los griegos que no hacen más que perpetuar las antiguas procesiones de las lámparas (Lampad forias) en honor de Minerva, Vulcano y Prometeo, atento a que aquélla suministró el aceite, dando el olivo, éste inventó el artefacto, y el último trajo el fuego que había robado al cielo.

En las citadas procesiones celebrábanse, además, carreras de teas, Lampadidromía, en las que había de llegarse a la meta sin que aquellas se extinguieran. Un juez colocado en una torre inmediata dejaba caer una antorcha encendida, y ésta era la señal de partir.

La luz rojiza de las antorchas en las noches que describo, flameaba en el aire como una cabellera de fuego y humo y dejando unas columnas en la sombra, iba a dar de lleno en los negruzcos perfiles de las otras, produciendo un efecto pintoresco que recordaba esos cuadros al óleo en que se representa un conciliábulo de conjurados.

Las columnas delanteras eran las primeras en bañarse en la luz hasta que venía una bocanada de viento, oscilaba la flama, y las columnas de otras, que permanecían en una profunda oscuridad, avanzaban a su vez por decirlo así, a brillar y a resplandecer. Todas iban tomando su parte en el banquete de la luz, para volver después al seno de las tinieblas. Los vaivenes y oscilaciones de las antorchas, producidos por la inconstancia del viento, mudaban a cada paso la perspectiva de las columnas.

¡Qué bien se presentaba a mis ojos las vueltas de la rueda de la fortuna! ¡Con qué claridad me parecía ver a la humanidad echando sucesivamente pie adelante, pie atrás, según las circunstancias, los sucesos y las épocas!

Una generación reemplazando a otra, una clase afortunada dejando súbitamente de serlo para que la sustituya la inmediata.

>Una generación que está de punta,
>y otra que yace horizontal difunta.

>Cual me aflige, me alegra la fortuna,
>que anda su rueda en incesante giro,
>y al que hoy de pie sobre la cumbre miro,
>veré mañana que en el polvo ayuna.

>Al que el mal en la plaza no importa,
>atormenta quizás en su retiro;
>no hay señor que a su carro el doble tiro,
>del bien privado y público reúna.

>Enfermo, solo, combatido y pobre,
>la pompa universal contempló fuerte,
>que alternando lo dulce y lo salobre.

>Reveses de fortuna y de la suerte,
>y fieros guadañazos de la muerte,
>hacen que el equilibrio se recobre.

No venían mal estas reflexiones en las ruinas del monumento de Pisístrato. Lo que sí venía algo mal eran los gritos de Ena kafé glyka (un café con azúcar, pues en todo el oriente se toma sin ella). ¡Dyo Kafedes! (café para dos) con que los descendientes de Pisístrato y Pericles me arrancaba a mis filosóficas, dulces y profundas reflexiones.

Una banda de música tocaba por intervalos trozos escogidos de ópera aunque prolongando demasiado los entreactos.

La animación solía durar hasta muy tarde; y el espectáculo, la música, los chirridos de las golondrinas, la masa imponente de las antiquísimas columnas, todo derramaba en mi alma una embriagadora melancolía.

Capítulo XLIII

Eléusis. Los coches de Atenas. Los griegos en viaje. La fiesta de la Ascensión del Señor en Kaisariani. El Templo de Teseo

Acompañado de un joven irlandés salí una mañana a visitar al célebre y místico pueblo de Eléusis, llamado hoy por los griegos modernos Lefsina.

Habíamos tomado un buen coche amaxa, de esos que tanto abundan en Atenas, y que en esa época estaban en constante movimiento hacia el Pireo, como que aún no había ferrocarril.

Mi compañero regresaba de la India donde había estado al servicio de su gobierno. Era muy franco, alegre, ruidoso como un niño un tanto extravagante y tenía la antigüedad en la punta de las uñas. Cuando se viaja por Grecia o Italia la primera condición en el compañero es que sea instruido.

El camino es agradable, en la primera parte recrean la vista alternativamente los viñedos y olivares. No tardamos de llegar a un montecito en forma de pan de azúcar, coronado según la costumbre grecomoderna, de una capillita rodeada de algunos árboles y dedicada a Hagios Elías, San Elías.

Contorneando la falda izquierda de este montículo nos internamos en el célebre y clásico desfiladero sagrado de las Panateneas, formado por los montes Ícaro y Coridalo.

Ceres tenía un templo en Eléusis, en el mismo sitio en que, conforme a la tradición, se sentó a descansar un día cuando recorría el orbe en busca de su hija Proserpina, que le había sido robada por el rey de los infiernos.

Después de media hora de camino, echamos pie a tierra delante del convento de Dafni, pintorescamente situado en el fondo mismo de esta salvaje cañada. En el atrio de la iglesia tropezamos con algunos fragmentos de columnas antiguas.

Subimos a la torre para gozar de la vista; penetramos a la iglesia en la que vimos dos sarcófagos de granito sobre uno de los cuales habían puesto por capricho una calavera, y vimos finalmente varios mosaicos bizantinos, más o menos bien conservados.

Continuando nuestro camino con toda tranquilidad, sin que vinieran a asaltarnos enjambres de mendigos, como en las cercanías de Nápoles o como en las poblaciones de Castilla y la Mancha en España, cada vez que sale la diligencia.

Por lo demás y sin saber yo mismo por qué, mi peregrinación por el desfiladero me recordaba la de Bayas y Miceno en el golfo de Nápoles.

Antes de salir del desfiladero encontramos a nuestra derecha, un peñasco escarpado acribillado de innumerables y pequeños nichos abiertos en la roca viva. Era un altar o santuario consagrado a Venus Filé, donde los gentiles venían a depositar sus presentallas.

A pocos pasos desembarcamos en la dilatada bahía de Eléusis que veníamos divisando rato hacía, y nos hallamos ante un mar sereno que presentaba la forma y la dulce inmovilidad de un lago, el de Agnano, por ejemplo, en las inmediaciones de Nápoles.

Doblamos a la derecha y costeamos el mar largo rato antes de llegar a Eléusis. El camino de la izquierda conduce a Scarmanga, pequeño convento que se divisa a lo lejos sobre una cima escarpada. Tras él vienen las islas y las montañas continentales que forman la vasta ensenada de Eléusis.

La belleza del paisaje era poética y austera formando contraste, el verdor de las viñas, el azul subido del mar, y los cerros grises que se dibujaban al fondo de todo. El menor síntoma de vida, no acariciaba esos lugares. Nos hallábamos en pleno pasado. Algunos helenistas fanáticos dicen que en Grecia, y aún en todo el Oriente, solo debe vivirse del pasado, porque el presente es desconsolador. Si yo fuera griego y llegara a ver en un trance apurado a alguno de los europeos, que son los más, que van a Grecia imbuidos de tales ideas, le diría con sorna:

¿El presente no enviasteis a la porra?
¡Pues pedidle al pasado que os socorra!

Y lo dejaría perecer en brazos del pasado. El mar convidaba a bañarse y los verificamos desnudándonos a la sombra de un puente de un ojo sobre un cauce seco. Era el Cefiso Eleusino, que por entonces no corría.

Continuando poco después nuestro camino, descubrimos a un lado sobre una especie de montecillo, enormes trozos de mármol, restos de algún monumento, entre los que el más notable era un sarcófago boca abajo con una inscripción griega casi borrada que parecía decir algo por este estilo: Straton isidoron, etc. A un lado y otro yacían dos enormes trozos de mármol con guirnaldas esculpidas.

A la entrada de Eléusis o Lefsina, que es un pueblo triste y muerto nos apeamos delante de la capilla de San Zacarías, que surge en el centro mismo de un cúmulo de escombros de mármol. La misma capilla ha sido convertida en museo, donde se ha depositado lo selecto de los fragmentos circunvecinos como algunos altares, estatuas, etc.

Más lejos y al pie del Acrópolis de Eléusis, vese otro montón de escombros más considerable todavía, y entre ellos, un gran medallón de mármol con la escultura de un busto de guerrero romano al que falta la cabeza. Al fondo se extiende una plataforma igualmente de mármol, y asiento quizás de algún vestíbulo o Propilea.

Todas estas ruinas y algunas más que nos mostraron como las de un templo de Ceres, son indescifrables e incomprensibles para un simple viajero, que no tiene por qué ser arqueólogo.

Nos dirigimos a almorzar a una sucia taberna del pueblo, desmantelada, desprovista y en donde solo se oía el zumbido de un enjambre de moscas, y los bostezos de los holgazanes parroquianos.

Todo el almuerzo que allí pudimos obtener fueron unos huevos duros que, devoramos bajo la indolente mirada de los concurrentes, gente desarrapada y medio salvaje.

Los griegos modernos, como lo batí notado casi todos los viajeros, en medio de su rudeza y desaliño, muestran siempre un vehemente deseo de aprender y de instruirse, que los honra mucho. Sucede con ellos lo que con los descendientes de los grandes hombres, que por muy a menos que vengan, siempre conservan uno que otro rasgo de grandeza que acredita cuyos descendientes son.

El nieto de un gran señor suele manifestar un carácter liberal, aun en medio de la indigencia; el del gran literato aún siendo intonso, guarda siempre un amor instintivo o cuando menos respeto por los libros y los hombres de letras, etc.

Uno de los cotidianos de la taberna nos hacía mil preguntas. Desde luego sacó uno de esos lapiceros de Perry y nos pidió que le explicáramos el mecanismo, la inscripción y que le dijéramos si el metal que forma la boquilla era de oro; algo desconcertado quedó nuestro auditorio cuando le dijimos que eso en Londres o París no valía más de medio franco o chelín.

Entre el grupo se encontraba una inteligencia superior, un hombre que había corrido tierras, la gloria de la aldea. El cual naturalmente ostentaba una fisonomía más animada, aire más suelto, y mejores modales y conversación aunque su tipo era el de un soldado.

Este nos explicaba cuando las monedas antiguas que algunos aldeanos traían a vendernos eran de un óbolo, de dos óbolos, etc.

Más tarde me preguntó la patria de mi compañero, y al contestarle yo: inglés, me observó que esto no bastaba pues podía ser de Escocia, de Irlanda (pronunciaba a la griega), como para probarme que no le era extraña aun la remota geografía. Como mi compañero traía uno de esos extravagantes sombreros de ligero corcho inventados poco menos que especialmente para la India, y que parecen una media sandía o aljofaina volteada, el curioso griego me preguntó si mi compañero no era un papás (sacerdote).

Un esbelto adolescente, natural de Maratón, preguntó en esto si Ispania y Portugalia no eran una misma cosa.

—No —le dije—, pero son países contiguos.

—Sí, eso es —contestó, como quien recapacita, añadiendo luego—, Galia inc apano (Francia queda arriba, al norte).

Me preguntaron mi profesión: ¿tegnifis? (artista), ¿didaskalos? (profesor), y cuando llegó la cuestión patria, y les dije peruvianós, se quedaron boquiabiertos.

Paseándome después por una de las desiertas calles del pueblo me entretenía con hacer guiñadas a algunas mujeres más que por emprender su conquista, por divertirme con ellas, pues su aspecto arisco y zahareño y su rarísimo traje nacional (local) provocaban la risa.

Las eleusinas comenzaban por mirarme con aire atostado, hasta que dejando comprender lo que sin embargo, yo no intentaba, se alejaban, no a lo Dido en los infiernos, llenas de majestad sino a lo hienas salvajes gruñendo, palpitando y echando miradas oblicuas.

Pasó en esto una vieja muy bien vestida; y como quien dice: ¡Felices! le envié un Kalá, que, es el «Felices de por allí». La vieja echó a correr, aunque al parecer muy complacida y repitiendo igualmente Kalá, fue a caer en los brazos de una amiga que la contemplaba al frente, hilando algodón en la puerta de su casa.

¡Tanto gusto y tanto susto causó a la vieja el creerse perseguida por un seductor!

Una chiquilla que veía todo esto se echó a reír de muy buena gana, y lo que es más, con cierta inteligencia. ¡Oh inteligencia sin la cual no habría inteligencia entre los humanos!, exclamé; y me reí con la muchachita para cerciorarme de su malicia y de que me había entendido. Volvió a reírse, y siguió apurando las manifestaciones de su inteligencia a medida de que yo la estimulaba; hasta que no pudiendo ya dudar de que también había inteligencia en Eléusis, le alargué dos leptas por su pequeño gasto intelectual.

Más tarde me detuve a la puerta de una casa o más bien de un cuarto en cuyo fondo se veía a una mujer sentada en el suelo dando de comer a unos niños y comiendo ella misma. Fascinado por la belleza de sus facciones y la nobleza y dulzura de su aspecto, la miraba atentamente sin que ella me hiciera el menor caso, no obstante la larga sombra que mi estatura proyectaba en el suelo de la habitación.

Algo desconcertado arriesgué un Kalimera (buenos días) con apariencias bonachonas, aunque con intenciones Mefistofélicas Kalá contestó ella con una entonación extrañísima que me heló hasta la médula, y se restableció el silencio.

Recordando entonces yo que por la peana se adora al santo, dijo acariciándolo a uno de los muchachos que se me había acercado: ¿Pos onomazis? ¿cómo te llamas? siempre a lo Mefistófeles.

Levantose entonces la matrona, et verapatuitincesa dea; y descubrió una diosa en el andar. Y dirigiéndose a mí con soberbio talante... me arrimó un portazo tan enérgico, que si no ando listo me desbarata las narices.

¡Cáspita! me dije: ¡qué cerril había sido la castidad por estas tierras!

En cuando al Dagoberto de la taberna en que habíamos almorzado, nos hablaba de Herodoto, Tucídides, y hasta de Voltaire, con el mayor desparpajo; finalmente nos despedimos de él y dimos la vuelta a Atenas.

El alquiler de un carruaje en Atenas es bastante módico y los cocheros, con el fustancillo blanco y el gorro colorado del traje nacional que ya he descrito están lo más del tiempo en pie en sus pescantes, listos al menor indicio de un transeúnte para correr a ponerse a su disposición, y recordando en su actitud a los automedontes de los bajos relieves.

El movimiento con el Pireo, entonces que no había ferrocarril, era incesante, y el precio del carruaje, unos cuatro dracmas. El Pireo se compone de algunas casas modernas sin ningún interés y está situado en medio de un suelo árido.

También habían ómnibus que pasaban el día yendo y viniendo, y aún cocheros que partían tan pronto como reunían cuatro pasajeros a dracma por cabeza, convirtiéndose así en ómnibus de cuatro asientos.

Los gritos constantes de los cocheros eran Kató (para abajo) cuando ofrecían llevar al Pireo, y apano (para arriba) cuando estaban en el puerto.

No pocas veces acuñaban en el coche cinco y hasta seis personas, y tres en el pescante en cuyo caso el automedonte homérico iba en pie; hasta que lo rendía el cansancio y entonces se acomodaba muy suavemente en las rodillas de los que detrás venían, que soportaban con la mayor resignación, sea por virtud, sea por indolencia.

La distancia entre Atenas y el Pireo, es como de Lima al Callao. Llegado el coche u ómnibus a la mitad del camino, o sea, La Legua, se detenía en un parador o venta.

Los griegos echaban pie a tierra con una flema y un cansancio, que parecían traer varias jornadas a cuestas, y prepararse a otras tantas. Mascaban, bebían y torcían los peculiares cigarrillos del Oriente que nadie carga hechos.

Hartábanse de bizcochos, de las ligeras y cristalinas lukúmias (dulces peculiares de Levante) pedían fotiá (fuego) a diestra y siniestra, hasta que alguno menos perezoso, apreciador de la máxima el tiempo es oro, gritaba: Ela amaxa (ea, cochero), y la marcha continuaba.

Ocurrió en esos días la fiesta de la Ascensión del Señor (I analipsis tu gristu) y como todo el mundo, me encaminé en romería al no distante pueblecillo de Kaisariani pintorescamente situado en el fondo mismo del clásico monte Himeto.

Reinaba una gran animación, y por primera vez creí descubrir un poco de ese color local que tan infructuosamente buscaba hasta entonces. Pero el desgraciado pueblo helénico parece condenado a ser insípido y desgraciado aun en medio de sus alegrías y expansiones, salvo que el recuerdo del pasado le haga perder siempre en la comparación o que mis estudios estuvieran embotados; hallándose en tal caso; como diría Lamartine, el espectáculo en el espectador, o realizándose aquello de «todo es según el color del cristal con que se mira».

En vano trataba de interesar mi alma en la fiesta. como sin dificultad y espontáneamente lo había conseguido en Egipto y en los alrededores de Nápoles.

¿O será que la gracia de estos pueblos de la Grecia moderna es puramente espiritual y platónica, como la de los bajos relieves y esculturas de la antigua Grecia?

La danza, ora fuese la emmelia, ora el cordax, ora el sicicnis de los trágicos y cómicos griegos, no me seducía, y la música y las canciones me sonaban al oído y nada más, sin que me fuera dado considerar el espectáculo como otra cosa que una serie de cuadros plásticos.

Nada de espíritu, de color, de verdadera animación distinguía yo en esa vida, que me parecía la de un cadáver galvanizado. Y en efecto ¿hasta cuándo vive la Grecia?

Su sola literatura, y aún sin traerla muy hasta nuestros días, ha vivido veinticinco siglos; y si a ella incorporamos los Popularia carmina Grecia recentioris, publicados en Leipzig y las Cantos populares de la Grecia moderna de Fauriel, tendremos una literatura y una lengua que completaban la desproporcionada edad de treinta siglos entre la Iliada, mil años a.C. Y los Cantos populares coleccionados por Fauriel en nuestros días.

¿Qué extraño pues, que la vida me pareciera gastada y como decrépita en Grecia?

Aún el traje nacional que es un traje de fantasía a duras penas va bien a las delicadas y gráciles formas de la adolescencia; en todas las demás es un desaire. Pero sigamos con la descripción de la fiesta.

Al pie de cada árbol habían abierto una excavación grande, en forma de herradura, dentro de la cual debía bailar, congregarse y divertirse cada grupo. La cantidad de tierra sacada rodeaba al foso y ofrecía un respaldo continuo como el de un diván, a los que se sentaron en el suelo, que habían de ser todos.

Antes de comenzar la danza, cada cual se quitaba todo lo que podía embarazarle y lo colgaba del árbol que sobre su cabeza extendía sus ramas y su sombra.

Cogíanse de las manos formando una cadena de cuatro, cinco o seis y la danza comenzaba, girando alrededor del árbol protector, va dando saltos, ya dando largos trancos, sujetos naturalmente a cadencia y compás, como debían ser las rondas ditirámbicas en torno del altar de Baco, en lo antiguo.

La orquesta se componía de un rabel y de un tambor (bandurria que se puntea con una pluma o un plectro) o bien de un bombo y una flauta, cuando la danza (joros) era grande.

La otra música, la del rabel y el tambor más dulce, acompaña el pequeño baile en que toman parte un hombre y dos mujeres, de las cuales una se retira poco después de comenzado el baile dejando a su compañera sola con el bailarín.

En la gran danza, el que marcha a la cabeza y la conduce y a quien podríamos llamar el choriagiarius, se distingue por su agilidad.

Por otro lado un mozo traía el «pato de la boda», esto es un cordero ensartado a lo largo en un palo, que él conducía triunfante a manera de estandarte.

En la punta de ese largo asador se veía una banderita, recordando todo el tirso de Baco; y como para completar la ilusión, el mozo medio envinado, solía venir montado en un asno, y con la cabeza lo mismo que la de su cabalgadura, rodeada de frescas guirnaldas.

Los griegos se pagan mucho de ésta última fresca costumbre de los tiempos primitivos; y en Kaisarianí andaban no pocos con la cabeza y cuellos abrumados de enormes sartas o collares de sanguinolento dafní (adelfa) pareciendo unos verdaderos Silvanos o el cortejo de Baco.

Es así mismo general, no solo en Atenas, sino en Constantinopla y Esmirna, la singular y graciosa costumbre del corderito. Hay cierta clase de gente y muy en especial los niños, que va a todas partes seguida como de un perro de un tierno recental de esos, el cual sigue a su dueño con la docilidad de un can, acercándosele a veces a lamerle las manos.

Estos animalitos andan muy bien cuidados, como un gozque faldero entre nosotros, el vellón bien escarmenado y el cuello rodeado de cintas rosadas y cascabeles.

Diríase que el oriental se complace con cebar a su vista al animal que más tarde ha de regalarle en una merienda porque aquí en las fiestas populares el cordero es la base, y como he dicho el pavo de la comilona.

El de la fiesta (eortí) de Kaisariani yacía suculento sobre un tapiz traído ex profeso de la ciudad; porque en Atenas como en Constantinopla siempre que el público sale a pasar un día de campo, lleva todo consigo desde la estera o alfombra de Esmirna, según el rango de la persona hasta la vajilla etc., muy diferente del hombre europeo, que emprende la más larga caminata sin otra precaución que su paraguas.

Yacía pues suculento y estirado entre ramas aromáticas de redolientes kukunaria y kúmara. Cada cual se iba apoderando de la presa que más le seducía y cuando puño y navaja no eran suficientes para el destrozo, un alto funcionario empuñaba el hacha que tenía al lado y dividía.

Veíanse igualmente por el suelo grandes bateas u horteras de leche vinagre que es generalísima en todo el Oriente, donde se toma sin dulce lo mismo que el café y con pan o arroz cocido.

Todo el que apetecía sacaba una cucharada; mas como las horteras solían estar rodeadas de un grupo famélico, había veces en que una cucharada no llegaba a una boca algo distante, sin chorrear muchos hombros en su tránsito.

Un individuo de levita verde ostentaba una charretera o chorrera de leche vinagre, que le tomaba desde el hombro hasta la cintura. Hubiérase dicho un nuevo Tobías, que venía a pasar la noche bajo una nidada de golondrinas. La leche, en todas sus formas es tan usada en todo el Oriente que en Atenas hay establecimientos especiales para su expendio como para la horchata en Madrid llamados Galaktopolio en los cuales se ven grandes peroles de leche hirviendo, queso fresco, requesón, y por fin tazas de leche vinagre, todo en gran abundancia.

Mi compañero que por esta vez era un escocés, buscaba algún recuerdo durable que llevar de la fiesta, y no tardó en acercársenos un rústico el cual le ofreció una delgada flautilla hecha del hueso del ala de un águila.

Al preguntarle cómo se llamaba ese instrumento instituido por Pan, contestó Kálamos. No se habría expresado de otro modo el mismo Pan porque la palabra cálamo como nombre de flauta de carrizo, es tan antigua que pertenece a las antiguas.

Los viajeros helenistas han notado con asombro, que mientras palabras relativamente modernas, del siglo de Pericles o Alejandro Magno, por ejemplo no han llegado hasta los griegos modernos, éstos conservan y usan otras homéricas, y aun antehoméricas, y hasta del tiempo de los Pelasgos, anteriores en Grecia a los helenos.

Así otras noches vagábamos por los alrededores de Atenas acompañados de un mozo, ni más ni menos como esos libertinos de las semigriegas comedias de Plauto que seguidos de un siervo van a rondar la casa de alguna doncella y preguntando a nuestro guía por fin cuando llegábamos, nos mostró una luz lejana como el término a que nos encaminábamos y pronunció Fos.

Concluida la fiesta de Kalsariani, volvían todos a Atenas en plena tarde a pie los más, cargados de los vegetales despojos de que he hablado bajo los cuales desaparecía la figura de muchos de ellos.

Ocho días después celebramos muy en pequeño y como en familia la octava de la Ascensión del Señor. Pero había de grande y solemne el lugar. Nos hallábamos en la plantada que se halla delante del lindo Templo de Teseo, monumento tan bien conservado que habiéndole echado techo y puertas sirve hoy de Museo a las mismas reliquias del lugar.

El Templo de Teseo, del hermoso orden dórico fue construido cuatrocientos setenta años a.C., y como ochocientos después de la muerte del héroe; el cual tuvo tantos templos en vida, en homenaje a sus bienhechoras acciones que cedió varios a su amigo Hércules.

En las noches de Luna, los rayos de ésta se quiebran en las amarillentas columnas del templo, produciendo los más deliciosos efectos.

Toda la explanada está cubierta de fragmentos de mármol, tambores de columnas, restos de arquitrabes sarcófagos y finalmente, y he aquí la parte más cómoda para el paseante, de sillones de blanco mármol, labrados en un solo trozo y en la misma forma de esos sillones de junco amarillo de la China, que tan comunes son en el mundo.

Algunos de esos sillones son dobles en una misma pieza y recuerdan los modernos sofás llamados Entredeúx o sillones de conversación. Todos han sido extraídos del Areópago y pertenecen por tanto a la antigüedad.

Por allí, por esos diseminados sillones, gozábamos ocho días después de la Ascensión, de la retreta que nos daba una mala música, ante un público muy poco numeroso y muy poco ruidoso pero que parecía contento. Algunas humildes familias venían a sentarse en los sillones inmediatos a mí, teniendo cuidado de darme las Kalisperas (buenas tardes) y las Kalicnitas (buenas noches) al retirarse.

Las cenizas de Teseo que había muerto en la isla de Sciros, en el destierro, como la mayor parte de los benefactores de la humanidad, así en tiempos paganos como cristianos, fueron conducidos con gran pompa a la ingrata ciudad por Cimeón, general ateniense, en la misma época en que se construyó el templo.

Para hacer más suntuosa la fiesta, instituyéronse juegos o certámenes especiales, y en ellos fue el que proyectó Esquilo, el creador de la Tragedia, se vio vencido por el joven Sófocles que estrenaba la primera suya.

Esquilo, abrumado de dolor, se retiró a la corte de uno de los monarcas o tiranos de Sicilia donde acabó sus días.

Nada nuevo pretendo enseñar a mis lectores con estos recuerdos; pero es imposible no evocarlos al frente de monumentos positivos que corroboran la verdad de nuestros conocimientos. Cuando se visita las ruinas de Grecia e Italia la revelación es tan poderosa que solo entonces cree uno que por primera vez aprende lo que en realidad hace mucho tiempo que sabe y es por que solo allí las ideas toman cuerpo y hasta se figura uno contemporáneo de los que pasaron hace miles de años.

Los delirios de Alejandro cuando pensaba muy serenamente en subyugar el Universo, y tenía la muerte a las espaldas, los desvaríos amorosos del segundo amante de Cleopatra, de Antonio, que al proponer a su amada «la asociación en la muerte» como en todos los actos de su demente pasión, se revelaba como el primer romántico del mundo; las bromas de Jugurtha, del tenaz Númida, el Juárez de aquellos tiempo, al descender al Tuliano o calabozo-aljibe donde debía perecer de inanición; proyectos insensatos, exaltaciones del amor, rasgos de feroz estoicismo, todo es de ayer.

Ya desde este elevado punto de vista, no solo la vida propia, la vida individual, también la de los siglos, la de la humanidad entera, la misma Eternidad, no es más que un soplo.

¡Oh fuerza! Oh maravilla del pensamiento que abarca lo pasado y lo futuro en su mayor distancia, y lo reduce a un punto.

Todo en la eternidad está presente

Dice Velarde, y Jorge Manrique:

Si juzgamos sabiamente,
daremos lo no venido
por pasado.

La revelación de lo pasado en Oriente y en Grecia es todavía más sorprendente para el hispanoamericano, que nuevo en el mundo, aún no ha podido gustar en casa ese sabroso pasto de la imaginación; porque aunque es verdad que decimos la epopeya de la independencia americana, y que llamamos héroes legendarios y semidioses, a los que la componen, hay impropiedad en aplicar esos fabulosos nombres, que en la India y en Grecia recuerdan las gestas de los aborígenes, a tiempos y hombres tan inmediatos a nosotros, que muchos de ellos, vivos todavía, toman flemáticamente en nuestras barbas, sendas narigadas de rapé.

Capítulo XLIV
El monte Pentélico. La Fiesta de la Santísima Trinidad en el convento de Mendeli

Hallábame un día en la librería del señor Nadir, en la cual como en otras tiendas de Atenas, tenía yo amistad y pasaba las horas más pesadas del día huyendo del Sol, cuando entró un comprador del país.

Era un hombrecito como de unos cincuenta años de edad, flaco, vivo como un pajarito, y respirando por toda su finura y natural diplomacia.

Era el dragomán Simeón que como de costumbre estaba borracho; o más bien ligeramente envinado que era su estado normal y venía a preguntar por una de esas obras charlatanescas que yo tenía muy conocidas de vista en París. ¿Tiene usted la Clave de los Sueños? preguntó a Nadir.

Alcanzósela éste y devolviole aquél observando con cierta fatuidad que la quería en francés. El señor debe conocerla, dijo en éste idioma volviéndose a mí. Y en efecto yo la conocía como he dicho, lo mismo que La Escritura Secreta, Las revelaciones nocturnas y otras obrillas de idéntico jaez.

Simeón tenía encargo de una señora del Pireo, de comprar ésta obra e insensiblemente fue trabando conversación conmigo, ponderándome lo fácil que era formarse buenas relaciones en algunos pueblos inmediatos como Kifisia, por ejemplo, siempre y cuando añadía que acompañe al extranjero un buen dragomán.

—¿A que todavía no ha ido al monte Pentélico? —me preguntó de improviso.

—No.

—¡Ah! —exclamó entonces golpeándose la frente—. ¡Que ideal, pasado mañana es Pentecostés y se celebra allí la Haguia Triada (La Santísima Trinidad) que es una grandísima fiesta (eortῆ)!; se viene usted conmigo, sale usted de su Pentélico; goza al mismo tiempo de una fiesta nacional, y yo me contento con cinco francos al día.

La idea me pareció excelente, y al otro día de mañana, seguido de Simeón, muy lúcido y emperejilado, fuimos a tomar asiento en el ómnibus que debía salir esa tarde para el Pentélico.

Pagué diez dracmas (dos soles) por dos asientos ida y regreso, en el ómnibus que los griegos llaman laoforío, y nos volvimos al hotel de la Corona.

A las cinco de la tarde se presentó Simeón en mi cuarto para cargar con mis cosas.

Él, como buen oriental, venía cargado con casi todas las suyas, que por orden fue desplegando en el suelo a mi vista diciéndome:

—Vea usted mi provisión. Aquí tabaco; acá, un quitasol, y me enseñó uno de esos de lienzo blanco por fuera, y azul o verde por dentro, tan usados en el verano en Atenas, Marsella, Niza, Nápoles, y en Lima desde hace pocos años. Y finalmente me mostró Simeón una caja de fósforos y un envoltorio de tres o cuatro velitas de cera.

El griego, aunque sea dragomán, si sabe que ha de pasar por una capilla muy venerada o por un lugar de fiesta, olvida por un momento los preparativos de viaje y a su propio señor, para pensar en las velitas de cera, que, con mano triunfante, pondrá encendidas más tarde ante las imágenes que vaya encontrando.

Cuando en Constantinopla fui a visitar una capillita de extramuros, célebre por la leyenda milagrosa de unos peces que se conservan allí, mi dragomán que era griego, y hombre muy muerto, se animó de repente, fue a arrodillarse a un lado, y después de una corta oración, tomó una cera de a centavo, de las que se ve siempre un manojo, en todos estos lugares, encendiéndola, y púsola con el fervor de la fe ante el nicho de su devoción.

Diríase que los griegos asaltados por un retortijón o apretón de conciencia al frente de ciertas imágenes, se alivian y descargan con encender una vela.

En cuanto a provisiones, continuó Simeón, algún vino, algún vinito extranjero no vendrá mal...

Ya pensaremos en esos, buen Sime...onos, le dije, declinándole el nombre y poniéndoselo en genitivo, en cuyo caso su terminación da la palabra onos, como acaba de verse, la cual en griego antiguo y moderno significa asno: Ya pensaremos en eso. Tracemos ahora nuestro itinerario para mañana.

Nos levantamos a las cuatro de la mañana del Monasterio de Mendelí, donde vamos a pasar esta noche, emprendemos con la fresca la ascensión del Pentélico, descendemos por la falda opuesta, vamos a almorzar a Kifisia a la sombra del inmenso plátano (no olviden mis lectores peruanos que el plátano de Europa no tiene nada que ver con el nuestro, que allá se llama banano); visitaremos en Kifisia a la gruta de las Ninfas, el Cefalario, y demás sitios consagrados por la tradición, y vendremos a terminar el día en Mendelí, que estará para entonces en plena fiesta.

Simeón, para quien la tarea le pareció demasiada excesiva para cinco francos, me hizo algunas observaciones. Perderemos la fiesta, señor, me decía, llegaremos tarde para la misa, y por último, ¿qué encontraremos? ¡Viles borrachos tirados bajo los árboles! ¡Viles borrachos! repetía con repugnancia Simeón, tambaleándose él mismo.

En fin, a las seis de la tarde en punto, es decir, a la hora anunciada ¡oh fenómeno para un país griego! el laoforío, con todas sus thesis o asientos ocupados, partía.

A pocos pasos de la quinta de la célebre Duquesa de Plasencia, sobre cuya portada se lee Ilisía, volví la cara atrás para ver qué aspecto presentaba desde allí el eterno punto de vista de Atenas, el Acrópolis.

La famosa torre de ladrillos, de época veneciana, el parche del Partenón, mi pesadilla parecía desvanecida por esta vez.

El Partenón, el Erecteo, todos esos nobles esqueletos se dibujaban en la transparencia de la atmósfera, sin que el macizo torreón les hiciera sombra y los tapara en parte.

Las vueltas y recodos del camino lo hicieron aparecer pronto; mas por lo menos quedaba al fondo, y dejaba el primer término a la antigüedad clásica.

Nos detuvimos en un parador, al frente del cual y en la misma orilla del camino se elevaba una capillita microscópica en toda la extensión de la palabra, pues no parecía sino una jaula de loro en la punta de una estaca.

Este nicho, que en España habrían llamado el humilladero, estaba consagrado según la inscripción a medias borrada, a Santa Bárbara.

La conciencia de Simeonos debía estar estítica, porque no prendió ninguna vela.

Pasamos por Kalandri, el antiguo Cholargos, patria de Pericles, pequeño y fresco pueblecito situado entre viñedos y olivares, que acompañan al viajero por algún tiempo. Teníamos a nuestra derecha el Himeto, en cuyo fondo se divisaba el pueblecito de Kaisariani, donde yo había estado pocos días antes atraído por otra fiesta popular; a nuestra izquierda la cadena del Lycabeto, que termina pronto, y al fondo el soberbio Pentélico con el Parnés a la izquierda.

En pos de nosotros, o sea en los ya distantes confines de Atenas, se veía, una serie de líneas que dibujaban otras tantas cumbres agrupadas, las últimas de las cuales parecían incrustarse en un horizonte purpúreo, mintiendo manchas oscuras o más bien nubes pardas. Estas cimas corresponden a las montañas del Ática, y a las islas Sarónicas, de Salamina, Egina, etc.

No había por allí un humeante Vesubio, ni un Etna cubierto de nieve casi hasta el pie, y al que Píndaro saludaba ahora veintitantos siglos con estas tres magníficas imágenes:

> Blanca columna que sostiene el cielo,
> nodriza eterna de glaciales nieves,
> frente altanera de un fecundo suelo.

Nada de esto había; pero todo era gracioso, ático.

Cerca de las posesiones de la Duquesa de Plasencia, el camino se vuelve cuesta, y allí encontramos atascado el ómnibus que nos había precedido. Los caballos no querían seguir, y no cabiendo dos carruajes de frente en tan angosta vereda, detúvose también el nuestro y echamos pie a tierra.

Apenas di unos pocos pasos por el suelo agreste y montañoso, cuando vino a asaltar mi olfato un olor silvestre que me tenían acostumbrado las colinas que circundan a Atenas, y que por lo penetrante llama la atención del más distraído transeúnte.

Eran esas matitas ásperas, esos manojos de hierba escobaria que producen unas florecitas medio azules, y cuya planta es llamada por los griegos thimari, thym por los franceses, y tomillo por nosotros.

Increíble parece que una mata tan silvestre, que una grosera taza de barro pueda ser depósito y pebetero de tan fragante olor. La única gracia que parece haberle quedado al suelo de Ática es la de brotar espontáneamente plantas aromáticas por todos lados, como para obligar al extranjero a que no pase sin clavarle la vista. Es la sonrisa hechicera que aún le queda a una vieja.

Más tarde al subir el Pentélico, creí hallarme en el centro de todas las perfumerías del mundo, y arrancaba particularmente las hojas pegajosas y flores desplegadas de una planta que por allí abundaba y que restregada en mis manos, las dejaba impregnadas de un olor vivificante.

Entonces se comprende el perfume y el sabor de la deliciosa miel de Atenas, pues las abejas que la labran, viven revoloteando por éstas montañas.

Simeón me habló largamente de las virtudes del tomillo, diciéndome que con el se frotaba al cordero antes de ensartarlo al asador, con lo que se volvía muy apetitoso.

El tomillo se emplea finalmente como combustible en panaderías y cocinas, y hasta... para barrer las calles de Atenas. Cuyas calles se barren con tomillo; he aquí un rasgo que podía agregarse a la pintura de la imaginaria ciudad de Jauja.

Determinamos seguir a pie lo poco que faltaba de camino, que no pasaba de media hora, ya que por una y media nos había servido el ómnibus.

Pasamos por delante de las casas de recreo de la Duquesa de Plasencia, desiertas hoy, y llegamos por fin a las puertas del Monasterio de Mendelí o Pentéli.

Hacía mucho rato que por entre los enormes abetos y álamos que lo circundan había visto yo flamear las grandes fogatas y hogueras encendidas a trechos, y a cuya luz rojiza divisábase un campamento, una tribu nómada gitanesca, compuesta de individuos por aquí, de carros con sus caballos desenganchados por allá, de asnos y otros animales domésticos y familiares. ¡Salvaje paisaje, digno de Salvador Rosa, o de Caravaggio! Alguno que otro farol colgado de las ramas a manera de iluminaciones completaba la ilusión de una noche buena o de verbena aunque con rasgos feroces y tintes sombríos debidos en gran parte a la naturaleza del terreno.

Atravesamos el patio del convento, Simeón acometía a cuanto sacerdote encontraba, y con sus maneras más distinguidas pedía hospedaje para él y un noble extranjero, a lo que se le contestaba que todo estaba lleno.

De papás en papás (sacerdotes) y repitiendo las palabras xeno, periyguitis (extranjero, viajero) llegamos hasta la celda en que unos reverendos, probablemente los superiores del convento, devoraban una opípara cena.

Simeón se adelantó dejándome en la oscuridad en una especie de antesala desde donde solo divisaba yo una esquina de la mesa, presidida por el igúmenos (el prior). Al pie de éste esperaba su turno de ser devorada una gran hortera de fresca y abundante leche vinagre. El cuadro recordaba Le Lutrin de Boileau.

El igúmenos se levantó, y pareció desolado de no poder hospedar al noble extranjero, pues todo el monasterio estaba ocupado.

Preguntaba sin embargo, a Simeón si el periyguitís era Galós u Anglís.

—Galós (francés) —replicaba mi dragomán.

En fin, el igúmenos salió y volvió trayendo a un hombre que, con un cirio encendido en la mano, nos condujo a Simeón y a mí, ya subiendo, ya bajando escaleritas, a un pasadizo largo, estrecho, bajo, una de cuyas paredes ostentaba de trecho en trecho una puertecita sumamente pequeña: eran sin duda las celdas.

Me estremecí de frío pensando que me llevaban al granero o al palomar, hasta que llegamos al fondo del pasadizo. Subimos dos o tres gradas de madera y dimos en una puerta cerrada, no mucho más grande que las que atrás quedaban.

Entramos a una pequeña celda, cuyo techo abovedado y paredes acababan de ser blanqueadas o encaladas, lo que me tranquilizó en cuanto al aseo.

Casi desde la puerta hasta la pared del fondo se extendía un entarimado como de dos pies de alto, al que se subía por dos gradas de piedra.

Fuera de él se veía un catre de tijera, y por el entarimado mismo, algunas esteras muy análogas a las nuestras de totora, aunque de un junco más quebradizo y menos suave.

La idea de acostarme en tan desmantelada habitación y sobre tan flaco lecho como una estera, no me desagradó porque hacía un calor atroz.

En las paredes habían algunos nichos en las que se veían lámparas apagadas y todas las menudencias que suelen meterse en esas alacenas o veladoras sin puertas. El fondo de uno de ellos era una ventanita: abrila no tanto por curioso, cuanto deseoso por saber si encontraríamos alguna ventilación, y tropecé inmediatamente con una especie de talud o escarpa.

Un olorcito agreste, peculiar, y un ambiente frío y delgado como de montaña, me hicieron comprender de que ese talud era nada memos que una de las faldas del Pentélico que venía a morir allí. No podía aspirar a mejor vecindad, y ¡ojalá todas las ventanas dieran siempre a tan buena parte!

Nuestro conductor, hombre joven de cabellos y barbas largas y negras, tenía el aspecto de un salvaje refleXIVo, o más bien de un artista en bruto. Su hermano que llegó a poco, no se le parecía. Sus ojos grandes y redondos, estaban a flor de cara; su nariz se caía de bruces al desprenderse apenas de la frente, y no se levantaba más así es que el labio superior quedaba descolgado a demasiada distancia. En una palabra, era la fisonomía de un tonto gozoso. Su cara muy trigueña como la de su hermano, se perdía así mismo en un mundo de cabellos y barbas.

Había estado en París año y medio, y hablaba el francés bastante bien; pero el vino que traía a cuestas le hacía incurrir en los mayores disparates, como el de llamar de-z-aricot a los albaricoques, cometiendo la doble falta de confundir a haricot, frijol, con abricot, de unir en la pronunciación la final del partitivo des con la h aspirada de haricot, que es uno de los defectos de pronunciación que más risa causan en París.

No hay que molestarse; esté usted como le dé la gana, me decían a cada paso mis campechanos huéspedes; y en efecto, la holgura y el desahogo reinan siempre en las maneras de la gente de Oriente.

Multiplicáronse las luces encendiéndose más cirios, que fueron pegados en la pared, dentro de los nichos y comenzaron los aprestos para la cena.

Trájose una mesita de solo algunas pulgadas de alto, como una batea o artesa bocabajo, y en cuyo centro se ostentaba un corderito asado, rodeado de algunos cachos de pan negro, un plato de ensalada, otro de leche vinagre, y una gran botella de vino semejante a una damajuana.

Un papás de aspecto enteramente estúpido, dicho sea en honor de la verdad, se encarga de descuartizar el cordero, sirviéndose de sus manos mucho más que del cuchillo.

Acalorado al fin con la operación, se quitó la sotana, arremangose los puños de la camisa, y a brazo desnudo volvió a la carga, presentando el aspecto de un mozo de jardín zoológico que prepara la carne para las fieras.

Nos sentamos alrededor de la mesa, en el suelo y con las piernas cruzadas, llevando el papás su libertad hasta el extremo de quitarse los zapatos, presentando a sus infelices comensales las plantas de sus pies descalzos.

Uno de los concurrentes creyendo que no había bastantes luces, trajo dos cirios más de un nicho, retorciolos por abajo a manera de caduceo, y encendiéndolos por sus dos puntas abiertas, encajolos en una botella que puso al medio de la mesa.

Las dos luces de este cirio serpentino se fueron buscando y aproximando poco a poco, hasta que reunidas en una sola luz doble, continuaron ardiendo de este modo. Dos desposados podrían apropiarse esta imagen y decir:

> Ya se unieron nuestras vidas,
> cual dos velas retorcidas,
> que arden en opuestas puntas,
> y al cabo en un tronco juntas,
> se consumen confundidas.

Trájose una vela más, y no habiendo en qué ponerla, ni de qué hacer candelero, cogiose la calavera del
cuadrúpedo rumiante, que algunos dientes caninos habían dejado monda y lironda, volteose sobre la mesa, y enclavose la vela en el agujero que había servido de tragadero al pobre animal.

Cerca de mí había una cesta de frescos albaricoques (vericocá) sabrosos y lo que es más, libres de todo manoseo, por lo que de uno en uno me los fui comiendo todos.

Una sola taza, una escudilla de cobre era el cráter o pátera común de mis contubernales y mío.

Antes de comenzar la cena mis compañeros se habían persignado. Yo tomé una rama que andaba por allí, y echando una bendición, dije: Paz domini sit semper vobiscum.

El papás me miró alelado. Eflogía latiniká (habla latín), le dijo Simeón.

A los postres se sirvieron naranjas. El papás las iba trozando en rodajas que dejaba caer en un sopero; y cada vez que concluía una, sacudía reciamente, asperjándola, sus manos, por las cuales chorreado el jugo.

Nos acostamos por el suelo, unos vestidos, desnudos otros. El dueño de la celda y el catre, el artista en bruto, tomó posesión de éste no sin ofrecérmelo antes cortésmente.

Simeón estaba acostado a mis pies, Simeón, que como he dicho, se había traído toda su casa: colchón, sábanas, frazadas, y almohada, las frazadas, tan colchadas éstas, que dobladas en dos, podían servir de colchón.

Mi delicado guía tomó apenas una para sí, dejando todo lo demás a mi disposición.

—¿Cuál es el diminutivo de Simeón? —preguntaban de cuando en cuando mis contubernales borrachos.

Pero nos las habíamos con un gran cínico; y Simeón se sonreía con una risa de zorro, mostraba sus afilados dientes, echaba una mirada oblicua y no hacía caso.

—¿Cuándo te casas? —le dijo uno.

—Ni Dios lo permita —contestó el interpelado—. Si alguna vez llego a hacerlo, solo será por la plata, con una mujer muy rica, más que me digan que ha sido, es y será así y asá. Traiga plata y venga lo que viniere. Me río aún del peor accidente.

En este momento Simeón debía poseer la misma filosofía del Cocu imaginaire de Molière cuando en uno de sus monólogos, se le ocurre sobrellevar con cómica resignación su imaginaria deshonra.

El cinismo tranquilo y la impúdica serenidad de Simeón, me hicieron reír largo rato.

Mis compañeros se echaron a cantar con una voz de las más destempladas y enronquecidas. Nada hay más fastidioso que oír cantar a los griegos. Su cantos son unos gritos descompasados, y desabridos al mismo tiempo, como el insípido no quero de nuestros serranos.

Cuando estuve en la Isla de Rodas, que era una de las escalas del vapor, el hotelero griego que nos llevaba, a tierra iba cantando con desesperante monotonía una estrofa de la cual no salía; y de la que yo solo pescaba las siguientes palabras, embutidas en el griego moderno como otras muchas del francés y el italiano; Malakof-canon-joris pantalon.

Los griegos llaman Malakif a la crinolina o miriñaque, y haciendo probablemente un retruécano con la toma de la torre de Malakof, lo que el chusco, batelero cantaba era lo siguiente: los franceses tomaron Malakof con cañón, y las francesas llevan el Malakof sin pantalón.

A las ocho y media de la mañana siguiente me hallaba en la cima del Pentélico, mirando a un lado la llanura de Atenas, al otro la de Maratón, y en la distancia una infinidad de islas y de montañas continentales. Casi toda la Grecia, que a poco más, se abraza desde esta cultura, a mil ciento y tantos metros sobre el nivel del mar.

El monte, antigua y famosa cantera, está cubierta de mármoles de todos tamaños, desde el monolito de mármol hasta la chispeante astilla, y también de todos colores, blanco, gris, blanco sanguíneo, pareciendo tan bonitas las pastillas, que recogí algunas, como si hubieran sido piedras preciosas.

Como a media subida, se halla una gruta llena de estalactitas.

La vista desde la cima es espléndida, llamando ante todo la atención por su inmediación y por los recuerdos históricos, la celebre llanura o campo de Maratón, de deplorable memoria para el persa.

Trataré de recordar algunos de los episodios o tradiciones conexionadas con el célebre hecho de armas que allí se verificó, unos cinco siglos antes de la era vulgar, prescindiendo de la acción misma que es por demás conocida.

El correo pedestre que llevó a Atenas la noticia de la victoria, detúvose poco menos que exánime ante el Adreópago; saludó, murmuró las suficientes palabras y cayó muerto.

Los griegos llamaron a estos correos imerodromos (corredores de día). El que fue de Atenas a Esparta a anunciar la aproximación de los invasores persas, recorrió las 60 leguas que hay del Ática al Peloponeso por el Istmo de Corinto, en dos días.

No sé si habría hecho tanto un Chasqui de los Incas.

Un espía de los persas que anduvo rodando por la falda del Acrópolis pocos días antes de la batalla, creyó ver al Dios Pan que se le aparecía a predecirle el triunfo de los griegos. Su terror fue tan grande, y desde entonces quedó la expresión de terror Pán...ico. Hasta hoy subsiste la gruta que se consagró a Pan, en memoria del milagro, y en ella pone Aristófanes algunas de sus más licenciosas escenas.

El héroe de Maratón fue Milciades, y Temístocles, que debía sucederle en la gloria en el destierro, porque éste era el camino de todos los héroes griegos, quien se mostraba pensativo y malhumorado antes de obtener la primera.

Preguntándole sus amigos el por qué de su preocupación, contestaba «que los trofeos de Milciades le quitaban el sueño». Es lástima que esta frase, tan propia de una evolución fecunda, no haya pasado a nuestra lengua como a la francesa.

En la ascensión había empleado como hora y media, tropezando con los cerezos silvestres llamados Kúmara por los griegos, y corniolo por los italianos, y que abundaban por ahí.

Sus hojas verdes y amarillentas, su tronco liso, tortuoso y de un color rojizo como el de nuestros guayabos, producían un lindo contraste en los lados del barranco montaraz, por el cual verificamos nuestra subida. Veíanse igualmente muchas kukunarias o pinos silvestres con cuya raíz o resina se curan (o se echan a perder) los vinos nacionales, y de las que además se extrae brea para las embarcaciones.

A mi bajada, la fiesta se hallaba en su apogeo. No solo todos los individuos, sino hasta los caballos y burros estaban enguirnaldados y coronados de kúmara.

Un joven griego ataviado de esta manera, y con una enorme guirnalda de hojas y flores alrededor del gorro colorado que le cubría la cabeza, se acercó a nosotros; y después de haber hablado con mis contubernales, se volvió a mí, que lo había calificado de Baco adolescente, para hacerme ver que la corona que llevaba era de la misma especie de las que usaban en las antiguas Bacanales (Dionisíacas en griego).

—Kiso (yedra) —me decía con cierto orgullo, haciéndome tocar las hojas.

Otros se paseaban en una carretera que desaparecía, no solo bajo el número de ellos, sino bajo las innumerables ramas verdes de que la habían cargado.

Capítulo XLV

Kifisia. Patisia. Una era de trigo. El Partenón

Kifisia era uno de los pocos alrededores notables de Atenas que aún no había visitado, y con el propósito de conocer ese suburbio, me levanté una mañana, dos horas lo menos antes de que amaneciera.

Pero el escocés que debía acompañarme se había pegado a las sábanas, o más bien las sábanas se le habían pegado a él, y tuve que estar esperándole hasta muy entrado el día.

Y eso que la víspera anduvo anunciando a la fonda toda que era necesario despertarle a las tres y media en punto, y observándole yo que me parecía un madrugar extremado, ¡Bah! me contestó ¡que poco madrugador había usted sido!

Montamos en dos caballos de alquiler y echamos a galopar que es el único paso decente que se puede sacar a esas bestias.

A eso de medio camino, y en circunstancias que mi compañero se había adelantado, hallé un vasto albaricoquero que daba su sombra y su fruta... a nadie, porque en todo el contorno reinaba la mayor desolación.

Eché pie a tierra, sacudí el árbol, y cayó sobre mí una copiosa lluvia de albaricoques, los cuales, aunque en nada superiores a los que diariamente compraba a los fruteros ambulantes de Atenas, pareciéronme mucho mejores, sin duda por ser escogidos por mi propia mano, y comidos en los manteles de la naturaleza.

Un poco más lejos, detúveme nuevamente a admirar la enorme sombra proyectada por las ramas entrelazadas de los enormes plátanos, y bajo la cual sesteaba un pastor con su numeroso rebaño, como un caudillo en medio de su campamento.

«Quién tuviera tales encuentros en los caminos de la costa del Perú», pensaba yo.

Si el que repobló los laureles del Ática ha merecido el aplauso de las generaciones, y llegar hasta nosotros su nombre, ¿qué no se hará con el primer gobernante que pueble de árboles nuestro litoral?

Esta civilización sana, será la que más recomiende en la posteridad a los hombres que sepan desplegarla.

Como yo no estaba muy seguro del camino que seguía, solo, pues mi compañero se me había perdido de vista, a cuanto campesino que encontraba le preguntaba:

—¿Kifisia? —Y como el camino debía ser derecho, y esta palabra en griego se traduce por isia, resultaba,

Que cuantas veces demandé Kifisia,
Isia «Los ecos me dijeron, Isla».

¿No tenía esto algo de las Metamorfosis de Ovidio? Pues toda la Grecia, todo el Oriente está llenos de semejantes gracias.

El mejor comentario de la literatura griega antigua, su mejor edición, su mejor maestro es venirse a Grecia, y vivirla, y familiarizarse con su idioma.

Verificado esto, esa literatura considerada como enigmática, se nos presenta tan clara como cualquiera otra extranjera moderna.

Es una felicidad para nosotros que, ya que ni la imprenta, ni la fotografía por haber venido demasiado tarde, no han podido conservarnos artificialmente lo que pasó, la naturaleza y el pueblo se hayan dado la mano para reflejarlo eternamente.

Atravesamos el pueblo de Marusi, llegamos a Kifisia, y a cuantos preguntamos por el hotel, nos contestaban que no había y nos remitían al Plátano.

Llegamos finalmente ante este monstruo de la naturaleza, como llamaba Cervantes a Lope de Vega, a ese árbol secular y desmesurado, acaso el más grande y desmesurado que haya yo visto; y lo pongo en duda, porque el Oriente está lleno de plátanos, sicómoros y cedros tradicionales más o menos gigantescos.

Se diría que estas interesantes regiones conservan su historia, escrita en árboles.

El plátano de Kifisia da sombra y techo a un par de cafés al aire libre y pudiera darla a cuatro. Desgraciadamente, aunque descuella en lo que llaman la plaza, la tal plaza no es más que una encrucijada, en la cual el monumento de la naturaleza está tan ahogado como el de los hombres, o sea la Catedral de Milán, en la plaza del Duomo, que es demasiado estrecha para esa enorme montaña de mármol calado, como con propiedad la han llamado.

Las ramas del plátano de Kifisia, extendiéndose atrevidamente, iban a tocar con sus extremidades las paredes y techos de un cuartel que antiguamente fue mezquita; alcanzando a los objetos circunvecinos, como un hombre largo en un cuarto chico, que alcanza a todos los muebles desde su asiento.

Lo que en Oriente se llama plátano no tiene nada que ver con la modesta Musa Sapientum que en Lima conocemos con aquel nombre, y cuyo verdadero, parece ser banano.

El plátano de Oriente (Platanus orientalis) que es poco más o menos el mismo del Mediodía de Europa, es un gran árbol, con su tronco, sus ramas y sus hojas y de ninguna manera una especie de planta herbácea como nuestro mal llamado plátano. Sus hojas tienen alguna semejanza con las de la parra, y el tronco es liso y de una corteza muy verde, aunque manchada a trechos por algunas placas overas, como la de nuestros guayabos, y las cuales traen a la memoria aquel romance de Góngora:

> El tronco de ovas vestido
> de un álamo verde y blanco.

Casi todos los poetas latinos hablan con placer del plátano, lo que prueba cuán antigua es su hermosura. Horacio lo llama en alguna parte célibe, porque no se marita con ninguna planta trepadora como el olmo, el álamo y otros que en la antigüedad se destinaban a sostén o rodrigón de las parras:

Jamque ministrantem plalanum potantibus umbra. Virg.

Algunos de los plátanos del Oriente han llegado a tomar proporciones y formas monstruosas, como embrutecidos de tanto vivir. Muchos de ellos están identificados con tradiciones que les han dado su nombre, y sirven de término de paseo, y aun de objeto especial de una pequeña romería.

Ningún solícito ciceroni vino a abalanzarse a la brida de nuestros caballos como en los pueblos de Italia; por lo que teniéndola nosotros mismos, echamos pie, a tierra y nos sentamos.

Aburridos de ver que nadie acudía llamamos al Cafedji (que es el nombre turco con que en todo el Oriente se designa al cafetero), y le encargamos de que nos llevara al corral.

Manifestamos nuestro deseo de visitar al Kefaldrio (que es como si dijéramos la cabecera de un río, y en el caso presente, la del Cefiso) y, nadie se brindó a acompañarnos, como tampoco a la fuente de las Ninfas.

Nos hicimos traer una limonada, y por último, uno de los parroquianos, un palikari, nos ofreció sus servicios; precedidos por él nos echamos a andar.

En el camino me entretuve para recoger y para disecar algunos jazmines silvestres (Yasemi) y otras flores raras con que iba tropezando. Ésta es una de las mejores costumbres que puede tener un viajero. Las flores son las más fieles imágenes de las campiñas que se recorre y divididas en grupos en el herbolario, sirven más tarde para recordar el aspecto propio de cada comarca.

Llegamos a la gruta o fuente de las ninfas, que era más que una fuente descubierta, expuesta al Sol y ensajonada en una gran roca cóncava y de forma circular, desde la cual desciende un barranco o precipicio tajado en las peñas.

Por las superficies de ellas dibújanse a manera de boas o culebrones las gruesas y tortuosas raíces de álamos gigantes y otros árboles. Era el rasgo más atrevido que veía en la naturaleza del Ática, y por primera vez el suelo Licabatoso me impuso algún respeto.

Visitamos después al Kefalario, la fuente del Cefiso, que pasa por Atenas, lo mismo que el Iliso, y que por entonces estaba seco.

El Kefalario es un pequeño estanque, delicioso por la transparencia y delgadez de sus aguas. En sus márgenes lavaban algunas lavanderas. He aquí las únicas ninfas que quedan en Grecia.

Volvimos al café, montamos a caballo, dimos algunas monedas al cafedji, para él y nuestro guía, que se había hecho a un lado como quien nada espera, y partimos.

El Partenón volvió a presentarse a mis ojos bajo un aspecto muy favorable; y gozando de su hermosa vista, llegamos al hotel de la Corona a eso de las once de la mañana.

El paseo oficial de Atenas, es el de Patisia, al que se llega por el Boulevard de este nombre. Es un campo árido, privado no solo de árboles, sino hasta de asomos de vegetación, y uno de los paseos menos dignos de este nombre que he visto.

El camino que a él conduce es sumamente polvoroso, y entre carruajes y jinetes levantan una polvareda que sofoca.

En medio de ese campo desecado, que por cierto no es el Campillo de Granada, se eleva un kiosko o cenador, que produce el efecto de un esqueleto, porque como está uno acostumbrado a ver descollar esas elegantes glorietas en medio de vegetación y frescura, en un desierto rastrojo parece un cuerpo sin su carne.

La música concurría los domingos y daba un poco de retreta; mas no bien desaparecía el Sol, y levantándose el fresco comenzaba a ponerse el paseo un tanto agradable, cuando levantando el campo también ella, daba la señal de una retirada general.

Siguiendo el camino de Patisia se llega al pueblecito o cortijo de este nombre que por sus flores y huertas es a Atenas lo que el Cercado a Lima. Puede decirse que en él hay más árboles que casas.

Una tarde que regresaba de vagar por esos sitios cerca ya del café más inmediato a la ciudad, se me ocurrió echar por ese lado, porque aún no conocía por allí la campiña de Atenas. De trecho en trecho iba encontrando unas pequeñas granjas aisladas, hasta que un olor de pan vino a halagar mi olfato. No tardé en descubrir una era, en la que trillaban trigo de un modo bastante primitivo, verificando con bestias de silla, la operación que en la Iliada se hace con bueyes.

En el centro de la era, habían clavado un horcón, al cual estaba atada una pareja mixta compuesta de rocín y mula. La cuerda era bastante larga para que ambos cuadrúpedos en sus giros ya en un sentido ya en otro, pudieran llegar hasta los límites extremos de la era, y volver en seguida al poste.

Un muchacho les hacía dar vueltas alrededor del poste central. A cada nueva vuelta se les acortaba el tiro, y alejándose de los bordes se acercaban proporcionalmente al centro a que iban envolviéndose poco a poco hasta llegar a dar de hocicos en él.

Volvían a girar entonces en sentido contrario, y a desenvolverse y de esta manera iban describiendo una serie de círculos excéntricos y concéntricos.

Enormes parvas o gavillas rodeaban la era, las unas con la silicua, hinchada todavía esperaban la trilla; las otras trilladas ya, eran pesadas como haces de paja a cabeza de hombre, y despachadas a la población.

La pesa a cabeza de hombre, se practicaba del modo siguiente: dos hombres pequeños, rechonchos y del mismo tamaño, se colocaban frente a frente, como dos jambas de una puerta. Sobre ellos se atravesaba, de cabeza a cabeza, un palo que venía a hacer de dintel, y de cuyo centro pendía y oscilaba por un momento el enorme lío, haz o volumen que se pesaba.

La actitud era digna de un bajo relieve grecorromano, o de un jeroglífico egipcio, o de ser representada modernamente bajo el título de la balanza humana.

Los dos postes de ella no pestañaban, no respiraban siquiera recordando las cariátides del Erécteo en el Acrópolis, y la impasibilidad de otras esculturas antiguas que soportan un gran peso, con la más graciosa ligereza. El pesador consultando la barra transversal y como tomando el fiel de esta balanza decía Saranda (cuarenta) Saranda Kepende (cuarenticinco) o bien peninda (cincuenta) y descargaba el peso.

Una vieja barría las espigas desparramadas por las patas de los caballos, cuidando que quedaran siempre extendidas en disposición concéntrica. La escoba de la vieja, de esta Ruth espigadora era un gran manojo de oloroso tomillo.

Hacía días que circulaban por las calles de Atenas largas recuas de burros acarreando de esta aromática planta en tal cantidad, que los burros desaparecían bajo su perfumada cobertura, como bajo la de alfalfa los de los yerbateros de Lima.

Supongo que se tratara de alguna gran hornada, porque no creo que el consumo ordinario de esta fajina fuera tan grande en la población.

La miel de abeja de Atenas está algunas veces tan cargada de olor a tomillo que se explica uno la fábula del néctar y ambrosía de los Dioses.

También en Siracusa como lo he observado en otros capítulos, sigue subsistiendo y siendo excelente la clásica miel hybla.

La satisfacción de los que rodeaban la era me recordaba estos versos de Samaniego:

> Mas al fin llega a verse,
> en medio del verano,
> de doradas espigas
> como Ceres rodeado.

Al regresar a mi casa la Luna llena se levantaba por detrás del puntiagudo Lycabeto y plateaba las blancas casas de Atenas, que aparecían como diseminadas entre interrumpidos grupos de árboles.

Pero el paseo más natural de Atenas, para el viajero al menos es el Partenón, monumento con el cual me ha sucedido lo que con todos los que tienen una fama universal, que los he visitado mucho y descrito poco.

Ponerse a describir el Partenón, las Pirámides, San Pedro de Roma, etc., y extasiarse ante ellos es como dedicar un nuevo estudio a Homero y a Virgilio. Es ponerse sobre todo, a un dedo de distancia de la afectación y de la vulgaridad.

Para ciertos monumentos, como para ciertos autores, hay una admiración convencional que se apresuran a exagerar precisamente los que menos los aprecian.

Es muy común hablar enfáticamente de Homero y Virgilio, e irritarse cuando por algún lado se les ataca, en individuos que jamás los han saludado, ni aun en una mala traducción.

El celo de estos eruditos a la violeta, por los autores y obras clásicas, recuerda el del sacristán por las cosas de la iglesia.

Después de todo, si la escultura, literatura y teatro de la antigua Grecia, hablan tan alto y elocuentemente, no es porque los hombres de entonces fueran mayores que nosotros, sino porque no habiendo en aquellos días la imprenta, ni periódicos, ni vapores, ni telégrafos que distrajeran la atención, la escultura, la poesía, el teatro eran los solos medios de expresión, y la única ocupación.

Por allí se iba toda la fuerza humana, toda la actividad intelectual no solo del pensador, sino del espectador u oyente, que no tenía otra cosa con que preocuparse.

El teatro además, estaba tan identificado con el culto, que el edificio en sí era como una suntuosa basílica, y la representación, como una fiesta religiosa.

Respecto a la poesía, venía acompañada del triple encanto de verso, música y danza, y no era una mera quemazón de ojos a la luz de un pitón de gas, como la poesía moderna.

El idioma griego abrazaba tres o cuatro dialectos que se confundían cuando se quería, en uno solo, como lo hizo Homero, lo cual multiplicaba los recursos poéticos.

Pero dejemos estas reflexiones que no vienen muy al caso, y que no aminoran el mérito especial del templo de Minerva. Hasta hace algún tiempo las reliquias del Partenón no estaban casi vigiladas, y los viajeros robaban a su gusto.

El gran destrozador y pirata, el primero que dio el ejemplo, para enriquecer el Museo Británico de Londres fue Lord Elgin.

Cuando la familia de los Barberini en Italia aniquilaba los antiguos monumentos se hizo un verso latino que decía: «Lo que no hicieron los bárbaros lo hicieron los Barberinos».

Teniéndolo presente Lord Byron, dijo más tarde con motivo de las piraterías de Elgin. «Lo que no hicieron los bárbaros un escocés lo hizo».

Quod non fecerunt Gothi,
hoc fecerunt Scoti.

Después de haber descuidado las ruinas por algún tiempo, el gobierno de Atenas se había pasado al otro extremo y la vigilancia era tal que casi no se podía dar un paso por el Acrópolis, sin llevar tras sí un guardián, cargo que ha sido encomendado a algunos inválidos del ejército.

Dicho guardián era un cancerbero que se aferraba al viajero con encarnizamiento, y sin despegarse de él como temeroso de que al menor descuido se echara un monolito al bolsillo. Todo esto en silencio, sea por taciturnidad de carácter, sea por no hablar más que en griego.

Al salir se le daba un dracma, no sé si era de reglamento; mas yo lo hice así en mis casi cotidianas visitas sintiendo no el dracma sino la antigua libertad, en que se me dejaba.

En mi primera visita me acompañaba un erudito conde alemán, von Afften van Oorde, creo que el mismo con quien fui a Egina.

Al llegar al centro de la plataforma nos separamos, él para ir a examinar de cerca el Erecteo, yo al Partenón propiamente dicho.

El guardián se detuvo en el punto mismo en que nos habíamos separado y comenzó a espetarnos una filípica mirando con ojos iracundos ya a mi compañero, ya a mí.

¿Dónde iremos a parar, decía en griego, si hay que poner un guardián para cada extranjero?

La fachada principal del Partenón mira al Este, así es que al entrar al Acrópolis por la entrada, esto es, por las Propileas, o los Propileos, como traducen otros, se atraviesa el pórtico, el opistodomo y la cella antes de llegar a la fachada principal. Las propileas o antepuertas son un magnífico vestíbulo subsistiendo las soberbias columnas y restos del arquitrabe. En el centro había una gran escalera y a los lados rampas para los caballos y carruajes.

De cada ángulo del edificio se desprende y lanza a vuelo una cabeza de tigre o de pantera, destinada según parece al derrame de aguas fluviales.

Cada frontis termina por un triglifo angular, y no por una métopa como acostumbraban los romanos. En la cella se ven las admirables métopas esculpidas que adornaban los frisos.

También se ven restos considerables en las paredes bizantinas, hechas cuando el Partenón fue convertido en iglesia o mezquita.

Las gradas que conducen al templo de Minerva están cubiertas por el adorno que la naturaleza suele echar en esta clase de monumentos, que son algunas plantas parietarias, y también entre ellas, diversas florecitas blancas.

Colocándose uno en el centro del templo, y con el rostro vuelto al Oeste, divisa por entre la alta y angosta puerta que parece abierta de un tajo, divisa como por un caleidoscopio, una serie de colores y objetos preciosos; una llanura verde, un mar azul, y las diversas islas con su tinte violáceo o ceniciento.

Volviéndose al Este la vista se encuentra bruscamente detenida por el monte Himeto. Siguiendo sus ondulaciones se va a parar al Pentélico, puesto de través. Viene enseguida el Parnés, y finalmente un montecillo con su cima coronada de árboles, entre los cuales blanquea un pequeño edificio: es el convento de San Elías.

Contorneando la falda de ese cerro, se entra en el desfiladero místico que conduce a Eléusis, de que he hablado, así como de las procesiones o teorías llamadas Panateneas, que anualmente lo recorrían.

La columna del Partenón estaría íntegra, si un polvorín enterrado en medio del templo, no hubiera hecho volar toda esa parte ahora dos siglos.

Solo subsisten, la parte anterior y la posterior con gran montón de escombros en el medio.

El cerro sobre el cual descansan estas ruinas, es escarpado y tiene la forma de un cono trunco. Su base está circunvalada por la gran muralla histórica en que, han puesto mano tantas generaciones. Allí los pelasgos (unos dieciséis siglos a.C.); allí Temístocles y Cimón (siglo V a.C.) y allí por último, turcos y venecianos casi de nuestros días.

Como cada generación ha ido construyendo sobre la anterior, resulta que el tal muro de circunvalación, está lleno de parches y remiendos cada uno de los cuales se diferencia tan bien de los demás, como las diversas firmas autógrafas de un álbum.

Capítulo XLVI

Más sobre el griego moderno. Libros y Bibliotecas. Barberías de Atenas. El Landlord del Hotel de la Corona. Theodoritis. Moneda

Después de las antigüedades, lo más interesante de la Grecia moderna es su idioma, como creo haberlo dicho y demostrado en los capítulos precedentes.

Antes de separarme de las costas de la Hélade, volveré a tocar el último punto, ya porque disto mucho de haberlo agotado, ya porque nada podrá dar una idea más viva de aquel país, que su actual lengua viva.

El que habla español, nota con agrado en el griego moderno la abundancia de esdrújulos y de eses finales pronunciadas, tan características de nuestro idioma y tan embarazosas no pocas veces al hablar de prisa. La única diferencia consiste en que aquéllas no son signo invariable de plural, como podrá observarlo el lector en las palabras y frases que he de dar a continuación.

En cuanto a la facilidad de la pronunciación, baste recordar que larguísimas palabras del griego antiguo (nombres propios) son deletreados hoy por cualquiera con la mayor facilidad, como se ve en Anaxágoras, Jenófanes, Epaminondas, vocablos de muchas sílabas, y todas distintas y despejadas. Mientras tanto un alemán no puede leer el cortísimo nombre de Goethe, sin metamorfosearlo en un sonido ahogado, apenas traducible por Geut.

La parte más desconsoladora del griego moderno, parte por fortuna muy expurgable y muy expurgada ya, merced a la piedad de algunos acendrados patriotas helenos, son los neologismos, franceses, italianos y hasta turcos que lo enturbian, las más de las veces sin necesidad.

Compréndese verbigracia, que llamen stofatos, tomando la palabra del italiano, a un plato moderno; mas no que innecesariamente digan merci por elkaristó adio por is to kaló (literalmente; vaya U con bien) festa por eorti, y por último jaman (baños, palabra turca) por lutrá.

¡Cuánto más afectuoso no es el is to kaló que el adio, y cuanto más evangélico y eucaristice el efkaristó que el mercí! ¡Cuánto más nacionales en todo caso!

No parecen probar más semejantes neologismos, que el triunfo de lo nuevo sobre lo viejo; el irresistible empuje con que el lozano botón de la mañana se sobrepone al ya leñoso vástago de otros días.

El griego se cae de maduro y viejo, y es tiempo de que se jubile. Parece que el cielo conserva la vida a este anciano de las lenguas, por lo mismo que no le ha dado prole. El latín, reproducido, asegurado en tantas lenguas, cuantas se nombran neolatinas, desapareció. El griego, semejante a los grandes hombres, no ha procreado, y se sobrevive él mismo para representarse.

Muerto él, no podrá ser recordado sino muy débilmente, porque la lengua que más se le asemeja y que vulgarmente pasa por hija suya, la latina, es solo su hermana.

Él y ella no proceden ni del sánscrito siquiera, también hermano, aun cuando primogénito, sino de una lengua anterior, primitiva, perdida, del Asia Central la lengua Ariana o de los Arios madre de todas las denominadas indoeuropeas.

Los neologismos formados con palabras griegas para designar cosas nuevas, son en cambio, muy lógicos unas veces, muy felices otras.

Nada más racional que aplicar a la hierba de Monsieur Nicot y al acto mismo de fumar, el nombre que en lo antiguo pertenece a humo, que es kapnos, que como tal se eleva al cielo en las hecatombes de la Iliada. Los griegos modernos dicen kapnó.

La bárbara inflexibilidad de nuestras lenguas ha hecho que aceptemos tales como nos vienen, algunas palabras técnicas, ya inglesas, ya francesas, relativas a inventos o descubrimientos. Decimos por ejemplo wagon, sin alterar en lo menor, porque no podemos, esa palabra extranjera. Hoy se escribe vagón.

Mientras tanto los griegos, considerando que designa un carro de vapor, y que para la primer palabra tienen amaxa, y para la segunda atmos, combinan ambas y con toda perfección dicen atmamaxa, llamando asimismo al Vapor, atmoplío, barco de vapor. El daguerrotipo se convierte en iliotipía, impresión del Sol, siendo tal vez ese el único país donde Mr. Daguerre no entra incorporado a su invento.

Para que el lector juzgue de lo bonitamente que suena el griego moderno, repase las siguientes expresiones familiares: ¿Ti ora ine? ¿qué hora es? Then gnorizo, no sé; ¿Pos onomazis? ¿cómo te llamas? ¿Ti Kámnis? o ¿ti kámnete? en segunda persona de plural, ¿cómo estas? ¿cómo estáis? y también ¿pos egis o pos égete? ¿Xevris elenika? ¿Hablas griego?, ¿Nystazis? ¿tienes sueño? literalmente, ¿no cheas? Ela edo, ela mesa, ela apano, ven acá, entra; sube.

El oriste? que anda en boca de los mozos de café y de toda gente urbana, es el comande de los italianos y otras veces su favorisca; el plait il? y please? de franceses e ingleses, y finalmente nuestro mande usted, haga usted el favor.

El málista es el of course de los ingleses, el sicuro de los italianos y el ¡por supuesto! y ¡cómo no! nuestro. Aunque a las veces no pasa de un mero sí afirmativo.

Un griego que ve llegar a otro, le pregunta ¿si viene de Sira? (una de las Cícladas, largamente celebrada en la Odisea), y el interrogado responde málista.

El negativo ogi, no, es muy gracioso. No diré otro tanto del afirmativo ne, sí, que para cualquiera que no sea muy griego, tiene el gravísimo inconveniente de confundirse con la más rotunda de las negaciones, que en todas las lenguas europeas es no.

El alfabeto de los griegos, carece del sonido b porque la letra de este nombre (beta) suena invariablemente como v y se llama vita.

Para obtenerlo, recurren a la molesta combinación mp, escribiendo mpompa por bomba.

Al estudiar el griego moderno, hay que precaverse contra la significación general que en él tienen, palabras que nosotros tomamos del griego clásico, y que hemos conservado en un sentido limitado y hasta técnico.

Así, por ejemplo, las palabras filósofo y filológico, tan poco usadas entre nosotros cuanto es desconocida la materia a que se refieren, son vulgares en Atenas y se leen en la cabeza de todos los diarios, porque significan meramente literato y literario.

Eforía, que recuerda la antiquísima institución de Esparta, y luego de toda Grecia, hoy parece significar apenas una administración o dirección cualquiera, pues por tal la interpreto en esta frase: I Eforía tis ethnikis Bibliothikis, La eforia de la biblioteca nacional.

Una tesis es meramente un asiento de ómnibus.

Quizá la abundancia de íes hace un tanto desagradable, o por lo menos extraño el griego moderno (también llamado romaico).

Suenan como i, las letras simples eta, upsilon, iota, y los diptongos ei, oi, etc., como ya creo haberlo dicho antes. En la sola palabra peri-i-gui tís, viajero, entra cuatro veces el sonido de aquella aguda vocal, como en nuestra palabra insignificante, con la diferencia que en esta última las ies se hallan convenientemente separadas, y mezcladas con tan varias consonantes, que resulta un sonido agradable.

La mejor obra sobre griego moderno escrita y publicada en Atenas misma, es el Diccionario greco francés y galohelénico de Ch. D. Byzantius. También hay varias gramáticas en francés y en inglés, y una traducción al griego moderno de Pablo y Virginia, lindamente impresa por Didot en París, así como las Popularia Carmina Greciae recentioris en Leipzig.

El arte de hermosear los libros y las bibliotecas públicas, de modo que fascinen aun al más intonso, no ha llegado todavía aquí a su apogeo, como en Inglaterra por ejemplo, donde se presentan con tal brillo, que se concibe que tengan sus enamorados, como en realidad los tienen. El lector me permitirá que aproveche la oportunidad para describirle uno de esos establecimientos.

El salón de lectura o sea el Reading room del British Museum de Londres, produce en los sentidos una embriaguez y una fascinación tales, que cree uno entrar a la encantadora rotonda de algunas hadas.

Una «agradable y tenue vibración musical», como la de una caja de música, anuncia a los empleados, tan pronto como se abre la mampara de bronce, que viene gente.

El visitante se halla de improviso en una vastísima y luminosa rotonda, coronada por una alta cúpula, tan elegante y tan atrevida (o acaso más) como la de San Pedro de Roma, que sirvió de modelo. Un delicioso aroma de cuero de Rusia, de tafilete, de estantería, el perfume de la sabiduría de los siglos, servido en copa de nácar, y no a manera de aceite rancio, sin más virtud que la intrínseca, viene a lisonjear el olfato y como a abrir el apetito de instruirse.

Los lujosos lomos, filetes y doraduras de los miles de libros circunstantes, a de las molduras de la cúpula, ofrecen a la vista la resplandecencia de una pintura ideal del templo de la sabiduría.

Los pasos de los visitantes y de cuantos andan por el circular salón, se ahogan del todo sin producir el menor ruido, embotados en un piso que parece como de caucho.

Las sillas para los leyentes giran sobre un eje, no solo para facilitar la operación de entrar y salir, sino para evitar el ingrato ruido de la silla que se arrastra.

En el centro del salón hay un gran mostrador redondo, tras del cual residen los altos empleados esperando los pedidos, que se hacen en tiritas de papel impresas repartidas por la mesa continua del mostrador. Toda la cara exterior de éste, es un estante de dos cuerpos, donde descansan los innumerables y grandes volúmenes del catálogo de la biblioteca, que el visitante consulta a su gusto; toma las señas del libro que apetece, las copia en la papeleta, que entrega a un empleado, y va a esperar tranquilamente a su silla, al frente de una mesa de rica madera, bien forrada de tafilete, y provista de un atril también giratorio.

Las señas del asiento y mesa que uno ha escogido y los cuales están numerados, van incluidas en la papeleta, y el empleado sabe a dónde dirigirse.

Todo el salón puede compararse a una rueda de carro puesta de plano en el suelo. La estantería es la llanta, las filas de mesas que irradian del mostrador central son los rayos, y por último, el mostrador mismo es el cubo de la rueda donde encajan todas las piezas que la componen.

Así como a los carniceros les basta la suculenta atmósfera en que viven para estar crasos, así creo que basta aspirar el ambiente del Reading Room, y vivir en él algún tiempo, para sentirse moralmente robustecido.

¿Qué extraño pues, que ese museo y sus dependencias, que Londres todo me inspirara una pasión tal, que constantemente lo llamé mis amores de Europa?

Creo que si los grandes hombres de la antigüedad, los filósofos de todas las escuelas, los estadistas, historiadores y artistas célebres, resucitaran por un momento, y salieran en cuerpo a echar un vistazo por la Europa moderna, al volver al seno de la nada podrían formular esta congratulación: «La Inglaterra ha merecido bien de la antigüedad».

En el Reading Room, encontré nuestro Mercurio Peruano, con una encuadernación, que por cierto no tendrá en la Biblioteca de Lima; las Guías de forasteros publicadas por mi abuelo don Hipólito Unanue en los últimos años del siglo pasado, y multitud de libros raros del Perú o sobre el Perú.

Saltemos ahora, ya que tan cerca estamos, a la Biblioteca Imperial de París. Nos hallamos en una larga, vulgar y sucia sala. Qué de batacazos de mamparas que se cierran estrepitosamente y sin misericordia, rechinando en sus gonces enmohecidos, y haciendo estremecerse los aldabones y pestillos que las abruman. ¡Qué renegar, y gruñir, y taconear de empleados que circulan incesantemente, con su casaca hasta los talones y como los bedeles de un aula!

Estos distraen no solo con sus paseos, sino con las miradas escudriñadoras que la falta de ocupación les hace a veces lanzar sobre los leyentes.

Abismados otras veces detrás de un mostrador en la lectura de tal o cual libro, se fastidian cuando se les va a hacer algún pedido.

Corre a lo largo del salón una mesa continua, y sobre ella están encorvados como caballos en pesebrera, desde el paciente armenio de tajantes uñas y raquítica figura, hasta el bourgeios, que después de haber almorzado una taza de café y un bollo, va a echar la siesta sobre las páginas abiertas de un Lexicon.

Aun el alfeizar de las ventanas que caen al patio, sirven a algunos de duro asiento, y desde allí solía yo distraer mi lectura mirando a los gorriones pendencieros que reñían a pico como dos gallitos en el patio inferior, o que se esponjaban bañándose en una gota de agua.

Ya en estas meridionales regiones el aliento del saber no es ambrosía, sino aceite de bacalao, y rancio por añadidura, ni viene servicio en ancha pátena de alabastro, sino en lebrillo de barro.

La Biblioteca de Madrid es (o era) la de París, un poco más chica, un poco más angosta y un poco más oscura.

La de Atenas no tiene nada de particular, aunque como todo lo de esta ciudad, olía a nuevo y a recién estrenado, y recordaba más bien la biblioteca de La Valette en Malta.

Las tiendas de los rapabarbas sí que no olían a cosa fresca y reciente, porque eran como las antiguas barberías de Lima, antes de la aparición de las peluquerías francesas, y en las que solía hallarse el triple oficio de barbero, sangrador y sacamuelas, faltando solo el de albéitar para hacer un cuadrúpedo completo.

Al entrar a una de las barberías de Atenas:

—Mosié —me dijo mi próximo verdugo.

—¿Couper les chevaux?

—Sí, hombre —le contesté—, les cheveux y no les chevaux (los cabellos y no los caballos).

—¿Cortitos?

—No mucho.

La operación comenzó. Un buen hombre parecía el barbero, pero un bárbaro. Veinte veces me pellizcó el pescuezo con las tijeras. Otras, queriendo sacudir los pelitos del cogote, empuñaba una toalla y me sacudía como a un mueble; o como el criado del Hotel, cuando viendo a las moscas extendidas por el mantel en que yo almorzaba, y que esto me fastidiaba, enarbolaba la servilleta, cayéndoles de golpe creyendo que iba a causarme una gran satisfacción.

—He aquí —exclamaba—, el único medio de acabar con estas malvadas.

—Esta operación de quitar los pelitos del cogote —decía yo a mí ateniense—, se hace en París con unos cepillos más suaves que la seda.

—¿Se afeita usted? —me interrumpió.

—A ver si puede quitarme esos pocos pelos de la cara —le contesté.

Trajeron entonces una bacina parienta del yelmo de Mambrino, y mi verdugo me la acomodó bajo la barba. Enseguida echó a nadar sus cinco dedos gruesos y rechonchos, que parecían unos sapos, por el líquido tibio, pero no perfumado, de la palangana, y en el cual flotaba un jabón de los más ordinarios.

Después de tomarle el pulso al agua y hacerse cargo de su buen temple, pescó el jabón y me jabonó la cara hasta la punta de la nariz, limpiándome luego los labios pulcramente con la punta de la toalla.

La rapadura comenzó, y a cada retirada de la navaja miraba yo de reojo a ver si tras ella no se iba algún jirón de epidermis. De tiempo en tiempo el rapador queriendo calmar la quemazón producida en la piel por su áspera navaja, me pasaba por la cara con bastante tosquedad la palma de su manita gruesa y rechoncha.

Tras esto me presentó la toalla; a continuación otra de hilo que venía de refresco, y, finalmente, sacó su pañuelo de la faltriquera. Acto continuo asaltaron mis narices todos los olores de una despensa, como si el barbero la llevara en el bolsillo. Era una mezcla de olor a queso, a leche vinagre, a pan, una atmósfera de alforjas, y allá por el fondo de todo un vestigio, una reminiscencia de agua de rosa desvanecida.

Mi verdugo se agitaba alrededor mío con aire solícito y benévolo: ya me abofeteaba con su manecita; ya me azotaba con la servilleta; ya finalmente me barría con el pañuelo de despensa envolviéndome en una atmósfera de menestra.

Pagué un dracma y salí. Y pues va de tipos, sigamos con el landlord del Hotel de la Corona. Se llamaba Georgios, Jorge, nombre que goza de favor entre los griegos modernos y era un hombre como de cincuenta años, alto, musculoso, un poco encorvado, de triste figura. Su aspecto interesaba a primera vista, por el abatimiento, los sufrimientos morales y las amarguras que parecía revelar, tanto que aun creí notar que padecía de alucinaciones.

Tal vez provenían todas sus rarezas del largo cautiverio que este infeliz había pasado en África, adonde fue llevado con su familia en tiempo de la guerra de la independencia helénica. De África pasó más tarde a Alemania en calidad de ayuda de cámara. Él mismo me contaba su novelesca historia con un tono uniforme de principio a fin, sin inmutarse ni aun al llegar a la plebeya etimología de su apellido de familia.

—Me llaman Papadsópulos (hijo de babuchas) —decía, porque mi padre comerciaba en babuchas. Papadsópulos, como la mayor parte de los fonderos o dragomanes griegos, hablaba con facilidad y claridad varias lenguas, así de oriente como de occidente; el árabe, el turco, el griego, el alemán, el italiano, el inglés y el francés; sin que él pareciera dar la menor importancia a este fenomenal poliglotismo.

Volviendo siempre a su tema favorito o más bien a su manía triste, que era el cautiverio en África, me decía una noche suspirando, sentados ambos a la puerta del Hotel, que caía a la Plaza del pueblo, nueva y flamante como todo lo de Atenas moderna:

—¡Ah! si yo hubiera querido quedarme entre los musulmanes y cambiar de religión, a la fecha sería Bajá como otro compañero mío; al paso que ahora, ya usted lo ve, no soy más que un pobre criado —y remachó la oración con otro gemido—. No dudo que el Bajalato frustrado; el Bajalato casi habido y por siempre perdido, era lo que constituía al mayordomo melancólico, abatido y alucinado.

¡El desconsuelo del corazón conduce a la manía!

Con todo, nuestro Babuchero, como todo hombre que ha nacido o vivido mucho tiempo en la esclavitud, tenía todos los funestos resabios que ese estado anormal imprime al carácter del mejor hombre. Así, entre los celajes serenos de su dulzura y timidez se veían cruzar a las veces, torvos y encapotados los nubarrones de la bellaquería, de la astucia, del disimulo, que fulguraban y relampagueaban siniestramente.

¡No sabe un pueblo el daño que hace a otro, con dominarlo y tiranizarlo por mucho tiempo!

Como la mayor parte de los fonderos, dragomanes y comerciantes del Oriente, maese Georgios tenía adoración por los ingleses. Cuando el vapor nos traía alguno de ellos, el taciturno landlord se transformaba, y su triste figura adquiría animación. Ya para él no existían más huéspedes en la casa. Se olvidaba de todos y de sí mismo, y aun del bajalato manqué. Olvidaba también por completo que hablaba varias lenguas, y solo se le oía expresarse en inglés, por más que uno le buscara la boca en otra lengua, inclusive la patria.

Yo dejaba de ser monsieur o Kyrie, como más familiarmente me llamaba en sus expansiones de los días solitarios, y solo era sir, gentleman.

El hijo de las babuchas comenzó por interesarme tanto, que a poco más lo hago el protagonista de una leyenda griega, que por entonces fraguaba en mi magín, porque mi vida en Grecia fue toda de sentimiento. Pero las flaquezas que posteriormente descubrí en el redimido cautivo, la degradación moral de maese Georgios (que es la de casi todo su pueblo) lo despoetizaron a mis ojos.

¿Qué deducir de aquí? Que el viajero poeta debe pasar por las ciudades como la abeja zumbando por las flores, sin detenerse mucho en ninguna hasta dar con el amargor; como el céfiro por las florestas, para no recoger sino perfumes; como el agua por las piedrecillas y conchuelas, sin asentarse tanto, que el turbio fondo comience a alborotarse y a dar de sí su cieno y sus impurezas. De este modo debe viajar el viajero poeta, sin exprimir, sans peser, sans rester, dejando al viajero filósofo, al anticuario, al crítico, el cargar sobre las cosas hasta desentrañarles sus más íntimas y amargas verdades.

¡Otro de mis tipos domésticos era Theodoritis, el que al almorzar me espantaba las moscas aplastándolas de un servilletazo en pleno mantel! Tal fue el ayuda de cámara que la suerte me deparó durante mi mansión en Atenas, en el Xenodogío tú stégmatos.

Theodoritis acababa de llegar en esos días de la microscópica isla de Cerígo (o Chérigo como él decía) su patria, y se iniciaba como fámulo en los misterios de la vida de hotel. Trasplantado repentinamente de su salvaje rincón al continente, a la capital de la Hélade o Grecia, el pobre diablo parecía exagerarse su pequeñez, y temblaba delante de los huéspedes del Hotel, como si en cada uno de sus pasos hubiera visto el amago de un puntapié.

Habría sido bueno amasarlo con un criado de Lima, de esos que se salen de una casa porque... ¡porque el señor les puso mala cara! ¡Vidrios venecianos, melindrosos y delicadísimos zoquetes, que creen, o mejor dicho, que pretenden ganar el pan de cada día sin tener que pasar por algo!

El mayor castigo y el mejor correctivo que se podía dar a una gran parte de los peruanos, sería quitarles el Perú.

La idea de ponerse a la altura de los demás sirvientes de la casa, amaestrados en el oficio, parecía preocupar al infeliz Theodoritis, quien por lo visto conocía la emulación. El tipo que más llamaba su atención era sin duda el de un mozo Magyar o por lo menos húngaro, tan corrido y tunante, cuanto el de Clérigo era bisoño. Rodando tierras había ido a parar a la de Atenas; mas como un pillastre de ese fuste necesitaba un escenario más vasto que la modesta corte del rey Othon, no tardó en desaparecer casi clandestinamente, dejando a medio desasnar al cerril poblador de Chérigo, no obstante su más que buena voluntad.

Quizá el novato doncel abandonado a sus solos impulsos habría producido algo bueno; pero el afán de representar un papel que no le cuadraba, le hacía incurrir en mil extravagancias.

A veces me figuraba ver en él la expresión viva de su isleta o islote: acaso la isla misma, que personificada en el buen Theodoritis, se paseaba por el Hotel, flotante como la antigua Délos.

Cuando salía de paseo Theodoritis (o Animalitis) era de vérsele. Echaba la cabeza atrás y caminaba erguido y con los párpados bajos como un hombre poseído de profundo respeto por sí mismo. Al verlo así me sonreía, lo que probablemente le lisonjeaba, acostumbrado a que en el Hotel lo mirara de reojo, tal era la antipatía que me inspiraba esta infeliz y extraña criatura; porque, aunque no feo, y más bien bonito, poseía una de esas figuras desgraciadas y desmanteladas que fastidian; y esos ojitos renegridos y redondos como los de un ratón; o como dos cuentas de azabache, y que al mirar con su negro de hollín, hincan como clavitos de fierro, rodando en una fisonomía de ente sobrenatural o aparecido.

Era de los que se miran en su sombra al andar, y uno de esos tipos fatídicos de hechicero de cuento, que espeluznan y predisponen a la epilepsia.

—¿Qué le parece a usted? —me dijo poco después de habérmelo presentado, maese Georgios.

—No me gusta —le respondí.

—Ni a mí tampoco —me replicó—; y tanto llegó a cargarme el pobre mozo, que sus pasos, su voz, su delgadita sombra, dibujada en la pared por las noches, sus espaldillas de aletas de ángel, todo me descomponía.

Capítulo XLVII
Ingleses en viaje. Mi letra de cambio y el señor Sculudi. Partida de Atenas. Mesina, el estrecho. Proyectos septentrionales. Llegada a Nápoles

Los ingleses en viaje son una curiosidad ya por sus extravagancias ya por su ingenuidad candorosa, ya por lo inflexible de su carácter y costumbres.

Lo primero que despunta en uno de ellos bajo el brazo es un libro colorado: El Murray hand book de que ya creemos haber hablado en capítulos anteriores y del que el viajero inglés jamás parece harto, consultándolo y hojeándolo sin cesar hasta en el medio del agua, en un baño marítimo, por ejemplo.

Para él no hay bella natura, ni cascada que golpea ni arroyuelo que serpentea, ni pajarillo que gorjea, ni árbol que menea; el must, es decir el debe, Murray, en mano, llegar hasta el fin de la tierra atravesando campos y ciudades a lo postillón. A este paso recorrería las llanuras del cielo sin detenerse un instante a no ser para echar un vistazo al dilecto Murray.

Parece que el inglés solo tratase de castigar el cuerpo; llegado al punto que va a ver pasar la vista rápidamente y ya solo piensa en la vuelta al home. Más lee en Murray que en la naturaleza, como aquellos aprendices de dibujo que con la vista fija en el modelo no reparan por donde va la mano.

La mayor parte de las excentricidades que los viajeros franceses achacan a los ingleses suelen ser ciertas. No hay duda que el inglés es generoso, honrado, leal; y lo que más se admira en él en viaje, es que es muy hombre en toda la extensión de la palabra y que compañero por compañero acaso sea preferible al gaulois.

Pero ¡qué caro hace pagar estas virtudes de hombre antiguo con sus extravagancias y falta de complacencia!

El que me acompañó a Kitisia en nuestra matinal excursión a caballo, después que le hube dado fiesta en cuanto quiso, me notificó que debía (I must) dar la vuelta a Atenas en el acto. Insistía yo porque esperara, y no tardé en verlo a veinte pasos de distancia yéndose solo y tarareando la copla andaluza que era su muletilla y que destrozaba un poco y hasta tres muchos:

> De Cádiz al Pueto
> ligero blinqué (brinqué)
> Po vete Po vete
> la punta del pie.

El must en boca de un gitano tiene toda la terrible energía de Mucio Scévola metiendo el puño en un brasero. Vano sería traducirlo por yo debo ge dois ni aun por el ich must alemán que materialmente lo calca; nada de eso está a la altura del terrible I must sordo mandato que le sale al inglés desde lo más recóndito de sus entrañas.

El mismo de quien hablo traía como precioso relicario unas taleguitas de monedas antiguas que había comprado en diversos puntos de la Siria. Al preguntarle cómo las obtuvo me contestaba que de los aldeanos y de los niños.

—¿Hay que buscarlos o ellos solicitan al extranjero? —le pregunté porque yo no recordaba haber tropezado con ninguno de tales ambulantes.

—Sí —me contestó con acento bíblico—; los niños venient á moi, mais quelques foá 'Jallai aux enfants moá'.

Pero el inglés más espiritual es el que se aprecia de polígloto.

Como el poliglotismo en el acento particularmente es poco menos que imposible para el inglés que hable este italiano o latín, siempre parece que está pronunciando su propio idioma.

Cuando una familia inglesa viaja, lo que se ve a cada paso suele ser la niña, la que lleva la palabra y la que se encarga de mostrar sus conocimientos en francés o en italiano. La familia recién llegada va rodando por las calles de la población extranjera hasta que descubre una librería en la cual se zambulle.

Los ingleses y más todavía las inglesas apenas llegan a un lugar desconocido en el que solo deben permanecer horas, corren a las librerías donde consumen la mitad del tiempo revolviendo libros y fotografías. La pasión por los libros y por la lectura aun en viaje hace muy recomendables a los ingleses.

Hallábame un día en la librería del señor Nadier cuando se presentó una de esas familias, la señorita avanzó impávida y resuelta hasta el mostrador y dijo al dependiente:

—Mostrami (muéstrame) le fotografie.

Obediente el bibliópola giró sobre sus talones y se dirigió a un cajón cuando oyó que gritaban:

—Nú nú —volvió inmediatamente creyendo que se trataba de rectificar el pedido.

—Nú nú —repetía la gringuita como continuando un monólogo mostratemi, mostratemi (mostradme).

—¡Ah! —dijo el librero, viendo que solo se trataba de corregir el tratamiento, mientras que la gringuita parecía desazonada a la idea de haber tuteado a un hombre.

Uno de nuestros contertulios en la agradable sobremesa del hotel Victoria en Nápoles era un noble caballero escocés. Tratándose de edades una noche fue preguntando la suya a cada uno de nosotros de los que, el mayor, quizás no tenía veinticinco; así como la del noble Sir parecía frisar con los treinta.

Satisfecho que lo hubimos le preguntamos la suya. El griego guardó silencio un momento; levantose, después dio unos cuantos pasos por el salón en medio de nuestra perplejidad y dirigiéndose por último a la puerta con aire misterioso abriola y desapareció diciéndonos con la malicia de un niño.

—Devinez-la!

Al día siguiente nos encontró por La Chiaja.

—¿O alles vu? —nos dijo en francés.

A retratarnos; ¿quiere usted venir con nosotros?

—Je n'aime pas les carricaturri.

Gruñó el tenebroso hijo de Albión. Y se alejó reconcentrado y solemne. ¿Cuáles son las caricaturas? nos preguntamos; ¿nosotros, él o la fotografía misma?

—Devinez-le!

El 10 de julio de 1862 me acostaba yo en Atenas sin saber todavía si el vapor que acababa de llegar al Pireo traería o no la solución a la dificultad que principalmente contribuyó a mi larga permanencia en la capital de Grecia.

Habíamos mandado aceptar a Londres una letra sobre esa plaza a mi favor de cuyos fondos necesitaba yo para continuar mi viaje; en la pequeña plaza comercial de Atenas nadie podía presentarse a descontarme una letra girada en España por un desconocido y a favor de otro tal, que era el portador. Y en eso que en una de las muchas casas que me presenté fue la del Cónsul de Francia M. Boulanger, donde después del previo examen del documento oí de labios del mismo cónsul esta agradable contestación.

—Le letra es buena y conozco el nombre de usted.

—¿Eh... —dije para mí—, este hombre sueña?

—Yo he estado en el Perú hace muchos años, cuando usted sería un niño, su abuelo de usted dirigía el despacho de Relaciones Exteriores...

—Mi tío, mi tío —dije cayendo fácilmente en la cuenta.

A pesar de esto, nadie podía arriesgarse a descontar una letra no aceptada cuando en la mañana del 12, muy temprano, tocaban a mi puerta y me anunciaban de parte del señor Sculudi que tenía para mí una buena carta.

Dirigime a ese banquero el cual, mejorado ya sin duda del concepto que tal vez se formó de mí en un principio, se despepitaba en excusas por no haberme adelantado el dinero.

—¿Oh —me decía—; yo siempre vi que era usted un gentleman y verlo sufrir ca me touchait le ker (te coeur) que él pronunciaba con tamaña boca abierta.

—La letra ha sido aceptada, aceptada no más; pero... yo voy a pagársela a usted inmediatamente.

Me acompañó hasta la puerta abrumándome con sus demostraciones y nos despedimos rogándole yo, antes, que me dirigiera a Nápoles Poste restante, las cartas que pudiera traerme el siguiente paquete.

Esta misma dirección dejé en la estafeta de la ciudad.

En la puerta del hotel volví hallar al buen Sculudi que me había tomado la delantera para informarse solícito de mi futura dirección precisa. Sin duda el buen hombre tenía todavía sus temores sobre el pago de la letra en Londres.

—Poste Restante, posta ferma, Nápoles —le volví a decir, y a las diez y media de la mañana me hallaba en el embarcadero del Pireo y algunos instantes después a bordo del «Neva», que alzó sus anclas a las cuatro de la tarde, aunque la partida estaba anunciada para las once de la mañana.

Al día siguiente a eso de mediodía perdimos de vista tierra y nos hallamos en alta mar, en el Adriático o poco menos. El Neva como todos los vapores de las Mensajerías imperiales era de hélice, lo que, según parece, influye desfavorablemente en el movimiento. Todo el tiempo que navegué por el Mediterráneo tuve buen tiempo, lo que no obstó para que hubiera mucho balance cuando iba en vapor francés, así como en los del Llod austriaco el movimiento era insignificante.

Agrada por otra parte ver un vapor con sus dos hermosas ruedas, como gusta ver un hombre con su par de piernas o brazos, porque la costumbre es un placer.

En los vapores de las Mensajerías francesas, que hacían el servicio del Mediterráneo, la comida no pasaba de muy mediocre y el servicio era mezquino, dándonos el té y el café en los mismos pocillos, con lo que el glotón bebe menos té, y el poeta y el artista deploran que esta porción pierde su color local (¿?) servido en una jícara que no es la que le pertenece. En los vapores austriacos la mesa era incomparablemente mejor, así por la sazón, como por la abundancia de los platos.

En la mañana del 13 de julio veíamos a nuestra derecha un continente largo que se prolongaba hasta perderse de vista, y a nuestra izquierda una como isla embozada en su niebla por sobre la cual despuntaba una cima nevada: eran el Etna y la Sicilia, y el continente que a la derecha se dibujaba, era la Calabria. La proa del vapor apuntaba a la boca del estrecho de Mesina al que no tardaríamos en entrar.

Desde las diez de la mañana llevábamos la costa a nuestra derecha e íbamos gozando de la espléndida vegetación de los incendiados campos Elgreos. Avistamos la primera población, Melito; a la izquierda, nada; al frente de nuestra proa, la Sicilia, que parecía continuar la punta de la Calabria que íbamos a doblar para deslizarnos en el famoso estrecho, embellecido por las tradiciones clásicas de Scila y Caribdis, y por las fantasías modernas de la Fata Morgana.

A medida que nos aproximábamos a la boca, se iba levantando un viento terrible, y por el mar rizado se esparcían los innumerables copitos de espuma, que los franceses llaman moutons y los marinos españoles, palomitas. No obstante la agitación del mar, el movimiento del vapor era suave.

A la una del día llegamos a Mesina, cuyo puerto, naturalmente, cerrado, debe ofrecer a las naves un fondeadero seguro.

¡Qué animación! ¡qué ruido! Heme por fin en otro mundo, complacido, más que en nada, en la abundancia de mujeres, que me parece mayor por venir de Oriente, en donde, como lo habrán notado mis lectores, son fruta rara.

Aunque el Hotel Victoria era el primero de la ciudad, no aventajaba mucho en lo del Paseo al de Trinacria, en que me hospedé la vez pasada cuando empezaba mi vuelta por el Oriente que ahora terminaba.

En la mesa nos sirvieron a los postres algunos higos tan hermosos como los de Atenas; pero más dulces, y también esas peritas mezquinas, viles, que yo creía únicas de Lima, por no haberlas visto nunca, en Europa, donde no reina otra pera que la enorme, oblonga y prolongada que también es común en Chile.

La ciudad estaba de gala y de fiesta con motivo de la residencia accidental de dos hijos del rey Víctor Manuel. No tanto por esto cuanto por haberme acostumbrado quizá a las silenciosas poblaciones de Oriente, el ruido de Mesina me pareció ensordecedor.

Una de las cosas que me llamó la atención al recorrer las calles fue ver en las esquinas hombres del pueblo asando mazorcas de maíz en braseros; mazorcas que vendían a los transeúntes pobres, los cuales parecían comerlos con mucho gusto, como los rotos de Chile el mole o maíz cocido que también se les vende en las calles servido en platitos.

Delante de la Catedral se eleva una gran fuente de mármol con bajorrelieves muy curiosos, representando escenas mitológicas o legendarias; como unos soldados que descubren a Rómulo y Remo mamando de la loba; Narciso mirándose en una fuente; Acteón convertido en ciervo; todo con su respectiva inscripción latina.

Aquí me pidieron limosna casi en los mismos términos que los árabes del Cairo, diciéndome poveretta mezquina. En la ciudad del Nilo la fórmula era: Mesquí, jagüa (el pobre, señor).

El 14 de julio, a mediodía, me hallaba nuevamente embarcado a bordo de otro vapor de las Mensajerías francesas, el Aunis, en que ya había navegado dos veces por la costa de Italia.

Las puertas de los camarotes estaban lindamente decoradas con preciosas pinturas; aunque no revelaban en el artista, un gran conocimiento del corazón humano. El hombre se muere por los contrastes, y quiere ver marinas en la sala de un alquería o chacra, y paisajes rústicos, boyadas y vacadas en las pinturas de un barco. Chateaubriand cuenta en no sé cuál de sus obras el embeleso con que se oía a bordo el canto de un gallo.

Nada de esto tuvo presente el decorador de la cámara del Aurius.

Al pasar el estrecho de Sicilia o de Mesina, vénse, ya a la izquierda, ya a la derecha, en ambas riberas, considerables lechos de torrentes secos, que desde el interior de las montañas vienen a terminar en la misma orilla del mar, presentando el aspecto de grandes calzadas o caminos reales.

Estuvimos entre Scila y Caribdis... el segundo de ellos se ha convertido en el Cabo Faro, y ofrece a la vista del navegante una superficie arenosa y sosegada, no en consonancia con su terrible fama en la antigüedad.

Capítulo XLVIII

Nápoles. El Museo. La fosforescencia del mar. Los compañeros de viaje. Los vegetales. El calor. El confortable. El remojo y la botiglia. Los hoteles. El clima. Tardes napolitanas

Acto continuo dirigí mis pasos al Hotel Victoria, en el que naturalmente no encontré uno solo de los amables viajeros que tan grata me hicieron mi primera residencia en el mes de enero anterior, inclusive el escocés aquel de las adivinanzas; ni nada que de ellos me hablara, salvo los mudos sitios en que los había visto. La gente del Hotel los ha olvidado: y nadie podrá decirme dónde fueron ni cuándo volverán, como si se tratara de personas muertas.

Es indudable que la vida nos adelanta la muerte.

La tristeza se apoderó de mi ánimo pero de un modo tan indeterminado, que no la habría descubierto si ella misma no se hubiera revelado por medio de involuntarios suspiros. Un golpe recio y brusco, decisivo como una congestión cerebral, es preferible a esta vaga tristeza, a esta dolencia sin exteriores, a esta gangrena sorda que se llama melancolía.

Nápoles continuaba, no obstante ejerciendo un gran imperio en mis sentidos con los mismos objetos que me habían fascinado en mi primera visita.

Veía otra vez el Museo y el grupo de Orestes y Electra, cuyo arte, desnudo y sencillo, despojado de todo atavío llama la atención, aun del más distraído, con un agradable sabor de los tiempos primitivos. El pequeño Baco, joven, de bronce que acababan de desenterrar, y que estaba lleno de una gracia femenina. Su traje se reducía a la simple nébrida o piel de pantera abrochada al hombro, y a unas sandalias por el estilo de las que ponen a Diana. Un cacciatore (cazador) de mármol, de tamaño casi natural, vestido de una camisa espesa atada a la cintura por una cuerda de las que penden las palomas atadas por las patas. En el hombro izquierdo lleva una liebre con los dos brazos fuertemente ligados por una cuerda, que por su otra extremidad va envuelta en la mano del cazador. En la derecha se le ve un cuchillo, en la cabeza un sombrerillo, y la expresión de su rostro es la de un rústico.

¿Qué comentarios más prácticos ni mejores de los autores clásicos? Estatua de un guerrero, Pirro, parecido a un Pirro o Marte que está situado a la entrada del Museo del Capitolio en Roma. Al frente veíase un guerrero muerto tendido de espaldas, buena expresión. El Gladiador moribundo, herido de muerte, se paraliza y titubea con una expresión admirable. Dos heridas presenta, una sobre el corazón y otra al lado opuesto, y por ambas chorrea la sangre paralelamente.

Una Venus con el pie apoyado sobre un casco, vestida de la cintura abajo y pareciendo dar órdenes al Amor que está delante de ella. (Traída de Capua.)

Del arte griego más remoto podía hallarse en el Museo, desde luego el grupo de Orestes y Electra de que ya he hablado, una Minerva de tamaño natural pareciendo blandir su lanzón, y un Hermes de Baco indiano, cuyos cabellos y barbas caen en bucles ensortijados. Todas éstas estatuas se siguen unas a otras.

En otra sala destacábase una estatuita de Diana con el carcaj; pero sin el arco y demás atributos, y la cabeza ceñida por una especie de corona sideral. La expresión del rostro, ingenua hasta no más. La de las otras estatuas que dejo descritas difiere también mucho de la que los escultores adoptaron y estilaron más tarde, así es que no puede negar su alta antigüedad.

En la sala que sigue a la de Hombres Ilustres hay dos cabezas de Juno, la una, griega, con su venda alrededor de la cabeza, es una belleza purísima la otra, romana lleva una diadema y es de una belleza vulgar. Al entrar a la sala del Torso de Psiquis se admira sobre la puerta unos arabescos de mármol, del edificio de Ehmachia en Pompeya; arabescos deliciosos, compuestos de hojas, racimos, piñas (de pino) y entre el conjunto pajaritos, liebres, lagartos, cangrejos, etc.

Los bodegones de nuestros modernos comedores no alcanzan a reproducir la exquisita ingenuidad de éstos caprichos del arte grecolatino. La Minerva de Herculano, en la Galería de los Musas, es idéntica a la del Partenón. La Galería de Adonis debería llamarse de las Musas, porque en ella se cuentan muchas.

Allí estaba la Venus Anadiomena, pequeñita y enjugando y exprimiendo su cabello a dos manos; La Venus Marina, apoyada en un Delfín, con tanta fiereza como Nelson sobre un ancla; otra Venus agazapada, es menos bonita que la del Vaticano en igual postura, y tiene detrás de ella un Amorcito muy gracioso, que mostrándole una flecha parece consultarla. Otra se descalza con dejadez, otra sostiene un frasco de esencias en la mano izquierda, mientras Cupido presenta en las suyas la concha del nacimiento materno. Una nueva Venus ostentaba a sus pies un Cupido, entretenido en atormentar a una paloma: casi todas ellas en la misma postura, teniendo al pie, ya la urna con el paño encima cayendo en mil pliegues; ya un Amor o un Delfín y las manos en púdica y graciosa actitud convencional.

Finalmente, la última Venus debería llamarse «Venus saliendo del hospital»; tal es su aire.

Entre los bajorrelieves hay un cazador descansando, en pie, apoyado en un largo palo, el lebrel al lado, y un frasquito suspendido del puño de la mano. El estilo es igualmente antiguo, y provenía de Asia Menor, tanto que en expresión era Minivítica.

Embriagado con mis impresiones del Museo subía por las tardes a la cuesta de Pausilipe, y al regresar de noche me entretenía viendo las barcas de los pescadores deslizarse por la bahía inferior ceñidas todas ellas en la base por un cinturón de luz, por una aureola argentada que se hacía y se deshacía con la fugacidad del relámpago; era la fosforescencia, no menos, y acaso más frecuente en estos mares que en los nuestros.

«¿Dónde hallar un compañero?» me preguntaba como tantas veces, en esas y otras excursiones. Las casas de posada, o estaban vacías o estaban pobladas a lo sumo de commis voyageurs, cuya vulgar catadura supongo ya bien fotografiada en la mente de mis lectores con lo que dejo dicho capítulo atrás. Para el ente que viaja comisionado por su principal, no hay interés en bellas artes, ni en naturaleza, ni aun en estudio de costumbres; no comprende a que se puede ir a una selva solitaria, a una gruta, a la playa, a una montaña o al Museo: los únicos lugares a que voluntariamente sigue al viajero, es el paseo público, la calle principal o el teatro.

Si mis compañeros vivos y humanos faltaban del cuadro, los vegetales encanto de la vista, radicados siempre, estaban allí mismo donde los había dejado, recordándome, además, los que acababan de ser mi embeleso en los lugares del Oriente. Allí surgían lo mismo que en Atenas, los aloes, los plátanos, los dafni o laurel rosa o adelfa y hasta las palmeras. El calor de julio en Nápoles era quizá menos fuerte que en Atenas, más como no corría brisa, ni aun por las tardes, le parecía a uno que se ahogaba. El confort de los hoteles, cafés y demás lugares públicos no es tan perfecto en la península como en París y otras grandes ciudades europeas.

Reina, sí, para todo el abuso de las propinas forzosas, que en Francia llaman pourboires, en Egipto bagshih, entre la plebe de Lima el remojo y en Italia botiglia que es como si dijéramos el continente del pourboire y del remojo y que prueba que el buen italiano pide el todo, mientras que en otras partes solo se pide la parte. También se dice mancia.

El cicerone que se me presentó a bordo el día de mi llegada —muy bien puesto— proponiéndome llevarme al Hotel Victoria y que en el camino me hizo pagar todo más caro, como acostumbra esta gente, acabó por decirme que era mi acompañante y que esperaba su botella.

Un mocito me trajo al hotel una ropa que había dejado separada en una sastrería. Como era un joven bien vestido y lleno de buenas maneras, le ofrecí asiento y le pagué, y entonces me dijo con un aire lleno de gracia: Un café per mé.

La vida en Nápoles no es cara, pudiéndose comer muy barato en las trattorie nacionales, con vino de Capri que es excelente, y cuya media botella cuesta quince granos, casi tanto como la de Macon en París. El Napoleón de oro (pieza de cuatro fuertes) vale 47 carlinos, y el carlino diez granos; veintitrés granos y medio hacen un franco.

Los hoteles en Nápoles son más baratos en verano que en invierno, y los de sus alrededores viceversa, por la muy obvia razón de que en invierno afluye mucha gente delicada o tísica a invernar a Nápoles, cuyo clima es benigno (para europeos); y en verano la ardiente hija del Vesubio es inhabitable, mientras se ponen deliciosamente atractivos sus veraniegos sitios de Castellamare, Sorrento, etc.

El clima, no obstante su fama, para un hijo de Lima es algo maluco, pues en invierno hay bastante frío para tiritar, con lluvia casi diaria, y en verano el Sol es abrumador. Por las tardes, busca en vano el que viene de Atenas esas espléndidas puestas de Sol de que acaba de disfrutar en la ciudad de Minerva en donde son cosa corriente. En Nápoles el horizonte permanecía envuelto en vapores como en pleno invierno o como si el Sol hubiera desaparecido muchas horas antes. A esto había que agregar en las horas del sueño los mosquitos (nuestros zancudos) que atormentaban bastante.

Capítulo XLIX
Alrededores de Nápoles. Pompeya. Dos tunecinos. El descubridor de mosaicos. Castellamare. El hombrecito del Hotel. El camino de Sorrento. Luciérnagas y cigarras. Artistas napolitanos. Los borriqueros

Una mañana a las nueve salí para Pompeya, y a las diez menos diez bajaba en las ruinas acompañado de dos tunecinos, a quienes había conocido a bordo. El uno era el General Jasín, y el que lo acompañaba, un joven como de mi edad, que hablaba bien italiano y francés, y vestía a la europea, lo mismo que el General, quien no conservaba más del traje de los suyos, que el amplio y característico gorro encarnado con su gran borla azul, que es lo último de que se desprenden los musulmanes (como de la trenza los chinos entre nosotros) al europeizarse en su vestido, adoptando desde el botín de preville hasta la ajustada levita negra.

Entramos, como de costumbre al llegar a Pompeya, por la Puerta de la Marina, y sucesivamente fuimos viendo la Basílica con la adjunta prisión subterránea, el templo de Venus y el Foro civil donde se encuentra el templete de Mercurio, que hace hoy veces de Museo, y contiene bajorrelieves y estatuitas —tan frescas y bien conservadas estas últimas que parecen del día.

Vimos igualmente el templo de Isis, el teatro, poco menos que a escape, porque mis compañeros debían estar de vuelta en Nápoles por la una del día. La prisa no me importaba mucho a mí, porque en mi anterior residencia había hecho más de una visita a Pompeya y la exhumada ciudad me era familiar.

Visité una nueva casa recientemente descubierta, y quedé sorprendido del brillo de los pisos tanto tiempo enterrados. Otra la desenterraban en esos momentos mismos, y al presenciar la operación vi que en efecto Pompeya se encuentra bajo tres capas diversas de tierra: una de piedrecitas o piedra pómez, otra de ceniza, y la última de tierra vegetal, que en concepto de unos no es más que ceniza descompuesta.

Al llegar a la Puerta de Herculano se divisa, lo mismo que en otras partes de Pompeya, la gloriosa campiña de Nápoles, extendiéndose a la extremidad de la calle solitaria y abandonada. ¡Cuadro patético, formado por el exceso de la vida junto al exceso de la muerte!

Desde el tren había venido ya admirando esos fértiles campos, cuya vegetación trepa hasta el Vesubio, que presenta sus faldas como entapizadas de terciopelo verde, de tal modo es suave y lustroso el césped que las cubre.

El establecimiento de baños en Pompeya, como otros muchos edificios, no revela absolutamente los dieciocho siglos que pesan sobre él, y está mucho más fresco y agradable, que el mejor local de baños de la actual Constantinopla; locales llamados jaimán en turco y lutrá en griego moderno.

Es por lo mismo risible encontrar y en algunas de las casas mejor conservadas a un oficioso individuo que se presenta a lavar o barrer los mosaicos que él mismo acaba de empolvar ex profeso, con el objeto de venderle la fineza al visitante y sacarle algunos sueldos por su trabajo imaginario.

Este hombre me recordaba a esos críticos oficiosos que se empeñaban en hacer resaltar bellezas y malicias literarias que uno puede ver sin ellos, o en esclarecer pasajes clásicos que no tienen más oscuridad, que la que su pedantería les presta.

El establecimiento de baños es una gran sala en cuyo fondo se abre otra en forma octogonal con su gran estanque en el centro, y alrededor del cual hay practicados en la pared nichos como los de nuestros altares y en los que podría caber una persona de pie.

Sigue otra sala, en cuyo fondo se ve un enorme brasero de bronce para calentar a los friolentos después del baño. Alrededor del muro, nichitos sostenidos por pequeños atlas a guisa de columnitas, en los cuales descansaban los tarros, frascos y botes de ungüentos y esencias, vasijas que debían ser tan grandes, como las que hoy exponen por gala los farmacéuticos en sus vidrieras.

Al llegar a Castellamare me encaminé al Hotel Real —y allí se me pidió ocho carlinos diarios tan solo por el cuarto no como quería, sino colindante con la región etérea— y cuyo aire-luz y vista estaban impedidos por una llamada azotea que tapaba sus ventanas. Pero por lo menos en ese asiento veraniego había lo que faltaba en Nápoles, aire puro y respirable. Delante de mí se levantaban altas y perpendiculares montañas cubiertas de bosque. Era el monte San Ángelo, de tres picos de los que alcanzaba a ver dos, con una montaña que le sirve como de peldaño y escabel.

El San Ángelo se extiende a la izquierda de la población y va hasta el mar, en donde forma el Cabo Campanella, que había doblado ya pocos días antes para entrar a la bahía de Nápoles.

Esta ciudad no difunde por sus alrededores veraniegos toda la comodidad que otras capitales —y aunque son sitios tan concurridos y, de moda, dejan bastante que desear.

En Castellamare entré al hotel por la tarde con intención de comer, el portero me hizo varias objeciones y por último como quien declina toda responsabilidad, llamó a un hombrecillo que andaba por allí, pálido y sepultados sus ojos en unos anteojos azules cercados de red de alambre, a prueba de Sol y polvo, como para que se entendiera conmigo.

El hombrecillo llevó la mano a la altura de su gorra, yo lo hice a la de mi sombrero y previo este recíproco saludo, empezamos en estos términos:

—¿Encargó usted su comida esta mañana?

—¡Hombre... no!

—¿Por qué?

—Porque... no había llegado a Castellamare.

—Entonces no hay caso, a menos que quiera usted esperar tres cuartos de hora.
—Pero ¿no hay aquí un Restaurant?
—Estamos en un hotel, caballero.
—Sí, ya lo veo; hay cuartos y camas pero bien podría haber un Restaurant anexo.
—No señor, estamos en un Gran Hotel, en un hotel enteramente coinm' faut.
—Por lo mismo y me acuerdo que del Archiduque Carlos en Viena...
—Estamos en un hotel, caballero, me volvió a decir el hombre pálido, que era demasiado impertinente para su oficio.
—¿Y mesa redonda?
—Hay, pero no hay gente.
Me sonreí y el hombrecillo replicó amostazado.
—Tenemos grandes familias, muy grandes... aun familias reales.
—¿Y a mí qué me importa?
—Es que esas familias comen en su cuarto, y no se dignan bajar a la mesa redonda, no se dignan.

No hallando cómo entenderme con el hombrecillo del Hotel de Castellamare —partí para Sorrento sin comer, y atenido a la taza de café que había tomado a las ocho de la mañana.

Quise por lo menos apuntalarme con un vaso de cerveza y se me contestó lo que en todos los lugares que llevan una vida artificial y se abastecen cotidianamente de algún gran centro más o menos inmediato; todavía no ha llegado de Nápoles.

Pensé en Neptuno y tomé un baño de mar, siendo muy halagado por el mozo que me sirvió, el cual no hablaba dos palabras sin llamarme la sua eccelenza: tratamiento que repitieron más tarde el cochero y el batelero que me llevó a la isla de Capri. Con estas dulces lisonjas y suaves modos se deja uno explotar en Italia más gustosamente que en cualquier otra parte.

Una parte del camino que seguí se asemejaba levemente al que conduce de Therápia a Buyuk-Deré en las orillas de Bósforo, y el resto me hizo recordar la Huerta de Valencia, o más bien el camino de Valencia al Grau. Llevaba a mi izquierda la montaña, que se presentaba algunas veces desnuda y cortada a pico como una cantera, y a la derecha y a mis pies, el mar. El camino es elevado sobre la costa, y la base del barranco está calzada de vegetación, encontrándose, no barrancos áridos y feos como los de nuestra costa, sino poblados de bosque —y a cuya extremidad se veía relucir el mar.

Uno de ellos se prolonga tanto hacia el interior, que corta el camino y ha habido que echar sobre él un viaducto de dos órdenes de arcos. El olivo, la higuera y algunas acacias prosperan a la derecha del viajero. Pasado el Vico Equense viene el pueblecito de Meta, que se reúne con Sorrento por medio de los de Carrosi y Santa Aguese. A partir de Meta entramos en la Huerta, por decirlo así, y se presentaban en abundancia los naranjos y limoneros, corriendo el camino encajonado entre dos altos muros que encierran vastas huertas. Venían bien aquí los versos de Lamartine:

> Dans la plage sonore on' la mer de Sorrente
> déronle ses flots bleus an pied de l' oranger.

Estos versos que nuestros poetas recitarán embelesados, creyéndolos del más puro lirismo, son tan exactos como la pintura material de un pintor. Fuera bueno que los nuestros tuvieran siempre presente lo de Platón: lo bello no es sino el esplendor de la verdad.

Llegué, y como el Hotel de Rispoli estaba lleno, me dirigieron al de la Campania, que era una especie de granja grande donde se quedaron estupefactos cuando pedí de comer.

Subí a Capo di Monti que no era una curia como yo esperaba, sino una vía carretera, un paso que faldea la montaña. Pasé por la Punta de Massa, llamada así porque conduce al pueblo de este nombre —y en todo el camino pude respirar a pulmón tendido el aire— que más puro y más limpio que en Nápoles, donde me ahogaba, circulaba por esos gratos contornos.

Por la noche, el fresco era casi frescor por lo que me produjo una impresión deliciosa. La noche, además, estaba animada con las vísperas de la fiesta que caía al día siguiente, y que era la de la Madonna del Carmen, motivo con el cual el pueblo andaba regocijado.

Al bajar de Capodimonte, como para que mis recuerdos de la campiña de Constantinopla recibieran un nuevo y vivo toque, vi de improviso relucir entre la hierba un punto luminoso, eran las luciérnagas que había visto en la Selva de Belgrado, los lucíferos insectos llamados moscas de fuego en inglés, gusano luciente en francés, candelilla, cocuyo y de otros modos de Hispanoamérica y finalmente, en italiano, lengua que dora y poetiza y realza con nombres más o menos hermosos todo objeto que lo merece, en italiano se llama fuego muerto, como denominan poma de oro al tomate y frutas de mar al marisco.

Este nombre de tomate, de tan bárbaro y áspero origen (del mexicano tomatl), pasa a Europa, y mientras en España se limita a suavizarse, tomate, en Inglaterra, Italia y Alemania se embellece convirtiéndose en manzana de oro, en manzana de amor (love apple). Nadie es profeta en su tierra.

Si el tomate es la poma del amor y poma de oro, debemos deducir que ésta fue la manzana que Paris adjudicó a Venus, puesto que se la entregó por amor, prefiriéndola a Minerva y Juno, que no podían inspirarle tal sentimiento.

Al colocar aún el cocuyo en los campos napolitanos, parece que la naturaleza en ese suelo privilegiado no hubiera querido olvidar ni la más mínima de sus maravillas.

Oía asimismo cantar o más bien chirriar a las cigarras, que bien podían llamarse las ranas de los árboles, por la semejanza que su discordante algarabía tiene con la del palustre habitante. ¿Cómo es que los poetas griegos antiguos hablan siempre con deleite del dulce canto de este bicho? Homero, Anacreón, Teócrito, Eupolis, la Antología, todos lo celebran. Virgilio pensaba de otro modo.

Un poeta alemán moderno, va más lejos y canta a su grillito, pidiéndole como último favor, que cuando muera, le vaya a cantar a su sepulcro.

Los italianos, con referencia a sus mayores, se hallan sin género de duda muchísimo menos degenerados que los griegos actuales comparados con los antiguos helenos. En Nápoles todo el mundo es artista, como sucedía en lo antiguo cuando esto era la Gran Grecia, y manifiestan su tendencia y su disposición artística en el material y bajo la forma que pueden.

El manzano, el nogal y otros árboles, suministran a los sorrentinos dóciles maderas para ejercitar su fantasía; y labran y esculpen con exquisito primor, relojerías atriles, tarjeteros, plegaderas para cortar papel, y finalmente cajitas sobre cuya tapa dibujan en mosaico, reuniendo mínimas astillas de todas sus maderas, no solo labores de mil clases, sino hasta tipos locales y escenas campestres con singular propiedad y perfección.

En Sorrento, lo mismo que en Mesina, el asno es una cabalgadura tan corriente y tan noble, como en Egipto, y como lo fue hasta hace pocos años en nuestro pueblo de Chorrillos. Los borricos circulan seguidos de sus niños borriqueros como en las márgenes del Nilo. El ¡arre! de los chicos napolitanos es un grito seco producido exclusivamente por el paladar, sin el auxilio de la lengua o labios, el del egipcio es más expresivo, y parece que revelara cierto rencor y cierta ojeriza como quien se dirige a un antiguo enemigo. Finalmente, los damasquinos emiten un ruido como si fueran a expectorar. Recomiendo a los etnógrafos estas débiles observaciones.

Capítulo L
La gruta azul. Un baño de mar en Capri. Corales. Enfermedades en Sorrento. Elogio de Nápoles

El 20 de julio de 1862 a eso de las diez de la mañana, tomé una barca de cuatro remos, que me costó dos piastras (cosa de dos duros) sin la mancia o propina adicional a todo gasto europeo, y salí a visitar la isla de Capri, célebre por su Gruta Azul y por los recuerdos de Tiberio. El mar estaba agitado y tanto a la ida como a la vuelta, pagué tributo al marco. A poco de haber salido del puerto, doblamos raspándolo casi, el cabo Sorrento, donde se me mostró las ruinas harto desfiguradas, de lo que según parece fue templo en honor de Hércules. Vese una muralla con grandes nichos abiertos en ella, y cuya construcción tiene analogía con la gruta de Soyano y con ciertos edificios de Pompeya, porque todo esto parece hecho de ladrillitos.

Más tarde vimos al cabo Massa, y tras él, el pueblo de igual nombre, y como a las doce y media del día, estábamos delante de la entrada de la famosa y maravillosa Gruta Azul. Allí nos esperaba un pequeñísimo batel, venido expresamente de Capri, para introducirnos en ese lindo tabernáculo de Neptuno. La gruta se encuentra debajo de la isla, y casi en su extremidad, por la que hay que bogar a lo largo de ella para llegar hasta la entrada del misterioso retrete. La isla presenta tres cumbres o picos respectivamente coronados, el que mira al cabo Campanella, por una capillita que indica el sitio donde fue el palacio de Tiberio, el del centro, por el pueblo de Capri, a cuyo pie se extiende lo que los italianos llaman la Marina, y finalmente el tercero por Anacaprí, cuya juventud femenina, según me dijo un comedido personaje que encontré en la Marina, no reconoce igual por la belleza.

Desde mucho antes de llegar a la gruta, el agua comienza a teñirse notablemente de azul, y al retirarse en el reflujo, y dejar descubiertas las rocas, aparecen erizadas... no hay que asustarse de trozos de coral, cuyo color rojo resplandece. Vense asimismo unas ruinas de los baños de Tiberio, que también se asemejan a las del templo de Hércules, de que he hablado más arriba.

Delante de la Gruta las rocas no permiten desembarcar, ni menos la hondura del mar, y hay que trasbordarse al pequeño batel, y una vez en él, esperar el momento favorable para deslizarse en el antro. Así lo hicimos, y llegada la ocasión, agachámonos, deslizose la embarcación como un pez y en un abrir y cerrar de ojos pudimos volver a enderezarnos y hallarnos en el centro de una vasta rotonda, en donde el agua sosegada, sin orillas, y con bastante profundidad, tenía un color enteramente de añil, que la bóveda natural, reflejaba con cierta opacidad. Al fondo de esta caverna, donde la luz es poca, el tinte del agua no es tan hermoso; así como vista desde allí la parte inmediata a la entrada, aparece más luminosa todavía. El muchacho que nos conducía se echó al agua, y acto continuo lo vimos envolverse en un color fosfórico, que no nos dejó dudar que nos hallábamos en una gruta positivamente azul. Volví a la Marina, y di por ella algunos pasos buscando un establecimiento balneario. Cuando me convencí de que no había, me determiné a tomar un baño al raso, muy parecido al que tomé desde mi bote en la isla de Egina en Grecia, y de que ya he hablado.

Me situé pintorescamente en el centro de las rocas, acompañado del oficioso personaje a quien ya he aludido y el cual tras servirme de guía, hizo aquí hasta de ayuda de cámara, porque me desnudó y al salir del agua enjugome y vistiome.

Italia es el mejor país para darse aires de príncipe a poca costa, yo dejaba hacer a mi hombre, el cual cuando hubo concluido de vestirme, se echó a recogerme por la playa pedacitos de coral mezclados con la arena.

Los napolitanos rodean al viajero de tales atenciones, que si lo roban están en su derecho y no solamente no es posible quejarse, pero ni echarlo de ver porque ellos no dan tiempo como aquellos vampiros de la tradición, que mientras le chupan la cara al durmiente, lo ventean con el batimiento de sus alas y lo refrescan con un aire deletéreo.

Poco después, diversas muchachas, algunas en la flor de la edad, me rodeaban, acariciándome casi, y presentándome piedrecitas de lindos colores, fragmentos de coral, conchas coloradas, y hubo una que, tomando familiarmente la cadena de mi reloj se puso a jugar con ella, exclamando con ese acento ingenuo que tanto me agradaba de la gente de Nápoles: ¡Qué bonito!

En dos horas volví a Sorrento, y como de costumbre a la postre de todas mis excursiones me pregunté si estaba satisfecho, y como de costumbre lamenté mi vacío y mi soledad. Por todas partes sembraba lamentos.

Sorrento es verdaderamente bonito: sus hoteles de Rispoli y de la Sirena parecen unas grandes granjas, como ya he dicho, porque encierran en su recinto más que jardines, huertas plantadas de olivos, albaricoques y otros árboles frutales: pajareras, establos de vacas. En el de Rispoli creía divisar hasta una panadería.

Por la noche tuvimos fuegos artificiales de que gocé desde la azotea de Rispoli, entre viajeros y viajeras que me eran desconocidos, lo que no debió llamar mi atención, acostumbrado como estaba a mi papel de ignotus.

Las ventanas del Hotel de la Sirena caían casi a pico al mar, y podía verse sumergido bajo el agua un arco antiguo griego según mi cicerone y restos de los fundamentos de un templo de Neptuno.

Sorprendido por la fiebre, tuve que permanecer dos días en Sorrento en cama. Sin duda cogí la enfermedad en la excursión que a todo Sol hice en bote por la bahía al ir a visitar Capri y la Gruta Azul. El doctor Sangredo que estuvo a verme quería a todo trance sangrarme a lo que yo me opuse, porque jamás me habían hecho esta operación. Entonces me recetó naranjadas a pasto, con lo que sané en tres días, ni más ni menos como en Madrid, idéntica enfermedad, idéntica causa, siendo éstas las dos únicas enfermedades que pasé en todo mi largo viaje. Una vez restablecido, me faltó el valor para seguir más lejos en la excursión que traía proyectada, y di la vuelta a Nápoles. Tuve que arrepentirme, porque en el campo se estaba mejor, disfrutando de un aire más fresco y mucho más puro, sin mosquitos y casi moscas, y con un cuarto mucho más confortable.

Los del Hotel de Nápoles aunque era el primero de la ciudad, no satisfacían por completo. Ninguna puerta cerraba fácilmente y los sofás y sillones eran vetustos e incómodos. Las ventanas pugnaban contra todas las reglas del arte. Las camas constituían una curiosidad por su altura lo mismo que las mesas de noche, aumentada aquella por la convexidad de los colchones. Mi cuarto caía a la plaza, y aburrido del ruido heterogéneo que cada mañana se armaba al pie de mi ventana, tomé otra que daba a un cuartel. Di en Scila por huir de Caribdis. Estos cuartos interiores parecen las más de las veces habitaciones de sirvientes, y vienen a ser en los hoteles lo que el Interior en las diligencias de España, compartimiento poco apreciado y con razón.

En Nápoles como en Mesina se encuentran mujeres en todos los oficios. El servicio del hotel en esta última ciudad estaba en su mayor parte en manos de ellas, y se les veía asimismo trabajando en todas las tiendas, aun en aquellas sobre cuya puerta se leía: Doratore.

También como en Mesina, se ve a la gente del pueblo en Nápoles comer por las calles el maíz cocido o tostado reemplazado en invierno por la pifia de pino asada. Las frutas y todos los productos de la tierra se ostentan en la antigua Parténome con un lujo fabuloso, no siendo necesario como en las otras ciudades ir de madrugada al mercado a buscar el rincón en que están expuestos los productos escogidos.

Donde quiera que se presente un vendedor encontraremos grandes y hermosos tomates, grandes y hermosos albérchigos, sandías coloradas hasta la última capa de su corteza, y todas esas admirables y casi fantásticas frutas que los entalladores en madera acostumbran figurar en los bodegones para comedores.

Nápoles fue la única ciudad que me cautivó en tan largo viaje, y de la que salí con pena y con deseo de volver a ella, lo que verifiqué visitándola por segunda vez en el abrasado estío, como ya lo había hecho antes en el corazón del invierno (enero y julio 1862).

Al principio creí que con esta segunda visita en pleno mes de julio iba a echarlo a perder todo; o que por lo menos mi amor por Pausílipe comenzaría a ser en lo sucesivo el que se experimenta por la querida cuando pasa a ser esposa: no fue así; y el antiguo objeto de mis ensueños volvió a flotar en mi mente con los colores y movimientos que no puede menos de prestarle el alma que una vez vivió impresionada por sus graciosas formas.

Todo lo tiene, matices en el cielo, calor activo y siempre en la fecundación de la tierra: hasta el mar como estimulado por las larguezas de los otros elementos, parece entrar en la competencia arrojando en abundancia los sabrosos y variados mariscos que llaman frutti di mare; frutas de mar, denominación que por la falta de costumbre sería en nuestra lengua una elegancia, una metáfora, una licencia poética. Y bueno es advertir aquí a los que menosprecian la poesía por inexacta, que no pocas de las profundas verdades de la ciencia están formuladas poéticamente.

Los más áridos sabios han tenido que agachar la cabeza y que recoger una denominación enteramente poética.

Si hoy por primera vez un hombre poeta saliera llamando figuradamente La vía láctea al Camino de Santiago, «poesía» se le contestaría con desprecio. Mientras tanto, la ciencia astronómica ha tenido que conservar ese nombre, fruto exclusivo de la risueña imaginación de los griegos, de la poesía.

Tiene por último, Nápoles, unos habitantes que, si como ciudadanos dejan que desear, considerados como simples figuras, son por sus gestos, modales, carácter, cantos, y bailes (la tarantela particularmente) la más agradable expresión de la naturaleza que los produce. Posee por otra parte la más bella, o mejor dicho, la más tierna de las antigüedades; no aquella que pueda recomendarse por sus inscripciones cófticas, por sus jeroglíficos faraónicos: mas la que se presenta embellecida por la tradición de una conmovedora catástrofe; la que nos permite visitar el voluptuoso retrete de Salustito, las bodegas del opulento Panzas tocar las manchas melosas que dejaron en la mesa de las Termápatas (los cafés de la época) los pocillos de las bebidas que se tomaron; ver paredes incrustadas de fósiles humanos por decirlo así, debido a la presión constante e inmóvil durante dieciocho siglos de los cuerpos de aquellos desgraciados que no alcanzaron a escaparse de la invasión del fuego y la ceniza.

Los frescos que ornaban comedores y retretes han sido trasladados al Museo, donde siempre se encuentran aficionados ocupados en copiarlos a la aguada para venderlos enseguida. Del mismo modo se reproducen por medio de la terracota los bustos y las estatuas más notables. Los más felices entre los primeros me parecieron los que representaban a Séneca, tomados de dos o tres cabezas suyas en bronce, idénticas al parecer; a Caracalla copiado del más notable de sus dos o tres bustos de mármol. Estos modelos son, como retratos, de lo más marcado y característico del Museo, lo que ha debido facilitar su copia a los artistas contemporáneos por aquello de «Lo que claro concíbese en la mente, se pinta fácilmente», que dice Martínez de la Rosa traduciendo a Boileau.

Cuatro meses hacía que ni me llegaba carta de mi casa, porque no podían seguirme ni alcanzarme, ni sabía u oía cosa alguna del Perú. Temblaba al pensar cuántos cambios, cuántos sucesos, domésticos o públicos iban a participarme los primeros paquetes atrasados de cartas y periódicos que cayeran en mis manos.

Despaché de Nápoles para París, a fin de quedar más desembarazado en el viaje pedestre que iba a emprender por los Alpes, una caja o cajón con todas las curiosidades compradas en Oriente.

Capítulo LI

De Nápoles a Marsella. Un commis voyageur napolitano. El mar en «Civita Vecchia». La isla de Elba. Un obispo de Caracas. El «28 de julio» navegando Montecristo. Marsella. Belzunce. Niza. Anglolatría. Lyons

El 26 de julio a las cuatro de la tarde dejé Nápoles en el vapor francés «El Cefiso», nombre de un seco riachuelo de Atenas que yo acababa de ver. El vapor no pasaba de mediocre, y al día siguiente a mediodía nos hallábamos delante de Civita Vecchia. El más curioso entre los pasajeros de a bordo era un commis voyageur napolitano, muy parlanchín, y de una curiosidad mujeril que daba risa, tanto que no parecía haberse embarcado con otro objeto, que el de imponerse de los asuntos de los demás. Al referirse a alguno de los pasajeros que aún había sabido librarse de su maldito aguijón, decía con la mayor naturalidad: «A ese no lo he pescado todavía», como si nuestro hombre fuera un verdadero gancho o arpón.

El agua en el fondeadero de Civita Vecchia es de una transparencia extraordinaria. Desde la cubierta del Cefiso me entretenía en ver las yerbas y la arena del fondo del mar, y los gruesos pescados que discurrían. A poco rato zarpamos y a eso de las cuatro de la tarde teníamos a la derecha la isla de Elba, que me pareció extensa; al frente, a lo lejos, la de Montecristo, que es pequeña, y delante de la proa, la Córcega, entre la cual y la isla de Elba se forma un canal, al que nuestra proa iba enderezando el rumbo.

Al ver Elba pensé en el destino fatalmente oceánico e insular del gran Napoleón: una isla es su cuna; una isla su primera prisión (los cien días) otra isla su prisión provisional, Inglaterra, y otra isla su cárcel definitiva y su tumba.

Seis sacerdotes de Venezuela, de los que el uno era un obispo, se embarcaron en Civita Vecchia. Debí a éste la relación de algunos hechos bastante curiosos referentes a su país, de que tomé la debida nota, porque en aquellos días todos los países me interesaban, sobre cualquiera otra cosa, como si solo hubiera nacido para navegar y viajar. Me contaba Su Ilustrísima que en la isla de Curazao, muy cerca de Caracas, se hablaba una jerga que participaba de todos las lenguas. Mi espíritu imbuido entonces de estudios filológicos, a través de los cuales lo miraba todo, volaba ya a ese asiento insular con la misma ansia de estudio de un médico practicante, a quien se indica un nuevo hospital rico... en toda clase de enfermedades.

Su Ilustrísima era nada menos que el obispo de Caracas. De La Guaira a la capital, me contaba, camino de tres leguas, se iba en coche. El Orinoco figuraba entre los ríos navegables hacía doce años. Se embarcaba uno en La Guaira en grandes vapores, y seis días después llegaba a Ciudad Bolívar, en las orillas mismas del gran río. De allí se podía continuar hasta Bogotá, requiriendo el viaje completo doce días por el Orinoco, y en parte por el Amazonas. Para ir al Brasil se tomaba el Río Negro, que también conducía al Amazonas, siendo esta travesía más penosa por tener que hacerse una gran parte en canoa. Todo esto lo conversábamos en un 28 de julio, por lo que yo me distraía a cada paso para entonar mentalmente:

> Somos liiiiiiiibres,
> seaaaaaaaamos,
> seáááámoslo
> siempre ¡eh! ¡eh! ¡eh! ¡eh! eh!

Costeamos las islas de Hayres. Vimos tres que parecían una sola cortada en tres pedazos, y rato después, la de Pouquerolles, mucho más grande y selvosa, menos chata que las precedentes y casi erizada de fortalezas. Al frente, en un árido islote, Langoustide, se ve un faro, que se tomaría por una iglesia con su campanario. A las cinco y media fondeamos en la rada de Marsella, habiendo visto el Castillo de If antes de entrar al puerto; histórica prisión de estado, que data desde el tiempo de Francisco I, no obstante lo cual sería muy poco o nada célebre a no ser por la novela del Conde de Montecristo. Ella y su autor son muy populares en Marsella, mereciendo el honor de que se les miente tanto como al Mistral, viento peculiar de Marsella, de que oía hablar con frecuencia.

La ciudad posee hermosas calles: la de Roma, que conduce al Prado, y el boulevard Longchamp que va a dar al Jardín Zoológico, están sombreadas por magníficos plátanos, árboles tan comunes allí, que parecen peculiares de la localidad. Las plazas, que toman el nombre de Cours, están en lo general embovedadas por el follaje de estos mismos plátanos. ¡Solo en Lima hay el santo horror de los árboles! ¡Quitan la vista! (¿Qué vista, s' il vous plait? ¿La del árido cerro de San Cristóbal?) ¡Traen zancudos y tercianas! ¡ocultan a los ladrones, etc.!

También es respetado y respetable, y se lee en una estatua, el nombre de Belzunce, nombre de gratos recuerdos para mi familia, y que a fines del siglo pasado era llevado en Lima por gente de lo más principal. El Belzunce de Marsella, obispo, se conquistó la inmortalidad por su civismo y caridad en la desastrosa epidemia de 1720 que asoló esa ciudad. Los Belzunces de Lima fueron unos de los dueños de la hacienda de San Juan de Arona en Cañete.

Al devolverme mi pasaporte me preguntan adónde voy. Al tomar pasaje para Niza, indagan mi patria, mi edad y mi profesión; yo creía que esta política tenebrosa solo era incumbencia de los Estados de la Iglesia y de Nápoles.

Salí en efecto para Niza, y a las siete de la tarde me hallaba a bordo del vaporcito «Hérault». Por probar y por variar, tomé pasaje de segunda clase, y lo hallé bastante miserable, tocándome un camarote casi sobre el bauprés.

En las primeras horas de la noche especialmente, tuvimos un balance insoportable, y tal calor en los camarotes, que me vi obligado a pasar la noche en cubierta envuelto en mi frazada.

En Niza la fruta es todavía más mezquina que en Marsella. No hay nada más fastidioso que estos lugares que solo tienen una vida accidental en la época de los baños, o cuando son hospitaleros como Niza. Si se llega un poco antes o un poco después de la temporada, de seguro que no se encuentra nada, ni aun lo más necesario, como si; los habitantes fueran incorpóreos y pudieran prescindir de todo, reservando las comodidades y aun el bienestar para la llegada de los veraneantes o invernantes. Al negar cada artículo de los que se piden agregan invariablemente que no es la estación (es decir, la temporada) creyendo disculparlo todo con esta gran razón. Me fui, a alzar al Café de la Victoria, el mejor del lugar, y me encontré con unas mesas cojas y con una sal gruesa para la mesa. ¡No era la temporada!

Durante el día los cafés están llenos de los ociosos del lugar, que se entretienen en hablar de países lejanos, conversación favorita de todos los puertos de mar solitarios y desde Niza, hasta Algorta en Vizcaya, Nápoles, Constantinopla, Río de Janeiro, Valparaíso, Lima misma, van desfilando sucesivamente, en las conversaciones de esos desocupados, que se pegan al café lo mismo que las moscas del lugar.

La ventaja de estos países cálidos en verano, hablo de los que yo entonces recorría, Atenas, Nápoles, Marsella, Niza, es que casi no se sienten necesidades: al menos yo puedo decir que mientras por ahí anduve, que fue en verano, ni fumaba, ni tomaba café, ni bebía vino, ni me alimentaba de otra cosa que de pescado, fruta y huevos. En cambio dormía como un lirón.

El Boulevard du midi, que no es más que un malecón, guarda cierta semejanza con el Lungo l' Arno de Pisa, así como esta ciudad misma se asemeja a Niza, que tiene, sin embargo, cierto aire de hospital, que no es por cierto el de Pisa morta. El paseo que llaman de los Ingleses, presenta un aspecto pobre y mezquino cuando se viene de ver el Posílipo de los napolitanos, del que este paseo parece la parodia. Se encuentra a continuación del Jardín público. La plaza Massena está rodeada de portales, cuyo pavimento se compone de aquellas piedrecitas menudas que en los portales de Botoneros y Escribanos, hacían las delicias de los nuestros... cuando tenían callos.

En Niza parecen vivir en adoración de los ingleses: en la sola plaza del Jardín público se ven tres hoteles seguidos cuyos distintivos van siendo: Hotel de la Gran Bretaña, Hotel de Inglaterra y Hotel de los Ingleses, que son como el becerro de oro de los nizanos.

Cobrada la carta de crédito por cinco mil francos, única diligencia que en tan mala época me llevó a Niza, hallábame en la tarde del primero de agosto a bordo del Var, de la misma compañía Fressinet.

Marsella y Niza están como desparramadas en una serie de colinas y cerros siendo la mayor parte de los que rodean a la primera, de un color blanquizco como si fueran calcáreos. Delante del puerto se extienden algunas islas ligeras que solo parecen formar una. La que está frente por frente del puerto es la que soporta el Castillo de Li, y se distingue por el color de que he hablado.

A la noche siguiente salía del Hotel de Luxemburgo en que me hallaba hospedado, y me dirigía a la puerta a esperar al cargador que había subido por mi equipaje, porque esa noche continuaba mi viaje. Un francés conversaba en el vestíbulo con unas señoras y decía precisamente cuando yo pasaba:

—No, señora; vengo de Lima, del Perú.

—¿Usted viene de Lima? —le pregunté volviéndome bruscamente. y olvidando por completo los rigores de la etiqueta europea.

Ya he dicho que llevaba cuatro meses de no saber nada del nuevo mundo, y estaba ansioso de noticias. Supe por este individuo, que había pasado tres años en Lima como director de un Hotel de Inglaterra situado en la calle de Bodegones. Solo la noche anterior había desembarcado en Marsella, después de naufragar en el cabo de Hornos, por lo cual sin duda empleó en la travesía el enorme tiempo de ¡ciento ochenta días!

Pasando toda la noche en ferrocarril estuve en Lyon a la mañana siguiente a las siete. La ciudad me pareció más bonita que Marsella, aunque ambas recuerdan París a cada paso. Delante de la estación se abre la Plaza de Napoleón, de donde parte la larga calle conocida con el nombre de Borbón, que conduce a la plaza de Luis el Grande. Al atravesarla vi a una mujer rodeada de vacas que ordeñaba, y cuya leche despachaba a algunos concurrentes. Me apresuré a ser del número de éstos, hallando muy grato el improvisado y frugal desayuno al aire libre.

Pasé de allí a la Calle imperial, en donde vi la fachada del Gran Hotel de Lyon, y enseguida al Museo, situado en la plaza de Terreaux, y cuya fachada recordaba la del Banco de Londres. Estaba cerrado, pero por ser extranjero sin duda, se me abrió, y vi las galerías de pintura en donde no hallé nada de extraordinario. El calor se dejaba sentir con más fuerza que en Marsella, que al fin tenía el mar delante. Algunas familias almorzaban en la parte exterior de los cafés, al estilo parisiense. La mamá, el papá y el muchacho se batían cada cual con una gran taza repleta de chocolate o de café con leche, en cuya superficie flotaban las rebanadas de pan. Mi pasaporte, entregado en Niza, me fue negado en Marsella cuando lo reclamé, no obstante estar visado por la policía de aquel lugar. Para recogerlo tuve que llenar las mismas, formalidades que a mi llegada de Nápoles.

Junto conmigo salió de Marsella una vieja siempre alegre, nariz de papagayo, labio caído o belfo a lo Luis XVI, acompañada de una joven que tanto parecía su hija, como una criada de estimación; y tan amarilla, como si acabara de pasar la fiebre de este nombrejo, una ictericia. Carecía de busto, es decir, que sus piernas se bifurcaban como desde la cintura. Entre ella y la vieja existía ese cariño que suele establecerse entre una anciana y una joven, que por sus gustos e ideas precoces se hace vieja antes de tiempo. La abuelita, siempre alegre, acabó por notar que me traía divertido, y de improviso me fulminó una mirada sostenida con sus ojazos redondos de lechuza. Volví la cabeza sin dejar de observar a mi vieja: olas de púrpuras se agolpaban periódicamente en la punta de su nariz de remolacha, se agolpaban y desaparecían como un flujo y reflujo. Dos sujetos llenos de miramientos la acompañaban; el uno se llamaba Julio y entrambos parecían peluqueros.

Al fin me dormí y, cosa extraña, no tuve pesadilla.

Capítulo LII
Ginebra. Hoteles. El queso de Gruyere. Los Alpes y nuestras lomas. La miel de abejas. Los días de fiesta. Tiendas de Ginebra. La «Posta y las estampillas». Las tiranías modernas. Eufemismo de los ginebrinos. Su francés. Suizas y egipcias. Los «Alpes» de Tschudi. Paseos de Ginebra. Pescadores de caña. Pescados del Lago

A las once y media dejamos Lyon y a las nueve y media entramos a Ginebra con lluvia y mal tiempo. Estaba deleitado al ver llover, nubarrones, de respirar un aire fresco, después de las sequedades de Egipto, Atenas y Nápoles. Él mismo es bonito, sobre todo a medida que se acerca la Suiza que es cuando comienzan a aparecer los picos coronados... no de nieve, sino de Vírgenes y Madonas en pie, sobre un alto pedestal, y en tal actitud, que parecen repartir bendiciones sobre los que pasan camino abajo. Veíanse asimismo lindas colinas tapizadas de gateadora viña. Casi al punto que se entra en Suiza se está en Ginebra.

La ciudad estaba de tal manera triste por ser domingo, que parecía que un huracán de desolación acababa de barrerla. El puente de Bergues, que separa por decirlo así, el Hotel de Bergues del Hotel del Escudo, no tiene nada de sorprendente. Es un puente clásico, sencillo, sin más mérito que el de todos los puentes: hacerlo pasar a uno a pie enjuto por encima del agua. El Hotel del Escudo es un mundo, un universo; y aunque no he estado en Nueva York, presumo que así serán sus célebres establecimientos de hospedaje. Por lo pronto se asemejaba el del Escudo a los de Panamá en la afluencia de gente de todas partes. En la mesa nos sirvieron fresco, fresquesito ese queso de Gruyere que más o menos reseco se toma en todos los lugares de la tierra, y que acaba de ser aprensado no lejos de aquí, a unos tres mil o más pies sobre el nivel del mar en uno de los Chalets o mojadas de los Alpes, o del Alpe como también se dice. Este célebre nombre viene del radical suizo-alemán Alp, que quiere decir montaña de pastos, ni más ni menos nuestras lomas en su acepción privativa. Allí se envían los ganados en verano, y como si hubiera verdaderas zonas de pastales, aquellos, una vez que han ramoneado la hierba de las cumbres, bajan a la del centro.

A nuestras lomas, a la inversa, se mandan los ganados en invierno, por lo que se dice la inverna por la época o lugar del pastoreo.

A los postres de la Table d' hotel que era como la más ordinaria de París a cuatro francos, salvo muchas ceremonias y la música que en obsequio nuestro tocaba en el vestíbulo, se nos sirvió como en los hoteles de otras poblaciones, miel, la miel de abejas, que aquí difería mucho de la de Atenas, en el color, que es de topacio, paja u oro, es mucho más bonita y transparente que la que llamamos miel del Sol en nuestras haciendas de caña; siendo asimismo su gusto más refinado que el de la miel del Himeto, cuyo sabor es agradable y agreste como el de miel en bruto. Otras veces la miel que se trae a la mesa en los hoteles suizos, es un rubio y hermoso panal, que pudiera considerarse como una fruta sin pelar. Al principio el gusto dulce satisface; pero no tarda uno en hallarse con una costra seca e insípida entre los dientes, que es necesario escupir como el bagazo cuando se chupa caña dulce.

El hielo tampoco presentaba el color muerto del que se sirve en las mesas de París: aquí el hielo es una entidad que vive y que es la mitad del país, por lo que se veía a través de la garrafa animado con la blancura de la nieve y con la dureza del hielo. Desgraciadamente en todos estos Hoteles suizos se prenden del viajero con tal encarnizamiento, que le disminuyen mucho el placer.

Pasada la desolación del domingo, que hace de Ginebra un pequeño Londres, lo mismo que el menudo cisco que cada vecino encuentra constantemente sobre su mesa, llegó el lunes y la ciudad salió de su sopor. Estos días de fiesta son una verdadera plaga. Yo adoro la uniformidad como un buen discípulo de Epicuro, y desearía que todo el año, que toda la vida quizá fuera de una sola pieza. Es un ataque a la libertad individual y un abuso de la sociedad y una exageración de sus derechos, esto de imponernos periódicamente cada ocho días, velis nolis, un aire togado, un aire de circunstancias en las fisonomías, y un desmantelamiento glacial en las calles. Quizá el porvenir entre infinitas mejoras, traiga el día de fiesta libre y no impuesto.

Lo que más me deslumbraba en los almacenes de Ginebra era la abundancia de diversas piedras preciosas de la localidad, como ónix, cornalinas, ágatas, piedras musgosas, etc. En las que se tallan o labran lindas cajitas de todo tamaño; tan microscópicas algunas, que en rigor solo podrían servir para guardar estampillas (sellos di correo). Veíanse igualmente collares y pulseras de amatista, o bien de una especie de vidrio rosado muy bonito.

Acompañado de un bello joven sueco de Estocolmo con quien acababa de trabar relación, y que investía el carácter de Secretario de Legación respondiendo al para enigmático nombre de Witi Wasen, me dirigí al correo. Recibí el formidable paquete, y calculando que el resumen podría venir en la carta de remisión de París, de la persona que había ido guardándome mi correspondencia, abrí, aquella, tembloroso; y echando la vista por el centro de sus renglones, lo primero con que topé fue esta frase La de peores noticias... No leí más: me despedí precipitadamente del nuevo amigo; volé a mi cuarto y allí devoré por junto y solo, esas amarguras que paladeadas paulatinamente y en compañía, componen el alimento casi diario de la vida humana.

El correo o la Poste como dicen los franceses, parece ser un nombre simbólico para los ginebrinos; y así como en Niza todo está bajo la advocación de los ingleses, aquí hay más de diez cafés, más de diez hoteles y otros tantos establecimientos de baños titulados de la Posta. ¡Es hasta donde puede llegar el mal gusto y la aridez de imaginación de los hombres del siglo XIX! ¿No será también este uno de esos rasgos malignos con que nos sorprende de cuando en cuando la pícara Democracia? ¿No será este un convenio tácito republicano para abjurar de las viejas denominaciones que decían; «Real, Imperial, del Palacio, de la Corte, etc.»?

El hombre no puede vivir sin la adoración y la tiranía, en último caso aun cuando sea de la Posta (o el Postillón). La decantada tiranía de los Felipe II y otros insignes tiranos, no ha hecho más, con el advenimiento de las luces, y de las libertades públicas, que desmonopolizarse; y hoy se divide democráticamente, que es como decir burdamente, entre instituciones de todo género, bancarias por ejemplo, cuyo úkase, edicto, firmas, etc., se llaman Estatutos y Reglamento interno. El cetro de actos tiranuelos incultos es un gran embudo con la campaña vuelta hacia el vientre del monarca, y el pitón apuntando al Pueblo Sober... asno, que no es otra cosa, porque maldita la libertad de que disfruta. Agréguese la tiranía de los sátrapas de otras especies: «Nuestro periódico», «El Sacerdocio de la Prensa», las «Ilustrísimas y Excelentísimas» Cortes... de justicia, las empresas con monopolio y privilegio, que equivalen a los antiguos príncipes... y todo esto es libertad y democracia. ¡Infelices humanos!

Cada siglo tiene su rueda de molinos con que hace comulgar a los contemporáneos.

Volviendo al correo, los ginebrinos son tan dulces, que han azucarado hasta las estampillas o sellos de correo; y al humedecer una de aquellas con la lengua para franquear una carta, nos hallamos con el grato descubrimiento de que chupamos algo.

Están igualmente por el eufemismo, y a lo largo de esos muros en los que en París se escribe brutalmente: Defense de zairé des ordures han puesto ellos: Es prohibido pararse aquí... No cabe mayor delicadeza para impedirnos lo que se sigue al detenimiento estático, y no arqueológico, ante una pared de esas.

Notaba también que en la pronunciación de su francés dejaban sentir las eses finales en muchas palabras diciendo: moins, trois y no moin, troi. Al mercado de trigos lo llaman grenier y no Halle aux bres, trayendo la palabra directamente de grain, como buisson de buis, procedimiento algo semejante al que rige en nuestros provincialismos con respecto al español que se habla en España. También se oye septente por soixante dix, latinismo racional, porque al fin soixante-dix como quaire vingts, es una suma y no un nombre propio. Me refiero que en el francés de los suizos como en el alemán de los austriacos han de verse novedades buenas y malas, como en el castellano de Hispanoamérica.

Así como al venir de Egipto a Suiza, topográficamente se pasa de lo llano a lo escabroso, así antropológicamente, es al contrario, porque venimos de lo turgente a lo chato. El seno y las formas generales de la mujer egipcia se acusan y acentúan vigorosamente desde muy temprano, recibiendo nuevo realce con la verticalidad del continente en todas ellas, que es ni más ni menos la figura de la mujer bíblica. En las suizas el desarrollo es tardío, demasiado tardío, las más de las veces no llega nunca, no hay timidez del seno ni de las caderas, y la verticalidad exquisita babilónica, asiria, asiática, para decirlo de una vez, está sustituida por un andar ancho, lateral. En cambio las caras, como en Inglaterra y Alemania, son pedazos de cielo.

Antes de lanzarme a las grandes excursiones del alpenstock y el havresac, traté de orientarme y probarme en pequeños paseos por las cercanías de la ciudad helvética. Empecé por comprar la gran obra Los Alpes de Federico Tschudi, tan apreciado en Suiza, como su hermano en el Perú por los valiosos trabajos científicos con que nos favoreció por más de veinte años. La compré traducida (al francés) como deben comprarse siempre esta clase de obras, porque en materia científica, de examen y experimentos materiales, viene muy bien aquello de que más vale cuatro ojos que dos, máxime cuando la traducción se hace con la aquiescencia y aprobación del autor, que entonces el trabajo equivale a una colaboración.

En el paseo del Jardín Inglés hay un triángulo de donde parten vapores, que son en lo general los que visitan la ribera derecha, que es de Saboya, perteneciente ya entonces a Francia por anexión como pago de la campaña de Italia que estaba en esos días reciente. Los vapores de la ribera izquierda parten del frente. Este triángulo es un buen punto de vista: desde él se ve la cadena del Jura que se extiende hasta Alemania, distinguiéndose en su extremidad la cumbre del Dolle. A la derecha se ve un pico piramidal que llaman los naturales el Mole, viniendo enseguida el pequeño y el gran Saleve. El pueblo de Montier ocupa su centro a lo que parece, si de allí se faldea a la izquierda un montecillo, se va a parar al pueblo de Mornai que pasa por muy bonito. En la cumbre del Mole reina siempre una temperatura muy fresca. Se ve también la barra que separa el lago del Ródano y que está partida o marcada en su centro por una puerta o más bien por dos jambas de mampostería, que llaman la atención y atraen la vista del viajero. Allí el lago, acá el río, quedando la ciudad más bien a la orilla de éste que la de aquel.

Por la orilla izquierda despunta un edificio blanco cuadrado: es el castillo de Rotschild.

Los tubos de las chimeneas de Ginebra se presentan sobre los techos en gran abundancia, y dispuestos de tal manera, que parecen ramas o más bien cucuruchos vacíos tirados con negligencia dentro de una copa.

Visité la Catedral, y el sitio en que se verifica la confluencia del Ródano con el Arve. Se sale de la ciudad y se costea el río, muy ancho y muy majestuoso en este punto. Se camina por un sendero tan angosto que difícilmente más de dos personas podrían avanzar de frente por él. A la derecha está sombreado por árboles, y a la izquierda se ven algunos huertos. Por último, se llega a un sitio en donde el sendero termina y forma una punta o lengua de tierra, teniendo a la izquierda el Arve, turbio, y a la derecha el Ródano azul, que al reunirse con aquél pierde su lindo color y su pureza, que solo vuelve a recuperar en su desembocadura. ¡Oh muchachas víctimas de un seductor! ¡vosotras sois menos dichosas! No hay salvación después de vuestra desgracia, no hay agua lustral que lave vuestra mancha. Quizá ni la del sepulcro.

No podéis volver a levantaros después de vuestra caída.

Al atravesar el Puente nuevo, que conduce del Plain Palais al ferrocarril (puente que es más bonito que todos los otros) solía encontrar algunos pescadores de caña, que forzosamente tenían que llamar mi atención, porque está, como otras mil trivialidades de la vida europea, solo por pinturas, descripciones o voces (para nosotros muertas) del idioma, pueden ser conocidas a los que hemos vivido la vida artificial y nada variada de la costa del Perú. Estos pescadores ¿te caña eran unos desocupados señores que desde lo alto del puente desenvolvían un hilo larguísimo, cuya extremidad armada de un anzuelo se perdía a lo lejos en el agua. El hilo estaba envuelto en un carrete o tabla cuadrada, que me recordaba el log de los marinos ingleses, cuando desde la cubierta del vapor van averiguando las millas que andan por hora, o nudos que corren.

Una tarde pude ver distintamente las innumerables agujas del Mont Blanc dibujándose con sus glaciers por detrás del Vauvin, el Mole y el Saleve. Tomé al acaso un camino a la extremidad del Jardín Inglés, y empecé por atravesar un arrabal de la ciudad que tenía ya un aire más campestre, entrando luego en una larga y magnífica avenida, con el lago a la izquierda, y detrás de mí las luces de la ciudad reverberando en él.

Llegué a un puertecito en donde se estaban bañando unos niños, por los cuales supe que el puerto era el Port Noir. La avenida se llamaba Route d'Heimanz porque conducía al lugar de este nombre, y asimismo a un pueblecito de pescadores llamado La Blotte. La oscura avenida que se abría a mi derecha iba a Cologny. Me asombró la inteligencia de estos niños que me informaron de todo tan bien, como Murray y Hachette y en un lenguaje lleno de elegancia.

La puesta del Sol no estuvo hermosa sino acompañada de nubarrones. Cuando hace buen tiempo el lago está sereno, ni una arruga, y el Mont Blanc se refleja en su superficie. Pregunté a los niños cómo habían venido a bañarse tan lejos; me contestaron que vivían a dos pasos de allí.

—¿Son ustedes campesinos?

—No; uno es de la ciudad; pero uno está en el campo.

Al día siguiente me hallaba en Cologny en el restaurante del Chalet suizo. Hay un Chalet desde el cual la vista es bella. Inmediatamente a sus pies tiene uno, se tiende una rampa magníficamente tapizada de viñedos que van hasta el borde del lago. La ciudad de Ginebra está a la izquierda, al frente la costa elevada, y detrás la gran cadena del Yura. Pero el panorama es incompleto porque no es la Saboya con su Monte Blanco, que es la preocupación del viajero en Suiza, ni el Mole, ni el Saleve. Pedí un biftek con papas, y causé asombro, como si no fuera la época de los viajeros. Un pobre Baucis me preguntó con aire atribulado si había de ser en el instante.

Al regreso me detuve como la víspera en Port Noir. Esta vez me encontré con un pescador de caña con quien entré en conversación como con los niños de la víspera. Esta preciosa y democrática costumbre que usé desde el primer día de mi viaje hasta el último, es inestimable, y se la recomiendo a todo el que quiera viajar con provecho.

La que le servía a mi hombre era una larga caña, y el hilo parecía un rosario de anzuelos muy pequeños y convenientemente cebados. Por el centro del hilo había un palito atravesado que venía a ser como la brújula del pescador, porque tan pronto como desaparecía bajo el agua, era señal de que algún pescado había mordido el anzuelo. Cuando lo que se quiere pescar son perchettes, se sustituye la ceba de migajón de pan con una lombriz, de las que el aficionado trae acopio en una caja de lata de esas que han sido de sardinas. Las perchettes son muy buscadas en el lago Leman. Su tamaño es el de una sardina, y cuando son más grandes se les llama simplemente perches. Tienen a lo largo del lomo y arqueada como él, una especie de sierra. A la puesta del Sol se pescan carpas, porque para pescarlas se necesita de la sombra, ya de la tarde, ya de la mañana. Obtenidos estos datos, no de gran importancia por cierto, y concluida mi conversación, me retiraba a la ciudad cuando me sorprendió la sonoridad de un cascabel.

Era una hermosa vaca que pasaba majestuosamente.

Capítulo LIII

Ferney. Emporio de flores. Recuerdos de Voltaire. Evian y sus aguas. El libro en Europa y en Lima. Un baño en el Arve. Pescados del Lago. El museo zoológico de Ginebra

El 7 de agosto me levanté a las siete de la mañana y partí para Ferney en compañía de un francés de Montauban a quien había conocido la víspera; hombre muy agradable y que me gustó mucho, como otro compatriota suyo, el Barón d'Arboud, de Tolosa, con quien hacía en birlocho las excursiones de las cercanías de Nápoles.

Para ir a Ferney no había ni ómnibus ni diligencia, y tuvimos que tomar un coche, que nos costó cuatro francos por ida y vuelta. No podía darse mayor baratura, fuera de la solicitud en el servicio. Una y otra cosa son corrientes en Europa. No hay idea de que un vil y perezoso cochero se quede torpemente en el pescante, mientras el pasajero forcejea solo por abrir la portezuela o soltar el estribo.

Al llegar a Ferney se nos anunció que el castillo no se enseñaba a los extranjeros, o lo que es lo mismo no se abría al público hasta después de mediodía. Como apenas eran las nueve y media de la mañana, ofrecimos al cochero dos francos más porque nos esperase. Delante de la verja del jardín, a la izquierda se ve una capillita de piedra, cuya puerta un poco deteriorada y el musgo que cubre las paredes, pregonan la venerable antigüedad del pequeño edificio. Sobre la puerta se lee esta célebre inscripción: Deo erexil Voltaire. Una avenida de olmos lleva en pocos minutos del pueblo al castillo. Entramos, y atravesamos el jardín que es vasto y rico en flores. Se ven passe-roses (malva real) blancas y coloradas y toda clase de malváceas. Plátanos (el plátano europeo) que tan comunes son en Ginebra; el laurel rosa, llamado también laurel almendro, porque el olor de su flor se asemeja al de la almendra, y cuya hoja hervida en leche, según me comunicaba mi compañero, le trasmitía un sabor agradable. Se hacen también con ella salsas, y las lecheras de Montauban la emplean para coronar sus cántaros.

Geranios, cuya flor colorada parece oler a sardina, pelargonios, girasoles, belles de nuit (buenas tardes nuestras); giroflées (alhelíes), petunias, que ya son blancas, ya lilas, o bien reúnen los dos colores en bandas verticales. Los vegetales corpulentos o sea los árboles, se desplegaban asimismo con una gran variedad. Allí estaban el plátano el olmo, l'ormille, el tejo, el castaño de Indias con su fruto redondo y cruzado de púas como un erizo de mar; el nogal, el sauce, el membrillo ¿qué se yo? La mayor parte de esas flores, plantas y árboles apenas son conocidas en Lima de nombre, tanto que al llegar a Europa se necesita, previo aprendizaje práctico para poder aplicar correctamente esa multitud de nombres que los libros y cuadros europeos van dejando en nuestra memoria, desde que somos niños.

Vimos la antecámara del poeta y su cuarto de dormir, ambos adornados con pinturas, litografías y bustos de Voltaire, como que esta fue su célebre residencia, en mármol y en yeso. Entre los cuadros hay dos por lo menos que representan a Diana y Endimión, asunto que tal vez gustaba al poeta. En la antecámara se ve un monumento de ladrillo con esta inscripción arriba: Mes manés sont consolés etc., y en el centro, Son esprit est parlout et son coeur est solés: y un busto de mármol que representa a Voltaire tal como está en su estatua de la Comédie française en París. En el dormitorio aparece un retrato al óleo de cuando era muy joven, el mismo que figura en la edición selecta y manual de sus obras ligeras, hecha y multiplicada anualmente por Fermín Didot, y que es una de las que más circulan. Debajo se ve otro de yeso, de perfil, en que aparece viejísimo, y al lado Madame de Chatelet. Próxima está su cama y un largo sillón que parece un canapé: delante de los cuartos en el parque se extiende una larga y oscura charmille por la que Voltaire se paseaba dictando a su secretario o amanuense. La espesura está rota a trechos intencionalmente para que pudiera divisarse, to take a glimpse como diría un inglés, los Alpes, el Monte Blanco, etc.

Durante mis viajes experimenté tres impresiones muy fuertes: al pisar Europa, al pisar África, y al verme ante el cráter del Vesubio; y dos muy tristes: en la galería histórica de figuras de cera de Madame Toussaud en Londres, y en el cuarto de Voltaire, porque en ambos lugares la grandeza humana se me presentó materialmente con un tinte espectral y desolador.

A nuestro regreso de Ferney encontramos a la izquierda el camino del grand Saconex, y más lejos a nuestra derecha el del pequeño Saconex que fue el que seguimos. El camino es un camino cualquiera, pero pintoresco. Al llegar a un recodo se distingue a Ginebra con sus techos de zinc relucientes por el Sol, y sus montañas: es el pequeño Saconex. Fuimos a la casa de Mr. Poncet en las alturas de la Chatelaine, au dessus de la jonction, como prescriben las indicaciones de la Estética. Se ve al frente a lo lejos el pueblo de Montier, entre el grande y el pequeño Saleve, detrás de los Alpes y después del Monte Blanco. Por esta garganta entre los dos Saleves es por donde se puede divisar el Monte Blanco, el pico más alto entre las agujas que lo rodean.

A las dos y media seguí a mi compañero al pueblo de Evian, afamado por sus baños y cuyas aguas tienen alguna semejanza con las de Vichy. Partimos por el vapor, y a las cinco y diez llegamos. Apenas se deja el embarcadero quitan la toile o toldo (sin duda por temor al viento) y tiene el pasajero que cocerse a todo Sol. Al regresar a la mañana siguiente no había Sol, pero sí lluvia. El vapor recorre y visita La Blotte, Belle Rive, Thenon, etc., siendo lo más notable, que exceptuando uno o dos de esos lugares hay que desembarcar en una barca, lo que presta a una pequeña excursión de placer la seriedad de un viaje. Se ven algunos lindos campanarios revestidos de zinc y que resplandecen entre la hierba a los rayos del Sol, y algunas casas blancas aisladas y situadas al borde mismo del lago, con un verde respaldo por detrás y un tapete azul a sus pies. Llegamos, y nos dirigimos al «Hotel de France», cuyo salón de conversación se hallaba en el cuarto piso, sin duda para que se pudiera disfrutar del aire y de la vista. Hay en Evian unas cinco o seis fuentes cuyas propiedades varían, siendo la más nombrada la de Bonne Vie. Allí se han apresurado a instalar un bonito establecimiento de baños con un jardín alrededor, un gabinete de lectura, que es un chalet, y un gran salón que disfruta de bellísima vista.

El gabinete de lectura, la librería, el libro, siguen y persiguen al viajero en Europa por todas partes; en las estaciones ferrocarrileras, en los lugares de baños, hasta en la cámara de los vapores. Entre nosotros, en los remates públicos de espléndidos menajes se encuentra todo, absolutamente todo cuanto puede necesitar la familia, el individuo o el mero especulador todo, estantes mismos, pero no libros. Entre nosotros el que tiene que atravesar las calles de la ciudad con un libro por acaso en la mano, se apresura a envolverlo en algo, para no atraer la atención como un ente curioso. En cambio el que se toma una buena mona, vuela a lucirla al teatro, al club o a la calle de Mercaderes, en donde su paso y sus crapulosas bestialidades serán acogidas por exclamaciones de esta especie: «¡Qué lástima! ¡Un mozo de tanta chispa! ¡Cómo se ha malogrado!». El libro, y, por consiguiente, el literato, gozan de un profundo y merecido desprecio en una sociedad tan ocupada... del rocambor, del billar, del «¿Qué hay de nuevo?» y de vociferar contra el país, babeando estólidamente en una esquina, que es lo que llaman ocuparse de política.

En Evian se toma el baño en una tina, caliente o fría. El agua es alcalina como la de la Celestina en Vichy, y se bebe mucho. En el mismo jardín se ha arreglado una pequeña gruta en la que corre el chorro bienhechor, y en la que se encuentran siempre listos los vasos adecuados.

En el Escorial y La Granja en España, el agua es tan celebrada, que se emprenden romerías diarias a tomarla durante la temporada; debido a lo cual la fábrica o comercio de vasitos apropiados toma allí gran incremento. Son de vidrio y los hay de todos los tamaños, formas y colores imaginables; siendo los más corrientes unos chatos como para el bolsillo, y cruzados de fajas azules o rosadas que los hacen muy vistosos.

El agua de Evian es muy fresca, once grados centígrados, muy ligera y muy deliciosa, realzando su prestigio el jardín que la rodea, y el Lago, y el Jura que se presentan al frente. Durante el día hace menos calor, y por la tarde menos frío que en Ginebra, por lo que la diferencia de temperatura entre el día y la noche no es desproporcionada. Las calles son tortuosas, mal empedradas y están alumbradas con aceite, viéndose por ellas muchos extranjeros.

Al día siguiente a las seis de la mañana volví a emprender el paseo a Bonne Vié, y a las ocho me separé de mi compañero en el embarcadero y di la vuelta a Ginebra.

Pocos días después fui a probar los baños de Arve; cuya agua se hace notar por su color turbio y por su extremada frialdad. La temperatura no pasa en verano de once a doce grados centígrados. Este río nace en los glaciers del Monte Blanco, y hace su trayecto hasta Ginebra en dieciocho o veinte horas; así es que se baña uno como en hielo que acaba de derretirse, de donde resulta un baño muy tónico. El establecimiento balneario situado en su misma orilla es muy bueno, habiendo en cada cuarto una ducha y una lluvia, de que se sirve uno según su necesidad o antojo, tirando ya de éste, ya del otro cordón, lo mismo que quien tira de la campanilla. Antes de la inmersión se asperja uno en la susodicha lluvia. La primera vez experimenté un dolor agudo a la cabeza, como el que se siente en las manos, pies orejas, y también en toda la cabeza, en uno de esos días en que el frío arrecia y se hace intenso. Se pega una zambullida y se sale antes quizá de dos minutos, tanto para evitar reumatismos, cuanto porque siente uno que se quema, como cuando se amasa nieve con las manos. Esta agua a fuerza de su frío deja de serlo (argumentun quod multum probat nihil probat). Pasada la primera impresión, que es muy rápida, se siente menos frío que en un baño ordinario; y a la salida y después de vestido, menos que después de un baño tibio. Al echar la cabeza para atrás en el agua sentía en la nuca una frescura mucho menor que al hacerlo en mi aljofaina en la ablución matinal.

 A la salida se hace uso del otro conducto de ducha aplicando el chorro a la parte baja del cuerpo para atraer la sangre, y porque creyendo con una fuerza extremada el golpe será poco agradable y hasta dañino en el pecho o la cabeza. ¡Singular baño después de los de Damasco y Turquía!

 El pescado más abundante en el lago de Ginebra es el llamado feurre (¿?) que es muy bueno. Viene enseguida la trucha, que es el salmón de agua dulce, como la cigarra es la rana de los árboles por la querellona. La armazón de la trucha difiere tanto de la del salmón que por sí sola bastaría para establecer la diferencia entre ambos. La de la trucha parece que solo se compusiera de filamentos.

 El Museo Zoológico Nacional, situado cerca del Circo (¿circum circa?). No, contando con muchos objetos, ha multiplicado los números del Catálogo para darla un volumen importante. Vi en el museo topos que parecían musarañas grandes; herminias en pelambre de verano rubia, y de invierno, blanca, como si alternativamente quisieran honrar a la rubia Ceres, y al cano invierto. Chevreuils (corzos o cervatillos); chamois (gamuzas), más velludos que los bous o chivos, y con dos cuernecitos en la parte alta de la frente, retorcidos hacia otras como para que puedan rascarse el lomo. Bouquetins (cabrones silvestres) intermediarios entre ciervo y el cabrito; las astas de la hembra son casi lisas como los del adulto, y las del macho nudosas. Gavilanes de patas amarillas, cabecita chata y sepultada entre los hombros, aire, cuitado, tipo de mucha gente idéntico al que aparece esculpido en los obeliscos egipcios, y que es el épervier de los franceses. Martín pescadores por el estilo de nuestros carpinteros, de color cerúleo y largo pico, y aparentemente más pequeños que los de nuestro campo. Picazas, con la mitad del cuerpo listado de blanco y no todos negros o cenicientas como los parroquianos del Esbekié en el Cairo: a los primeros compara Garcilaso de la Vega el plumaje de nuestros cóndores. La Perdiz de las nieves (tetrax lagopsde) muy parecida a lo que en Lima llamamos paloma de Castilla, aunque con la pata análoga a la de una liebre, mucho más velluda. Esta linda ave es de un plumaje níveo que en invierno se salpica de plumitas oscuras. Poules d'eau, sin duda nuestras galloretas o gallinetas; el cormorán, que vivo solía ver por el Lago y que recuerda a aquel man of war inglés de ese nombre, que en 1844 bombardeó nuestro inerme puerto de Arica. El cormorán es un pato parecido a ciertos hombres que hay, de piernas cortitas y gran panza. Sus patas, que están separadas, huyen rápidamente hacia atrás de su vientre, ni más ni menos como en los interesantes bípedos implumes a que acabo de referirme, y a los que un sombrero de copa, un chaleco cuasi chupa, un fraquetón, unos pantalones, unos botines y un bastón, metamorfosean en hombres. Eu reuils o ardillas que más tarde en mis excursiones pedestres por los Alpes, debía ver saltando de rama en rama por entre los pinos y alerces. El halcón, que es un gran gavilán; la cercelle o cerceta, etc.

El lector europeo se sorprenderá de la minuciosa complacencia con que describo plantas, árboles y animales familiares y sin interés para el último rústico de Europa; pero es de advertir que todos estos nombres son novedades para un habitante de Lima, que en lo general no conoce prácticamente más árboles que el sauce, más palomas que el cuculí, más pájaros que el gallinazo, ni más pescados que la corvina y liza.

El autor de este libro se sentía maravillado al ver vivos o de bulto, objetos que para él no habían sido más que belleza literaria. Y conociendo esta deficiencia de su país se esmera en suplirla.

Capítulo LIV

Lausana. La plataforma de Le Signal. Vevey. Los tiradores suizos. El Lago. Abejorros. Clarens. Vernex. El castillo de Chillón. El poema de Byron. Villeneuve

El 13 de agosto a las dos de la tarde dejé Ginebra, y mediante cuatro francos llegué a Lausana a las cinco por vía de agua.

Los viajes son agradables especialmente antes y después, en los preparativos, en los recuerdos, y formulando este pensamiento sigamos narrando.

De Ouchy, que es el puerto de Lausana, se parte en ómnibus, y es camino de tres cuartos de hora por una cuesta muy fastidiosa. En la población todas las calles están en declive más o menos rápido, y todo, hasta las fuentes públicas, afecta la forma gótica siendo también éste el estilo de la Catedral.

Un edificio gótico podría simbolizarse por una papaya arequipeña; así como en lo antiguo un canastillo rebosando flores fue el principio del capitel corintio; y así como en las copas de las palmeras de Egipto parece palpitar el capitel faraónico.

Quizá la catedral de Lausana no es un gótico puro; el pleicintre es casi redondo, se estrecha poco a poco, se hace puntiagudo y forma por fin el gótico afilado de la papaya de que hablamos. En la catedral parece notarse esa transición. El edificio cuenta unos ochocientos años de edad, y en él se ven algunos mausoleos curiosos entre ellos el de «Othon de Grandson». Su estatua acostada apoya los pies en un leoncito y está cubierto de cota de malla, faltándole las manos para recordar que las perdió en el desafío que ocasionó su muerte ahora más de quinientos años. ¡Esto es vivir de recuerdos! ¡Esto es tener raíces en los más antiguos tiempos, y esta es la vida de Europa! En nuestros incipientes países no hay tradiciones, o las hay confusas, de incomprensible color local, y relativas a generaciones con las cuales la mayor parte de nosotros, llenos de sangre europea no nos sentimos inclinados a simpatizar de veras; salvo hasta donde es necesario para la farsa política interna y para el estilo convencional, retórico y literario.

Lausana, capital del «Vaud», se halla situada en la confluencia del «Flon» y del «Lonve». Posee un gran puente que recuerda algunos viaductos ferrocarrileros de la ciudad de Londres, porque al atravesarlo ve uno a sus pies por debajo las caprichosas de la ciudad. El calor más fuerte que en Ginebra; 25 grados centígrados, y a veces 30.

La ciudad está rodeada de «villas» o quintas en cuya verja se leen inscripciones que habrán parecido muy adecuadas a sus moradores, y que para el transeúnte, ajeno a la historia moral del propietario, son vaciedades: «Mi deseo», «Mi descanso», «Bien escogido», lemas que recuerdan los de aquellos escritores, que nos echan su personalidad desde la portada de sus libros con epígrafes con este estilo: J' aime les morts a lo que nos da ganas de contestar; ¿qué nos importa a nosotros? o bien: Aimons les animaux, lo que es a éste se le podía echar un nora mala.

En Suiza no encontraba por cierto la flema indiferente de los habitantes de Atenas, en donde se podía impunemente escalar paredes en pleno día y en plena calle para asaltar una huerta sin que nadie se detuviera ni hiciera caso. En Lausana la llegada de nuestro ómnibus, que debía ser cosa diaria, fue un acontecimiento; y cada vez que se detenía a la puerta de un hotel, comenzaban a aparecer cabezas curiosas en las ventanas inmediatas y a propósito: cada hotel de Suiza parece una colmena por el número y la pequeñez de sus cuartos. Los estudiantes de Lausana usan una gorra verde, los de Ginebra blanca. Aquí parece que se fomenta la destreza en la destrucción. Por todas partes oigo hablar de «Tiros cantonales» y leo en las calles de las poblaciones, «Tiró a la carabina y a la pistola». ¿O serán homenajes porfiados a la memoria de la «Wilhelm Tell»?

Por las tardes que paseaba en la compañía de un francés, natural de Puix en Languedoc sobre el Loira, el cual me refería con alguna simplicidad las peripecias de su viaje: Vinieron en diligencia hasta «Saint Etienne»; y de allí a París en ferrocarril. Al decirle yo que venía de «L' Orient» se produjo un equívoco muy gracioso porque mi amigo entendió «Lorient», que es un puerto naval de alguna importancia en Francia. Del mismo modo cuando anuncié la primera vez en Atenas que mi procedencia era del «Perú», me preguntaron si no quedaba eso por la parte de Beirut.

Dos, acaso tres caminos suben a la altura llamada «Le Sigual». Tomé el que pasaba por delante del jardín y al entrar a la «Selva de Sauvabelin» vi un abrevadero rústico abierto o mejor dicho excavado en un tronco largo y muy ancho que me recordaba algunos versos de las Geórgicas... potabile lignum. La cabeza o punto superior del abrevadero estaba apoyada en un árbol grueso cuyo tronco perforado en el centro, le suministraba el agua por un caño de zinc. Al fin conseguía ver a la naturaleza viva. Este abrevadero me recordaba asimismo a las famosas piraguas de los indios de América; que no son otra cosa que grandes troncos excavados. Al frente se veía una granja, y a un paso, a la entrada de un caminito, una cruceta pintada de verde que me transportó definitivamente a los campos patrios. Estas crucetas son lo que los franceses llaman tourniquets y el diccionario de la lengua castellana «molinetes». Llegué al «Sigual» que es una especie de pequeña azotea (terrasse) triangular, a cuyo pie tiene uno la ciudad, a la derecha el socavado por el «Lonve», y a la izquierda el que forma el «Flon». Parece que estuviese uno en una península. Al frente en la orilla opuesta, los Alpes de Saboya, a la izquierda el Jorat y por detrás los Alpes de Friburgo.

Tomé el pasaje en el ferrocarril para «Vevey»; partimos a las diez de la noche y antes de una hora llegamos. Un boleto de segunda clase que es tan buena como en Alemania, me costó un franco cincuenta céntimos. La estación de Lausana estaba muy animada con numerosos tiradores que partían para lo que volvían de «Aigle» del tiro cantonal, con el fusil al hombro y el sombrero rodeado de cintas y de plumillas parecidas a las del Volante en el juego de este nombre que habían comprado en la fiesta. Bebían, gritaban y cantaban, después de tan varoniles y provechosas diversiones. A la llegada de cada tren todos los empleados a un tiempo gritaban el nuevo derrotero armando tal ruido, que se podía desafiar al oído más sutil a darse cuenta de esa algarabía.

Un ómnibus con tres coronas estampadas en los vidrios nos condujo al hotel de este nombre, en donde me asignaron un cuarto, en el cuarto piso, cuyo techo comenzaba a resentirse de la forma de la bohardilla. La ventana por donde bajaba la luz era un agujero; mas tenía vista al lago, libre ventilación, nada de humedad, nada de polvo, nada de ruido, o el que llegaba hasta mí llegaba tan debilitado, tan depurado, tan poetizado como todas las cosas alueñadas que era casi como una armonía, o cuando menos un murmullo placentero. No carece de ventaja vivir en la vecindad del cielo.

Por la mañana subí a los Bosquets de Rouvenac, costeando primero el torrente de Veveyse, sobre el cual divisé dos puentes, uno de piedra y otro de fierro. Hallábase seco entonces y pude ver su cauce pedregoso y el sitio por el cual se descarga en el lago. De los «Bosquets» bajé a la «Terraza del panorama», delante de la iglesia de «San Martín» que en verano hace el servicio de Catedral. De allí el panorama es realmente hermoso.

Después de medio día el tiempo se encapotó y llovió, a pesar de lo cual reinaba un calor pesado. Sobre el Lago, que es el mismo de Ginebra, se divisaba una larga raya que separaba dos colores: el de allá cerúleo y el de acá oscuro. Quizá el primero representaba al Ródano cerca de cuya embocadura en «Villeneuve», nos encontrábamos. De repente se levanta un viento extraordinario y comienzan aquellos corderitos como dicen los franceses, peculiares del mar cuando sopla brisa fuerte y hasta se ven olas. Para que nada falte al cuadro marino aparecen las gaviotas, recorren el lago y zambullen repetidas veces sin duda para pescar los pescaditos que el mal tiempo ha debido aturdir. «A lago revuelto ganancia de gaviotas», podríamos decir. Los gorriones del jardín por su parte, parecen apresurarse a hacer su agostillo. No puede verse estos animalillos, estas curiosidades de la creación sin lamentar que huyan del hombre. ¡Oh, si ellos nos buscaran como esos repugnantes y dañinos bichos que infestan la vida doméstica! Este deseo me lo suscitaba probablemente un nuevo parásito familiar, una nueva variedad de mosca que en Vevey como en Lausana me fastidiaba no poco. No eran abejas, ni tenían la esbeltez de la avispa, quizá eran zánganos o abejorros; ello es que en el comedor particularmente, acosaban en unión de las moscas atraídas por la miel, y se lanzaban al panal servido sobre la mesa con una voluptuosidad irresistible, que los hacía atropellar todos los obstáculos. Una vez que se aferraban a él, todo su corpúsculo parecía agitado por un estremecimiento de placer.

A las seis y media de la mañana dejé Vevey; en un cuarto de hora por el ferrocarril llegué a Clarens. Subí al Castillo de «Chatelard» dejé a la izquierda

«Tavel» y por un camino sombreado no tardé en encontrarme delante del edificio que visto de lejos parece una casa cualquiera. Se entra por una puerta baja estrecha, que recuerda los castillos de la Edad Media. Di un paseo por la azotea, el tiempo estaba nublado y lluvioso, de lo que casi me alegré por variar. ¡Está uno tan acostumbrado al llegar a todo punto de vista cual encontrarse con un panorama espléndido, o sea, con un lugar común, que casi conviene este chasco! Además que no dejaba de verse el lago, el Castillo de Chillón (mucho más célebre) y el cauce de un torrente seco que corre derecho al lago, y la otro lado del cual se veían despuntar entre espesuras de árboles una o dos casas blancas situadas en una colina, y que llevan el nombre de «Bosquet de Julie». El castillo corona un montículo.

Atravesando viñedos llegué en media hora a «Ternex», paso de largo, tomo a la izquierda, y dejando a la derecha «Montreux», emprendo la ascensión del «Sales». Recorro la única y larga calle del pueblo y voy a parar a un puente de 27 metros de alto sobre la «Baye de Montreux», que es el mismo torrente cuyo cauce seco hemos visto en Clarens, y aquí arrastra alguna agua que se ve correr por abajo, ya por canceles de madera, ya rompiéndose entre las rocas, lo que ofrece un cuadro pintoresco. Entré al hotel de la Unión y tomé una taza de café puro con una copita de aguardiente de cerezas, el famoso «Kirschvasser». Me puse a arreglar mis apuntes de las últimas excursiones, que llevaba con lápiz y en francés en cuadernitos muy pequeños; y bastante mojado esperé que pasara el tiempo.

Antes de entrar en Vevey, decían mis apuntes rezagados, se pasa por una hermosa selva. En Vevey al ir al paseo de «Entre Deux Villes», se deja a la izquierda pasándose por delante de ella, una puerta ojiva coronada de un campanario muy pintoresco y que llaman la Puerta del campanario, que conduce al campo. A la salida se encuentra inmediatamente a la izquierda el Cementerio, no solo encubierto de cipreses, sino también de flores y de jardín. De Vevey se divisa la extremidad oriental del lago, y se ve una larga barra de árboles, como un puente de verduras echado entre los Alpes de Saboya y el «Jorat». Desde la azotea de la iglesia en Vernex, la barra se ofrecía a mis ojos como una larga y risueña cañada, chata y salpicada de árboles que me recordaba el valle de Cañete.

De la azotea bajé a la gruta que está abajo. Hay un bonito Chalet (establecimiento de baños) en cuya puerta se lee Grotte. Un hombre me lleva a ella; es pequeña, pero bastante alta y no carece de mérito con su piso de piedra pómez, el musgo que la cubre y el hilo de agua que corre en el medio.

Prosigo, y paso por «Terret» siguiendo la grande route (el camino real) sin árbol, sin sombra, sin recurso si hay Sol, y solo yo, sin compañero, amigo, criado, ni agua, perdido con mis ligeros veinte años en medio del continente europeo.

No quedaba más consuelo que pasar la vista por los montes selvosos que se extendían a izquierda y derecha, y por las viñas que bajan hasta los rieles. Las faldas de las montañas estaban trilladas de caminos o veredas, y a medida que va uno elevándose, el sendero se hace más estrecho, pero también más fresco como que corre entre árboles y viñedos.

Llegué al Castillo de Chillón, y se me enseñaron los subterráneos que son galerías con sus arcos en pleicintre, de las que la primera posee bastante luz. Están construidas parte en la roca viva y el resto en piedra de construcción. La de Bonnivard tiene como siete columnas, leyéndose en la cuarta el nombre de Byron, grabado según se dice por él mismo, y en la quinta el anillo de fierro a que estaba atado Bonnivard inmortalizado por Byron en su poemita «El prisionero de Chillón», del que allí mismo compré una edición especial en inglés.

Se ven en el suelo estampadas las huellas de célebre prisionero, a juzgar por las cuales no disponía de más de tres metros de suelo para moverse. Se pasa a otra sala en cuyo fondo oscuro se descubre con gran trabajo la horca en que colgaban a los prisioneros condenados. Al frente una abertura que cae al lago, fácil de destaparse, y por la que se arrojaba el cadáver.

Antes de esta sala hay un pequeño calabozo en donde sobre la roca misma se había tallado una cama muy pulida y casi perpendicular, en la que el condenado debía pasar su última noche.

Se sale y se pasa por delante de la Gran Torre, la más antigua de todas, y sucesivamente se visitan la cámara del duque de Saboya, de la duquesa, de la sala de recepción con un hermoso cielo raso o techo de nogal. En la cámara de la duquesa hay una ventana que domina el lago y de la que se disfruta de una bellísima vista. En todas esas piezas se ven las grandes chimeneas de la época que bien podrían constituir unas cocinas. Vese, además, en otra pieza, una columna de madera que remata en una polea, y que se llama la columna de la tortura, porque allí se aplicaba el tormento a los porfiados; una pieza más separada del cuerpo principal en la que se ve un agujero al que se baja por una escalera. No alcanzan a contarse sino hasta tres gradas porque las otras desaparecen en la oscuridad del antro. Teníase allí los reos a quienes se quería hacer desaparecer misteriosamente. Bajaban los infelices sin sospechar los tres peldaños visibles, y cuando alargaban el pie para tocar el cuarto sumido en densas tinieblas se encontraban en el fondo del lago a unos 80 metros de la superficie.

La boca de ese abismo está rodeada hoy de una baranda de madera y se llama Les Oubliettes, que es como si dijéramos las olvidaderas.

A la salida se encuentran de venta bastones, madera esculpida, acuarelas, folletos y otros objetos colectivamente denominados recuerdos de Chillón.

Seguí mi camino para Villeneuve, a pie como en todas mis anteriores excursiones y pasando por delante del lindo Hotel Byron, que parece marcar la mitad del camino entre Chillón y Villeneuve. Este último es un pueblo triste con una sola y larga calle donde yacen los muchachos revolcándose al aire libre. Al frente del embarcadero se ve una islita con tres árboles que no hacen sino uno solo. Es tan pequeño y de forma tan regular, que no la habría tomado por isla sino por un cajón lleno de tierra y con sus árboles o su árbol en el centro.

El Sol que había salido ha vuelto a desaparecer; y las cimas comienzan nuevamente a calarse su gorro de dormir.

En algunos hoteles suizos lo mismo que en Marsella y Bilbao, se entretienen en pulir y bruñir los enladrillados u otros pisos con exageración, como para proporcionarle a uno fastidiosos resbalones.

> Es un aseo... que yo no bendigo;
> pues de pisos bruñidos enemigo,
> mas estimo en el cuarto en donde moro
> un mal tapiz que un pavimento de oro.

Capítulo LV

Los tiradores de Aigle. La cascada de Fontanay. Martigny. Vernay. La garganta del Trient. La Pissevache. El havresac. El alerce, el pino y el abeto. La cantina de Proz. La Dranse. La capilla de los muertos

A las dos y media salgo de Villeneuve y media hora después atravesando el Ródano llego a Aigle. Una gran calle se abre desde la estación y se llama la calle nueva, pudiéndose notar que la población está de fiesta. Arcos de verdura, banderas de colores, divisas en profusión con sentencias como éstas: «Unámonos, la unión es la fuerza» y este gran letrero de amor general a la entrada del pueblo: «Sed bienvenidos», que tanto se dirigía a los suizos como a mí, como a mi perro si lo hubiese tenido.

El campo del tiro presentaba un aspecto de feria en donde se bebía, en donde no faltaba la música, las tiendas ambulantes, el juego de envite, los columpios, y un gran Café con el nombre de cantina. Los tiradores también estaban a la sombra, y delante de ellos se abrían varias alamedas de álamos tiernos, que iban a parar al blanco, siendo éste como un medio de encarrilar la puntería.

El blanco era un cuadro blanco con un punto en el centro que desaparecía cada vez que un tirador acertaba, subiendo inmediatamente otro a reemplazarlo, de la manera que debía correrse el telón en el teatro de los romanos de abajo para arriba. Un individuo con un libro en la mano junto al puesto de los tiradores toma nota de los tiros felices. Las detonaciones se suceden sin interrupción en un verdadero tiroteo. Muchas valesanas, con su ropa ceñida o entallada casi bajo los sobacos, y un sombrerito redondo de alas abarquilladas y muy pequeñas, sobre las cuales alrededor de la copa se arma con seda y raso, una verdadera muralla de circunvalación; muralla de ciudad, aunque de forma irregular, almenada por un bordado de hilo de oro.

Con este tocado extravagante, con esta corona mural de la cabeza, cada valesana venía a ser lo que los latinos llaman mulier turrita. En algunas el sombrero se reducía a un simple gorro de panadero.

Voy a la cascada de Fontanay, que no vale la pena de una excursión, por no ser más que un arroyuelo.

> Que al dejar la altura suma
> de donde su origen trae,
> rómpese, quiébrase y cae
> en crespas trenzas de espuma.

Dos caminos que se desprenden de la extremidad de la calle nueva, conducen a ella. Ambos son del mismo largo, y costeando la Grande Eau que es un río del pueblo, el camino de la izquierda conduce al pie mismo de la pretendida cascada, y permite beber su agua muy estimada en el pueblo por su limpidez y frescura, y el de la derecha la presenta de golpe, proporcionando, además, la linda vista del pueblo, chispeando en su verde llanura, y al pie de sus montañas aterciopeladas, que con los rayos del Sol toman todos los reflejos del terciopelo.

Salgo para Martigny. La partida anunciada para las siete menos cuarto de la tarde, no se ha verificado sino a las ocho. Engañado a cada paso me convenzo más y más de que este país, ya singular por sus montañas no está hecho para ferrocarriles. En San Mauricio se encuentran sin coche para los pasajeros de tercera clase, y los zampan a segunda.

Una atmósfera de ajos y de Gruyere, eso sí, como estamos en su lugar, invade nuestro vagón.

El cuarto que me han dado me recuerda el que tuve en el pueblo de Vergara en España, hace tres años. El mismo silencio por fuera, las mismas montañas tapiándome la vista, casi delante de mis ventanas, y en la noche el mismo sonido de agua que cae. Esta mañana a las diez tomo el camino a pie de Vernay, que también le llaman Vernaya, y por una pésima carretera, larga y derecha, nada romántica llegó en media hora a este pueblo. A la misma entrada se atraviesa un puente sobre el Trient, que a la derecha se ve salir de un desfiladero alto y estrecho. En la extremidad del puente hay un letrero que dice: «Entrada de col (garganta) de Trient», por la cual penetro.

Hasta hace poco no era accesible este recinto, porque habría habido que meterse al agua. Hoy cintando con el peaje de los extranjeros y con esta renta más, renta verdaderamente viagere como todas las de Suiza, cuyas anuales rentas veraniegas son de viajeros, hoy, repito se han construido una galería de madera, ligero andamio colgado al muro de la roca viva de la derecha, y por el cual puede uno internarse hasta un cuarto de hora, en que termina, por esta curiosísima galería de la naturaleza. En este punto el torrente cae rompiéndose, no de una gran altura, una cosa de 25 metros, pero con una gran magnificencia. El puente por el cual se camina tiene veinte pies de alto más o menos, y una baranda de seguridad. De trecho en trecho tuerce graciosamente y pasa al otro lado por el cual continúa, llevando al viajero en el aire y entre dos altísimas paredes de roca viva, de seiscientos a mil pies de alto. La fuente originaria de este torrente se encuentra a tres leguas de distancia en uno de los glaciers del Monte Blanco. A su paso recibe el tributo del Agua negra y de la Barberine, y su color es de un lavadero público. La cascada que forma en la extremidad de la galería es una sorpresa para el visitante que no la espera. Esta cascada es más digna de ser visitada que muchas cascadas de que hablan Murray y Hachette en sus manuales de viajero. El peaje es de un franco por persona, al principio el piso está seco, pero no tarda el torrente en hacerse profundo y sin orillas llenando de bote en bote su angostísimo cauce. Allí el cuadro es imponente: a nuestros pies un golfo atormentado y espumoso y encima de nuestras cabezas un pedacito de cielo, allá, por las alturas, en donde casi se juntan las paredes de ese antro o calabozo. Nada de flores en la adusta superficie de esas rocas talladas a pico; a lo sumo un ligero musgo, aunque a medida que se avanza se van divisando algunos arbustos en la inaccesible roca del barranco.

Del puente de que ya hemos hablado, se pasa al pueblo que está inmediato; y allí se va a visitar la cascada de Pissevache que parece muy cerca y que dista media hora. Gana mucho con ser vista de cerca, y allí, a no ser por el ruido, se la tomaría por humo. También la llaman Sallanches, por ser formada por el río de ese nombre, que viene del Diente del mediodía, y la forma poco después de incorporarse al Ródano. El Trient, se incorpora también en Vernaza, y el Dranse en Martigny.

La Pissevache vista desde el vagón, se despliega sobre la roca, lo mismo que una sábana cayendo de una altura como de 60 y tantos metros.

A la entrada de Col de Trient a la izquierda se ve una subida bastante fuerte que se despliega en zig zag y que conducen en veinte minutos a un pueblo llamado Geure compuesto de seis casas y donde se cultiva, el sarrazin, papas, etc. Está construido casi encima del Col Trient.

Al subir mientras más se asciende más bella se hace la vista; y una vez arriba se encuentra desde luego a la derecha una casita de madera que sirve de refugio en el mal tiempo, y de la que se desprende un balcón que vuela casi hasta el medio del precipicio, que se ve entonces con un horror distinto, de arriba para abajo, quedando explicada la manera distinta de dar idea de una profundidad, del latín y de las lenguas modernas. En el primero se diría que el Col de Trient es alto; en un idioma vivo que es profundo. ¿Por qué? Porque el antiguo se suponía en el fondo y el moderno en la boca; aunque con la industria viva de nuestros días podemos ver las profundidades de arriba a abajo, y aun de abajo a arriba, salvo los cráteres de los volcanes, pues el primero que hizo la prueba de descender ahora muchos siglos, Empédocles no ha vuelto hasta la fecha.

El cauce del Trient, visto desde ahí arriba, se estrecha, y el torrente aunque espumoso, no parece por ese sitio más ancho que un riachuelo.

La galería se detiene o principia más abajo.

Habiendo visto las curiosidades de Vernay, espero en la estación la partida de las tres y media para Martigny.

A las seis de la mañana salgo del hotel (Martigny) acompañado de mi guía que lleva a la espalda mi ligero saco o havresac, especie de mochila suiza hecha de tela impermeable, que llena pesa unas doce libras, no conteniendo sino una muda de ropa blanca y un par de zapatos, que se cruza al pecho con unas correas. Al principio quise llevarla yo mismo; mas a las pocas horas de subidas y bajadas sentí que el pecho se me abría de dolor, sin duda por la ninguna costumbre. Pasamos Martignyboeurg, y llegados al pueblo de la Cruz donde el camino se bifurca, a la derecha para Chamonix, por el Col de Balme y a la izquierda para el gran San Bernardo, mi guía que desde hacía tiempo se proponía dirigirme a este último lugar dando vuelta al Monte Blanco, se detiene para dejarme reflexionar. Me resuelvo pronto, cosa que rara vez me sucede, tomo a la izquierda y heme aquí viendo a cuatro días de distancia ese Chamonix que ya columbraba al fin de la jornada de hoy.

Desde Martigny se empieza a subir insensiblemente, y a partir de Orziéres los árboles frutales desaparecen, y se encuentra uno en los dominios de los abetos, los alerces y los pinos, que con el cáñamo y el lino en las llanuras, constituyen por así decirlo toda la fisonomía topográfica de la Suiza. El alerce extiende sus ramas como el pino, horizontalmente y en abanico; pero su verde es claro y el del pino oscuro. Además da fruto parecido a la mora en la forma apiñada y, que no es sino la misma piña del pino pero más pequeña. Este fruto del alerce solo sirve para reproducirlo. Su madera es mucho más sólida que la del abeto, que se pudre pronto y que casi se confunde con el pino.

El alerce por esa solidez da buenos durmientes para los ferrocarriles. Sirve también para abrevaderos para el ganado en los pueblos de Suiza. Su corteza, roja ya, se pudre y desaparece; y el corazón o madera propiamente dicha, más roja, se conserva y se recomienda por su solidez. El abeto es menos colorado, casi blanco.

Se atraviesa todo el valle de Entremont, estrecho por hallarse encajonado entre dos montes como lo dice su nombre. Se costea la Dranse du Saint Bernard, teniéndolo (el río) ya al lado, al nivel del camino, ya a una gran profundidad hasta más allá de Orziéres, delante de Proz (?) situado en una bonita pradera en donde se junta con la Dranse de Val Terre (o Val Saley?) para continuar con el nombre de Dranse Saint Bernard, de donde trae su origen.

Almuerzo en el hotel d'Angleterre con bastante modestia por dos francos, y tomo un coche para la cantina de Proz dos horas, que me cuesta cuatro francos.

Quiero dormir, y a cada paso me despierta el ruido de una cascada o el raro canto de un pájaro. El suelo está esmaltado de florecitas que parecen puntos de todo color. Veo una pequeña pero admirable alfombra de verdura, es la paciencia, legumbre de ancha hoja, de una gran hermosura que se da a comer a los puercos. Vense asimismo en todo el valle papeles, cañamales en los que la planta macho es la que lleva la semilla reproductora: la hembra se determina por una especie de flor blanquizca; plantaciones de coles; espinos, cuya fruta es una pequeña baya roja, como tomate, saifoin, que no se da ni a las mulas ni a los caballos porque les desarregla el vientre.

Llego a la cantina con la lluvia; aguardo un cuarto de hora y a las cuatro de la tarde vuelvo a empezar mi marcha a pie hacia el Hospicio. Se sigue viendo la Dranse que se va haciendo más y más estrecha, más y más pura en su caudal conforme se aproxima al seno materno, o sea, a su fuente.

Los afluentes, los malditos afluentes son los que al engrosarlo más tarde le arrebatan la pureza de su color. Viva imagen de la vida humana: ¿quién no conservaría la pureza de sus sentimientos y de sus ilusiones hasta el sepulcro, si el maldito caudal de los desengaños al venir a enriquecernos con la experiencia, no enturbiara y manchara para siempre el delicado espejo de nuestra alma?

Al cabo de hora y media llego, envuelto como un héroe de la Iliada en espesa niebla. La subida muy buena. Durante toda ella vi flotar trozos de nubes blancas como vapor, como copos de nieve, y de trecho en trecho pedacitos de cielo azul. En el suelo ni una rama ni una zarza. En estas alturas la naturaleza se despoja de aquellas operetas, que con variadas formas de la vegetación, parece tararear por allá abajo para entretener la frivolidad humana; y con voz glacial solo entona un adusto De Profundis en este desmantelado templo digno de su solitario visitante.

Al comenzar la subida se ve al Pico de la Piedra, que es un cono perfecto, y a la derecha el Chalet del mismo nombre, con su establo y sus animales que pastan por la falda inmediata cubierta de musgo. Más lejos el hospicio y la Capilla de los muertos, que no es más que un osario, construido como la pieza próxima, el hospicio, de piedras de la localidad, y recubierto de groseras pizarras. Esta habitación a media subida, sirve para dar alivio y confortar a los viajeros que puedan necesitar socorros antes de llegar al convento, del cual depende este edificio.

Capítulo LVI
El hospicio del monte San Bernardo. La Morgue. Los cadáveres conservados por la temperatura. El perro de San Bernardo. El jardincito. San Remy, el col de la Serena, el valle de Aosta, Morgé. Cormayor. Subidas y bajadas. Una apacheta. Los chalets. La flor de las cimas. Nan-Borrant. Flores y plantas

Llegamos en plena niebla (18 de agosto) después de hora y media de marcha. Eran las cinco y media de la tarde y a las seis estábamos sentados a la mesa. El comedor es un refectorio como el de un colegio o seminario. La mesa en su extremidad da una vuelta y forma un martillo. Gran chimenea con un espléndido fuego doblemente apreciado en esas alturas. Un piano en que se ponen a tocar y cantar unas damas inglesas. Hasta las diez de la noche llega gente, y antes de las nueve se habían servido ya tres mesas, habiendo figurado en todo como cuarenta viajeros en esa sola noche.

Mi cuarto fue una celda, no por sus dimensiones, sino por sus muebles consistentes en sillas de madera negra con respaldos cuadrados; dos mesas que parecían de comer, y la una para más de doce personas, ambas como las que en Lima se suelen ver en las lavanderías y casas de gente pobre. El primer piso del edificio, o rez-de-chaussée como dicen los franceses, se compone de dos galerías en cruz abovedadas, y de piedra, lo que, las hace parecer caves o bóvedas subterráneas. Por allí están la cocina, el comedor de los pobres, y sobre todo por allí circulan familiarmente los famosos perrazos de San Bernardo, que tanta fama dan al lugar y a la especie canina de los tiempos modernos.

Estos sujetos son muy indiferentes y de un alto estoicismo para el forastero: ni hacen caso de sus halagos, ni los acometen.

El perro de San Bernardo, como hombre que pasa su vida en las frígidas punas y escarbando la nieve a una gran profundidad, con el noble propósito, con el penoso empeño de sacar de apuros a... su semejante (!!) es estoico, nada amable, nada expansivo, hasta misántropo podría decirse sino se conociera su gloriosa profesión.

No se digna ni mirar siquiera al extranjero recién llegado al convento sin otro objeto tal vez que el de verlo. Por más que se le llame con el aire y la voz más dulces, cosa que se hace no solo por atraerle, sino porque no conociéndole el genio podríamos ser recibidos con una tarascada, el animal se mantiene inmóvil y distraído en su sitio. Aun creí notar en algunos que huían con cierta medrosidad supersticiosa, cuando me acercaba por fin a ellos viendo que no acudían a mi llamada.

¡Oh nobles corazones que no conocen al hombre sino cuando está en duros trances! Lo que es en esto, si que no parecen prójimos nuestros, que acostumbrarnos proceder a la inversa.

Los padres, que no tienen otra sociedad que la de sus perros, los miran con un afecto siempre nuevo. No pueden pasar junto a uno de ellos sin pararse a prodigarle cariños y palabras de ternura, con tanto anhelo, que se diría que el padre es el viajero curioso recién llegado, y que el extranjero muchas veces indiferente, es el agustino, acostumbrado tiempo ha a semejante sociedad.

Delante del convento u Hospicio que corre a cargo de unos padres agustinos franceses, que pasan allí el año dando posada gratuita, salvo las erogaciones voluntarias que se echan en el cepillo de la capilla, hay una laguna muy honda, sin peces por su gran frialdad. Detrás de la iglesia está la morgue, exposición permanente de los cadáveres hallados en la nieve hasta que sean reconocidos. El suelo está cubierto de huesos, y a lo largo de las paredes, arrimados contra ellas, se puede pasar revista hasta a unos veinte muertos puestos allí tal como fueron encontrados, y desafiando la putrefacción per secula seculorum gracias a la glacial temperatura.

El primer efecto que produce este horrible cuadro a la vista, es el de unos borrachos detenidos en un retén de policía, o bien el de unos desgraciados entregados a silenciosa desesperación. Siguiendo el indispensable caimiento de un cuerpo muerto, por más entero y vestido que esté, se han resbalado todos hasta el suelo. Los unos guardan todavía el equilibrio, casi sentados; los otros lo están ya del todo, con la cabeza cubierta de su pelo, caída sobre el pecho como abismados en terribles reflexiones o como derramando un torrente de lágrimas.

Uno recordaba en su actitud al Gladiador Moribundo, otro, recostado contra la esquina entre las dos paredes, se mantenía derecho en pie y ostentaba un gesto que parecía una risa fatídica, que ora inspiraba enternecimiento, ora disgusto, como la de un hombre cuya perversidad fisionómica no proviene sino de largas amarguras.

Esta pieza, que parece un calabozo, tiene cuatro ventanitas o troneras por sus cuatro caras exteriores, cuyos barrotes son dos fierros atravesados en cruz. Por cada una de ellas me asomé ansioso de ver por todos sus lados este cuadro que, aunque solo compuesto de palurdos y no de monarcas y personajes históricos como el Museo de cera de Madame Toussaud en Londres, me interesaba mucho más: The proper study of mantkind is man, y éstos, al fin, eran hombres de carne (aunque momia), y hueso, y no maniquíes. Pasé a la capilla en la que decían cuatro misas a un tiempo; y viendo junto al monumento de Desaix hecho erigir por Napoleón I, el cepillo para las limosnas, introduje como viajero delicado unos seis francos, no estimando en más mi frugal hospedaje y cena.

Las atenciones de los padres son muy imparciales, pareciendo las mismas con el rico que pagará su albergue, que con el pobre que no dejará un cuarto. Temo que esta imparcialidad o indiferencia sea extensiva al recuerdo; porque es dudoso que después de su partida averigüen los santos padres quiénes han erogado y quiénes no. Para eso, o más bien para el recuerdo del tránsito, está ahí el famoso infolio de todos estos lugares, desde la ermita del Vesubio, en que cada pasajero va dejando su nombre, la fecha y a veces alguna observación impertinente.

Después de estampar el mío en el registro del Hospicio y de echar un vistazo a lo que los solitarios padres llaman el jardín, que no es sino una poza, con una pequeña, raquítica y forzada vegetación, que produce el mismo efecto en el ánimo que la morgue, es decir, el de una vida imposible, continué mi marcha a las siete menos cuarto de la mañana sin más compañía que mi guía.

En esto de compañeros fui desgraciado en Suiza, sin duda porque allí las excursiones andan tan dispersas y desparramadas, que es difícil hallar dos viajeros que coincidan en derrotero, día, hora y forma de emprender la caminata, que puede ser a pie, en coche en ómnibus, a bestia, por ferrocarril o por agua.

A las ocho y media estaba en San Remy habiendo encontrado antes cerca del convento un poste que marca la entrada al Piamonte. A las nueve continuamos, y si no me engaño a las doce y treinta y cinco estábamos en el Col de la Serena.

La vista me pareció muy hermosa y muy libre (tiempo magnífico). Delante de mí y detrás, sucesión de picos y de agujas, sombríos y desnudos los unos, encasquetados en su nieve los otros. La pendiente (versant) que dejaba atrás, vegetación pobre; la que se abría ante mí, admirablemente selvosa. Bajamos hasta un punto en donde un delicioso valle se abre de improviso; es el de Aosta y el de Cormayor. Llegamos al lugarejo de Morges y desde allí hasta Morgex aconsejo a todo el mundo que vaya a pie (hora y media). El camino está casi todo sombreado y animado por cascadas y riachuelos, y es delicioso. En el centro de este valle se ve chispear el campanario y las casas blancas de Morgex a la orilla misma del Doira.

Nada hasta aquí he visto más risueño en Suiza que este pueblo, y San Didier y Cormayor que vienen después, hasta más bonitos que ese Chamonix tan decantado. De allí a Cormayor camino carretero.

Quiero tomar un coche y ofrezco franco y medio; el cochero que me supone fatigado, quiere aprovechar y pide dos. Nos encaprichamos y continúo a pie, pesándome después, porque debía haber economizado mis fuerzas para la jornada de catorce horas que me esperaba al día siguiente, en la que, fatigado hasta lo indecible, pude gastar cuatro o seis veces más. Un ahorro mal entendido conduce a un despilfarro inevitable.

Llego a las siete y media, y todo el mundo conmovido con la llegada de un nuevo extranjero. El barbero viene hasta el medio de la calle, y parece formular una corveta y una sonrisa bonachona, llena de benevolencia, como para animarme a entrar en una conversación que evito. Hotel del Monte Blanco: en la mesa, peluqueros, herreros, gallipavos, al menos todo eso parecían.

Hoy a las seis de la mañana abandono la mala posada del Monte Blanco en Cormayor, y a las once y media, después de pasar por el pueblo de Saxe, me hallo en la cima del Col de la Seigne, pasado el cual empieza la Saboya.

De Cormayor a Nan-Borrant no tuve más preocupación que doblar cols (gargantas) unos tras otros: el de la Seigne, el de los Fours y el del Bonhomme. El último es insignificante o más bien lo dejamos a la izquierda lo mismo que el valle de Beaufort que se abre por el mismo lado, y que brillaba en ese momento bajo un pedazo de cielo azul, mientras que nosotros estábamos envueltos en la niebla. Hora y media después me hallo en los Chalets de Mottets, y cinco y media más tarde llegaba a Nan-Bovrant, después de una fuerte caminata de trece horas y media y de haber pasado a pie tres cols.

A la entrada del pueblo, no pude más con el cansancio y me tiré por tierra en pleno camino sobre el hermoso césped que, como el agua fresca y pura no falta nunca en la región Alpestre. Esta agua espumosa y la garganta del caminante abrasada... no pueden, sin embargo, o mejor dicho, no deben juntarse por la más vulgar higiene. Lo que la sed pide al caminar a pie por los Alpes es espirituoso. El frasco de cognac que yo llevaba colgado al hombro, salía lleno por la mañana de la posada, y estaba vacío por la noche. Hoy en Lima no sería capaz de tomar una copita de cognac.

Los chalets, que también llaman pavillons, son (salvo la poesía del lugar) los paraderos de España y los tambos del Perú.

Bajamos por largo tiempo; en Suiza nunca se hace otra cosa; salvo cuando se sube. Echado hacia delante o hacia atrás, así hay que andar siempre. La llanura es una ilusión, y aun en el centro de las poblaciones en donde han debido de hacer prodigios de nivelación, parece que dormitara latente la tendencia a la curvatura.

Se sale de un valle, y después de una subida cada vez más recia y que toma de tres a cinco horas, se llega al Col, que es como un puente natural entre dos valles y cuya conformación es verdaderamente la de una garganta o istmo.

Los valles o cañadas presentan todos el mismo simétrico aspecto. Dos pendientes laterales cubiertas de abetos y alerces, que parecen flechas clavadas en el suelo, y a su pie un río que las separa y que va regando uno o más pueblos.

Teníamos al frente un pico, Mont Jovet, sosteniendo un glacier del mismo nombre, y de forma redonda como el del Monte Velán frente a San Bernardo. Los glaciers colocados de esta manera parecen un líquido rebosando en una copa. Llegamos a una meseta verde llamada Plan des dames, en cuyo centro surge un montículo de piedras piramidal, que según tradición antigua cubre los restos de una señora que junto con su criada fue víctima allí de la tempestad. Cada viajero que pasa siguiendo el ejemplo de guía, tira su piedra. Era exactamente la apacheta de los Andes.

Bajamos a otra meseta, que ofrecía una belleza tranquila y deliciosa, por la que pastaban hasta seis vacas bajo el cuidado de un rapaz bastante despierto, que vino a ofrecernos hospedaje asegurándonos que el Pabellón Nan Borrant, que aún distaba una hora, estaba atorado de gente.

El sitio, a esa hora apacible en que declina el día, me producía una impresión tan tierna que de buena gana habría aceptado. Desgraciadamente, el

Chalet que en nuestra imaginación nos figuramos lleno de colorido en las altiplanicies, es en la realidad una descolorida majada, de esas que puede describir el Quijote; una granja, un corral de chacra (bassecour) casi una pocilga donde el hambriento no halla sino, leche y lacticinios. La leche no puede ser mejor, ésta es su patria; pero depositada en cuartos húmedos, está siempre glacial, lo que agregado a su inverosímil grosura la hace casi repugnante, mucho más para desayunarse. Algunas moscas sobrenadan por su superficie; y así y todo hay que apechugar con ella, sin azúcar porque allí se carece de todo, desde el pan hasta la carne. Por otra parte, el olor de las vacas, el olor tibio de la vida que se desprende del abrigado recinto, es muy refocilador para el viajero, cuya vista, olfato y paladar se sienten desolados a la vista de un páramo silencioso, sin flores y sin árboles, y en donde la brisa es insípida a fuerza de ser delgada y pura.

Hay con todo, una florecita, lila, de la familia a lo que creo de las campánulas, que me acompaña siempre hasta arriba, y vuelve a bajar conmigo, por lo que la llamo la flor de las cimas.

Mi última jornada en lo que se llama la gran vuelta del Monte Blanco, que empecé partiendo de Martigny y que debía cerrar en Chamonix, viaje a pie que realicé del 18 al 21 de agosto de 1862, mi última jornada, repito, del Nan Borrant a Charmonix fue la más corta y la más interesante.

En el susodicho Pabellón solo había seis cuartos, pero bonitos y aseados. La comida y el servicio muy esmerados, y los precios con moderación. Por desgracia todo estaba lleno como me lo aseguraba el muchacho vaquero, y me tocó un indecente cuarto entre la caballeriza y la cocina. Por el mismo agolpamiento de gente me veo más tarde alojado aquí (Chamonix-Hotel Monte Blanco) con un cabaret (taberna) debajo y un mirlo al frente.

Dejé Nan Barrant a las siete de la mañana; bajo por una pendiente rápida abierta en la roca, dejo a la izquierda la gorge (quebrada) de Nuestra Señora de la gorge con su iglesia del mismo nombre, muy bonita como la de todos los pueblos suizos, y voy costeando el Bonnant, río que forma el valle de Montjote, encantado de las flores que encuentro en el camino, y que me apresuro a recoger para mi herbolario. El trébol, que da buena y abundante leche a las vacas como el refoín (reheno), llaman así a la segunda cosecha del bono que se cosecha cuatro veces por año, el fromen, más alto que el trigo, y cuyo pan es menos fino, y la avena, de tallo liso y granos pendientes como lágrimas: es el llorón de los cereales y da un pan detestable.

Entre las flores se llevaban la palma esa mañana unos pensamientos amarillos, que veo por primera vez y que me deleitan. Crecen por el camino como flores ordinarias y se emplean para tisanas. Sobre esas mismas orillas del Bon Nant vi un grupo de árboles (petit bosquet) de tronco liso, largo y tan delgado, que bastaría cortar uno a cierta altura para tener un buen bastón. Es el berne (vergne en patois del país y aune en francés) palo duro que no sirve sino para la candela, y que gusta de los terrenos ribereños. Comienza por ser una planta muy pequeña, casi invisible, y crece hasta formar muy bonitos bosques. El máximum de circunferencia que puede alcanzar su tronco es de pie y medio. Las cabras gustan de ramonear sus hojas, que se recogen en verano; y secas en el invierno sirven para alimentarlas. El fuego de su leña es muy estimado, porque chisporrotea menos y dura más que el abeto. El aune es el aliso.

He visto asimismo unos arbolitos o arbustos que dan unas bayas, unos racimos como de tomates pequeños. Son tan bonitas, sobre todo por el contraste de los colores, que parecen hechos adrede. Según mi guía se llaman thimé o algo por el estilo. Thymian en alemán es tomillo. Su tronco delgado, es muy liso y muy negro.

En Suiza como en Constantinopla, enteramente preocupado con la naturaleza, me pregunto de tiempo en tiempo: «¿Y los habitantes? A lo que me contesto aquí como allá: estoy en el paraíso terrenal antes de la creación del hombre».

Capítulo LVII
La moraine. El Bonnan. Contamines. El Col de Voza. La rosa de los Alpes. El glacier de Bossons. Chamonix. El guía Pillet. El Mar de hielo. Las crevasses. La Flegére. Rasgos topográficos. El jardín del Mar del hielo. La manzanilla

El día de mi partida de Cormayor vi la primera moraine más allá del Lago Combal, lago sin peces por su excesiva frialdad, en la árida Allée Blanche al pie del Col de la Seigne y dominada a la derecha por el glacier de Miage. Al ver por primera vez una moraine, se piensa inmediatamente en que ha habido derrumbe de alguna montaña próxima; así como si se le viera en la vecindad de una población se creería que era el muladar de ella.

Es un montón de despojos geológicos situado al pie o al lado de un glacier, y del que se escapa un pequeño torrente que más tarde será un río. Las moraines presentan un color ceniciento, y hendidas a trechos dejan ver la blancura del hielo que encubren, y el cual como si fuera una persona aseada, expele a la superficie toda materia impura. La moraine que veía era propiamente, esto es, parecía un puente vecinal de un solo ojo, viéndose sus dos salidas, y para mayor ilusión un torrente que pasaba por debajo. ¡Raro capricho de la naturaleza!

Admiraba de cerca, viéndola por debajo, esta bella y blanca bóveda de hielo que solo allí revela sus misterios echando al exterior el traje de ruina, el tosco disfraz que la cubre, e insensiblemente me iba metiendo bajo el ojo del arco, hasta que mi guía me detuvo para librarme, primero de un baño de pie, enseguida de la gotera continua que cae de arriba, y por último de un formidable y no imposible desplome de la masa glacial; porque así como basta la punta de un alfiler introducido para desagregar en todo sentido el más compacto carámbano de hielo, así la más tenue vibración en el aire, inclusive la de la voz humana, suele determinar una avalancha o alud, desgajándose las moles que solo esperaban una ocasión para soltarse.

Había salido de Nan-Borrant como lo dejo dicho, a las siete de la mañana del 21 de agosto de 1862, y costeaba el Bonnant atravesando los pueblos de Tressdessouss, donde una buena Báucis a solicitud mía se pone a ordeñar su vaca y me escancia un vaso de Champel y de la Villete, ya en altura, como que comenzamos la ascensión del Col de Voza, último que doblaré en mi circunvalación del Monte Blanco que vengo faldeando a respetuosa distancia desde Martigny, y hasta Chamonix. Pasé ante todo por Contamines, pueblo sepultado entre las flores como los precedentes. Hasta allí si no me engaño es el valle de Mont-Joie, y el siguiente el de Contamines. Se deja a la izquierda el camino de Saint-Gervais y principia uno a elevarse sobre el Col de Voza, el más alto (?) que hasta aquí he trepado, siendo su altura sobre el mar de 1810 metros.

A las once y media me hallaba en la plataforma, Chalet o Pabellón de Bellevue. La vista muy buena, aunque demasiadas nubes en el horizonte, que me tapaban las cumbres. Lo que se ve mejor, el glacier de Bossons a mis pies, y el de Bionasay a mi derecha. Almuerzo y continúo mi bajada en esta vida de altibajos que no es sino la imagen material de la misma vida humana.

Veo al fin la Rosa de los Alpes o Rhododendro, es decir, su follaje, porque flor no da sino en primavera y solo dura hasta julio. La hoja no es como la he visto en algunas colecciones, dentada o picada en todo su contorno a la manera de la hoja común de rosa.

Vi asimismo, l'Ambroune (?) que es una uva ordinaria de grano pequeño y negro, pero de un gusto insípido.

No tardé en llegar a Ouches a las dos de la tarde. Sigo el camino carretero a Chamonix; y a la mitad de él tuerzo a la derecha para el glacier de Bossons. Subo, llego a sus orillas y me siento deslumbrado por la blancura de su crespa superficie, que podía recordar la de un plato de arroz con leche. Es mucho más blanco, pero menos quebrado que el Mar de hielo de Chamonix.

Lo atravieso lentamente para admirarlo mejor, y a cada paso veo arroyitos de agua pura que corren por la nieve y que nacen de ella misma. Algunas veces se han excavado un cauce no ya somero, sino un tanto profundo, y entonces se les ve correr por entre dos muros de cristal de roca, y por un lecho que es de lo mismo: blanco cristalino, azulejo, que no se cansa uno de mirar.

Cuando me aproximaba a la cima del Col des Fours, costeaba un torrente que corría entre dos paredes de pizarra que parecían pulidas adrede, y que trajeron a mi memoria el célebre soneto de Lope de Vega.

> Caen de un monte a un valle entre pizarras,
> y aunque en ese torrente, y no laguna,
> tampoco me pasó cosa ninguna.

No pude menos de recordarlo en el glacier de Bossons, porque en ambas partes la naturaleza había pulimentado el lecho de dos corrientes labrándoles un canal como el más eximio artífice en piedra y en cristal. Para entrar y salir de estos glaciers hay que pasar siempre por encima de unos escombros que parecen moraines.

Muy cerca estaba Bossons de Chamonix cuando di este rodeo descaminándome lo menos hora y media para ir a ver el glacier que ya queda descrito, y también las cascadas de Peregrinos y del Dardo, que no ofrecen interés.

A las cinco de la tarde estaba en el célebre pueblecito que me agrada menos de lo que esperaba. Calor durante el día y frío por la mañana y por la tarde; pero frío vulgar, de Londres, y no el que yo soñaba, de montaña, vivo, ligero, bienhechor para el pulmón.

En Chamonix, no hay nada que comprar. ¡Ay del viajero que no ha venido provisto de todo! La población no se compone sino de gulas, que serán unos 160, y de viajeros. La renta de Chamonix y la de gran parte de la Suiza, es una verdadera renta viagére. Los habitantes parecen vivir en la contemplación, en el espectáculo del extranjero, y me figuro que lo verán llegar como se ve venir con ojo atento las cosechas en los países agrícolas.

Ésta es la época de la feria, y hacen sus provisiones para el invierno como la hormiga. Las tiendas que contienen pretendidos artículos de viaje, son barracas construidas aprisa, provisionales, como las que empiezan a aparecer en los bulevares de París quince días antes del año nuevo.

El guía que me ha acompañado tenía cincuenta y tres años y se llamaba José Pillet, bueno y excelente hombre. Según él hay nueve leguas de Martigny a San Bernardo; doce de este lugar a Cormayor; catorce a NanBorrant y nueve a Chamonix.

He andado pues a pie cuarenta y cuatro leguas en cuatro días o cuarenta y ocho horas. Más claro, salí de Martigny el 18 de agosto a las seis de la mañana, y el 21 a las cinco de la tarde estaba en Chamonix.

Ayer partí a pie a visitar el Mar de hielo que es una de las primeras curiosidades de este valle. Tardé dos horas hasta el Montantvert, que es una cuesta selvosa muy interesante, que conduce a ese glacier monstruo, que es respecto al vulgo de los otros, lo que el océano con relación a los mares interiores.

Atravieso el Mar del Hielo en tres cuartos de hora; yendo ligero puede hacerse en media hora. Casi siempre se ve uno rodeado de crevasses, que muestran sus paredes de hielo que descienden hasta abajo ostentando un color ya verde esmeralda, ya azul cerúleo como las olas del mar de Nápoles en las noches de verano.

Las crevasses son las resquebrajaduras, hendiduras o grietas peculiares a todo glacier. Figúrese el lector una de nuestras pampas en donde por haberse abierto la tierra como vulgarmente se dice, o por cualquiera otra causa geológica, se admira el mismo fenómeno aterrador e imponente, y tendrá una idea exacta de lo que son estas crevasses, y del terror que produce mirar para abajo estos abismos cristalinos. Algunas son tan anchas que se necesita la mano del guía o apoyarse en el Alpenstock para saltarlas. Es verdad que la misma anchura en la somera acequia de un jardín, se salvaría hasta con negligencia.

Este color del hielo forma contraste con el polvo negro que en gran parte cubre su superficie. A la extremidad está tan sucia y tan llena de aculados despojos, que la tomé por una moraine. Este es el punto más hermoso, hallándose uno en medio de golfos. Ando largo tiempo costeándola por entre gruesas piedras hasta llegar al mal paso, que no lo parecería si no fuera prevenido. Se pasa en ocho minutos, y después al Chapeau, y se baja a la fuente del Arveyron contorneando el Glacier de Bossons.

Hoy subo a la Flegére, subida que es muy pedregosa y fastidiosa, gozándose en la cima de una linda vista. Se ve el Pabellón del Col de Valme muy claramente, lo mismo que el glacier de Fours y de Argentieres. La aguja del Don, muy esbelta, arrimada a la Aguja verde como si fueran dos pegadas. Las grandes y pequeñas Torasses, la Aiguille du mur que desde esta altura confiesa su nulidad verdadera, y como el resto, queda sobrepujada por el Monte Blanco, que visto desde el valle parece más bajo que los otros grupos. Estas curiosas Agujas o Picos tan características de la Suiza, parece que se anunciaran por medio de vegetales desde el fondo de los valles y faldas de las montañas. Todo el suelo suizo señala al cielo con dedos índices, desde las hondonadas hasta las alturas. Cada tallo de esos cañamares y linares que constituyen las plantaciones interiores, es una verdadera aguja o pirámide en cuya coronilla se siente palpitar el anhelo de lanzarse al infinito. Inmediatamente después y en orden ascendente, son reemplazados estos índices desde el pie de las montañas, por los coníferos, pinos, abetos y alerces; nuevas agujas pirámides u obeliscos que también señalan al cielo en ese segundo plano. Por último termina la tierra con las «pirámides de hielo» como las llama un traductor de Ossian, que cierran el cuadro en las alturas mismas. Todos los demás rasgos topográficos de la Suiza, los rasgos horizontales, por decirlo así, no son nada ante esta linda tendencia vertical o indicial, si se me permite la expresión.

Los coníferos no dan plena sombra sino cuando forman selva. Quisiera ver esos árboles que han hecho mis delicias en el Oriente: plátanos, sicomoros.

>   Y el cedro corpulento, el cedro añoso,
>   cuya cima se pierde entre sus ramas.

Ayer por segunda vez voy a atravesar el hermoso glacier de Bossons. La nieve bajo mi pie ora cruje, ora rechina, y admiro esos hilos de agua que corren por la superficie, y que reuniéndose de tiempo en tiempo forman un pequeño arroyo que se desliza entre dos paredes de cristal bastante altas. El Mar de Hielo al acercármele, me parecía tener color de herrumbre lo mismo que las aguas del Arye y del Arveyron vistas de esta altura.

A las cinco y media de la mañana parto para el Jardín, término natural, de la excursión al Mer de glace, en cuyo solitario fondo se encuentra ese brevísimo recinto, que por contener una que otra yerbecilla miserable, en esas nevadas alturas, ha merecido el pomposo nombre de jardín; punto hasta el cual no penetré en mi primera excursión.

El frío me molestó mucho, particularmente en las orejas, hasta que llegamos a Montanvers. Puse hora y tres cuartos. A las ocho vuelvo a emprender la caminata, y a las doce y media del día llego al jardín, en donde permanezco y descanso hora y media.

El jardín está casi a 3.000 metros sobre el nivel del mar. No es precisamente el susodicho jardín, que yo habría visto cien veces sin pensar en darle tal nombre, lo que constituye la belleza del sitio, sino su grandiosa soledad y su magnífico silencio que hacen estremecer al que entra. No faltan empero, por allí algunos raros pajarracos, cornejas o pícaras a juzgar por el graznido, revoloteando por lo alto.

He dicho al que entra, porque es un anfiteatro perfecto, un verdadero circo o coliseo de hielo, cuya única entrada es el punto por donde el glacier del Talefre se abre una salida para ir a juntarse con el de Lechaud, mucho más bello por sus altas pirámides, y que a su vez va a desembocar en el mar de hielo.

Está uno sentado en el Talefre, o al menos en el jardín, que es como la isla de este mar. El jardín viene a ser una moraine cubierta de césped en su parte central, donde se encuentran flores, pero pequeñas y ocultas bajo la hierba, y que es necesario buscar. No son de las que esmaltan el verde tapiz, como pudiera creerse.

Además cuando se llega allí se viene atravesando el Talefre en un cuarto de hora, de la fastidiosa cuesta de los Egralets, que pudiéramos llamar el continente, donde se dejan las mismas flores y el mismo césped, y no puede uno sorprenderse de la vegetación insular, sino pensando que uno está en ese momento rodeado de hielo por todas partes.

El cuadro o marco de esta llanura de hielo en que se descansa, está formado altas agujas o picos, ya aislados, ya en grupos, desnudos los unos, nevados los otros, y que ahuecándose a veces forman como nichos o como las altas galerías de ese anfiteatro. El Sol quema allí con todo su fuerza. No hay un árbol, un sicomoro, o bien

> Del Líbano el robusto añoso cedro
> cuya cima se pierde entre sus ramas.

Ni siquiera un peñasco saliente y puntiagudo que los reemplace para dar sombra. Hay que presentarse al Sol como una víctima inerme. Desde el Montanvers se camina por el hielo, en todo, dos horas y media más o menos; desde luego por el mar deshielo, a cuya orilla derecha se llega al fin atravesando tres moraines, para comenzar la ascensión de una hora de los Egralets, después de lo cual vuelve a entrarse al hielo (Talefre). En su parte más alta, al pie de los Seracs du Geant, es donde el mar despliega alternativamente las ondulaciones que le son propias, y esa blancura que parecería exclusiva del glacier de Bossons.

El verano en Suiza es una feria, una comedia para los habitantes, que parecen renunciar a toda ocupación para entregarse a la explotación y a la contemplación del extranjero. No hay para qué decir quiénes son los actores en esta comedia. Cada nuevo viajero que llega, aun en Chamonix y en Vavery, y en el primer lugar más quizá que en cualquier otra parte, es mirado con más asombro, que lo debió ser por los otros animales, el primer hombre que apareció sobre la tierra.

Voluntariamente me proporcionaban cuantos datos quería, con tal que empezara a contestar enseguida a una multitud de preguntas, de adonde venía, adónde iba, etc. La vida es muy artificial en este país de la naturaleza.

He encontrado hoy unas bonitas flores de botón de oro, rodeadas de hojas blancas como el ancho cuello vuelto de un niño —como una rubia niña— con su blanca pechera. La llaman camomille y la dan en infusión para el dolor de estómago. Es nuestra manzanilla. He visto también una planta rara en los Egralets cuya ancha hoja se parece a una mediapapa.

Capítulo LVIII

Martigny. La resina del alerce. Linares y cañamales. La bajada de la Forelaz. El cantón del Valais. Abrevaderos rústicos. Sir Patrick. Un pajarito cantor. Plantas rastreras. Zermat y el Rifelberg. El Garner Grat

A las ocho menos cuarto de la mañana salgo de Chamonix, esta vez caballero en mula que con guía y todo me cuesta 24 francos. Mis lectores no han olvidado que el 18 partí de Martigny para Chamonix dando la vuelta por la falda del Monte Blanco; así es que al volver al punto de partida cierro por completo la interesante vuelta que me propuse dar, y que los viajeros suelen verificar en sentido inverso empezando por Chamonix y acabando por Martigny.

A las once y diez de la mañana me hallaba en el Hotel de la Cascada, en el valle Barberino, continué mi marcha al mediodía y a las cinco de la tarde estoy en Martigny. Este camino o vía de la Tete Noire como se llama, es delicioso. Después del hotel que he hablado, galería de la Roche percée, y hasta la subida de la Forclaz la más bella parte del camino. Por donde quiera abetos y alerces cuyo tronco suda una goma o resina que he encontrado muy buena, y el olor de la cual es medicinal o lo parece, siendo la de alerce más estimada aún. Por todas partes el cáñamo, cuya coronilla se diría que tuviera algo de viviente como el de nuestros yucales y que fueran a desprenderse de su esbelto tallo y a echarse a volar al cielo como una mariposa; linares que se cosechan y extienden sobre la hierba por algunos días a fin de que se pudran con el sereno.

A la bajada de la Forclaz y mientras atravesaba una gran variedad de hermosos árboles frutales, que parece mayor viniendo de Chamonix en donde no he visto más que abetos y alerces, no podía pensar cinco minutos en la misma cosa, de tal manera estaba distraída mi atención a cada paso por las chiquillas que apostadas en todo el trayecto, venían a ofrecer al noble extranjero, la una manzana, la otra peras, la de más allá uvas, como si estuviera recorriendo las diversas zonas de vegetación.

Estas frutas parecen magníficas para ser de Suiza, porque de otra manera tienen una aspereza en la forma y en el gusto que revela la montaña.

El valle del Ródano, o sea, el Valais, es hermoso, sobre todo cuando uno lo ve desatarse a sus pies desde las alturas de la Forclaz, con un gran río que culebrea por el centro como una larga cinta cuya extremidad se pierde de vista. El cantón del Valais es fecundo en flores y en crétins, y se extiende Bouveret a la furca regado por el Ródano, que es como su espina dorsal, así como los numerosos vallecitos laterales vienen a ser las patas de ese pólipo gigantesco.

> Vuelven de nuevo las nieblas
> y ya otoño con sus tintes
> de oro y púrpura las puntas
> de hojas y flores salpica.

El 28 de agosto salí para Vevey, por matar el tiempo y para sacar de mi equipaje algunas prendas que comenzaba a necesitar, como que ya llevaba cosa de doce días de vida de havresac o mochila, a las cuatro estaba de vuelta.

El Valais es el país de los colosos (goitreux) y de los cretins, palabra francesa que imperfectamente traducimos por idiotas. Cuesta trabajo contener la risa al ver en las calles a individuos de cuerpo y proporciones enanos, casi liliputienses, con las piernas y los brazos generalmente defectuosos, con las facciones y fisonomía revelando una honrada y apacible estolidez, y paseando gravemente su coto, lamparón o papera.

En cambio en Saboya los niños son muy bonitos y sobre todo muy graciosos.

El 29 de agosto me hallaba en Viége; así se llamaba en francés, y Fisp (visp) en alemán. A la una salí de Martigny, y en una hora por ferrocarril llegué a Fung, que no me pareció desprovisto de interés, con sus viejos castillos y sus sitios montañosos; me recordó a Padua.

Tomé un coche con un escocés que acababa de conocer; y a las ocho y media de la tarde llegamos. Lluvia constante desde hace tres días. Cerca de Visp o Viége las aguas se han extendido por los campos y se ven flotar árboles por medio del agua.

El 30 de agosto a las siete y media de la mañana me despedí de Visp con un tiempo nublado y lluvioso. Atravieso el lugar de Neubruck con su puente pintoresco de un solo ojo por encima del cual pasé. Mas allá de Stalden bajamos al fondo del valle salvando el Visp por medio de un puente rústico cuya vista es bonita y nos internamos en esta garganta estrecha y salvaje para ir a dar a San Niklaus donde me detuve hora y media.

Esta excursión la hice a pie, llevando por compañero a un caballero con quien me encontraba por segunda vez en mi dilatado viaje. La primera vez fue en Nápoles en enero de ese mismo año (1862), en el Hotel Victoria, donde ambos vivimos y donde nunca nos dirigimos la palabra.

Era un hombre como de cincuenta años, alto, delgado, sordo como una tapia, brusco, distraidísimo, un verdadero britano. Se llamaba Sir Patrick, probando el título de Sir que no era un cualquiera. Al llegar al pueblo de Stalden a cosa de dos horas de viaje, nuestros guías quisieron convidarnos a vino, que naturalmente no aceptamos, y los dejamos beber solos, sentándonos mientras tanto a descansar en uno de esos abrevaderos rústicos que por entonces estaba seco, tan comunes en Suiza, y que se reduce a un tronco de meleze (alerce en Español) larch en inglés, lárige en italiano, lerchenbaum en alemán, o de sapin (abeto) excavado y acostado a la altura suficiente para que los ganados puedan abrevarse en ellos con comodidad.

Siendo de materia tan natural y hechos por un sistema tan primitivos, su aspecto es rustiquísimo y no puede uno verlos sin recordar ciertos versos de Virgilio: «Llevarás cada mañana tus ganados» dice el poeta, currentem illignis biber, canalibus undam.

<blockquote>
A beber agua corriente
en el canal de madera.
</blockquote>

Así como la destilera es el árbol por excelencia y característico del Egipto y el maíz la planta por excelencia del Perú, así el alerce o el abeto y toda la familia de los coníferos llenan este objeto en Suiza.

El agua termal que se trae de los baños de Pferer al pueblo de Ragatz, pasa por una cañería de estos troncos como lo veremos próximamente.

Continuamos nuestra marcha, y al salir del pueblo, vimos a unos hombres que forcejeaban por levantar un tronco largo y grueso. Sir Patrick echa un vistazo, y sin decir palabra, va a colocarse después del último de ellos mete el hombro derecho y enderezando con vigor su alta estatura, levantó y movió el tronco más de lo necesario; hecho lo cual continuó su camino a largos trancos como de costumbre; de tal modo, que cuando los otros volvieron la cara azorados para ver de adónde había salido ese auxilio tan repentino y eficaz, ya se había perdido de vista el noble escocés.

En casi todas las selvas de abetos y alerces escucho siempre el canto de un mismo pájaro, muy melodioso. Me han dicho que son serins (canarios) o gorriones (moineaux) como yo mismo he visto. Creía que no cantaban aunque nosotros los tengamos de una voz cuya prolongada melodía no puede en concepto mío ser sobrepasada por ninguna otra clase de gorrión. Buffon dice que no cantan y, en efecto, a los de París, tan urbanos, solo se les oye un graznido bajo. A los nuestros se les puede llamar juilipios por onomatopeya. Los de Santiago de Chile llamados chincoles, casi compiten con los nuestros en lo límpido del canto, aunque con un grado menos de melodía y un poco menos de fuerza para repetir el pío pío que sigue al canto propiamente dicho. La repentina petulancia con que este pajarito suele soltar sus notas de noche, ya en un camino, ya desde el jardín de cualquier casa, sorprende agradablemente a las personas inmediatas.

El de Suiza cuyo pito o gorjeo es como un canto en estado rudimentario difiere, sin embargo, del gorrión. Tiene la cola que menea constantemente como un perro alegre, de color rojo y aleonado, fulvo, lo mismo que toda la parte anterior del cuerpo. Además todo su aire revela un habitante de climas bien distintos de los que frecuenta el gorrión ordinario, tan amigo de las poblaciones. Es como la fruta de Suiza que aun siendo buena (para el lugar) en el aspecto y gusto tiene un no sé qué de áspero y rudo que trasciende a montaña.

Más tarde veo una planta cuyas ramas retorcidas parecen cordoncillos o bien dedos de pollo. Asimismo, he visto una planta ya borrada de mis recuerdos, en los alrededores del Cerro azul en Cañete, en los camellones de los surcos, y que por su color de carne merece más todavía, el nombre de dedos de pollo, los naturales, sin embargo, lo llaman en Cerro Azul con no menos propiedad hierba del alacrán. Pero la que acabo de ver aquí da unas bayas o frutitas que podrían tomarse por ciruelas reina Claudia, microscópicas. Mi guía Alemán la llama Rack-honder-béri (?) y otro palmen agregando que servía para una especie de té muy especial que se hacía, ya con los granos reduciéndolos a polvo cuando están secos, ya con las ramas; yo los había tomado por la ambroune de que he hablado páginas atrás, pero las ramitas de estas plantas recuerdan las del alerce y no semejan cordoncillos como las del palmen, son como la uva vulgar y tiene un gusto muy dulce, casi empalagoso.

Ayer a las once de la mañana sin estar muy decidido, tomo el camino del Rifelberg y deteniéndome en todas partes llego a él a las dos de la tarde. Había llegado a Zermatt la víspera a las seis de la tarde, después de haberme entretenido hora y media en San Niklaus.

Para llegar a Rifelberg atravieso una hermosa selva de abetos y alerces, trepándose enseguida a la áspera cima en donde está situado el hotel del mismo nombre, aislado y solo en medio de esta planicie donde la vegetación ha terminado; no viéndose por la superficie del suelo sino una hierba muy pequeña que lo cubre. Antes de entrar a Zermatt costeaba como siempre el visp. De improviso vi dibujarse ante mí un pequeño valle, una verde pradera con la forma de una herradura, por lo que me creí a la entrada de un estado griego como aquel que dejaba visto en Atenas.

Al fondo se veían algunas casas de madera ennegrecidas y superpuestas en una base que no era más que un montón de piedras. Se les habría tomado por barraca provisionales a no estar completamente engalanadas por ventanitas con sus vidrios octógonos todas, muchos de los cuales no hacen sino una sola hoja pequeña. En ellas pude reconocer el modelo de todas esas casitas de madera tan delicadas que se fabrican en Suiza y que se exponen en las vidrieras de las tiendas como si fueran juguetes o artículos de pura fantasía.

A las siete y media de la mañana dejo el Hotel Mont-Rose (en Zermatt) y a las cinco y media me encuentro en Visp. Estoy a caballo que reemplaza aquí a la mula. Entre Tesch y Randa el valle se ensancha, y forma una planicie por la que el río corre con libertad partiéndose en brazos en el centro de los cuales se forman islas de arena y de piedras. También este sitio me recuerda el aspecto salvaje y si se quiere grandioso de las orillas del Rímac y del río de Cañete que son los torrentes de la costa peruana.

Sus márgenes están pobladas de aunes (alisos) del aliso, amigo fiel de los terrenos húmedos.

Del hotel de Rifelberg partí ayer a las siete de la mañana para la excursión del Garner-Grat. En hora y media estuve allí. Se camina siempre sobre la nieve o cerca de ella y la vista es grandiosa pavoneándose uno en medio de un círculo de nieve y con un vasto glacier, el del Mount Rose a sus pies, a una gran profundidad.

Capítulo LIX

En la banqueta de la diligencia. Baveno. Belinzona. El Lago Mayor. La garganta y galería de Gondo. La cascada de Fresinona. El Hospicio. El pueblo de San Bernardino. Hinterrhein. El Rin. Manzanas blancas. Un postillón con poncho. Coira. Orejones. Isola bella. Estudiantes alemanes. Ragatz. Baños de Pfefers. El cáñamo y el alerce. El Lago de Zurich. Schafhausen

Ayer a las tres y media de la mañana salto de la cama en Visp y corro a la oficina de las diligencias. Vengo hasta Brieg desde cuyo punto empieza la ascensión del Simplón, junto con el postillón, en la voiture suplementaire (coche suplementario) y allí tomo la diligencia tocándome un asiento que llaman banqueta, especie de cabriolé encaramado como una jaula a la zaga de la diligencia, o como el asiento del lacayo en un carruaje particular, una silla volante. Este asiento parece muy desestimado, y se me decía que me tocaba a mí por haber llegado el último. Lo encontré magnífico; ¡es mucho cuento tener veinte años! y temiendo que alguien me lo viniera a disputar, no cesaba de repetir con una voz que me costaba trabajo fingir desolada: «¡Tomaré pues la banqueta!». Allí dominaba, y mi posición era... elevada. Por otra parte, este asiento, siendo una silla de posta perfecta, tenía la cabeza y los pies tan al abrigo del frío como del Sol. Si hacía buen tiempo echaba hacia atrás la capote o fuelle, y la tela impermeable que me cubría las piernas. Estaba solo, aislado como el gaviero en la tablilla de la cofa; sin prójimos a mi lado, que es una de las más terribles vecindades cuando se debe permanecer en diligencia algunas horas.

Durante todo el trayecto, sintiéndome rebosar de satisfacción, comencé a asustarme sabiendo

> Que siempre fue la alegría
> el prólogo del pesar.

Esto no puede durar, me decía; está demasiado completo. Y en efecto; Dios me oyó y me castigó, porque a eso, de las ocho de la noche, en una estación de cuyo nombre no quiero acordarme, un grosero milanés, aunque lleno de humos (poseur) vino a pedirme que le hiciera sitio. Sostengo que el asiento no es sino para uno, puesto que en él se ve un letrero que dice I Posto (en italiano, estamos en el Piamonte). El conductor tiene la culpa de todo; es su puesto propio, y él lo negocia de una manera absurda. Forzoso me fue pues, ceder, y aguantar a un prójimo no a mi lado, casi en mis rodillas.

Este disgusto no me causó sorpresa. Tan pronto como se sale de Francia y de Inglaterra hay que hacer el ánimo a informalidades y sobre todo a maravillas, a causa de que la civilización, digo, la civilización perfecta, general y refinada, termina en las fronteras de esos adelantados países. En mi asiento se leía I Posto, pero se duplicaba como el pan en manos del Salvador. Me lamenté amargamente como de costumbre en semejantes casos, pensando que cuando por un raro acaso logra el hombre disfrutar de una felicidad perfecta, debe prepararse a expiar luego ese raro crimen. Por fortuna a las once de la noche me apeaba en Baveno, habiendo partido de Brieg a las seis menos cuarto.

Duermo allí, Hotel Bellevue, bonito, confortable y no caro. Hoy a las diez menos cuarto tomo una barca, y visitando Isola bella Isola Madre, llegué a Pallanza a las dos de la tarde. Tomo el vapor, y a las cinco, Logarzo, de donde la diligencia me trae a Belinzona en dos horas. El Lago Mayor, mucho más hermoso que el Lemán de Ginebra; aunque no se ven allí las nieves en las cumbres que lo rodean, menos grandioso.

En este momento, diez de la noche, espero en Belinzona la diligencia que debe llevarme hasta Splugen por el Bernardino otro de los pasos de los Alpes que une al Piamonte con la Suiza y la Alemania Occidental, de donde proseguiré a pie a Coira. Comienzan a cargar los equipajes. Uno de los cargadores que lleva un grueso baúl a cuestas, oye a la mitad del camino uno de esos organitos tan comunes en las calles de Italia, que toca una contradanza; deja inmediatamente el paso grave que llevaba; y encorvado con su enorme peso a cuestas, va hasta la diligencia dando saltitos graciosos, y bailando al compás de la música, recordándome uno de esos numerosos faunos danzantes descubiertos en Pompeya y Herculano, y que se ven en los museos.

Aquí venía al pie de la letra la vulgar metáfora de un hombre que soporta alegremente la carga de la vida.

Parto a media noche, y estoy en el Coupé (berlina de España) y duermo casi sin interrupción hasta las seis; aunque tengo a dos prójimos junto a mí; desde luego un grueso lombardo, y un joven alemán que al parecer lo acompaña en el otro rincón. Ocupando el centro, duerme menos bien que yo el Lombardo, y me dirige dulces ironías. Digo dulces porque mi dicha no ha agriado su alma. Tiene un buen corazón, y se lo admiro. El león es el rey de las fieras, el águila de las aves; para mí el más hermoso de los animales es un hombre bueno. No tenemos suerte; niebla y lluvia hasta aquí, Coira, a donde llego hoy a las cinco de la tarde. (A Splugen a las once, Tusis a las dos, etc.) sin haber podido andar a pie. Por fortuna la Vía Mala, a cuya entrada está Tusis, no tiene nada de sorprendente para cualquiera que haya pasado la Tete-Noire, y sobre todo la gorge (garganta) de Gondo, cuyas altas paredes lisas y bruñidas hasta el último extremo, no destilando agua por todos los lados, no se encuentran en ninguna parte. Esta agua baja de lo alto, desde la simple forma de lluvia hasta la de cascada, y todos esos humildes y grandes tributarios van a engrosar la Doveria que se arrastra por el fondo.

Se entra en esta gorge o garganta, al salir de la soberbia galería del mismo nombre que viene después del pueblo de Simplón y que es la más larga del camino. Es un túnel de 596 pies abierto en la roca viva de granito. De improviso encuentra a la izquierda la impetuosa cascada de Fresinona que parece precipitarse sobre uno, y a la derecha un puente de un solo ojo sobre el Doveria, todo lo cual constituye un bello cuadro.

Otra muy notable hay al aproximarse a la cima poco antes del hospicio viniendo de Brieg. Está cubierta de un techo como la otra y con innumerables arcos laterales para que pase la luz, lo que la hace asemejarse a alguno de los portales de las ciudades italianas.

La cascada procedente de un soberbio glacier que hay en la cima, pasa por encima del techo y vuelve a caer encorvándose por delante de uno de los arcos. Así al atravesar esta galería se detiene uno a cada nueva abertura para verla de más cerca, y por último, en aquella ante la cual se despliega enderezándose por el vuelo que le comunica el paso por encima del techo.

Este paso de los Alpes ha sido techado a trechos para resguardar a los viajeros de las avalanchas o aludes que caen de lo alto lo mismo que algas y torbellinos de nieve.

El Hospicio sea porque se presenta de repente, sea porque reúne en un solo cuerpo de edificio lo que en San Bernardo está distribuido en tres o cuatro diseminados y de tamaño común, agrada infinitamente más, respirándose en él un aire mucho más confortable y nuevo. La diligencia no se detuvo sino algunos minutos, y no pude ver sino lo que se ve al último o no se llega a descubrir, que es la cocina y la capilla, el cocinero y el sacristán. Tomo un caldo a escape en la cocina, sirviéndome estos dos últimos de acólitos. Hallé el servicio más solícito que en San Bernardo y tuve tiempo de ir a echar un vistazo al salón, verdadero salón de hotel. El jardín independiente del edificio un poco más grande y rico que el de San Bernardo. El edificio en sí mismo parece un gran cuartel y hospital. Se baja. Valle más risueño que el que se ha visto a la subida. Es el valle de Ganther regado por el torrente del mismo nombre, cuya extremidad superior va a morir o a comenzar al pie de la cascada volante de que he hablado.

Pero el que se ve a la bajada es Italia, o más bien el valle del Simplón, pues la Italia no empieza sino a partir de Isella que se encuentra todavía casi en la garganta de Gondo. Viene enseguida Crévola, donde ve uno desplegarse el hermoso valle de Ossola, a cuya capital Domodossola no tarda en llegarse.

El paso del Bernardino me ha agradado mucho. No podré decir si es grandioso porque la niebla no permite a la vista ir lejos, pero se ven innumerables cascadas de un efecto más o menos prodigioso, sin duda porque los torrentes que las forman estaban engrosados por las últimas lluvias. Enormes trozos (bloes) de mármol vetado (veiné), etc.

El alerce que los ingleses llaman larch y los italianos larice aparece y desaparece alternativamente. El pueblo de San Bernardino me produjo un efecto delicioso, está situado en el centro de un plateau (meseta) tan bajo y tan risueño que se creería estar ya al otro lado del paso y muy lejos de las alturas. Hay allí un hotel grandioso cuyos innumerables cuartos forman un dédalo.

Es porque este sitio es frecuentado por los milaneses que van a él a tomar baños minerales. Bajamos hasta Hinterrhein en el valle del Rhin, cuya fuente no está lejos. Al pasar por el pueblo de Splugen fuimos hasta la gargante de Rofla (?) dejando a la derecha el Val Ferrara que conduce a la Engadina inferior.

Atravesamos el hermoso valle de forma oval, en Schams (etimología: Sexamniensis) con sus dos pueblos de Ander y Zillis y entramos en la Vía Mala. Allí se ve al Rin, a veces a una gran profundidad, atormentarse y romperse.

A la salida, sobre el alto pico de la derecha se ve un castillo, Realta (Rhetia alta) y acto continuo el bonito pueblo de Thusis donde compré unas manzanas de notable blancura, y bajo este aspecto, más semejantes a nuestros peros que a la manzana común, a la que asimismo aventajaban en su blandura. Vi también a un postillón con un poncho, del que hasta el género se parecía a una de esas frazadas que algunos de los nuestros suelen convertir en ponchos, sin más procedimiento que el de abrirla por el medio.

Al aproximarme a Coira me encuentro en un ancho valle y veo a la derecha unos montículos aislados, tan pequeños y graciosos, que parecen puestos adrede para dar algún relieve a esta llanura. En el pueblo mismo veo colgadas de todas las ventanas a manera de rosarios, largas sartas de orejones, que acaso sea una de las industrias locales. Hoy he visto la catedral, que es gótica.

La Isola bella lo es en realidad. Se nos mostró el palacio, bastante vasto, pero sin interés para el que ha visitado los de Italia. De allí atravesamos algunos cuartos bajos abovedados, con el piso de pequeños guijarros y las paredes y el techo de piedra conchisca, o más bien de una especie de argamasa conchil.

El jardín muy rico. Un laurel-alcanfor grande, notable. Un pequeño arbusto, escallona-rubra de Chile. La araucaria brasilensis, que es el pino de esas regiones; l' alene (?) con sus frutitos colorados llenos de baba; cedros del Líbano; quercus suber, cuyo tronco es de corcho; floripondios del Perú (datura arbórea) y creo que hasta nuestros capulíes. Vi también la planta del té, amarantos, helechos, cuyas hojas recuerdan la sensitiva, mimosa púdica, etc.

Otro desagrado del viajero en Suiza, más formidable que las avalanchas, son los estudiantes alemanes con que se tropieza en todas partes, por pelotones, y armando tal bulla como si estuvieran en su casa. No se trata de ese viajero alemán que se puede ver en otra parte solitario y silencioso, o con un compañero, pero siempre moderado como todo viajero; sino de jóvenes que recorren el país lo menos de cuatro en cuatro, comiendo y bebiendo como energúmenos, haciendo ruido con un desembarazo perfecto, y siempre muy sobre sí, y siempre pensando en las economías. Por otra parte, sea escasez de recursos, sea miramientos con su buena ropa, andan vestidos de una manera lamentable.

El ya que se encuentra eternamente en toda boca alemana fastidiará asimismo al que ignore esta lengua. Por su significación de sí, su repetición debería parecer natural; pero apostaría mi cabeza a que abusan del afirmativo mis buenos tedescos. Además, toman para la enunciación de este simple monosílabo tanto tiempo, cuanto se toma en las otras lenguas para articular una frase entera. Se diría que hallando una especie de voluptuosidad en ese balido, se derraman a cada paso en yáaaaes, venga o no al caso la afirmación, para proporcionarse un goce.

El málista de los griegos modernos; el cómo no de los limeños son raros en la conversación, comparados con este sempiterno Yáaaaa... que alguna vez se modifica con una inflexión y resulta ya vol, o ya vul. Por lo demás los tales alemanes son una gente excelente, bonachones, aunque no poseen ni la fiereza del gringo, ni la petulancia del gabacho, ni la varonil dulzura del italiano, nada que los caracterice, salvo su bondad. Hallándose como en su casa, por lo menos en la Suiza alemana, son bien acogidos en toda parte y lugar; y eclipsan a los demás viajeros como los hijos de Albión en Atenas moderna.

El nombre de Ragatz me hace pensar en esas bellas ragazzas de Italia que hicieron mis delicias en Nápoles y sus cercanías. ¡Ay! ¡qué lejos estamos de ellas! Si al suelo chato del Egipto he visto suceder el suelo levantado de la Suiza, de la misma manera al seno turgente y precoz de las egipciacas veo suceder con dolor el seno plano y tardío de las suizas germanas. Se diría que aquí las mujeres carecen de ese poderoso elemento de las artes plásticas. Aun el de aquéllas que han llegado a su completo desarrollo, está tan poco alto como la palma de la mano.

En Egipto algunas veces desde la edad de nueve años la mujer comienza a manifestar su sexo; pero pasemos a otra cosa.

Esta mañana a las ocho salgo de Coira cuyas montañas inmediatas no he visto sino ayer en la noche en que una Luna pálida se dignó descorrer las nubes y mostrarse. Se distinguía sobre todo el Mittelberg situado detrás del pueblo. En menos de una hora llegó a Ragatz, atravieso el pueblo y entro en el desfiladero de Tanina, hallándome una hora después en los celebrados baños de Pfaefers. El camino, carretero, está trazado a la derecha; a la izquierda la pared de roca se presenta casi siempre lisa, desnuda y perpendicular hasta el torrente. El pasaje o paso es por el estilo de todos los que ya he visto. Tete Noire, Vía Mala, etc.

Los baños son un vasto establecimiento. Al atravesarlo, paso después de un salón de donde cuatro grifones reparten agua caliente a diferentes temperaturas, salón que me recuerda el gimnasio del Seminario de Vergara en España, paso, repito, un puente de madera y sigo por largo tiempo una galería de madera arrimada al muro izquierdo de la gorge, que conduce a las fuentes. Este desfiladero me recuerda el de Trient, con la diferencia que aquí las dos paredes de roca están más juntas, llegando en algunos sitios a tocarse, y pudiéndose ver entonces por encima de la cabeza una débil luz y con ella, follaje verde y raíces de árboles. Al fondo se encuentran dos especies de grutas oscuras. Se visita la primera alumbrado por la vela del conductor, y se llega a la fuente, cuyo calor puede ser soportado por la mano.

Me alejo del establecimiento, y en lugar de volver sobre mis pasos, subo a la izquierda. Más lejos la subida se continúa por escalones, ya abiertos en la roca viva, ya de madera, teniendo a veces un grueso pasamano y siendo siempre un poco fatigante. Llego a una alta meseta, que atravieso caminando por el florido césped, o bien a la sombra de los árboles. Al fondo la vista penetra en la gorge de la Tanina y diviso el techo del establecimiento balneario. Paso el pueblo de Pfaefers, y dejando a la izquierda el convento de igual nombre sobre una plataforma, cuya vista es muy linda, y también un montecillo coronado de las ruinas pintorescas del castillo de Wertenstein a que doy vuelta desciendo a Ragatz.

Mientras que bajo a toda prisa, fingiendo como que llevo una gran viada y que necesito apoyarme en algo para no irme de bruces permito a mi mano que acaricie, así, a la pasada, el palmito de las aldeanas que voy encontrando. Las más, asustadas por este movimiento brusco e inesperado del extranjero que ellas creían deprisa y distraído, me rechazan vivamente y como por instinto; y pasado su primer susto, vuelven la cara y me sonríen. Las otras, más apáticas, se limitan a apartar dulcemente mi mano después que ha satisfecho su deseo, o más bien el deseo que la impelía.

> Donde hay collados hay viñas;
> donde hay montañas hay lagos,
> y seductores y vagos
> donde hay seductoras niñas.

Tomo el ferrocarril; paso Sargans y a partir del pueblo de Wallenstadt, costeamos constantemente y de cerca el lago del mismo nombre siguiendo la ribera Sur. Su aspecto silencioso, las altas montañas desnudas y severas entre las que materialmente está encajonado, me complacen.

A partir de Coira he empezado a ver una especie de pino cuyo tronco es muy delgado, liso y elevado, y no está rodeado de ramas sino en su parte superior. No se asemejan estos pinos ni a los alerces ni a los abetos que dejo vistos, sino a los pinos que componen el paseo de los pinos en Beirut.

El cáñamo obtiene un desarrollo tan considerable como en los valles italianos no distantes. Tallos he visto que eran arbolitos. Ya he dicho que en Chamonix anuncian éstos desde la hondonada, las agujas de las alturas. Es una escala de proporción, el hijo, el padre y el abuelo; conjunto afilado y puntiagudo; tallos que recuerdan el grupo de chinos saltando en su danza nacional, todos con el dedo índice levantado.

Libros a la carta

A la carta es un servicio especializado para
  empresas,
  librerías,
  bibliotecas,
  editoriales
  y centros de enseñanza;
  y permite confeccionar libros que, por su formato y concepción, sirven a los propósitos más específicos de estas instituciones.

Las empresas nos encargan ediciones personalizadas para marketing editorial o para regalos institucionales. Y los interesados solicitan, a título personal, ediciones antiguas, o no disponibles en el mercado; y las acompañan con notas y comentarios críticos.

Las ediciones tienen como apoyo un libro de estilo con todo tipo de referencias sobre los criterios de tratamiento tipográfico aplicados a nuestros libros que puede ser consultado en Linkgua-ediciones.com.

Linkgua edita por encargo diferentes versiones de una misma obra con distintos tratamientos ortotipográficos (actualizaciones de carácter divulgativo de un clásico, o versiones estrictamente fieles a la edición original de referencia).

Este servicio de ediciones a la carta le permitirá, si usted se dedica a la enseñanza, tener una forma de hacer pública su interpretación de un texto y, sobre una versión digitalizada «base», usted podrá introducir interpretaciones del texto fuente. Es un tópico que los profesores denuncien en clase los desmanes de una edición, o vayan comentando errores de interpretación de un texto y esta es una solución útil a esa necesidad del mundo académico.

Asimismo publicamos de manera sistemática, en un mismo catálogo, tesis doctorales y actas de congresos académicos, que son distribuidas a través de nuestra Web.

El servicio de «libros a la carta» funciona de dos formas.

1. Tenemos un fondo de libros digitalizados que usted puede personalizar en tiradas de al menos cinco ejemplares. Estas personalizaciones pueden ser de todo tipo: añadir notas de clase para uso de un grupo de estudiantes, introducir logos corporativos para uso con fines de marketing empresarial, etc. etc.

2. Buscamos libros descatalogados de otras editoriales y los reeditamos en tiradas cortas a petición de un cliente.

www.ingramcontent.com/pod-product-compliance
Lightning Source LLC
Chambersburg PA
CBHW020216170426
43201CB00007B/235